KB197838

알고 보면 반할 초상

이성훈李誠訓

부산박물관 학예연구사. 서울대학교 인문대학 고고미술사학과에서 「정조正祖의 서예관書藝觀과 서체書體 연구」로 석사학위(2005)를, 「조선 후기 사대부 초상화의 제작 및 봉안 연구」로 박사학위(2019)를 받았다.

주요 논문으로 「군복본軍服本 정조어진正祖御眞의 제작과 봉안 연구 ─사도세자에 대한 정조의 효심과 계승 의지의 천명─」(2020), 「조영석 작 〈조정만 송하안식도〉 연구: 초상화에 투영된 '은일隱逸의 의식'」(2021), 「숙종 대 초상화 제작과 '닮음'의 구현」(2023)이 있으며, 이 외에도 한국 미술사 관련 다수의 논문을 발표했다.

우리나라 초상화의 예술적 가치뿐 아니라 사회사적 시각에서 그 제작 배경, 유행, 기능 등을 분석한 연구를 계속해 오고 있다. 현재 고려시대 및 근대기에 생산된 초상화를 조명하는 논문을 준비하고 있으며, 이러한 연구 성과들을 토대로 한국 초상화를 개관하는 연구서 집필을 구상 중이다.

표지 그림: 작가 미상, 〈이채 초상〉의 세부, 1802년, 국립중앙박물관.

알고 보면 반할 초상

기억과 추모, 권위와 욕망의 그림 ─ 초상화로 읽는 조선의 사회문화사

초판 1쇄 발행 2025년 1월 31일

지은이 | 이성훈

펴낸곳 | (주)태학사
등록 | 제406-2020-000008호
주소 | 경기도 파주시 광인사길 217
전화 | 031-955-7580
전송 | 031-955-0910
전자우편 | thspub@daum.net
홈페이지 | www.thaehaksa.com

편집 | 조윤형 여미숙 김태훈
마케팅 | 김민선
경영지원 | 김영지

값 24,000원
ISBN 979-11-6810-332-0 03910

책임편집 | 조윤형
북디자인 | 이윤경

이 도서는 2024년 문화체육관광부의 '중소출판사 도약부문 제작 지원' 사업의 지원을 받아 제작되었습니다.

알고 보면 반할 초상

기억과 추모, 권위와 욕망의 그림 — 초상화로 읽는 조선의 사회문화사

이성훈 지음

태학사

 제가 조선시대 초상화에 본격적인 관심을 갖게 된 것은 박사과정 때 어진御眞을 주제로 발표한 것이 그 계기였습니다. 발표에서 가장 중점적으로 검토한 작품은 현재는 전하지 않는 정조의 군복본軍服本 어진이었습니다. 담당 교수님과 동학同學들로부터 정조의 어진 제작 의도나 '군복'의 상징을 분석한 내용이 흥미로웠다는 평을 듣고 우쭐했던 기억이 아직도 납니다.

 사실, 정조 어진에 관심을 갖게 된 것은 국립고궁박물관에서 전시한 〈철종 어진〉을 직접 보고 나서였습니다. 〈철종 어진〉의 실물을 보았을 때 무엇보다 군복, 환도環刀, 족좌대足座臺, 용문석龍紋席 등의 복식과 기물器物이 매우 정교하게 묘사되고 화려하게 채색되어 있어 놀라웠습니다.

 이렇게 조선시대 어진의 예술적 완성도에 감탄하는 순간 한 가지 의문이 스쳤습니다. 그림 속 철종의 화려한 옷차림은 왕조의 절대 권력자이자 최고 군사 지휘관으로서의 위엄과 권위를 상징하는 것으로 보이면서도 '강화도령'으로도 알려진, 왕권을 제대로 행사하지 못하고 요절한 그에게는 어울리지 않는 것처럼 보였기 때문입니다.

이런 생각을 하며 그의 얼굴을 보는데, 흰자위가 유난히 많이 드러난 그의 눈이 특히 인상적이었습니다. 이런 표현은 화가가 우연히 철종이 눈을 크게 뜬 순간을 포착한 것 같기도 하고, 외척에게 휘둘리고 있던 그의 불안감을 헤아려 표현한 것 같기도 했습니다. 〈철종 어진〉을 처음 맞닥뜨렸을 때 받은 감흥은 아직도 잊히지 않습니다. 이미 알고 있는 역사적 인물을 초상화로 만나는 경험은 이처럼 이색적이면서도 신비롭기까지 했습니다.

박사과정 수료 후 조선시대 초상화를 박사학위논문 주제로 정하고 우리나라에서 제작된 초상화들을 본격적으로 조사하기 시작했습니다. 전국 각지의 박물관, 기념관, 문중, 서원, 사당 등에 소장되어 있는 초상화들을 발로 뛰며 직접 조사하는 한편, 옛 문헌에 실린 초상화 관련 기록도 부지런히 찾아 정리했습니다. 우리나라 초상화의 특징을 완벽하게 도출해 보자는 욕심 끝에 완성된 박사학위논문은 무려 900쪽이 넘었습니다. 그 후에도 여러 학술지에 초상화 관련 논문들을 꾸준히 발표했습니다. 이 책은 그간의 연구 성과를 바탕으로 조선시대 초상화에 얽힌 다양한 이야기들을 좀 더 쉽게 들려주고자 한 것입니다.

우리나라 초상화의 주인공들은 대부분 왕실 인사, 고위 관료, 당대에 명망 높은 학자들이었습니다. 중국의 경우 잘 알려지지 않은 하급 관료나 일반 사인士人들의 초상화도 적지 않은데, 이와는 대조적인 셈입니다. 그리고 우리나라 초상화에서 주인공들은 그 자세와 복식이 다양합니다. 또한 중국 초상화는 산수山水를 배경으로 한 것이 많은 반면 우리 초상화는 그렇지 않다는 것도 주요 특징 중 하나입니다. 이러한 초상화 제작 양상은 결코 우연히 발생한 현상이 아닙니다.

조선시대는 국왕 중심으로 국정이 운영되고, 지방관을 통해 지역사회가 다스려지며, 당파나 학파로 인해 정치·사회 구조가 변화해 왔는데, 조선시대 초상화는 이렇듯 조선만의 특수한 제도와 이에 따르는 문화의 변동에 연동되어 제작되고 활용되었습니다. 그래서 초상화를 단순히 화가가 특정 인물을 보이는 대로 재현한 그림으로, 혹은 제사 지낼 때 벽에 걸 용도로 제작한 그림으로 보아서는 조선시대 초상화의 독창적 가치는 물론 높은 예술성을 규명하기 어렵습니다.

이 책에서 저는 조선시대 초상화가 예술성 높은 미술 작품이라는 점 뿐 아니라, 초상화가 당대의 정치, 사회, 문화의 산물이라는 관점으로 접근하여 그 그림들이 어떠한 배경에서 왜 그려졌고, 어떻게 활용되었으며, 당시 사회에 어떤 영향을 미쳤는지를 들려주고자 했습니다. 최대한 많은 작품을 소개하면서 각 초상화들의 예술성, 제작 배경, 다양한 기능과 역할을 다룬 이 책은 결국 '초상화로 보는 조선의 사회문화사'에 다름 아닙니다. 더불어 이 책이 교양서로 기획되기는 했지만, 다소 전문적이고 학술적인 사안, 아직 논쟁 중이거나 향후 좀 더 논의가 필요한 사안들도 다루어, 초상화에 관한 풍부한 논점과 견해가 있음도 보여 주고자 했습니다.

2023년에 태학사로부터 우리나라 초상화에 관한 교양서를 써 보지 않겠냐는 제의를 받았습니다. 첫 책을 낸다는 생각에 들떠 이런저런 고려 없이 대뜸 제의를 받아들였는데, 글을 쓰는 일은 참으로 고역이었습니다. 그간의 자료들을 선별하여 일반 독자들의 눈높이에 맞는 글로 정리하는 것만 해도 여간 벅찬 일이 아닌데, 직장 때문에 이 일에만 온전히 집중할 수 없었기 때문입니다. 게다가 집필을 마무리하면서는 오류는 없을지, 흥미를 끌 내용이 없는 것은 아닌지, 이런저런 걱정이 앞섰습니다. 아무쪼록 눈 밝은 독자들의 질정을 바랄 뿐입니다.

이 책이 출간되기까지, 미술사 연구와 관련한 다양한 방법론과 학문에 임하는 치열한 자세를 보여 주시고 저의 연구를 늘 응원해 주신 장진성 선생님께 감사드립니다. 미술사라는 학문에 대한 진지한 태도를 몸소 보여 주신 안휘준 선생님, 이주형 선생님께도 특별한 존경의 마음을 표합니다. 그리고 평생 초상화 연구에 매진하신 조선미 선생님, 강관식 선생님의 연구 성과는 이 책의 중요한 토대가 되었음을 밝힙니다. 저의 첫 은사이신 정길자 선생님, 늘 학문적 조언과 지지를 아끼지 않으신 이훈상 선생님, 박사학위논문을 쓸 때 많은 도움과 조언을 아끼지 않으신 조인수 선생님과 조규희 선생님, 부산박물관에서 다양한 실무 경험의 기회를 주신 정은우 관장님께도 감사의 인사를 전합니다.

이 책은 태학사 편집부의 지극한 정성으로 다듬어지고 반듯해졌습니다. 저의 논문들을 찾아 읽고 이 책의 집필을 제안해 주었으며 투박한 글을 꼼꼼하게 고쳐 주신 조윤형 주간님께는 특별히 진심 어린 감사의 말씀을 드립니다.

일과 공부를 병행하느라 피곤해하고 힘들어하면 가장 마음 아파하셨던 어머니, 저에게 수많은 추억을 남겨 주고 하늘나라로 떠나신 아버지의 사랑이 없었다면 제가 연구자가 되는 일은 불가능했을 것입니다. 또한 아내가 아니었다면 저는 진작에 이 책의 집필을 포기했을지도 모릅니다. 아내는 전국 각지의 초상화를 조사하러 갈 때마다 함께해 주었고, 글을 쓸 때마다 늘 읽어 주고 격려하며 조언을 아끼지 않았

머리말

습니다. 백아_{伯牙}의 음악을 이해하고 그 마음을 헤아렸던 종자기_{鍾子期}처럼 아내는 저의 진정한 지음_{知音}이었습니다. 사랑하는 가족에게 이 자리를 빌려 감사의 마음을 전합니다.

2025년 1월

이성훈 씀

차례

1

초상화란 무엇인가?

초상화의 힘

성대盛代의 기록

'나'를 표현한 그림

——— **인류는 언제부터 초상화를 그렸을까**

초상화는 '특정 인물의 특징적 외모를 반영해 그 모습을 묘사한 회화 장르'라고 간단하게 정의할 수 있다. 초상 조각 역시 마찬가지로, 2차원이 아닌 3차원으로 재현한 미술 장르라는 차이점만 있을 뿐이다.

특정 인물의 모습을 본뜨는 일은 신석기시대에 시작되었다. 20세기 중반, 팔레스타인 동쪽에 흐르는 요르단강 서안의 예리코 지역에서 흙으로 덮어씌운 해골들이 다수 발굴되었다. 이 해골들을 초상 조각의 기원이라 부르기도 하지만, 초상화의 정의를 엄격하게 적용한다면 초상 조각이라 부르기 어려울 수도 있다. 고대 이집트의 최고 통치자 파라오의 흉상이나 고대 수메르의 도시였던 라가시의 지배자 구데아를 형상화한 조각(그림 1)도 초상 조각으로 불린다. 다만 이 조각품들은 대상 지도자의 특징적 외모를 그대로 묘사한 것이라기보다는 이상적으로 표현한 것으로 여겨지는데, 어느 정도 이상화했느냐에 따라 파라오나 구데아의 상도 초상화의 분류에 넣을 수도, 넣지 못할 수도 있다.

고대 그리스나 로마 시대에 이르면, 대상 인물의 특징이 훨씬 더 구체적으로 반영된 것으로 보이는 그림이나 조각이 등장한다. 2세기경 로마의 지배하에 있던 이집트 파이윰 지역에서는 상류층 사람들의 미라를 나무 관에 넣을 때 관 위 판에 그의 형상을 그리는 일이 크게 성행했다. 이 그림들은 미라 주인공의 생전 모습을 묘사한 초상화로 추정되는데, 실제로 그림 속 인물은 매우 사실적으로 그려진 것처럼 보인다(그림 2). 다만 그들은 대부분 어린이 혹은 청년의 모습으로 표현되어 있어서, 그 그림들 역시 대상 인물을 이상화하여 표현한 것이라는 주장도 있다.

1. 작가 미상, 〈구데아상〉, 기원전 2120~2110년, 돌, 높이 46cm, 너비 22.5cm, 폭 33cm, 루브르박물관.

서양에서 대상 인물을 실제 모습 그대로 표현한, 즉 명백하게 초상화로 부를 수 있는 그림이 본격적으로 제작된 것은 르네상스 시기다. 중세 때도 초상화가 그려졌지만, 그 대상은 왕이나 일부 통치자에 한정되었고 그 사례도 많지 않다. 화가들이 사실적인 표현 기법을 새로이 고안해 통치자는 물론이고 귀족, 종교인, 상인, 심지어 일반인에 이르기까지 다양한 계층의 사람들을 재현하고 묘사하는 일이 바로 르네상스 시기

2. 작가 미상, 〈여인 초상〉, 120~150년, 나무에 색, 높이 35.5cm, 리비히 하우스.

에 크게 유행했다. 이후 초상화는 서양 미술에서 주요 회화 장르 중 하

나로 완벽하게 자리매김했다.

중국 초상화 제작의 초기 흐름

동양에서도 초상화 제작의 역사는 매우 오랜 것으로 파악된다. 전한前漢의 선제宣帝가 곽광霍光 등 공신 열한 명의 초상화를 그리게 한 뒤 그 완성본을 기린각麒麟閣에 걸어 두게 한 일은 중국은 물론 우리나라에서도 오래전부터 회자되었다. 이 고사는 중국에서 이른 시기부터 초상화가 제작되었음을 알려 준다.

10세기 오대십국시대에 남당南唐의 군주 이욱李煜은 궁정화가 고굉중顧閎中에게 한희재韓熙載의 집을 비밀리에 염탐하고 그의 모습을 그려 오라고 지시했다(이욱이 이러한 일을 벌인 것은, 그가 한희재 등 북방에서 투항해 온 관리들에게 의심을 품어서라는 설도 있고, 반대로 북방 출신의 출중한 인재를 등용하기 위해서라는 설도 있다). 고굉중은 밤에 친구와 지인은 물론 악사, 기생을 불러 흥겹게 연회를 즐기는 한희재의 모습을 그렸다.

베이징 고궁박물원 소장 〈한희재 야연도韓熙載夜宴圖〉(그림 3)는 고굉중이 그린 원본을 12세기에 베껴 그린 그림으로 알려져 있다. 이 두루마리 그림에는 시간대별로 벌어진 여러 연회 장면이 그려져 있고, 이에 따라 한희재의 모습도 여러 차례 나타난다. 이 그림 속 한희재는 섬세한 필선과 풍부한 색으로 매우 사실적으로 묘사되었다. 그를 둘러싼 다양한 주변 인물들로 인해 그의

3. 작가 미상, 〈한희재 야연도〉의 세부. 12세기, 비단에 색, 전체 28.7×335.5cm, 베이징 고궁박물원.

존재는 더욱 부각돼 있으며, 이로 인해 이 그림에서는 인물들 사이에 흐르는 모호한 기류는 물론 관능적인 분위기도 느껴진다.

이와 같은 표현과 구성은 중국의 이전 시기 그림에서는 거의 확인되지 않는 새로운 것으로 평가된다.[1] 이 그림은 10세기 전후에 중국에서 인물을 사실적으로 재현하는 화가들의 능력이 매우 높은 수준에 이르렀음을 보여 준다.

송대 이후 초상화의 유행은 본격화되었다. 이는 타이베이 국립고궁박물원에 소장된 수십 점의 송나라 황제 및 황후의 초상화, 즉 어진御眞을 통해 알 수 있으며, 송대에 황제와 황후의 초상화를 제작하고 보존하는 일이 관례화되었음을 알려 준다.

송나라를 개국한 태조의 어진은 송대 어진 중 가장 널리 알려진 그림이다. 〈태조 어진〉(그림 4)에서 태조는 붉은색 어좌 위에 두 손을 모은 채 화면 오른쪽을 바라보는 모습으로 묘사되어 있다. 팔자八字 콧수염과 한 줄기로 내려온 턱수염, 이중 턱과 약간 부풀어 오른 듯한 뺨, 바깥쪽 아래로 약간 처진 눈썹 등의 표현은 태조의 개성적인 외모를 그대로 드러내는 동시에 송대 화가들이 이룩한 높은 수준의 사실적 표현 기량을 보여 준다.

타이베이 국립고궁박물원에는 이 전신상全身像 외에도 그의 반신상半身像 세 점이 더 소장돼 있다. 이 어진들이 태조 생전에 그려진 작품인지는 명확하지 않다. 송대의 화가 곽약허郭若虛가 저술한 『도화견문지圖畫見聞誌』에는 왕애王靄, 모곡牟谷 등 송나라 궁정화가들이 태조 생전의 어진을 그린 사실이, 『송사宋史』에는 태조의 어진이 경녕궁景寧宮 등 전각 일곱 곳에 봉안돼 있었다는 사실이 각각 기록돼 있다.[2] 이 기록들은 태조 생전에 그의 어진이 다수 제작되었을 뿐 아니라 〈태조 어

4. 작가 미상, 〈태조 어진〉, 중국 송대, 비단에 색, 191×169cm, 타이베이 국립고궁박물원.

진〉(그림 4)이 그의 생전 모습을 묘사한 원본 초상화이거나, 적어도 그 이모본移模本일 가능성을 시사한다.

'이모移模'는 원본을 그대로 옮겨 그리는 행위를 일컫는다. 조선시대에는 원본의 상태가 좋지 않을 경우 등 다양한 이유로 복제본이 필요할 때 이모 작업이 종종 이루어졌다. 특히 초상화 장르에서 많은 이모본이 제작되었다.

이렇듯 중국에서의 초상화 제작은 송대에 본격화되어 이후 근대기까지 지속되었다.

우리나라 초상화 제작의 시작

우리나라에서는 최소한 삼국시대에는 초상화가 제작되었던 것으로 추정된다. 4세기에서 5세기 전반에 축조된 고구려 고분들에서는 무덤 주인을 형상화한 것으로 보이는 인물화가 적지 않게 발견된다.

1949년 황해도 안악군 용순면에서 발견된 안악3호분의 한 벽에는 검은색 관冠 위에 얇은 흰색 비단으로 만든 백라관白羅冠을 덧대어 쓴 채 앉아서 정면을 응시하는 인물이 그려져 있다(그림 5). 그를 선비족 출신인 동수冬壽냐 혹은 고국원왕故國原王 등 고구려의 국왕이냐 하는 문제에 대해 오랫동안 많은 학자들이 논쟁해 오고 있지만, 그 인물이 이 무덤의 주인공이란 점에 대해서는 이견이 없다. 그러나 길고 각진 얼굴, 도식화된 이목구비, 좌우로 수평을 이룬 구레나룻 등의 표현으로 볼 때 이 인물화는 특징인의 얼굴을 사실적으로 묘사한 초상화라기보다는 보편적인 인물의 한 정형을 표현한 것으로 보인다.[3]

명실상부 초상화의 정의에 걸맞은 인물 그림 혹은 조각이 우리나라에 등장하기 시작한

5. 작가 미상, 〈묘주墓主 초상〉, 안악 3호분 전실前室 서쪽 벽화의 부분, 고구려 357년경, 황해도 안악군.

것은 통일신라 말기에서 고려 초기 무렵이다. 국보로 지정돼 있는 해인사海印寺 소장 〈건칠 희랑대사 좌상乾漆希朗大師坐像〉(그림 6)은 10세기를 전후하여 활동한 희랑希朗 스님을 형상화한 초상 조각이다. '건칠乾漆'은 조각 작품 위에 삼베를 입힌 다음 일정한 두께를 얻을 때까지 칠하고 말리는 과정을 반복하는 조각 기법을 일컫는다. 볼록 솟은 광대뼈와 그 아래로 깊이 파인 팔자주름, 넓은 이마, 큰 귀와 얇은 입술, 오뚝 솟은 코와 쌍꺼풀 진 눈 등으로 인해 이 조

6. 작가 미상, 〈건칠 희랑대사 좌상〉, 10세기, 건칠, 나무, 높이 82cm, 해인사.

각상은 희랑대사의 특징적인 외모를 그대로 옮겨 재현한 초상 조각으로 볼 수 있다. 현재 이 조각은 화려하게 채색돼 있지만 이는 19세기에 칠해진 것이며, 원래는 도금되어 있었던 것으로 추정된다.[4]

　여러 문헌과 역사 기록에 따르면, 고려시대에는 왕, 사대부, 승려의 초상화 제작이 매우 성행했다. 국립중앙박물관 소장 〈오백나한도五百羅漢圖〉(그림 7)는 오백 나한 중 수대장존자守大藏尊者의 모습을 그린 불화이다. 1235년에 제작된 이 그림 속 수대장존자의 코는 매우 높고 턱은 각져 있으며 화면 왼쪽 위를 향한 그의 눈매는 매우 날카로워 보인다. 이로 미루어 고려 화가들은 인물의 개성을 표현하는 기량이 상당히 높았을 것으로 짐작된다.

　고려시대에 그려진 것이 명확한 초상화 작품은 〈안향 초상〉(그림 43)과

〈이제현 초상〉(그림 32) 두 점뿐이다. 이 중 〈안향 초상〉은 현재 전하는 한국 초상화 중 가장 오래된 것으로 추정된다. 이 초상화는 14세기 초에 그려졌는데, 17세기에 얼굴에 부분적으로 덧칠이 이루어진 것으로 분석된다. 그림 상단에 적힌 제발題跋에 따르면, 이 초상화는 1318년에 문묘文廟에 보관할 목적으로 그려진 본을 바탕으로 경상도 흥주 수령 최림崔琳이 이모해 흥주향교興州鄕校에 봉안한 것이라고 한다.[5] 이 제발은 안향安珦의 아들 안우기安于器가 작성했다.

7. 작가 미상, 〈오백나한도〉, 1235년, 비단에 색, 64.7×42.2cm, 국립중앙박물관.

고려 때 활동한 인물의 초상화가 이모본으로 적지 않게 전하는 것으로 보아 고려시대에 실제로 많은 수의 초상화가 제작되었던 것 같다. 대표적인 것으로 〈정몽주 초상〉(그림 44)을 꼽을 수 있다. 그러나 조선 개국 후에는 초상화 제작이 큰 폭으로 감소했는데, 그 원인은 여러 측면에서 설명할 수 있다.

성리학이 통치 이념으로 자리 잡은 상황에서 사회 지배층인 사대부들은 그림을 가장 낮은 예술이란 뜻의 '말예末藝'로 치부했으며, 그림을 감상하는 일도 완물상지玩物喪志 즉 '하찮은 물건(그림)에 집착하면 학문의 큰 뜻을 잃는다'고 하여 경계했다. 이와 같이 예술에 대한 사회 지배층의 편향된 인식은 조선 초기 회화 제작과 감상 풍조를 크게 위축시키는 주요한 원인으로 작용했다.

조선에서는 17세기 이후가 되어서야 초상화 제작이 다시 활기를 띠기 시작했다. 특히 17세기 말부터 18세기 말에 이르는 기간에 초상화의 제작과 활용은 크게 성행했다.[6] 그 결과 이 시기에 활동한 이름난 관료와 학자들의 초상화 상당수가 오늘날까지 전한다.

다만 이 시기에도 초상화 제작은 주로 중앙 정계와 주요 학계 인물들 사이에서 유행했을 뿐이다. 즉, 고위직에 오르지 못했거나 중인 이하 계급에 속한 이들의

8. 작가 미상, 〈선세도〉, 중국 청대, 종이에 색, 259.0×161.2cm, 국립중앙박물관.

초상화는 거의 그려지지 않았으며, 민간에서는 초상화가 전혀 유행하지 않았다. 이 점은 청나라 말기에 민간에서 조종화祖宗畵 혹은 선세도先世圖라 불렸던 그림이 제례용으로 무수히 그려졌던 사실과 대조된다.

국립중앙박물관 소장 〈선세도〉(그림 8)는 이 시기에 특히 유행한 선세도의 특징을 잘 보여 준다. 이 그림에서 화가는 의뢰인의 4대 조상들을 한 화폭에 그렸다. 한 화가가 의뢰인의 조상들을, 그것도 4대에 이르는 많은 조상들을 한 번에 상세히 그리는 일은 불가능한 작업이었을 것이다. 이 그림에서 확인되는 인물들의 외모 차이는 개별 인물의 특징을 상세히 묘사한 결과가 아니라, 화가가 인물마다 조금씩 변형을 가하여 얻

은 결과물로 여겨진다. 특히 인물들이 착용한 옷의 색이나 두건의 형태는 매우 다양한데, 이러한 표현은 인물들의 외형이 유사할 수밖에 없는 이 그림의 근본적 한계를 극복하기 위해 화가가 고안한 장치로 여겨진다. 이와 같이 대부분의 선세도는 특정 인물의 모습을 보고 그린 것이 아니어서, 엄밀하게는 초상화라고 부를 수 없다.

〈선세도〉의 제작 목적은 의뢰인의 부계父系 혈족을 강조하기 위한 것으로, 이 그림은 조상의 제사 때 사용한 것으로 추정된다. 한국에서 초상화는 중국과 마찬가지로 제사용으로 제작되어 쓰였던, 즉 한정적 기능의 그림 장르로 오랜 기간 인식되었다. 그러나 실제로 한국에서는 〈선세도〉처럼 여러 대 조상들을 한꺼번에 그린 그림이 전하지 않으며, 오로지 제사 때 사용할 목적으로 화가가 특정 조상의 모습을 상상해 그린 그림도 매우 드물다.

—— 예술성 높은 조선시대 초상화

조선시대에 제작된 대부분의 초상화는 완성도와 예술성이 높다. 그 이유는 무엇보다도 당대 최고의 초상화 전문 화가들이 그렸기 때문이다. 화가의 이름이 밝혀져 있지 않은 초상화이더라도, 그것이 그림 실력이 뛰어나지 않은 무명 화가에 의해 그려졌을 가능성은 높지 않다. 이는 초상화 주인공의 절대 다수가 왕실 인사, 고위 관료, 저명한 학자 등 높은 신분의 관계官界와 학계 주요 인사들이었던 점과 밀접한 관련이 있다. 즉 고위 인사들은 당대 최고 화가들에게 자신의 초상화 제작을 의뢰할 수 있는 위치에 있었던 것이다.

화가의 이름이 알려져 있지 않은 〈신숙주 초상〉(그림 9)은 신숙주申叔舟가 계유정난癸酉靖難(1453)에 참여한 공으로 정난공신靖難功臣에 책훈

9. 작가 미상, 〈신숙주 초상〉, 1453년경, 비단에 색, 167.0×109.5cm, 고령신씨 문중.

策動되었을 때 국가로부터 수여받은 초상화로 추정된다. 계유정난은 수양대군(세조)이 김종서 등 반대파를 숙청하고 정권을 잡기 위해 벌인 사건이다.

국가에서 공신에게 줄 목적으로 제작한 것으로 추정되는 이 초상화의 화가는 15세기 후반에 활동한 최경崔涇, 안귀생安貴生 등으로 대표되는 세조~성종 대 도화서圖畵署 화원일 가능성이 높다. 최경과 안귀생은 당시 국왕과 왕후의 어진 제작을 주도하여 후대에까지 화명畵名을 떨쳤던 이들이다.

〈이시백 초상〉(그림 13)은 18세기에 제작된 이모본 초상화이지만, 원본은 조선 중기를 풍미한 화가 김명국金明國이 그렸다. 김명국은 대담하면서도 자유분방하고 거친 필치를 구사한 화가로 알려져 있지만, 그는 도화서 화원으로서 정교함이 요구되는 초상화 제작에도 자주 참여했다.[7]

이명기李命基는 초상화 전문 화가로서 18세기 후반에 당대 주요 인물들의 초상화 제작을 주도했지만 그림에 그의 이름이 기록된 사례는 많지 않다. 초상화 제작에는 직업 화가로 분류될 수 있는 도화서 화원들 외에 일반 사대부 출신 문인화가들도 참여했다. 조선 후기에 활동했던 김진규, 김창업, 윤두서, 조영석, 강세황, 임희수 등이 대표적이다.

조선시대 초상화를 깊이 이해하기 위해서는 먼저 당대 정치, 사회, 문화의 변화 흐름 속에서 초상화가 어떤 기능과 역할을 했는지 추적해 보아야 한다. 또한 초상화라는 회화 장르가 가진 본질적인 성격, 특성, 기능도 파악해 보아야 한다.

───── **특정 인물의 재현, 그 이상의 의미**

초상화는 특정 인물을 재현한 그림이지만, 단순히 한 인물

을 재현한 그림 이상의 의미
와 가치를 갖는다. 간송미술
관 소장 〈독서여가도讀書餘暇
圖〉(그림 10)에서는 한 선비가
사방건四方巾을 쓰고 도포를
입고 한 손에 부채를 든 채 초
가집 툇마루에 편안한 자세로
앉아 난초와 모란 화분을 바
라보고 있다.

조선 후기 양반들의 분재 취
미를 보여 주는 풍속화 정도
로 설명되는 이 그림을, 어떤
연구자는 화가 정선鄭敾의 자
화상으로 추정하기도 한다.[8]
만일 정선의 초상화로 입증된
다면, 이 그림이 전하는 정보

10. 정선, 〈독서여가도〉, 18세기, 비단에 색, 24.1×16.9cm, 간송미술관.

의 양은 커지고 이 그림을 대하는 우리의 태도는 크게 달라질 것이다.
왜냐하면 이 그림을 통해 정선의 체구와 외모를 구체적으로 알 수 있을
뿐 아니라, 그의 취미(분재, 독서, 회화 감상 등), 주거 환경(초가집), 평소의
복장(도포, 사방건) 등을 파악할 수 있으며, 누군가는 그의 성격과 취향까
지 분석할 수 있을지도 모르기 때문이다. 그 결과 우리는 정선이라는
위대한 화가를 좀 더 입체적으로 이해할 수 있게 된다.

조선시대에 주인공이 밝혀지지 않은 초상화에 대해 그 주인공을 특
정하려는 시도가 있었다. 1728년 9월 11일 영조는 경상도 별견어사別

遣御史 이종성李宗城으로부터 경상도 고성 법천사法泉寺에 진위가 확실치 않은 덕흥대원군德興大院君의 초상화가 봉안돼 있다는 보고를 받았다. 덕흥대원군은 선조의 부친이다. 영조는 종친 이헌李櫶을 법천사로 파견해 그 초상화를 조사해 보라고 지시했다. 이헌은 이듬해 9월 16일 법천사로 갔고, 이후 상경하여 조사 내용을 영조에게 상세히 보고하면서 그 초상화를 덕흥대원군의 것으로 보기 어렵다는 견해를 밝혔다.

그런데도 영조는 그 초상화를 서울로 가져오게 했다. 1732년 5월 16일, 영조는 대신들은 물론 화원들까지 불러 함께 그 그림을 상세히 살폈다. 그들은 사모紗帽, 옷, 신발[靴], 띠[帶], 흉배胸褙(관복의 가슴과 등에 수놓아 붙인 품계 표식 문양) 등 그림의 주인공이 착용한 복식 형태를 구체적으로 분석하여 그것이 덕흥대원군 시대의 것인지, 그의 신분에 걸맞은 것인지를 살피고, 장황裝潢 즉 초상화의 재질과 꾸밈 상태, 화면에 적힌 '덕흥德興'이란 글자의 신빙성 등에 대해서도 의견을 나눴다. 초상화의 주인공을 특정하기 위해 오늘날의 미술사학자처럼 그림의 세부 요소 하나하나를 분석한 셈이다.

모든 분석 결과, 그들은 그림 속 주인공이 덕흥대원군이 아니라는 결론에 이르렀다. 그런데도 영조는 그 결론을 완전히 수긍하지는 않은 듯 세초洗草, 즉 초상화를 없애자는 대신들의 의견에 반대하며 그 그림을 법천사로 돌려보내려 했다.9 영조는 왜 그 초상화의 주인공을 덕흥대원군으로 특정하기 위해 이 같은 각별한 노력을 기울였을까?

영조 대 당시에 전해 내려온 어진은 태조, 세조, 원종, 숙종의 것뿐이었다. 전란으로 어진 대부분이 소실되어 일부만 전하는 상황에서 이 초상화의 주인공이 덕흥대원군으로 특정된다면 영조는 곧바로 이 그림을 열성列聖의 어진이 봉안된 영희전永禧殿으로 옮겨 봉안하려 했을 것이다. 재위 초기 이인좌李麟佐의 난으로 왕권 강화에 큰 위기를 겪고 있던 터였으니, 그는 자신의 정통성과 왕실의 권위를 강화하기 위한 중요한 왕실 자산으로 이 초상화를 적극적으로 활용할 계획을 세웠을지도 모른다.

초상화는 산수화, 인물화, 영모화翎毛畫, 화조화花鳥畫 등 다른 회화 장르보다 좀 더 당대의 정치, 사회, 문화 양상이나 변화에 밀접하게 연동되어 제작, 활용되었다. 제작 후에도 다른 그림처럼 그 기능이 고정돼 있지 않았다.

〈권희학 초상〉(그림 11)은 1728년에 일어난 무신란戊申亂, 즉 이인좌의 난 때 큰 공을 세운 권희학權喜學을 영조가 분무공신奮武功臣 3등에 책훈하면서 그에게 하사한 그림이다. 권희학은 안동부사를 지낸 최석정崔錫鼎에게 발탁되어 무신란 때 공을 세운 인물로, 공신 책훈은 중인 신분이었던 그에게 크나큰 출세의 계기였다.

권희학이 사망한 지 약 70년 뒤인 1808년, 그의 후손들은 근 4년 동안 자금을 모아 경북 안동에 봉강영당鳳岡影堂을 짓고 이곳에 이 초상화를 봉안했다. 이 시기에 사당은 양반의 전유물이었는데, 중인 신분이었던 권희학의 후손들은 영당 건립과 초상화 봉안을 통해 향촌 사회에서 자기 가문의 우위를 굳히고 다른 가문들과의 차별성을 드러내고자 했던 것이다.[10]

결국 〈권희학 초상〉이 권희학에게는 자신이 왕에 바친 충성에 대한 보답을 상징하는 것이었다면, 봉강영당을 세운 그의 후손들에게는 훌륭한 업적을 남긴 선조를 추모케 하는 매개물이자 가문의 위상을 과시할 수 있게 한 소중한 유물이었던 것이다.

11. 작가 미상, 〈권희학 초상〉, 1728년, 비단에 색, 169.0×103.5cm, 안동권씨 화원군 문중.

주인공의 의사가 적극적으로 반영된 그림

초상화를 '화가가 대상 인물을 보이는 대로 그린 그림'이라고 보는 단순한 시각으로는 그 의미와 가치를 제대로 파악할 수 없다. 강세황姜世晃은 자화상(그림 163)을 그리면서 관복을 입을 때 쓰는 오사모烏紗帽에 양반들이 일상생활에서 입는 도포를 착용한 모습으로 자신을 묘사했다. 이와 같은 복식 착용은 당시에는 있을 수 없는 일이었다. 조선시대 다른 초상화를 보아도 주인공이 이 같은 복식으로 묘사된 경우는 없다. 그럼에도 강세황이 자신을 이렇게 묘사한 것은 출사出仕와 은거隱居라는 상반되는 명분 중 어느 것을 좇아야 할지를 두고 갈등을 겪은 자신의 내면을 의도적으로 드러내고자 했기 때문이다.[11]

당시에는 어떤 사람이 자신의 초상화를 화가에게 부탁할 때, 그는 화가 앞에 앉거나 서서 그림이 완성되기만을 기다리지 않았다. 그는 그림에 적극 관여하여 자신이 평소 가졌던 생각, 철학, 염원 등을 초상화에 반영하고자 했다.

〈조정만 송하안식도松下安息圖〉(그림 172)는 조정만趙正萬이 문인화가 조영석趙榮祏에게 의뢰하여 그려진 초상화로, 조선시대에 유행하지 않은, 산수를 배경으로 한 초상화라는 점이 특징적이다. 명나라와 청나라에서는 주인공이 산수를 배경으로 포즈를 취한 초상화가 많이 그려졌지만, 조선에서는 인물을 화면에 가득 차게 묘사한 초상화가 압도적으로 많았다.

이 외에도 이 그림은 주인공의 의사가 초상화 제작에 얼마나 반영되는지를 여실히 보여 준다는 점에서 주목할 만하다. 조정만은 조영석에게 시 한 수를 써 주면서 초상화 제작을 부탁했다. 그런데 그 시에는 소나무, 진달래, 학 한 쌍, 원앙, 외기러기 등 초상화 배경에 대한 구체적인 표현 요청뿐 아니라, "등나무 지팡이는 어깨에 두고 손에는 책이" 있는 포즈로 그려 달라는 요청도 했다. 〈조정만 송하안식도〉는 조영석이 이러한 구체적인 요청을 모두 수용해 완성한 그림이다.[12]

초상화는 화가와 주인공의 상호작용을 통해 만들어지는 회화 장르 중 하나이다. 초상화는 특정 인물(수령자 혹은 주문자)을 묘사한 그림이므로, 주인공의 자세, 착용 복식, 기물器物의 포함 여부 등 수많은 선택 사항을 두고 두 사람은 서로 긴밀하게 의견을 나누게 된다.

1726년 진재해秦再奚는 경상도 서생진(현 울산광역시 울주군 서생면)의 첨사로 근무하면서 동래(현 부산광역시 동래구)에

12. 진재해, 〈유수 초상〉, 1726년, 비단에 색, 167.5×90.5cm, 경기도박물관(진주유씨 종중 기탁).

유배되어 온 유수柳綏의 의뢰를 받아 그의 초상화 한 점을 그려 주었다. 유수의 후손가에는 이때 그려진 〈유수 초상〉(그림 12)과 더불어 진재해가 그에게 보낸 편지 두 동이 전해져 온다.

이 편지에서 진재해는 유수로부터 이미 여러 통의 편지를 받은 일을 언급한 뒤, 초상화 제작의 요체要諦뿐 아니라 그의 초상화를 어떤 방식으로 그릴지를 자세히 설명했다. 특히 복식 표현과 관련하여 홍포 차림으로 그릴 것임을 그에게 밝혔다.

> 수염이 흴 경우 법복法服인 흑의黑衣가 좋고 수염이 검을 경우에는 시복時服인 홍포紅袍가 역시 좋습니다. 지금 이 초상화는 반드시 시복으로 그리고자 합니다.[13]

그런데 실제 〈유수 초상〉에는 흑의 차림이 표현되었는데, 이로 미루어 유수는 화가가 제시한 바를 따르지 않았던 것으로 보인다. 물론 이때 흑의 차림 외에 홍포 차림의 초상화가 제작되었을 가능성도 있다.

초상화는 단순히 주인공의 외모를 보여 주는 기록적 성격의 그림이 아니다. 따라서 이 책에서는 특정 초상화의 주인공을 소개하고 그의 역사적 업적을 평가하는 것에 주안점을 두지 않았다. 그보다는 초상화의 장르적 특성에 주목하여, 개별 작품을 입체적으로 분석한 결과를 소개하고자 한다.

이를 위해 사대부의 문집은 물론 『승정원 일기』 등 관찬官撰 기록물 등을 인용하는 한편, 개별 초상화를 상세하게 분석하여 조선시대 사람들이 초상화에 대해 어떤 개념과 인식을 가졌고, 어떤 배경에서 왜 초상화를 그렸으며, 어떤 과정과 절차를 통해 초상화를 제작·봉안했고, 결국 초상화를 통해 무엇을 드러내고 표현하고자 했는지를 들려주고자 한다.

결국 이를 통해 조선시대 초상화가 예술성 높은 회화 장르였음을 보

일 뿐 아니라, 당대 사람들이 초상화라는 시각 이미지가 지닌 힘에 주
목하여 그것을 얼마나 적극적으로 활용했는지, 그리고 그들이 초상화
에 자신의 염원과 이상을 담기 위해 얼마나 노력했는지 등을 보여 주고
자 한다.

초상화란 무엇인가?

'닮음'을 추구한 그림 1 : 외형의 닮음

───── **닮게 그린다는 것, 〈이시백 초상〉**

초상화란 특정 인물의 모습을 재현한 그림이다. 따라서 초상
화 제작을 의뢰받은 화가에게 요구된 가장 중요한 사항은 누구라도 주
인공을 단번에 식별할 수 있을 정도로 '닮게' 표현하는 것이었다.

그렇다면 주인공을 닮게 표현한 그림인지 아닌지를 판단할 때 가장
중요한 기준은 무엇이었을까? 우선, 우리는 초상화를 볼 때 주인공의
외모, 즉 외적인 요소가 완벽하게 재현되었다고 생각하면 "아, 닮았
네!"라고 말할 것이다. 그러나 어떤 이들은 외모뿐 아니라 그의 개성,
인품 등 내적인 요소까지 초상화에 투영돼 있어야 비로소 닮게 표현된
그림이라 여길 수도 있다.[14]

서양에서는 고대 그리스 시대에 이미 "외형은 내면을 보여 주는 하
나의 지표"라는 개념이 정립되었으며, 르네상스 이후로 화가들은 초상
화를 그릴 때 주인공의 내·외적 요소를 적절하게 조합하여 표현하려
고 지속적으로 노력해 왔다.[15]

조선시대 사대부들은 초상화를 평가할 때 '핍진逼眞', '혹초酷肖', '방불彷彿(혹은 髣髴)' 등의 용어를 썼다. 핍진은 '거의 진짜에 가깝다', 혹초는 '매우 같다', 방불은 '비슷하다'란 의미이다. 이 용어들에서 알 수 있듯이, 사대부들은 화가가 주인공을 완벽하게 재현하지는 못할지라도 '최대한 닮게'(혹은 '비슷하게') 그려야 한다고 생각했다.

또한 화가들은 초상화를 그릴 때 '전신사조傳神寫照'의 실현을 중요시했다. 전신사조는 중국 동진東晉의 화가 고개지顧愷之가 처음 사용한 말로, '전신'은 특정 인물 안에 숨겨져 있는 신神 즉 정신을 그려 내는 것을, '사조'는 화가가 관조觀照한 인물의 형상을 묘사하는 것을 뜻한다.[16] 인물의 내·외적 요소를 철저하게 반영해 '닮음'을 구현한다는 뜻을 지닌 '전신사조'는 위진남북조시대 이후 근대기까지 중국은 물론 한국에서 초상화 제작과 감상에서 가장 중요시되었던 이론적 지향점이었다.

인원왕후(숙종의 계비)의 부친 김주신金柱臣은 1683년에 자신의 외증조모와 함께 돌아가신 외증조부 이시백李時白의 초상화를 본 뒤 그에 대해 나눈 이야기를 자신의 문집『수곡집壽谷集』에 소개했다. 그의 외증조모는 그 초상화가 남편의 실제 외모와 비슷하게 그려진 그림이라고 말했다. 김주신 역시 외증조모의 의견에 동의했지만, 한편으로는 그 초상화가 당대의 걸출한 화가 김명국이 그린 것임에도 불구하고 '전신'이 달성되지 못한, 즉 정신까지 포착하지 못한 그림이라고 단정했다.[17] 이를 통해 우리는 김주신이 외증조부의 초상화를 보며 그것이 외증조부를 '닮게' 표현한 그림인지 평가했던 기준은 다름 아닌 그의 외모가 완벽하게 재현되었는지, 그리고 그의 정신적 면모가 투영되었는지 여부였음을 알 수 있다.

靖社功臣領議政延陽府院君忠翼公嚴鈞李先生真像

김주신이 외증조모와 함께 본 초상화는 이시백이 인조반정仁祖反正 때 세운 공을 인정받아 정사공신靖社功臣 2등에 책훈되었을 때 왕으로부터 하사받은 것이었다. 1624년경에 제작된 이 초상화는 현재 전하지 않고, 이를 원본 삼아 18세기에 활동한 어느 화가가 이모移模한 것으로 추정되는 〈이시백 초상〉(그림 13)이 전한다.

화가는 붉은 선으로 얼굴 윤곽과 이목구비를 뚜렷하게 표현했으며, 붉은 기가 도는 살색으로 두창痘瘡(천연두) 흔적 때문에 거칠어 보이는 얼굴의 피부 톤을 정교하게 채색했다. 이와 같은 정밀한 인물 묘사로 미루어, 이 화가는 원본을 매우 충실히 이모한 것으로 보인다.

이 초상화의 원본은 김주신이 말한 김명국의 그림이었을 것으로 추정된다. 따라서 이 초상화의 정교한 필치는 그 원본, 즉 김명국이 완성한 초상화에도 거의 동일하게 적용돼 있었을 것이다. 국립중앙박물관 소장 〈달마도〉 등 현재 전하는 김명국의 작품들은 그가 거칠고 힘찬 필획을 구사하고 최소한의 필선으로 대상의 특징을 포착해 내는 능력의 소유자였음을 알려 준다. 그러나 그의 초상화가 이모되어 남은 〈이시백 초상〉을 보면 그가 인물을 세밀하고 섬세하게 묘사하는 데에도 매우 뛰어난 기량을 가졌음을 알 수 있다.

―――   **"터럭 하나라도 더 많으면, 곧 다른 사람이다"**

동양 문화권의 지식인들은 오래전부터 초상화의 필수 요소로 '외형의 완벽한 재현'을 꼽았다. 중국 송나라의 저명한 유학자 정이程頤는 이렇게 말했다.

대체로 초상화를 제사 때 사용해서는 안 된다. 만일 제사 때 그것을 쓰려면 모름지기 터럭 하나라도 차이가 없어야 한다. 만일 터럭 하나라도 더 많으면 [초상화 속 그는] 곧 다른 사람이 된다.[18]

정이는 어떤 인물의 초상화에 작은 신체 특징 하나라도 제대로 묘사되지 않은 게 있다면, 그 초상화를 그의 제사에 사용하면 안 된다고 주장했다. 이 말은 당시 제례 때 보편화되었던 초상화 사용을 억제하고 신주神主 사용을 장려할 목적에서 나온 것으로 보인다.[19]

중국에서 신주는 본래 고인故人이 된 사람의 신神을 빙의하게 할 목적으로 고안되었는데, 정이와 주희朱熹 등 송나라 성리학자들은 예법의 정비를 통해 조상 숭배 의식을 널리 확대하는 과정에서 신주 사용을 널리 권장했다. 특히 정이는 송대 이전까지 천자天子와 제후諸侯만이 갖출 수 있다고 알려졌던 신주를 대부大夫나 사士도 갖출 수 있다고 주장했으며, 제도와 법식을 정비해 신주가 보편적으로 사용되는 데 결정적인 역할을 했다.[20]

초상화는 신주에 비해 제작도 어렵고 문제의 소지도 있었다. 우선 초상화는 그리는 데 상당한 비용이 들었다. 그리고 실력 없는 화가에게 초상화를 의뢰할 경우, 또는 이미 돌아가신 조상의 초상화를 후대에 제작할 경우, 이른바 '닮지 않은' 초상화가 제작될 가능성이 컸다. 정이는 바로 이 점을 우려했던 것 같다.

우리나라에서 초상화 제작이 성행한 것은 고려시대에 이르러서였다. 고려시대에 이미 초상화 주인공 외모의 사실적 표현을 중요시했음이 여러 기록을 통해 확인된다. 고려의 대표적인 문학가 이규보李奎報는 시어侍御 벼슬을 하고 있는 박인석의 집을 방문해 그의 집에서 이기李杞가 그린 엄 씨(상서尙書를 지냄)의 초상화를 보고 그 감흥을 글로 남겼다. 이기는 1200년 전후에 활동한 화가이며, 이규보가 이 그림을 보았을 때 엄 상서는 이미 사망한 후였다.

> 지난번에 우연히 시어侍御 댁에 갔다가 생전 엄 씨의 모습이 그려진 초상화를 보고 절한 뒤 그것을 바라보았습니다. 그랬더니 그 모습은 완연히 평소와 같아서 조용히 거처하실 때의 화창하셨던 얼굴 모습 그대로였습니다. …… 나아가서 초상화와 마주하니 안색은 충만하고 눈과 눈썹은 거침이 없어서 마치 말하고 웃을 것 같았습니다. 위아래를 훑어보는 사이에 나도 모르게 눈물을 흘렸습니다.[21]

이규보는 박인석의 집에서 초상화 속 엄 상서의 형상을 상세히 살폈다(이규보가 왜 박인석의 집에서 엄 씨의 초상화를 보았는지, 박인석과 엄 씨는 어떤 관계였는지는 알 수 없다). 이때 그는 그림 속 엄 상서가 마치 자신에게 말을 거는 듯한 느낌을 받았고, 그 결과 부지불식간에 눈물을 흘리고 말았다. 그가 이러한 경험을 한 것은 그림 속 엄 상서의 외형이 매우 사실적으로 재현되었기 때문일 것이고, 외형적 닮음을 중요시한 이규보였기에 감동으로 이어졌을 것이다.

─── 〈장말손 초상〉과 〈이시방 초상〉의 차이

조선왕조가 개국하면서 초상화 제작은 크게 축소되었다. 그러나 공신 책봉 때 수여되는 공신 초상화는 고려에 이어 조선에서도 여전히 활발하게 제작되었다. 조선 초기에 그려진 공신 초상화들은 화가들이 닮음의 구현을 매우 중요하게 여겼음을 보여 준다.

〈장말손 초상〉(그림 14)은 조선 초기에 제작된 대표적인 공신 초상화다. 장말손張末孫은 예조좌랑으로서 1467년에 일어난 이시애李施愛의 난 평정에 공을 세웠고, 1476년경에 적개공신敵愾功臣 2등에 녹훈錄勳되면서 이 초상화를 하사받았다. 최경, 안귀생 등으로 대표되는 세조~성종 대 도화서 화원들에 의해 제작된 〈장말손 초상〉을 자세히 살펴보면, 이 초상화를 그린 화가가 '닮음'을 구현하기 위한 실제적인 방안을 강구하고 이를 실행하기 위해 상당한 노력을 쏟았음을 알 수 있다. 그는 장말손의 콧등 오른쪽, 턱 왼쪽, 팔자주름 주변 등 음영이 지는 곳을 정교하게 표현하고, 양쪽 콧볼을 모두 그리고 입술과 왼쪽 귀 아랫부분에 선을 하나씩 그려 넣음으로써 얼굴을 입체감 있게 묘사했다. 또한 주변 윤곽보다 좀 더 굵고 검은 필선으로 눈 윗부분을 윤곽 지게 구사해 장말손의 속눈썹을 표현했는데, 이는 그의 눈을 좀 더 입체적으로 보이게 한다(그림 16).

〈장말손 초상〉의 주인공이 사실적으로 재현되었다고 평가할 수 있는 것은, 이 그림보다 약 150년 후에 제작된 〈이시방 초상〉(그림 15)과의 비교를 통해서 더욱 분명해진다. 앞서 언급한 이시백의 동생인 이시방李時昉은 유생儒生의 신분으로 1623년 인조반정에 아버지, 형과 함께 가담했고, 이때의 공을 인정받아 이듬해 정사공신 2등으로 녹훈되어 이 초상화를 하사받았다.

〈이시방 초상〉의 화가는 얼굴의 윤곽을 짓고 이목구비를 묘사하는 데 선의 사용을 최대한 억제하고, 밝은 느낌을 주는 살색을 썼으며 뺨 부분에 홍조 즉 붉은 기운을 뚜렷하게 표현했다. 그런데 명암을 두드러지게 표현하지 않고 선을 절제해 사용한 탓에 이시방의 얼굴은 장말손의 그것보다 입체적으로 보이지 않는다(그림 16, 17).

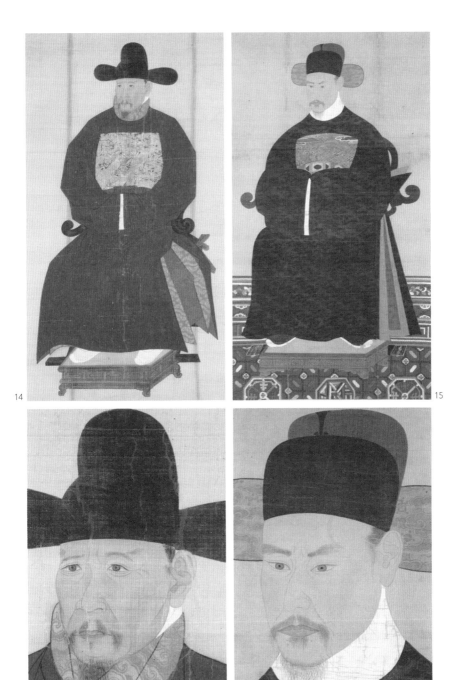

14. 작가 미상, 〈장말손 초상〉, 1476년경, 비단에 색, 168.0×106.3cm, 영주 인동장씨 연복군 종택.
15. 작가 미상, 〈이시방 초상〉, 1624년경, 비단에 색, 169.0×93.0cm, 대전역사박물관(연안이씨 이시방가 기탁).
16. 작가 미상, 〈장말손 초상〉(그림 14)의 세부.
17. 작가 미상, 〈이시방 초상〉(그림 15)의 세부.

몸체 및 의복 표현에서도 이 점은 마찬가지다. 두 초상화의 주인공은 모두 단령團領(깃을 둥글게 만든 관복)을 입고 있는데, 공통적으로 단령의 왼쪽 하단 트임 부분에 안감, 내의, 내의의 안감이 표현되어 있다. 그런데 〈장말손 초상〉의 화가는 단령과 내의의 윤곽선을 각지게 묘사하고 단령과 내의가 겹쳐 보이도록 표현한 데 반해, 〈이시방 초상〉의 화가는 이 부분을 하나의 면을 단순하게 균등 분할하는 방식으로 묘사했다. 더욱이 그는 삼각형 모양의 옷자락을 이시방의 왼팔 뒤에 그려 넣었다. 그 결과 〈이시방 초상〉의 단령이 〈장말손 초상〉의 그것보다 덜 입체적으로 보인다.

그렇다면 〈이시방 초상〉을 본 17세기 사대부들은 주인공의 외형이 사실적으로 재현되지 못한 그림이라고 여겼을까? 앞서 언급했듯이, 김주신은 이 초상화와 같은 시기에 제작된 이시백의 초상화를 보며 주인공의 외모가 실제와 비슷하게 재현되었다고 말했다. 〈이시방 초상〉의 표현 방식으로 보았을 때, 이 그림을 그린 화가는 인물을 입체적으로 묘사하기보다 피부색을 실제 모습처럼 생기 있게 표현함으로써 외형을 닮게 재현할 수 있다고 믿었던 것 같다. 이 두 공신 초상화는 대상 인물을 실제와 비슷하게 재현하는 방식, 그리고 '사실적인 재현'에 대한 사람들의 평가 기준이 시기별로 달랐음을 알려 준다.

——— "어진御眞은 조금이라도 미진한 점이 없어야 합니다"

17세기 초에는 많은 수의 초상화가 제작되었으나 그 대다수는 공신 초상화였다. 공신 초상화는 도화서 화원들에 의해 그려진 데다 시기별로 정형화된 양상을 띠었으므로 거의 동일한 형식을 공유하고 유사한 표현 기법이 적용되었다. 공신 책훈이 아닌 다른 여러 사유로 초상화 제작이 성행한 것은 17세기 말 이후부터였다. 조선 개국 후 200여 년 만에, 재위 중인 국왕이 자신의 어진 제작을 추진하고 여러 학자와 관리들이 자신의 초상화를 갖추는 일이 바로 이때 일어났다.

이 시기의 사대부들은 이전과는 다른 수준의 '외형의 닮음'에 깊은 관심을 드러냈다. 1713년 숙종 어진의 제작 과정에서 숙종과 대신들이 보였던 초상화에 대한 인식과 태도는 그들이 얼마나 외형의 닮음을 중요시했는지를 구체적으로 보여 준다.

숙종은 1689년과 1695년에 두 차례에 걸쳐 도화서 출신 화가들을 배제하고 평양 출신의 회가 조세걸曺世傑에게 자신의 어진을 세작하라고 명했다. 숙종은 신하들에게 알리지 않고 비밀리에 자신의 어진을 완성했다. 1713년에도 숙종은 비공식적으로 도화서 화원 진재해에게 명하여 자신의 어진 초본草本을 완성했다. 그런데 초본이 완성된 직후인 같은 해 3월 좌의정 이이명李頤命은 다음과 같이 말하면서, 어진 제작을 어용도사도감御容圖寫都監이라는 임시 관청을 설치하여 진행할 것을 숙종에게 건의했다.

영구히 전해질 어진은 조금이라도 미진한 점이 없어야 합니다.[22]

이 말에는 이전에 제작된, 즉 1689년 혹은 1695년에 제작된 숙종의 어진이 '미진한' 것이라는 인식이 깔려 있고, '미진하다'는 말은 곧 '핍진하게' 혹은 '닮게' 재현되지 못했다는 말로 해석된다.

결국 숙종이 이이명의 긴의를 받아들이면서 숙종 어신 제삭은 왕과 신료들의 참여하에 공개적으로 진행되는 국가사업이 되었으며, 그 결과 이때 이루어진 어진 제작의 모든 과정은 자세히 기록으로 남았다.

조선시대에 재위 중인 국왕의 어진 제작이 이와 같이 공식적·공개적으로 진행된 것은 처음 있는 일이었다.

'미진함이 없는 어진'의 제작을 위해 도감의 관리들이 우선적으로 한 것은 나라에서 가장 실력이 뛰어난 화가를 선발하는 일이었다. 진재해가 이미 초본을 그린 상황에서, 그들은 진재해보다 나은 솜씨의 화가를 찾기 위해 도화서 화원 박동보는 물론이고 이치, 김진여, 김익주 등 지역에서 이름난 화가들을 궁으로 불러들여 그들의 재능을 시험, 평가했다. 그런데 이 과정을 통해 최종적으로 선발된 사람은 다름 아닌 진재해였고, 그는 주관화사主管畵師가 되어 용안龍顔(임금의 얼굴)을 그리는 작업을 도맡게 되었다.

이때 숙종 어진의 제작을 주도한 인물은 다름 아닌 숙종 본인이었다. 그는 어진 제작을 도감의 관리들에게 온전히 맡기지 않았다. 그는 어진 제작의 주요 단계마다 대신들을 궁으로 불러들여 제작 중인 어진을 앞에 두고 그들에게 의견을 물었다.

대신들은 그림 속 숙종의 체형이 실제 모습보다 더 커 보이니 약간 줄이는 편이 나을 것 같다거나, 왕의 눈동자가 매우 희어서 육색肉色을 더하면 괜찮아질 것 같다거나, 왕의 아랫입술에 검은색이 과도하게 칠해져 있다는 등의 의견을 냈다. 관자놀이와 귀 사이에 난 털과 같은 용안의 세세한 특징을 언급한 대신도 있었다.

얼굴색을 정확하게 표현하기 위해서는 화원이 바로 앞에서 왕을 볼 수 있도록 해야 한다는 의견을 낸 신하도 있었다. 화원이 하급 관리인 점을 내세워 반대한 신하도 있었지만, 숙종은 이를 수용해 진재해가 자신의 바로 앞에서 얼굴을 자세히 관찰한 뒤 채색할 수 있도록 조치했다. 이때 신하들은 이 과정을 바로 옆에서 지켜보면서 진재해가 제대로 색을 칠하고 있는지 면밀하게 살펴, 의문이 들거나 틀렸다고 생각되는 부분이 있으면 지체 없이 지적하기도 했다.

숙종과 도감의 관료들은 숙종의 외모를 완벽하게 재현하는 일이, 가장 솜씨 있는 화가에게 왕의 세세한 신체 특징이나 얼굴빛 등을 가까이에서 자세히 관찰하게 하고, 그가 관찰한 바를 최대한 그림에 반영하게 하는 작업으로 끝나지 않는다는 점을 잘 알고 있었다. 특히 그들은 외형의 완벽한 재현은 곧 진전된 회화 기법으로 해결, 보완될 수 있음을 인지하고 있었다.

그래서 도감의 관리들은 숙종 어진을 제작하기 선에 연행燕行 사절단의 일원으로 북경北京을 다녀왔던 화원 허숙許俶을 불러들여 진재해와 토론을 벌이게 했다. 당시 북경에 거주하는 무명의 화가가 연행사燕行使 정사正使, 즉 연행 사절단 대표인 김창집金昌集의 초상화를 그렸는데, 허숙은 이를 직접 목격한 인물이었다. 또한 도감의 관리들은 그 청나라 화가가 그린 김창집의 초상화를 궁으로 가져오게 하여 진재해가 어진을 채색할 때 참고하도록 했다.[23] 따라서 허숙의 북경 파견과 김창집의 초상화 제작은 어진 제작을 염두에 두고 당시 청나라의 초상화 기법을 상세히 파악하고자 한 숙종의 지시로 실행된 일로 파악된다.

숙종 어진은 도감이 설립된 지 약 35일 만인 1713년 5월 5일에 완성되었다. 도감의 최고 책임자였던 도제조都提調 이이명은 숙종 어진의 채색이 끝난 이날 "무릇 그림은 걸면 달리 보이지만 이 어진은 이를 알지 못하겠습니다."라고 숙종에게 보고했다. 이 말은 어진 제작 전에 그가 숙종에게 "영구히 전해질 어신은 조금이라도 미진한 점이 없어야 합니다."라고 했던, 새 어진 제작의 일종의 목표를 달성했음을 단언한 것처럼 들린다. 다만 이때 완성된 숙종 어진이 현재 전하지 않아, 숙종과 도감의 관료들이 쏟은 노력의 결과를 확인할 수 없다는 점은 매우 안타깝다.

1748년에 1713년 작 숙종 어진의 이모 작업이 진행되었으며, 1901년에는 이 이모본의 재再이모 작업이 진행되었다. 1901년 이모 작업은 근대기 최고의 초상화가로 평가되는 채용신蔡龍臣 등이 맡았다. 화폭의 상당 부분이 소실된 상태로 전하는 국립고궁박물관 소장 〈숙종 어진〉(그림 18)이 바로 채용신 등이 이모한 것으로 추정되는 그림이다.[24] 1954년 부산 용두산에 대형 화재가 발생했을 때 이 산에 자리했던 궁중 유물 창고도 피해를 입었는데, 이때 이 어진이 다른 어진들과 함께 불에 탄 것이다. 숙종의 용안을 볼 수 없어 아쉽지만, 남아

18. 채용신·조석진 등, 〈숙종 어진〉, 1901년, 비단에 색, 206.0×110.0cm, 국립고궁박물관.

있는 부분을 통해 어진의 형식과 그가 착용한 복식을 추정해 볼 수 있어 그나마 다행이다.

숙종 대에 이르러 초상화 제작이 활기를 띠면서 조세걸, 김진규, 김진여, 진재해 등 이 시기 주요 초상화가들은 저마다 조금씩 다른 양식으로 초상화를 그리기 시작했다. 이는 이전까지는 볼 수 없었던 새로

운 현상으로, 대상 인물의 외형을 닮게 그리기 위해 화가들이 쏟은 노력의 결과로 이해된다. 그러나 한편으로는 숙종 어진의 제작 사례에서 볼 수 있었듯이 외형의 핍진한 재현을 바라는 사대부들의 요구에 부응한 결과로도 볼 수 있다.

초상화 표현 기법의 큰 변화

평양 출신의 화가 조세걸은 1689년과 1695년에 두 차례 연속으로 주관화사가 되어 숙종의 어진을 제작했을 뿐 아니라 당대를 대표하는 고위 관료와 학자 다수의 초상화를 그렸다. 초상화가로서 그가 명성을 얻을 수 있었던 것은 무엇보다도 도화서 화원들의 그림과 차별되는 새로운 화풍을 구사했기 때문이었다.

조세걸은 이전까지 도화서 화원들이 일관되게 사용했던 측면관側面觀이 아닌 정면관正面觀을 주로 채택해 초상화를 그렸으며, 명나라와 청나라의 초상화풍을 자기 그림에 적극적으로 적용했다. 측면관은 초상화의 주인공이 몸을 오른쪽이나 왼쪽으로 약간 튼 상태로 보이도록 한 것을 말한다.

〈박세채 초상〉(그림 20)은 조세걸이 그린 것으로 전하는 여러 점의 초상화 중 하나다. 이 그림에서 화가는 소론계 유학자 박세채朴世采의 콧대와 양 눈 사이 그리고 눈의 위아래에 필선을 겹쳐 그어 명암을 표현하는 식으로 얼굴의 입체감을 살렸으며, 코와 뺨 등에 붉은색 안료를 부분적으로 칠함으로써 실제와 비슷한 피부색을 재현했다. 또한 얼굴의 윤곽과 이목구비를 묘사할 때 굵고 선명한 선을 사용하지 않고 스케치하듯 가는 필선으로 표현했다.[25] 〈박세채 초상〉(그림 19)과 〈이시방 초상〉(그림 17)을 비교하면, 도화서 화원들이 이전까지 공통적으로 사용해

온 전통적인 초상화풍과 다른, 그
만의 화풍을 명확히 알 수 있다.

숙종 대에 '외형의 닮음'을 이
루기 위해 노력했던 화가로 김진
규金鎭圭를 빼놓을 수 없다. 그는
숙종의 첫 번째 왕비 인경왕후의
오라버니로, 예조판서 등 고위직
에 올랐던 문인화가였다. 1695년
에는 숙종으로부터 인현왕후의
어진 제작을 권유받기도 했다. 그
는 1713년에 숙종 어진 제작을
위한 임시 관청인 어용도사도감
의 제조提調로 임명되었다. 이 도
감의 책임자인 도제조 1인 및 부
副 책임자인 제조 3인 등 4인 중에

19. 조세걸(추정), 〈박세채 초상〉(그림 20)의 세부.

서 그림에 조예가 깊었던 인물은
그가 유일했으므로, 이때의 어진 제작을 실질적으로 이끌었던 관리는
그였을 것이다.

김진규의 숙부이자 『구운몽九雲夢』의 저자로 널리 알려진 김만중金
萬重의 초상화도 1680년대 후반에 김진규가 그린 것으로 추정된다.
이 초상화와 그가 그린 〈김만기 초상(초본)〉(그림 98)의 화풍은 매우 유
사하다. 김진규는 〈김만중 초상〉(그림 21)을 조세걸과 마찬가지로 정면
관으로 그렸다. 그러나 조세걸과는 달리 가는 선으로 분명하게 얼굴
윤곽을 지어 이목구비를 표현한 뒤 콧대 양쪽이나 눈 윗부분 등에 옅

20. 조세걸(추정), 〈박세채 초상〉, 17세기 말, 비단에 색, 179.0×103.3cm, 경기도박물관. ▶

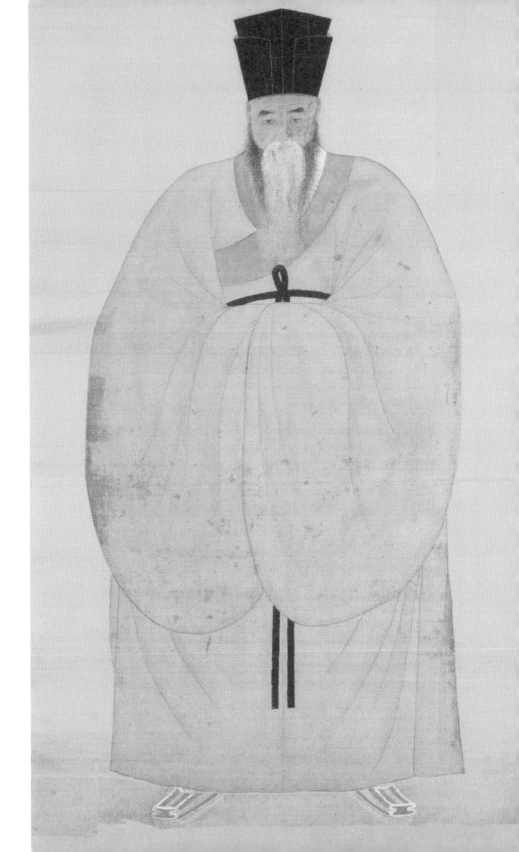

21. 김진규(추정), 〈김만중 초상〉의 세부. 17세기 말. 비단에 색. 171.2×88.1cm. 광산김씨 종중. (왼쪽)
22. 김진규(추정), 〈김진규 초상〉의 세부. 1710년대. 유지에 먹. 77.5×68.0cm. 광산김씨 종중. (오른쪽)

은 먹을 칠해 명암을 표현했다. 또한 안면 묘사에 선을 최대한 절제했다. 그는 이 그림에서 정면관을 택했지만, 구체적인 인물 표현 방식은 이전 시기의 전통을 계승했다.

〈김진규 초상〉(그림 22)은 1710년대에 제작된 그의 자화상으로 추정되는 초본草本 작품이다. 그가 노년에 자화상을 그렸음은 기록으로도 확인된다.[26] 이 초상화 왼쪽 가장자리에는 "예조판서와 대제학을 지낸 김진규 공의 초상화 최초 본禮曹判書大提學金公鎭圭影初本"이라고 적혀 있다. '초본草本'이 밑그림을 의미한다면, '초본初本'은 한 사람을 그린 여러 점의 초상화 중 최초의 것이라는 뜻이다. 초본草本은 정본正本(완성본)을 제작할 때마다 생산한다. 정본이 여러 점이 있을 경우, 특히 시점을 달리하여 여러 차례 정본을 제작한 경우 초본草本도 마찬가지로 여러 점이 존재하게 된다. 그래서 초본初本은 여러 초본草本들 중 최초의 것이라는 의미도 되고, 한 사람을 그린 여러 점의 초상화 중 가장 먼저 그린 것이라는 의미도 된다.

〈김진규 초상〉의 얼굴을 자세히 보면, 화가는 갈색의 굵은 필선으로 인물의 이목구비를 묘사하고 그보다 약간 가는 필선으로 가는 주름까지 세밀하게 그렸다. 코와 눈 사이, 눈두덩 바로 윗부분, 이마 양쪽 끝 부분, 그리고 팔자눈썹 주변으로 갈색 안료를 옅게 채색하는 방식으로 음영을 정밀하게 표현했다. 두창 흔적과 검버섯 등이 있는 피부를 먹 농도를 달리하고 부분적으로 붉은색을 칠하는 방식으로 세세히 표현했을 뿐 아니라, 수름마다 그 주변에 음영을 미묘하게 넣어 대상 인물의 얼굴을 사실적으로 화면에 재현했다.

이 초상화에는 김진규가 제작했거나 관여했음이 분명한 〈김만중 초상〉보다 사실주의 기법이 훨씬 뚜렷하게 적용되었다. 만일 이 초상화를 그의 자화상으로 볼 수 있다면, 그는 20여 년 사이에 극적일 정도로 자신의 초상화풍을 변화시킨 화가로 평가될 것이다. 그러나 이 작품이 그의 자화상이 아니라 할지라도, 그가 말년에 인물 표현 방식의 개념을 완전히 바꾸었을 것이란 분석은 여전히 가능하다. 이와 같은 진전된 사실적 표현 기법의 적용은 당대 저명한 초상화가이기도 한 그가 이러한 기법을 이해하고 그 적용을 화가에게 적극적으로 주문했기에 가능했을 것이기 때문이다. 그림에 조예가 깊었던 김진규가 자신의 초상화가 그려질 때 가만히 앉아 그림이 완성되기만을 기다렸다는 것은 오히려 상상하기 어려운 장면이다. 어느 쪽이든 한 문인화가가 제작에 참여한 것으로 보이는 〈김만중 초상〉과 〈김진규 초상〉은 1700년을 전후하여 초상화 표현 기법에 얼마나 큰 변화가 있었는지를 집약적으로 보여 준다(그림 21, 22).

〈김진규 초상〉의 표현 기법은 이 화가가 〈박세채 초상〉을 그린 조세걸보다 더 진전된 인물 묘사 방식을 수용했음을 보여 준다(그림 19, 22). 한편 〈김진규 초상〉의 이목구비 묘사에 쓰인 갈색조의 굵은 필선은 조세걸의 화풍과 분명히 차별되는 요소이면서, 동시에 그 화가가 전통적 초상화 표현 기법을 완전히 벗어나지 못했음을 알려 주는 요소이기도 하다.

23. 김진여, 〈권상하 초상〉의 세부, 1719년, 비단에 색, 132.0×93.0cm, 의림지역사박물관.

조세걸의 제자 김진여金振汝는 평양 출신으로, 숙종 시대에 서양화법을 가장 적극적으로 수용해 초상화에 반영한 화가다. 그가 1719년 3월에 제작한 〈권상하 초상〉(그림 23)은 서양에서 발전한 명암법을 바탕으로 한 화풍의 그림임을 분명하게 보여 준다.

그는 얼굴의 바탕을 갈색으로 칠한 뒤 어두워 보이는 부분과 주름 주변을 좀 더 진한 갈색으로 칠해 음영을 표현했다.[27] 특히 왼뺨 부분을 주변보다 짙게 칠해 음영을 드러낸 결과 권상하權尚夏의 얼굴은 매우 입체적으로 보인다. 새로운 표현 방식은 코와 입 묘사에서 보다 두드러진다. 그는 윤곽선을 사용하지 않고 채색만으로 콧대를 묘사하고 입 주변부를 밝게 칠하여 코와 입의 입체감을 드러냈다. 김진여가 구사한 이러한 표현법은 이전 시기의 화가들에게서는 확인할 수 없는 매우 진전된 방식이었다.

1713년 숙종 어진을 제작할 때 숙종은 도화서 출신의 진재해를 주관화사로 최종 낙점했다. 김진규와 민진원 등 어용도사도감의 일부 신하

들이 김진여의 재능을 눈여겨봐 달라고 거듭
요청했지만, 왕은 자신의 선택을 바꾸지 않았
다. 이때의 어진 제작 이후, 진재해는 1730년
대 초반까지 분무공신에 책훈된 신하들의 초
상화 제작을 주도하는 등 고위 관료들의 초상
화를 도맡아 그렸다. 그리하여 그의 화풍은
19세기 말까지 도화서 화원들이 구사한 초상
화풍의 근간을 이루었다.

24. 진재해, 〈유수 초상〉(그림 12)의 세부.

〈유수 초상〉(그림 12, 24)은 진재해가 1726년
에 그린 그의 대표작 중 하나다. 이 그림에서
진재해는 탄력 있는 느낌을 주는 일정한 굵기
의 자주색 선으로 인물의 이목구비와 주름을
명징하게 묘사했으며, 밝은 살색으로 얼굴을 칠하고 뺨에는 홍조를 표
현했다.[28]

한편, 그는 앞서 언급한 화가들에 비해 서양화법으로부터 영향받은
새롭고 진전된 표현 기법을 두드러지게 사용하지는 않았다. 그는 눈
주변의 음영을 드러낼 때 조세걸처럼 소묘하듯이 반복적으로 필선을
긋는 대신 먹을 옅게 칠하는 방식을 택했다(그림 19). 또한 김진규처럼
인물의 자잘한 주름까지 묘사하거나 까칠까칠한 피부 질감을 온전히
표현하지 않았으며(그림 22), 김진여처럼 강한 명암 표현을 통해 전체적
으로 피부색을 어둡게 처리하거나 피부 톤의 차이를 현저하게 드러내
지 않았다(그림 23).

그 대신 그는 주인공이 가진 이목구비의 특징적인 면모를 포착해 간
결하게 묘사하고, 따뜻한 질감의 피부색을 표현하는 데 집중했다. 그 결

1. 초상화란 무엇인가?

과 유수는 화기和氣 가득한 모습으로 묘사되었으며, 매우 온화한 성품의 소유자처럼 재현되었다. 이러한 그의 화풍은 세 화가의 화풍보다는 〈이시방 초상〉(그림 15, 17) 등 공신 초상화의 화풍, 즉 17세기 전반기 화원들이 구사한 전통적 방식의 초상화풍에 바탕을 둔 것으로 여겨진다.

조선 후기에 많은 화가들은 서양화법 같은 보다 진전된 사실적 표현기법을 적극적으로 도입해 인물을 그렸다. 그러나 이 시기에는 진재해처럼 새로운 화풍을 부분적으로 수용하면서도 전통 화풍을 고수한 화가들도 있었다. 〈유수 초상〉은 바로 이 점을 보여 준다.

조선시대에 초상화를 그릴 때 '외형의 닮음'의 중요성은 과소평가된 적이 없었다. 특히 1680년대에서 1720년대까지 약 40년 동안은 여러 화가들이 '외형의 닮음'을 이루기 위해 저마다의 표현 방식을 개발해 구사하던 시기였다. 그들은 정면관 채택, 중국의 초상화풍 수용, 서양의 명암법 도입 등 인물의 외형을 닮게 그리기 위해 지속적으로 다양한 시도를 했다. 진재해처럼 전통 화풍을 적극적으로 계승한 화가도 있었다.

또한 이 시기에는 공신 책훈 때가 아니면 초상화를 거의 그리지 않던 기존의 관례를 깨고 평상시에도 초상화를 제작하는 새로운 관행이 생겼다. 이 과정에서 가장 중요시했던 것은 '인물의 외형을 닮게 그려야 한다.'는 명제의 실천이었다.

'닮음'을 추구한 그림 2 : 내면의 닮음

과장된 묘사, 〈송시열 초상〉과 〈윤두서 자화상〉

조선시대 사대부들은 초상화에서 외형을 사실적으로 그리는 것 못지않게 '전신傳神' 즉 주인공의 내면, 정신, 인품 등을 담아내는 것을 매우 중요하게 여겼다. 그들이 학문적 명망으로 높이 평가되는 인물의 초상화를 볼 때 경외심을 느꼈던 것은 그 초상화에 주인공의 내면 혹은 정신이 투영되었다는 믿음을 가졌기 때문이다.

정약용丁若鏞은 강원도를 유람하던 중에 김수증金壽增이 경영한 화천 곡운구곡谷雲九曲 주변의 한 서원에서 송시열宋時烈의 초상화를 보고 이런 감상평을 남겼다.

> 우암의 74세 때 모습을 그린 초상화에서 우암은 수염과 머리카락이 매우 희고 아랫입술은 선명하게 붉으며 이가 없어 턱은 짧다. 그러나 눈에서 빛이 나 기氣로 천 명을 압도할 듯하다.[29]

25. 김창업 초, 진재해 필(추정), 〈송시열 초상(야복방건본)〉, 18세기 초, 비단에 색, 92.5×62.0cm, 의림지역사박물관.

권상하 후손가에 전해 내려온 〈송시열 초상(야복방건본)〉(그림 25)은 여러 점이 전하는 송시열의 74세 초상화 중 하나다. 비록 이 초상화가 정약용이 갔던 서원에 봉안되었던 본은 아니지만, 그림 속 송시열은 정약용이 묘사한 바와 상당히 일치하는 모습이다.

  이 초상화에서 눈과 뺨, 이마 등 얼굴 곳곳에 그려진 굵직하고 구불구불한 모양의 주름, 붉은색으로 칠한 두꺼운 입술, 매우 무성한 수염과 눈썹, 그리고 큰 몸체 등은 송시열을 매우 강렬한 인상을 가진 인물로 보이게 한다.

  이와 같은 그의 모습은 "천 명을 압도할 듯하다."고 한 정약용의 평을 수긍하게 한다. 그러나 동시에 이 초상화는 사실적 표현에 충실한 결과물이라기보다는 송시열의 신체적 특징을 다소 과장되고 도드라지게 묘사해 얻은 결과물인 것 같기도 하다.

  앞서 살펴본 〈박세채 초상〉(그림 20)도 이와 유사한 경우로 볼 수 있다. 이 초상화에서 박세채는 유복儒服을 입고 서서 정면을 응시하고 있는데, 특히 떡 벌어진 어깨, 넓은 팔소매 등으로 인해 그의 덩치가 매우 커 보인다. 그의 사후에 제자 김간金榦은 이 초상화를 첨배瞻拜한 뒤 화상찬畫像贊을 지어 이렇게 말했다.

  > 높고 큰 산의 형상, 넘쳐 흐르는 춘풍春風의 기운을 지니셨네.
  > …… 그림으로는 그 모습을 그릴 뿐 그 도덕은 그리지 못한다 할
  > 지라도, 이 그림을 보면 화창한 날의 바람, 비 갠 뒤의 밝은 달 같
  > 은, 가슴 깊이 품은 회포를 상상할 수 있도다.[30]

  김간이 '높고 큰 산', '화창한 날의 바람', '비 갠 뒤의 밝은 달' 같은

이미지를 떠올렸다는 것은 이 그림에서 스승의 높은 정신을 느꼈기 때문일 것이다. 특히 "높고 큰 산의 형상"이라는 표현은 주인공이 우뚝 서 있는 모습에 대한 적절한 감상평으로 다가온다. 그런데 다른 측면에서 생각해 보면 화가가 관람자의 이런 반응을 이끌어 내기 위해 주인공의 몸체와 그가 입고 있는 유복을 실제보다 더 크게 표현한 게 아닌가 하는 의문도 든다.

정약용과 김간은 각각 송시열과 박세채의 초상화를 보고 주인공의 강렬한 인상에 탄복하며 외경심을 표현했다. 이 같은 반응은 그들이 한 시대를 풍미했던 대大학자의 형상을 마주한 데서 나온 것이지만, 다른 한편으로는 화가들이 표현하고자 한 바가 그들에게 효과적으로 전달된 데서 비롯된 측면도 있다. 즉 그 화가들은 두 대학자의 정신을 강조하기 위해 그들의 특징적인 형모形貌 즉 외형을 다소 과장되거나 도드라지게 표현했으며, 이러한 표현 덕분에 후학들은 그들이 훌륭한 인품에 걸맞은 형모를 가졌음을 단숨에 깨달았던 것이다. 17세기 말~18세기 초에 화가가 주인공의 정신을 표현하기 위해 신체 일부의 특징을 과장되게 표현하는 경향은 종종 확인된다. 〈송시열 초상(야복방건본)〉과 〈박세채 초상〉은 바로 이러한 사실을 뒷받침하는 대표적인 작품들이다.

조선 후기를 대표하는 문인화가 윤두서尹斗緖의 자화상(그림 26)은 국보로 지정된 몇 안 되는 조선시대 초상화 중 하나다. 이 자화상에서 눈꼬리와 눈썹 끝은 귀 방향으로 추어올려져 있고 입은 굳게 다물어져 있는데, 이러한 묘사는 그를 매우 예민하고 근엄하며 자신감 넘치는 성격의 인물로 보이게 한다. 이 그림을 실제로 마주하면 그 강렬한 인상에 놀라지 않을 수 없다.

그렇다면 이 자화상은 윤두서 가 자신의 모습을 보이는 그대로 묘사한 것일까? 특히 그의 한쪽 귀밑에서 다른쪽 귀밑까지 빙 둘 러 나 있는 수염 한 올 한 올이 서 로 얽히지 않고 가지런히 바깥쪽 으로 뻗은 모습은 결코 사실적인 표현으로 보이지 않는다. 같은 시기의 어느 초상화를 보아도 주 인공의 수염 터럭들은 서로 얽히 고설킨 모습으로 묘사되어 있는 데, 자화상 속 윤두서의 수염은 현실적으로 그럴 법하지 않은 형 태임을 쉽게 짐작할 수 있다.

한 미술사학자는 〈윤두서 자 화상〉의 수염을 두고 "내면 깊은 곳으로부터 기氣를 발산하는 듯

26. 윤두서, 〈자화상〉, 18세기 초, 종이에 먹, 38.5×20.5cm, 녹우당.

하다."[31]라고 했는데, 이 말은 윤 두서가 왜 자신의 수염을 이처럼 과장되게 표현했는지 설명해 주는 것 같다. 아마도 윤두서는 자신이 평생 쌓은 학문적·예술적 성취와 자신감의 근원을 자화상에 담아내 고자 했으며, 자신의 머리(얼굴)에서 기가 발산되는 듯한 모습으로 수 염을 표현함으로써 이를 실현할 수 있다고 믿었던 것 같다.

서양에서도 이와 유사한 예를 찾아볼 수 있다. 〈필리프 멜란히톤 초

1. 초상화란 무엇인가?

상〉(그림 27)은 북유럽 르네상스를 대표하는 화가 뒤러가 1526년에 독일의 종교개혁가 멜란히톤을 직접 만난 후 그린 판화 형식의 초상화다. 이 그림 하단에는 이런 라틴어 문장이 적혀 있다.

> 뒤러는 살아 있는 필리프의 형상을 묘사할 수 있었지만,
> 뛰어난 솜씨로도 필리프의 정신을 묘사할 수는 없었다.

즉 뒤러는 자신이 어떤 대상을 매우 정밀하게 묘사할 수 있는 능력을 가지고 있지만, 위대한 한 인문주의자의 내면 혹은 정신을 화면에 온전히 담아내기는 어려웠다고 말한 것이다.

그러나 이 초상화의 매우 정밀하면서도 다소 과장된 얼굴 표현은 오히려 이 문구를 부정하고 "이 인문주의자의 정신을 표현할 수 있다."고 당당히 밝힌 표징으로 읽힌다. 왜냐하면 하늘을 배경으로 한 주인공의 머리는 뼈가 드러날 듯이, 신체에 비해 크게, 게다가 이마가 돌출되도록 표현되었는데, 이는

27. 알브레히트 뒤러, 〈필리프 멜란히톤 초상〉, 1526년, 종이에 인쇄, 17.7×12.7cm, 메트로폴리탄미술관.

멜란히톤의 위대한 지성과 정신을 드러내기 위해 의도한, 다소 과장된 표현으로 해석되기 때문이다.[32]

'정신'을 담다, 〈강세황 자화상〉과 〈서직수 초상〉

조선시대 사대부들이 초상화에 쓴 주인공에 대한 찬문贊文은 그의 신체 특징을 과장되거나 왜곡되게 표현하지 않고서도 그의 정신적 면모를 드러내는 가장 효과적인 방법 중 하나였다. 대개 초상화 찬문에는 주인공의 인품, 학문적 성취, 정신 등을 높이 평가한 내용이 반드시 포함되어 있다. 〈송시열 초상(야복방건본)〉(그림 25)에 적혀 있는 권상하와 김창협金昌協의 찬문에는 송시열에 대한 최고의 찬사가 담겨 있다. 권상하의 찬문은 이렇게 시작된다.

> 높고 높은 산악의 기상, 넓고 넓은 바다의 마음. 훌륭하구나, 여러 유학자들의 학문을 집대성하셨네! 성대하도다, 백대百代의 스승이 되셨네![33]

이 초상화를 보는 사람은 정약용처럼 송시열의 강렬한 인상에 탄복하는 동시에 이 찬문을 읽으며 학자로서의 높은 명망을 새삼 확인했을 것이다.

조선시대 사대부들은 초상화를 제작할 때 '외형의 닮음'을 강조하지 않은 적이 없었다. 그들이 외형의 닮음을 그토록 강조했던 것은 무엇보다 주인공을 실제 모습처럼 완벽하게 재현했을 때 그의 정신적 면모도 비로소 담기게 된다고 믿었기 때문이다. 조선 후기의 대표적인 실학자 이익李瀷은 초상화를 그리는 일에 대해 이렇게 언급했다.

> 정신은 형태 안에 있는데, 형태가 같지 않으면 정신을 전할 수 있겠는가. …… 정신이 전해졌는데도 형태가 닮지 않은 것은 광채

는 나지만 다른 물건이 되는 것과 같으니, 이것보다는 광채가 나고 그 물건이 되는 것이 낫다.[34]

그는 '광채가 난다'는 말이 초상화 주인공의 정신이 전해지는 것을 뜻한다고 설명했다.

또한 영·정조 대에 활동한 문인 심정진沈定鎭은 이렇게 말했다.

초상화를 그릴 때 덕德을 드러내기 위해 모貌[형태]를 그리는 것이다. 덕은 물物이고, 모는 기器이다. 물物이 있으면 기器가 있게 되고, 덕德이 있으면 모貌가 있게 된다.[35]

두 학자의 말에는 '사람의 정신은 곧 외형을 통해 드러나는 것이니, 외형을 닮게 그리면 그의 정신적인 면모도 드러날 것'이라는 논리가 담겨 있다. 결국 조선시대 초상화 제작에서 외형의 닮음이 중시된 것은 그것이 정신성을 반영하는 하나의 중요한 방편으로 인식되었기 때문이다.

18세기에 활동했던 문인화가 강세황은 1766년에 쓴 자전적 기록인 「표옹 자지豹翁自誌」에서 자신의 무덤에 묻힐 묘지명墓誌銘을 직접 지은 이유를 설명하면서 이렇게 말했다.

나는 일찍이 자화상을 그렸는데, 정신만을 잡아 그린 탓에 그 초상화는 세속의 화가들이 묘사한 것과 달랐다.[36]

개인 소장 〈강세황 자화상〉(그림 28)이 위에서 말한 그림인지는 알 수 없지만, 이 그림은 그가 생전에 그린 여러 점의 자화상 중 한 점이다.

이 그림에서 강세황은 소묘하듯 많은 필선을 사용해 명암을 드러 내고, 얼굴 피부의 질감이 드러나 도록 표현했다. 특히 눈과 코, 왼 턱의 주변 묘사에서 이를 확인할 수 있다. 이러한 표현은 조세걸 등 숙종 대 초상화가들이 구사했던 것보다 좀 더 진전된, 좀 더 서양 화법에 근접한 기법을 사용해 나 타난 결과이다.

28. 강세황, 〈자화상〉, 1763년 이전, 유지에 담채, 28.6×19.8cm, 개인 소장.

그런데도 강세황은 자신의 자 화상을 단지 정신만을 잡아 그렸 을 뿐이라고 말했다. 그의 발언은 정신성 이외의 것, 즉 사실성 등 은 전혀 염두에 두지 않았다는 말 처럼 들린다. 그러나 이 초상화를 보며 그의 말을 다시 읽으면, 그가 자신의 정신을 드러내기 위해 시도 한 방법이 다름 아닌 사실적 표현 기법을 적용한 것이었음을 짐작하게 된다.

〈서직수 초상〉(그림 29)은 용인현령龍仁縣令 등의 관직을 역임한 서직 수徐直修를, 정조 대 최고의 초상화가 이명기가 얼굴을 그리고 김홍도金 弘道가 몸체를 그려 완성한 작품이다. 서직수가 이 초상화 우측 상단에 직접 쓴 화기畵記에는 이런 말이 적혀 있다.

1. 초상화란 무엇인가?

이명기가 얼굴을 그리고 김홍도가 몸을 그렸다. 두 사람은 그림으로 유명하지만, 정신의 한 조각도 그려 내지 못했다.[37]

그는 이 화기에서 뛰어난 인물 묘사 솜씨를 가진 당대 최고의 두 화가도 자신의 '높은' 정신성을 전혀 담아내지 못했음을 한탄했다. 그가 두 화가의 이름을 거명한 것은 '그들이라면 나의 정신을 그림에 담아낼 수 있으리라'는 기대를 가졌음을 강조하기 위해서였을 것이다. 실제로 이명기는 사람의 얼굴 형태에 대한 정확한 파악 능력뿐 아니라 서양의 명암법에 대한 실질적 이해를 바탕으로 조선 후기 어느 초상화가보다 사실적인 표현 기법을 능숙하게 구사했던 것으로 평가되는 화가였다.[38]

강세황과 이명기가 이전 시대보다 진전된 사실적 표현 기법으로 주인공을 묘사한 것은 그렇게 했을 때 주인공의 정신을 그림에 담아낼 수 있을 것이라고 믿었기 때문이다. 조세걸, 김진규, 김진여 등 1700년 전후에 활동했던 화가들이 이러한 사실적 표현 기법을 본격적으로 도입했던 이유 역시 마찬가지였다.

그런데 앞서 언급했듯이, 동시대에 활약한 진재해는 그들처럼 서양의 진전된 표현 기법을 도입해 주인공 얼굴의 세부까지 표현하려는 시도를 하지 않았다. 그것은 아마도 이목구비를 간결하게 묘사하고 피부를 따뜻한 색감으로 표현함으로써 주인공의 위엄, 인품, 풍채 등 내적인 면모를 좀 더 선명하게 드러낼 수 있다고 믿었기 때문이 아닐까 한다.

오늘날의 사람들에게 진재해가 그린 〈유수 초상〉(그림 24)과 김진규의 자화상으로 추정되는 〈김진규 초상〉(그림 22)에 각각 적용된 표현 방식을 설명한 뒤 '당신의 초상화를 그린다면 어느 방식이 좋겠냐'고 묻

◀ 29. 이명기·김홍도, 〈서직수 초상〉, 1796년, 비단에 색, 148.8×72.0cm, 국립중앙박물관.

는다면, 〈유수 초상〉의 표현 방식을 선택할 사람이 적지 않을 것이라 생각한다. 왜냐하면 많은 사람들이 자신의 얼굴에 있는 자잘한 주름이나 잡티가 그림에 드러나지 않기를 원하기 때문이다. 오늘날 사람들이 자신의 사진을 앱app을 활용해 보정하는 것도 같은 이유이다.

───── **인자한 성품을 드러내다, 〈김정희 초상〉**

〈김정희 초상〉(그림 30)은 1857년에 도화서 화원 이한철李漢喆이 그렸다. 김정희金正喜의 사후 1년 뒤에 제작한 것으로, 굵고 선명한 선을 사용하여 이목구비를 그리고 주름을 간결하게 묘사했으며 선과 선염渲染(물을 칠한 후 마르기 전에 붓으로 먹을 엷게 칠하는 기법)으로 음영을 약하게 표현했다. 이러한 표현 방식은 〈유수 초상〉(그림 12, 24)의 표현 방식과 유사한 것으로, 이 초상화를 그린 이한철이 진재해의 화풍을 계승했음을 알 수 있다. 자신보다 한두 세대 앞서 활동한 이명기가 사실적 표현 기법을 구사했음을 이한철이 몰랐을 리 없다는 점을 고려하면, 그가 이명기가 아닌 진재해가 확립한 초상화풍을 적용한 것은 다분히 의도적인 행위로 보인다.

〈김정희 초상〉에서 당대 최고의 서예가이자 금석학자로 평가되는 주인공은 따뜻하고 인자한 성품을 가진 인물로 보인다. 이 점은 〈서직수 초상〉(그림 29)의 주인공이 냉철한 인물로 보이는 것과 대조된다. 선명한 선으로 얼굴 윤곽과 이

30. 이한철, 〈김정희 초상〉의 세부, 1857년, 비단에 색, 131.5×57.7cm, 국립중앙박물관(김정희 후손가 기탁).

목구비를 간결하게 묘사하는 것은 주인공의 외형을 있는 그대로 묘사하는 데 적합하지는 않지만, 특징적인 인상을 포착하여 표현하는 데는 매우 유리한 방법이다.

결국 조선시대 초상화 인물 묘사 방식은 사실적인 표현이 더욱 강화되는 방향으로만 변하지는 않았음을 알 수 있다. 이는 아마도 화가들이나 초상화 주문자들이 주인공을 있는 그대로, 사실적으로 그리는 방법만으로는 그의 정신을 담는 데 한계가 있다고 생각했기 때문일 것이다.

유럽에서 초상화가 본격적으로 성행했던 르네상스 시대에 화가들은 특히 여성의 초상화를 그릴 때 주인공의 외모를 사실적으로 정밀하게만 그리기보다는, 그녀의 외모를 당시 이상적이라고 여긴 여성상의 전형에 맞추어 그렸다. 그렇게 해서 여성으로서의 미美와 덕德을 고루 갖춘 모습으로 표현하고자 한 것이다. 그 결과 초상화 속 여성들은 대체로 표정이 없으며, 이상적인 신체 비율을 가진 모습으로 묘사되었다.

이탈리아 피렌체 출신의 화가 기를란다요의 〈조반나 델리 알비치 토르나부오니 초상〉(그림 31)은 르네상스 시기 메디치가家와 함께 피렌체의 유력 가문이었던 토르나부오니가家의 로렌초 토르나부오니가 임신 중에 죽은 자신의 아내

31. 도메니코 기를란다요, 〈조반나 델리 알비치 토르나부오니 초상〉, 1489~1490년, 패널에 혼합 재료, 77.0×49.0cm, 티센보르네미사 미술관.

1. 초상화란 무엇인가?

를 추모하기 위해 주문 제작한 초상화다.[39] 상반신만 묘사된 이 초상화에서 그녀의 얼굴, 목, 몸체 등은 완벽한 비율을 보인다. 무표정한 얼굴의 주인공은 정면이 아닌 측면을 응시하고 있다. 화려한 옷과 복잡하면서도 단정하게 정리된 머리카락, 목걸이에 달린 진주와 루비, 인물 옆에 걸린 묵주 등은 그녀가 부유한 가문의 여성임을 알려 준다.

주인공 뒤편에는 고대 로마의 시인 마르쿠스 마르티알리스가 남긴 명구가 적혀 있다.

> 예술, 당신이 성격과 영혼을 묘사할 수 있다면 지구상의 어떤 그림도 (그것)보다 아름답지 않을 수 없을 것이다.

이 문구는 이 그림 제작의 목적이 그녀의 덕성을 표현하고 기리는 데 있었음을 보여 준다.

'신명'이 깃든 그림

───── **'신명'의 힘, 〈이제현 초상〉과 〈하연 초상〉**

　　영조 때 영의정을 지낸 이광좌李光佐는 이제현李齊賢 초상화
와 이항복李恒福이 관련된 일화 한 편을 소개한 일이 있다. 이 일화는
수락영당水落影堂 건립에 관해 기록한 『수락영당지水落影堂誌』에 실려
있다. 수락영당은 19세기 말 충청도 청주에 조성된 이제현 초상화의
봉안처이다. 그 내용을 간추려 소개하면 다음과 같다.

　이항복이 아기였을 때 유모가 우물가에서 그를 안고 있다가 잠시 잠
이 들었는데, 백발노인이 지팡이로 그녀의 넓적다리를 툭툭 치며 "어
찌 아이를 주시하지 않느냐?"라고 말하는 꿈을 꾸다 놀라 깨어났다.
깨어나 보니 아이가 우물 쪽으로 기어가고 있었고, 그녀는 바로 아이
를 안고서 집으로 돌아왔다. 그런데 넓적다리에 통증이 가시지 않았
다. 이후 어느 날 이제현의 후손이 이제현의 초상화를 볕에 말리고 있
었는데, 이항복의 유모가 마침 그곳을 지나가다 그 초상화를 보았다.
그녀는 놀라면서 초상화의 주인공을 가리키며 "이 노인이 바로 얼마

전에 내 다리를 친 사람입니다."라고 말했다.

〈이제현 초상〉(그림 32)은 원나라 화가 진감여陳鑑如가 14세기에 활동한 고려의 학자 이제현의 33세 때 모습을 그린 것이다. 이제현의 초상화는 오늘날 여러 점이 전하는데, 모두 그의 젊은 시절 모습을 담고 있다.

이광좌가 이항복의 고손高孫이니, 위의 이야기는 그의 집안에 전해 내려온 것이 분명해 보인다. 일화의 사실 여부와 상관없이 이광좌는 이 이야기를 소개하면서 "선생의 신명神明이 돌아가신 지 수백 년이 지난 뒤에도 밝게 빛나 세도世道를 위해 먼 방손旁孫을 보우하였다."라고 했는데, 이 말은 매우 흥미롭다. 일화를 소개하기에 앞서 이광좌는 '신명'에 대해 이렇게 말했다.

> 무릇 사람이 사람으로서 행세하는 것은 단지 신명을 그 근본으로 삼기 때문이니, 선생[이제현]의 명성과 실제가 밝고 성대한 것 또한 [사람에 있어서] 오로지 신명이 전부를 차지하기 때문이다. 안으로는 만 번의 변화를 겪더라도 [신명이 있으면] 전혀 어려워할 바가 없을 것이다. 오! 사람은 때로 그 근본의 것을 잊고 태허太虛로 되돌아가니 막연하여 추모할 수가 없다. 그러나 초상화에 능한 자가 한 명 있어 그의 신명을 옮겨 내었으니 거동과 차림새 그리고 바라보는 모습이 모두 살아 있는 얼굴이다.[40]

이광좌가 말한 신명은 한 사람을 이루는 구성 요소 중 본체本體 즉 본질적인 것을 이른다. 보다 쉽게는 그의 '고매한 정신' 혹은 '혼魂' 정도로 말할 수 있겠다. 결국 위 일화는 이항복이 어린 시절에 자칫 큰 사고를 당할 뻔했지만 초상화 속에 담겨 있던 이제현의 신명, 즉 이제현의

'고매한 정신'이 그를 보살펴서 유모의 꿈에 나타나 위험을 알렸고, 그래서 그가 무사할 수 있었다는 내용이다. 그리고 이광좌가 신명에 대해 언급한 대목은, 뛰어난 화가는 초상화를 그릴 때 주인공의 '신명'을 담아낼 수 있으며 초상화에 담긴 신명은 길이 보존된다고 그가 믿고 있었음을 알려 준다.

조선 전기에 활동한 문신 하우명河友明은 자신의 아버지와 어머니의 초상화, 즉 〈하연 초상〉(그림 33)과 〈성주이씨 초상〉을 그렸다. 부친 하연河演은 세종 때 영의정을 지낸 이름난 문신이었다. 하우명이 죽은 지 100여 년이 지난 뒤 그의 고손高孫 하혼河渾은 고조할아버지의 본가가 있었던 인천에서 자

32. 진감여, 〈이제현 초상〉, 1319년, 비단에 색, 178.0×93.6cm, 국립중앙박물관.

신의 세거지인 경남 합천으로 이 두 초상화를 가져와 영당影堂을 지어 봉안했다. 이때 하혼은 임진왜란 때 도난당했던 〈하연 초상〉을 되찾게 된 일화를 소개했는데, 간추려 소개하면 다음과 같다.

하혼은 전쟁이 끝난 뒤 하연의 초상화가 봉안돼 있던 인천 소재 영당

1. 초상화란 무엇인가?

을 찾았는데, 이 무렵 꿈에 하연이 나타나 그에게 "내가 오랫동안 소래산 북쪽 바위틈에서 곤란을 겪고 있다."고 말했다. 이에 그는 다음 날 바로 소래산으로 향했다. 그곳에는 과연 하연의 초상화가 있었다. 알고 보니 왜적 한 명이 그 초상화를 가지고 가다가 점차 무거워짐을 느끼자 고개를 넘지 못하고 두려운 마음에 이곳에 두고 갔다는 것이다.[41]

33. 전傳 하우명, 〈하연 초상〉, 15세기 후반(추정), 비단에 색, 140×82cm, 국립대구박물관.

이와 유사한 이야기가 하나 더 있다. 조선 후기의 실학자 이덕무李德懋는 1768년에 황해도 장연 지역을 유람하다 그곳에 세거하는 정몽주鄭夢周의 후손으로부터 이야기 하나를 들었다. 역시 간추려 소개하면 다음과 같다.

임진왜란 때 정몽주의 후손 한 사람이 정몽주 초상화를 품에 안고 연일(현 경북 포항시 남구 연일읍)로 피란 갔는데, 바위 사이에 초상화를 둔 채 그와 그의 가족 모두가 왜적에게 죽임을 당했다. 그 후 한 선비의 꿈에 정몽주가 나타나 그 바위틈을 가리키는 것이었다. 선비가 꿈에서 깨어나 그곳을 찾아갔더니 과연 초상화가 있어서, 그길로 서원을 세워 그 초상화를 봉안했다.[42]

특정 인물의 외모가 완벽하게 재현되고 그의 정신이 포착된 것으로 평가되는 초상화는 비로소 그를 '닮게' 묘사한 그림으로 인정받게 된다. 조선시대에는 '닮게' 재현된 초상화에는 그의 '신명'이 담겨 있다는 믿음이 널리 받아들여졌다. 그래서 조선시대 사람들은 이제현 초상화 덕분에 국가의 동량棟樑이 될 운명의 어린 이항복이 위험에서 벗어날 수 있었으며, 하연 초상화에 그의 신명이 내재해 있는 까닭에 왜적이 그의 초상화를 함부로 훔쳐 갈 수 없었다고 여겼다. 이 두 일화는 그들의 이런 믿음을 여실히 보여 준다.

——— 7년 만에 다시 그려진 〈채제공 초상〉

닮게 그려진 초상화에 담겨 있다는 신명은 곧 그의 혼, 고매한 정신, 내면 등을 뜻하는 것으로 이해할 수 있다. 초상화에 이런 것들이 깃들어 있다는 당시 사람들의 사고는 다음 사례에서도 확인된다.

남인의 영수領袖였던 채제공蔡濟恭은 1781년에 소론계인 서명선徐命善 등의 공격을 받아 이후 8년간 서울 근교 명덕산에서 은거 생활을 했고, 1788년에야 정조의 부름을 받아 우의정이 되었다. 1791년 정조는 7년 전인 1784년에 제작된 채제공의 초상화를 보고 "그대가 버려져 있었던 때라 얼굴 가득히 근심하고 울적한 기색이 있다. 금일 정권을 주도한 후의 모습과 크게 다르다."라면서 그의 초상화를 다시 제작할 것을 지시했다. 그러자 채제공은 "신이 그때 실로 우울한 기색을 보인 까닭에 이처럼 그려졌습니다. 신이 보아도 태평한 시절 재상의 기상은 결코 아닙니다."라며 정조의 말에 부언했다.[43]

현재 채제공의 초상화는 적어도 다섯 점 이상이 전한다. 그중 조복본朝服本(그림 34)은 1784년 작이고, 시복본時服本(그림 35)은 1791년에 정조의 명으로 제작된 것이다. 이 두 점 모두 당대 최고의 초상화가 이명기가 그렸다.

화가가 동일한 탓인지 두 그림 속 채제공의 얼굴 모습은 매우 유사해 보여서 두드러진 외형의 차이를 지적하기가 어렵다. 다만 자세히 보면

34. 이명기, 〈채제공 초상(조복본)〉의 세부, 1784년, 비단에 색, 147.0×78.5cm, 수원화성박물관. (왼쪽)
35. 이명기, 〈채제공 초상(시복본)〉의 세부, 1791년, 비단에 색, 120.0×79.8cm, 수원화성박물관. (오른쪽)

시복본에 흰 수염, 잔주름, 반점이 좀 더 많이 표현된 것을 확인할 수 있다. 또한 조복본에서 그의 양쪽 눈이 사시斜視인 것이 좀 더 명확하게 드러나며 그가 왼눈을 오른눈에 비해 다소 크게 뜬 모습으로 그려졌음을 알 수 있다.

그런데 두 그림을 보았을 때 조복본에서만 채제공의 울적한 기색을 읽을 수 있을까? 정조가 조복본에서 그의 울적한 기색을 읽었던 것은 이 초상화 제작 당시에 반대 세력의 공격으로 곤경에 처했던 채제공의 처지를 잘 알고 있었기 때문일 것이다.[44]

즉 정조와 채제공 등 당대 사람들은 특정 시점에 제작된 초상화에는 주인공의 당시 '내면 의식' 혹은 '심사心思'가 그대로 반영된다고 생각했던 것이다. 그 결과 정조는 같은 인물이 비슷하게 그려진 두 점의 초상화에서 서로 다른 채제공의 심사 혹은 내면을 읽었던 것이다.

조선의 사대부들은 초상화를 제작할 때 '핍진함' 즉 '닮음'을 이루면 그 그림에 주인공의 신명이 담긴다고 여겼다. 나아가 초상화에 '신명'이 담기면 그것은 주인공과 다름없는 존재, 즉 그의 대체물로 볼 수 있다고 믿었다.

1713년 숙종 어진을 제작할 때 도제조 이이명은 어용도사도감을 설치하며 미진함이 없는 어진을 제작하겠다는 의지를 밝혔으며, 어진 정본의 채색이 끝난 후에는 숙종에게 "무릇 그림은 걸면 달리 보이지만 이 어진은 이를 알지 못하겠습니다."라며 자신의 목표를 달성했음을 알렸다.

이후 숙종은 완성된 어진을 궐내에 걸어 두고 대소 신료들에게 조하朝賀 때의 복식을 착용하고 첨배토록 했다. 이러한 조치에 대해 정언正言 어유구魚有龜는 왕이 지척에 있는데도 신하들이 어진에 별도로 예절을 갖춰 배례拜禮하는 일을 문제 삼았다. 즉, '화폭에 그려진 왕'을 살아 있는 왕처럼 여기게 한 숙종의 처분에 반감을 드러내고, 숙종이 어진을 자신과 다름없는 물건, 즉 자신의 대체물로 여긴 인식에 반발했던 것이다.

그러나 숙종은 어진 두 본을 궐내 선원전璿源殿과 강화도 장녕전長寧殿에 각각 보관토록 하는 한편, 왕자들에게 자신의 사후에 각 전각에서 어진을 펼쳐 두고 제향을 올리라는 유지遺志를 남겼다. 이는 숙종이, 특히 자신의 사후에 '그 어진들이 자신의 대체물로 기능할 것'이라고 기대했거나 염원했기 때문일 것이다.[45]

1684년 경상도 영주 소수서원紹修書院 사당에 도둑이 들어 그곳 감실龕室에 봉안돼 있던 안향의 초상화가 도난당하는 사건이 일어났다. 도둑은 그 초상화를 훼손한 뒤 고을의 성 서쪽 큰길가에 버렸다. 우리나라에 성리학을 본격적으로 전파한 유학자가 제향된 곳이자 우리나라 최초의 사액賜額 서원인 소수서원에서 이러한 변고가 발생하자 이 일은 곧바로 경상감사를 통해 조정에 보고되었다.

당시 이 지역에서는 순흥부順興府를 다시 설치하기로 함에 따라 여러 관공서의 신축을 자체적으로 진행하면서 많은 백성들이 부역에 동원되었고, 이 때문에 지역 양반들에 대한 백성들의 원성이 자자했다. 우의정 남구만南九萬은 이러한 백성들의 원성을 안향 초상화 도난 및 훼손 사건의 주요 원인으로 지적했다. 백성들의 불만이 소수서원에 봉안된 안향의 초상화를 훔쳐 훼손하는 것으로 표출된 것이라고 주장한 것이다.[46] 그렇다면 왜 하필 안향의 초상화를 훔쳐 훼손하는 것으로 불만을 표출했을까?

경종의 재위 기간(1720~1724) 중에 경주에서 향전鄕戰이 일어났다. 향전은 조선 후기 향촌 사회에서 서로 다른 당파의 양반들이 정치·사회·경제적 이해관계를 둘러싸고 벌였던 분쟁을 일컫는다. 경주의 인산서원仁山書院은 이 지역의 일부 사림士林이 송시열의 학문과 덕행을 추모할 목적으로 노론계의 지원을 얻어 건립한 서원이었다. 경주는 본래 남인계 사림이 우세한 지역이었던 만큼 지역 사림과 인산서원 사림의 관계는 좋지 않았다. 그런데 경종이 즉위 직후에 송시열을 모시는 서원들 중 일부를 철폐할 것을 지시하자 경주부윤慶州府尹의 지원을 얻은 비非노론계 인사들이 인산서원에 들이닥쳐 서원 건물을 파괴하고 송시열의 초상화를 불태우려 했다. 이때 서원 사람들은 그 초상화를 온전히 보존하기 위해 큰 몸싸움을 벌였고, 이 과정에서 노론계 인사가 죽는 일까지 발생했다.[47]

송시열 초상화를 두고 벌어진 이 두 집단의 대립은 시사하는 바가 크

다. 당시 사람들이 송시열의 초상
화를 한낱 그를 재현한 '그림'으
로 보지 않고 바로 '송시열' 자체
로 보았음을 보여 주기 때문이다.
그래서 한 집단은 초상화를 태워
그 지역에서 송시열의 흔적을 지
우고자 했으며, 한 집단은 죽음

36. 철거 중인 레닌 동상. 독일 베를린 레닌광장. 1991. 11. 13.

을 불사하고라도 초상화를 지키고자 했던 것이다.

1990년대 초 공산국가였던 소련이 붕괴하사, 소비에트연방에 속한
국가나 공산주의를 따랐던 국가들에서는 소련의 창립자이자 첫 번째
지도자인 레닌의 동상을 철거하는 작업이 이루어졌다(그림 36). 소비에
트연방에 속한 국가나 공산권 국가의 주요 도시에는 어김없이 거대한
규모의 레닌 동상이 조성돼 있었는데, 소련의 붕괴와 동시에 시민들은
레닌의 동상을 해체하고 부수었던 것이다. 그것은 그들이 레닌의 동상
을 단순히 하나의 조각 작품이 아닌, 레닌이란 인물 자체로, 더 나아가
그가 제창한 공산주의 이념을 상징하는 물건으로 인식했기 때문이다.

초상화를 특정 인물의 대체물로 여길 때 그 그림은 다양한 기능을 갖
게 된다. 단지 감상의 대상이 아닌, 서원이나 사당 등에 봉안되어 사람
들의 첨배를 받아야 할 대상이 되며, 그의 지인과 친척으로 하여금 그
를 추모하고 기억하게 만드는 매개물이 된다. 또한 스스로를 되돌아보
고 수양하는, 이른바 '수기修己'를 돕는 대상도 된다. 초상화가 가진 이
러한 기능 혹은 '힘'은 바로 초상화를 그 수인공 자체로 여기는 사람들
의 인식에서 비롯되었다.

초상화의 힘

'환영'의 경험

──── "선생은 말이 없고, 제자는 눈물을 흘린다"

조선시대에는 주인공이 직접 화가에게 의뢰해 초상화를 제작하는 경우보다 제자, 가족, 후손, 친구 등 주변 사람들이 주문 제작하는 경우가 훨씬 많았다. 이들은 완성된 초상화를 보고 어떤 반응을 보였을까?

송시열이 자신의 문집에 실은 주희의 일화는 이에 대한 해답의 실마리를 보여 준다. 주희는 송시열이 가장 존경한 남송南宋의 저명한 유학자로, 송시열이 소개한 일화는 다음과 같다.[48]

주희는 1181년에 제자들을 거느리고 북송北宋의 유학자 주돈이周敦頤의 고택과 그의 강학소였던 염계서당濂溪書堂을 방문했다. 고택에 방문하자 지역의 여러 인사들과 주돈이의 후손들이 환대해 주었다. 이때 주희는 어느 건물 내부 빈방에 봉안돼 있던 주돈이의 초상화 앞에 이르러 그에 대한 지극한 존경심을 보이며 예를 갖추어 절한 뒤, 그림 속 그를 향해 태극太極의 묘한 뜻을 질문했다. 그러고는 이렇게 되뇌었다.

선생은 고요히 말이 없으시고, 천한 제자만 눈물을 주르륵 흘린다.[49]

그리고 이어서 이런 말을 덧붙였다.

[주돈이의] 신령이 나의 질문을 들어 주어 행여 [나를] 버리지 않았
으니, 생각해 보면 나에게 베푼 은혜는 끝이 없구나.[50]

이처럼 주희는 주돈이의 초상화를 마주하자 마치 그가 자신 앞에 나
타난 것처럼 느꼈을 뿐 아니라 그림 속 그로부터 '태극'에 관한 묘한 뜻
을 듣는 신이神異한 경험을 했다. 위에 언급된 '은혜'란 곧 주희가 성취
한 학문적 성과를 가리키는 것으로 보인다.

주돈이는 주희가 성리학의 도통道統을 세울 때 송나라 성리학자 중
맨 앞에 둘 만큼 매우 존경했던 인물이다. '도통'은 영구불변하는 도道
를 계승해 온 전승자의 계보를 일컫는데, 성리학이 유학의 정통임을
주장하기 위해 주희가 내세웠던 개념 중 하나다.

따라서 주돈이의 고택을 방문한 것은 주희에게 평소 흠모해 마지않
은 성인의 자취와 체취를 느끼게 해 주는 매우 특별한 경험이었다. 주
희는 그곳에서 주돈이의 초상화를 첨배하고 주돈이의 저술인『태극도
설太極圖說』의 내용을 강의했다.[51] 주희는 열두 편으로 구성한「북산 기
행北山紀行」이라는 시를 통해 주돈이의 유적을 방문한 감회를 상세하게
남겼다. 앞서 언급한 주희의 말은 이 시 제12편에 실려 있다.

송시열은 제자인 김간金榦·김재金栽 형제가 편찬한, 선현들 즉 학문
으로 높이 평가된 성리학자들의 초상화로 꾸민《선현 화상첩先賢畫像
帖》에 쓴 발문에서 이 일화를 소개했다.[52] 그는 이 글에서 김간 형제가

이 초화상첩을 단순히 붓으로 그린 그림으로 인식하지 말기를 당부하는 마음도 담았다.

송시열에 의해 언급된 '주희의 주돈이 초상화 첨배 일화'는 조선 후기 성리학자들 사이에 널리 회자되었다. 특히 송시열, 윤증 등 당대를 풍미한 학자의 제자들이 자기 스승의 초상화를 마주했을 때 종종 이 일화를 인용해 감회를 표현하곤 했다.

18~19세기에 활동했던 노론계 유학자 홍직필洪直弼은 1803년경에 송시열의 초상화를 입수해 작은 족자를 꾸몄는데, 이때 그는 평소 친분이 있던 박종여朴宗輿에게 편지를 보내 이 그림에 대한 감흥을 이렇게 드러내었다.

> 그 높고 광활한 마음과 태산처럼 우뚝한 기상을 느낄 수 있으니, 도道에 부합한 용모이며 하늘에 부합한 형상임을 알겠습니다. 바라보면 엄격해 보이나 다가서면 온화해 보입니다. 선생의 말씀을 들을 수 없으니, 내가 늦게 태어나 남간南澗과 화양華陽에서 참된 가르침을 받지 못한 것이 더욱 한스럽습니다. 회옹[주희]이 "선생은 고요히 말이 없고, 천한 제자는 주르륵 눈물을 흘린다."고 한 말은 진실로 나의 마음을 먼저 알고 한 것입니다. 선생이 의탁한 곳은 적합한 땅이 아닐지라도 소자는 우러러보고 의지할 곳이 있어 구구한 저의 다행입니다.[53]

홍직필은 이명기가 이모한 송시열 초상화를 소장하고 있었다. 2018년 홍직필의 직계 후손들이 경기도박물관에 기증한 〈송시열 초상(야복방건본)〉(그림 37)이 바로 그가 생전에 소장했던 것으로 추정되는 작

37. 김진규 초, 이명기 필, 〈송시열 초상(야복방건본)〉, 19세기 초, 비단에 색, 57.8×50.5cm, 경기도박물관.

품이다. 이 초상화 상단에 적힌 찬문은 1820년에 홍직필이 직접 작성한 것이고, 글씨는 그와 친분이 깊었으며 당대에 서예가로 명성이 높았던 유한지兪漢芝가 썼다.[54] 홍직필은 당대 최고의 화가가 그린 이 초상화를 통해 송시열의 생전 모습을 상상해 볼 수 있었으며, 그와 영적인 교감을 나눌 수 있었다.

1814년 소론계 유학자 강필효姜必孝는 윤증尹拯을 꿈에서 뵙고, 사모하는 마음을 이기지 못해 자신이 거주하던 경상도 안동을 출발해 윤증

2. 초상화의 힘

明齋先生遺像

崇禎紀元後再甲子四月筆

의 여러 유적이 있는 충청도 논산으로 갔다. 그곳에서 그는 옛날에 함께 강학을 받았던 동문과 친구 그리고 윤증의 직계 후손들과 모임을 갖는 한편으로, 주희의「북산 기행」에 차운하여 시를 짓고 유봉영당酉峯影堂을 방문해 윤증의 초상화를 첨배했다. 그는 초상화를 마주하고는 이렇게 감회를 표현했다.

마치, 그때 선사先師 앞에서 친히 말씀을 듣는 듯했다.[55]

〈윤증 초상〉(그림 38)은 1744년 영조 때의 도화서 화원 장경주張敬周의 이모본으로, 원본은 1711년 숙종 때의 도화서 화원 변량卞良이 그렸다. 강필효는 윤증이 무릎을 꿇은 채 단정히 두 손을 모은 모습으로 묘사된 이 초상화를 보며 그의 외모뿐 아니라 학자로서의 단정한 자세와 몸가짐을 직접 확인하며 그에 대한 존경심을 더욱 확고히 가졌을 것이다.

홍직필과 강필효의 사례는 조선 후기 사대부들이 특정 선현의 초상화를 단순히 그가 재현된 그림이 아닌, 그와 직접 대면한 듯한 경험을 가능케 해 주는 매체로 인식했음을 보여 준다.

─── "구천九泉에서 나오신 듯하네"

《12성현 화상첩十二聖賢畵像帖》은 윤두서가 남인계 유학자 이잠李潛의 요청으로 주공周公, 공자, 맹자, 주희 등 역대 중국 유학자 12인의 모습을 네 개의 장면에 등장시켜 만든 그림들로 꾸민 화첩이다. 12인의 성현은 다름 아닌 이잠과 윤두서가 유학의 도통에 있다고 판단한 학자들이다.[56]

─────────────

◀ 38. 장경주, 〈윤증 초상〉, 1744년, 비단에 색, 111.0×81.0cm, 한국유교문화진흥원(윤증 종택 기탁).

이 화첩에 세 번째로 실린 그림에는 소옹邵雍, 정호程顥, 정이程頤 등 세 학자가 초옥草屋 아래 설치된 고식古式 병풍에 걸린 맹자 초상화 앞에 서서 이야기를 나누거나 그림 속 맹자를 응시하는 모습이 묘사되어 있다(그림 39). 이익은 이 그림 왼편에 적은 찬문에서 맹자 이후 정씨 형제와 소옹이 나와서 비로소 '도통'을 찾아 흥기시켰다고 말했다.

'그림 속 그림'이라는 장치는 아마도 유학의 도통이 맹자에서 시작되어 오랜 세월을 뛰어넘어

39. 윤두서, 《12성현 화상첩》 중 제3도, 1706년, 비단에 먹, 43.0×31.4cm, 국립중앙박물관.

송대宋代의 이 세 학자로 이어졌음을 효과적으로 보여 주기 위해 윤두서가 창안한 것으로 보인다. 화가로서 윤두서의 뛰어난 장면 구성 능력을 이로써 알 수 있다.

다른 한편으로 이 그림은 세 학자가 오래전에 고인이 된 맹자를 직접 대면하고 있는 듯한 착각을 불러일으키기도 한다. 나아가 주희, 홍직필, 강필효가 이미 고인이 된 선현이나 선사의 초상화 앞에서 그들과 '영적 교감'을 나누었던 일을 상기시켜 준다. 그런데 이 학자들이 겪은 '영적 교감'은 곧 그들이 초상화를 통해 주인공의 '환영'을 마주했다는 것으로 이해할 수 있다.

조선시대에는 많은 사대부들이 선현의 초상화를 마주했을 때 그의

'환영'을 보는 경험을 했다. 17세기를 대표하는 남인 유학자 장현광張
顯光은 정몽주의 초상화를 첨배한 뒤 다음과 같은 글을 남겼다.

> 형상화할 수 있는 것에 나아가 형상화할 수 없는 것을 알고, 볼 수
> 있는 것으로 인하여 볼 수 없는 것을 안다오. 거슬러 당시를 멀리
> 상상하니 구천九泉에서 다시 나오신 듯하네.[57]

장현광은 이 글에서 초상화를 통해 형상화할 수 없는 것을 알고 볼
수 없는 것을 볼 수 있다고 말했다. 형상화할 수 없고 볼 수 없는 것이
란, 정몽주가 이룬 학문적 성취 그리고 그의 훌륭한 공적과 고결한 인
품 등을 말한 것이다. 이어서 그는 정몽주의 초상화를 보며 평소 존경
하고 흠모했던 정몽주를 실제로 마주한 듯한 환영의 경험도 언급했다.
"구천에서 나오신 듯하네."라는 말이 곧 고인이 된 정몽주가 다시 살
아 돌아와 자신 앞에 앉아 있는 것 같다는 의미이다. 이러한 경험을 통
해 그는 정몽주를 보다 실체적이고 입체적으로 이해할 수 있게 되었을
것이다.

권섭權燮은「황강서원 묘정비명黃江書院廟庭碑銘」에서 1745년에 황강
서원을 옮겨 세운 뒤 위판을 봉안하고 그 옆에 권상하權尙夏의 초상화
를 걸었는데, 그곳에서 큰아버지 권상하의 평소 음성이 들리는 듯했다
고 적었다.[58] 황강서원은 1726년에 권상하의 제자들이 스승의 학문과
덕행을 추모하기 위해 충청도 제천에 건립한 서원이다.

〈권상하 초상〉(그림 40)은 1719년에 평양 출신의 화가 김진여가 그린
것으로, 오늘날까지 줄곧 황강서원에 보관되다가 최근 그의 후손들에
의해 의림지역사박물관에 기증되었다. 초상화가 김진여의 사실적인

真藏九十七翁水寒

ㅁㅎ一ㅇ日畵師金振汝草

40. 김진여, 〈권상하 초상〉, 1719년, 비단에 색, 132.0×93.0cm, 의림지역사박물관.

표현 능력을 여실히 보여 주는 이 그림은, '닮게' 재현된 선현의 초상화
가 그의 제자들에게 주었을 감흥과 감동, 혹은 그들이 겪은 '환영'의 경

험을 이해할 수 있게 해 준다.

이처럼 선현의 초상화를 본 후의 '환영' 체험은 조선시대에 초상화가 단순히 한 인물의 모습을 재현한 그림이 아닌 하나의 봉안 대상으로 중요하게 인식되었던 이유를 설명해 준다.

초상화 봉안과 서원의 건립

———   소수서원의 〈안향 초상〉

16세기 이전까지 초상화는 어진을 제외하면 대체로 사적私
的으로 보관, 관리되었다. 초상화 봉안에 대한 규정이나 예법도 따로
마련돼 있지 않았다.

『속삼강행실도續三綱行實圖』(1514)와 『동국 신속삼강행실도東國新續
三綱行實圖』(1617)에는 효자나 열녀가 (시)부모나 남편의 초상화에 제사
지내는 모습의 삽화들이 다수 실려 있다. 그중 〈우명순효友明純孝〉(그림
41)는 인천 소래산 밑에서 어머니를 봉양하다가 어머니가 돌아가시자
시묘살이를 한 데 이어 영당影堂을 짓고 시절 음식을 올려 제사를 지냈
다는 하우명의 효행을, 〈성개절행成介節行〉(그림 42)은 한억두韓億頭의
처 성개成介가 죽은 남편의 초상화를 제작해 봉안한 일을 각각 묘사한
그림이다. 이처럼 15~16세기에는 부모나 남편의 초상화를 개인적으
로 제작해 봉안하는 사람들이 종종 있었으며, 이런 사람들은 효자로,
열녀로 칭송되었다.

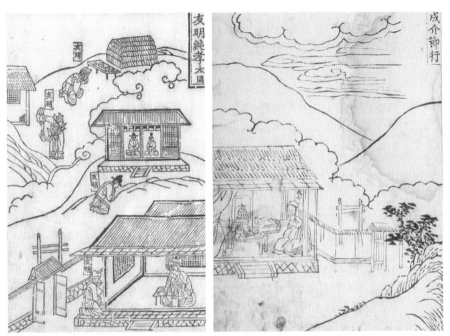

41. 『속삼강행실도』(1514년 간행. 국립중앙도서관) 중 〈우명순효〉. (왼쪽)
42. 『동국 신속삼강행실도』(1617년 간행. 국립중앙도서관) 중 〈성개절행〉. (오른쪽)

일부 가문에서는 선조의 초상화를 사찰에 봉안해 두기도 했다. 이장
경李長庚, 이조년李兆年, 이숭인李崇仁, 이인임李仁任 등 고려에서 조선
초에 걸쳐 활동한 성주이씨 인물 열두 명의 초상화가 15~16세기에 경
상도 성주 선석사禪石寺와 안봉사安峯寺에 봉안되었던 일이 대표적이
다. 본래 선석사에 있던 이 초상화들은 1443년에 왕자의 태실이 이 절
인근에 조성될 때 안봉사로 옮겨졌다.[59]

『주자 가례朱子家禮』가 널리 보급되기 시작한 17세기 이후, 개인이 자
기 집이나 절에 조상의 초상화를 모셔 두고 제향을 올리는 사례는 크게
감소했다. 이는 무엇보다도 주희가 『주자 가례』에서 제사 때 초상화를
쓰지 말고 신주를 사용할 것을 강조한 데서 비롯된 것으로 판단된다.[60]

2. 초상화의 힘

이 무렵 성주이씨 문중에서도 따로 영당을 지어 그곳에 이장경 등 선조의 초상화들을 봉안했다. 문중은 성리학적 질서가 강화되는 사회 분위기에 발맞추어 선조의 초상화를 사찰이 아닌 다른 공간에 두는 방안을 모색하여 실천에 옮긴 것으로 보인다.

16세기 중반에 이르러서는, 선현들의 초상화가 지역 사림이나 특정 문중 등 사대부 집단이 건립한 서원書院에 봉안되기 시작했다. 초상화를 봉안하는 주요 주체가 개인이나 씨족 등 작은 집단에서 사림이나 문중 등 보다 큰 집단으로 변화한 사실은 조선시대 초상화 제작 역사에서 매우 눈여겨볼 만하다.

주세붕周世鵬이 소수서원을 설립하고 그 내부 사당 즉 문성공묘文成公廟에 안향의 초상화를 봉안한 일은 이러한 변화의 중요한 기점이 되었다. 소수서원은 주세붕이 1543년에 송나라 백록동서원白鹿洞書院의 예를 따라 경상도 순흥의 숙수사宿水寺 터에 세운 우리나라 최초의 사액 서원으로, 사액 이전에는 백운동서원白雲洞書院으로 불렸다.

주세붕은 소수서원 설립에 앞서 안향의 후손인 안정安珽의 집을 방문해 그가 소장하던 안향 초상화를 첨배했다. 소수서원이 건립되자 안정은 서울에서 이 초상화를 가지고 순흥을 찾았고, 지역 인사들과 함께 서원 사당에 이 그림을 봉안했다. 소수서원 소장 〈안향 초상〉(그림 43)이 바로 안정이 소수서원에 기증했던 바로 그 초상화이다.

주세붕의 다음 글은 이러한 사실과 함께, 이 초상화가 서울의 안향 후손들이나 순흥 지역 사람들에게 각별하게 인식되었음을 보여 준다.

아! 공이 별세하신 지 237년이 되는 해에 비로소 사당을 세웠으며, 영정影幀이 북쪽으로 갔다가 87년 만에 다시 고향으로 돌아온

것이다. 서울의 도성都城 문을 나올 때에 조정에 있는 내외 자손
40여 명이 장막을 치고 문밖까지 전송하였으며, 사당에 봉안할
때는 온 고을 부로父老와 자제 백여 명이 목욕재계하고 경건히 맞
았다. 온 성안 사람들이 모두 모여 구경하였으니, 실로 유림의 성
대한 행사였다.[61]

안향의 초상화는 문성공묘 건립 직후부터 1686년까지 건물 내부에
봉안되었다. 오늘날 문성공묘를 포함한 대부분의 서원 사당에는 배향

인물의 초상화가 아닌 위판位版(위
패)이 봉안돼 있으며, 조선시대 대
부분의 서원 사당에도 위판이 봉안
되었다. 이와 같은 일반적 상식과
달리 소수서원 사당에 위판이 아닌
초상화가 봉안되었다는 사실은 명
확히 고증되어야 할 필요가 있다.

1559년 10월에 풍기군수 박승임
朴承任은 도화서 화원 이불해李不害
를 초청해 안정이 소수서원에 기증
한 〈안향 초상〉(그림 43)을 옮겨 그리
게 했다. 박승임은 이불해가 완성한
이모본 두 본 중 한 본을 사당(문성
공묘) 벽에 걸어 두고 제사를 올렸으
며, 원본 및 나머지 이모본 한 본은
궤에 넣어 보관했다.[62] 이는 박승

43. 작가 미상, 〈안향 초상〉, 14세기 초반, 비단에 색, 87.0×
52.7cm, 소수서원.

의 문집에 실린 「소수서원 화상 개수지紹修書院畫像改修識」의 내용으로, 박승임이 이모본 한 본을 사당 벽에 걸어 둔 사실로 미루어 원본 초상화도 이전까지는 같은 벽에 걸려 있었을 것으로 생각된다.

이 밖에도 1633년 이황李滉을 소수서원에 추가로 모셔 향사享祀하는 문제가 지역에서 논의되었을 때의 기록, 17세기 중반에 소수서원을 방문한 안응창安應昌과 박장원朴長遠이 남긴 기록 등에서 안향 초상화가 소수서원 사당의 북쪽 벽에 봉안되었음이 확인된다.

소수서원에서 안향의 초상화를 위판으로 대체한 시점은 1686년이었다. 1684년에 사당에 봉안돼 있던 초상화, 즉 이불해가 1559년에 이모한 초상화가 도난당해 크게 훼손된 일이 발생했는데, 이때 보존 상태가 좋지 않은 원본 초상화를 다시 봉안하기보다는 위판을 봉안하자고 주장한 지역 사림의 의견이 수용되어 사당의 봉안 대상은 초상화에서 위판으로 바뀌었다.[63] 지금도 소수서원 사당에는 안향의 위판이 모셔져 있다.

소수서원의 운영 주체들이 안향의 초상화를 문성공묘 내에 걸어 둔 일은 조선시대에 공적公的 성격의 공간에서 이루어진 첫 번째 사대부 초상화 봉안 사례이다. 서원은 주로 집단을 이룬 지역 사대부의 주도로, 또는 지역을 관할하는 목민관의 주도로 조성되고 때때로 이 과정에서 조정의 재정적 지원이 이루어졌으므로 공적인 공간이라 할 수 있다.

임고서원과 숭양서원의 〈정몽주 초상〉

소수서원에서 안향 초상화를 사당에 봉안한 이후에 배향 인물의 초상화를 사당에 봉안하는 서원들이 잇따라 등장했다. 가장 대표적인 것이 임고서원臨皐書院이다.
이 서원은 1553년에 영남의 사림이
정몽주鄭夢周를 제향하기 위해 그가
태어나고 자란 경상도 영천에 건립
한 것이다. 임고서원은 소수서원과
문헌서원에 이어 조선에서 세 번째
로 설립된 서원으로, 1554년에 사액
된 후 1555년에 주요 건물이 건립되
었다.

이해에 정몽주 초상화 이모본 한
점이 임고서원에 봉안되었다. 이 초
상화는 정몽주 생전에 그려져 그의
후손이 보관하던 것을 모본母本으로
삼아 이모한 것이었다.[64] 경기도박
물관 소장 〈정몽주 초상〉(그림 44)이
바로 이 그림일 것으로 추정된다.

44. 작가 미상, 〈정몽주 초상〉, 1555년, 비단에 색, 172.7×
104cm, 경기도박물관.

이 초상화 좌측 상단에는 "嘉靖○○○皐本"이라는 글씨가 적혀 있
다. 가운데 세 글자는 마멸되어 판독이 어려운 상태다. 임고서원에서 가
정嘉靖 연간(1522~1566)에 진행한 정몽주 초상화의 이모 작업은 기록상
1555년(을묘년)이 유일하므로, 확인이 어려운 세 글자는 '乙卯臨'(을묘
임)으로 추정된다. '임고본臨皐本'은 곧 '임고서원에서 제작 혹은 소장한
본'을 뜻하므로, 이 〈정몽주 초상〉은 1555년 임고서원에서 이모해 봉안
했던 초상화가 되는 것이다.

개성의 숭양서원崧陽書院은 조선시대 초상화 봉안 방식을 구체적으

2. 초상화의 힘

45. 일제강점기의 숭양서원 전경. 일제강점기에 촬영한 유리 건판 사진. 국립중앙박물관. (왼쪽 위)
46. 일제강점기의 숭양서원 사당(문충당). 일제강점기에 촬영한 유리 건판 사진. 국립중앙박물관. (왼쪽 아래)
47. 〈정몽주 초상〉이 봉안돼 있는 현 숭양서원 사당의 협실 내부. (오른쪽)

로 확인할 수 있는 유일한 서원이다. 숭양서원은 1570년 개성의 사대
부들이 정몽주의 옛집 자리에 건립해 1575년에 사액을 받은 서원이다.
사액 받은 이해에 이창李敞이란 인물이 정몽주의 초상화를 서원 내에
봉안했다.[65] 숭양서원은 임고서원보다 늦게 세워졌으나 고종 때 서원
철폐령이 시행될 때 정몽주를 향사한 서원 중 유일하게 철폐를 면했을
정도로 매우 중요시되었던 서원이다.

현 숭양서원의 건물 구성은 조선시대에 갖춰졌다. 일제강점기에 촬
영된 사진을 보면 숭양서원은 삼문三門, 재실, 강당, 사당이 모두 갖춰
져 있는데(그림 45), 이는 현재의 모습과 동일하다.[66] 1931년 간행된 『조

선고적도보『朝鮮古蹟圖譜』에 실린 숭양서원도 같은 모습이다. 숭양서원 사당(정면 네 칸, 측면 두 칸)은 크게 두 개의 방을 갖춘 구조이다(그림 46). 현재 사당 건물 좌측 방에는 정몽주의 초상화가 있고(그림 47), 그 옆의 또 다른 방(정면 세 칸, 측면 한 칸)에는 우현보, 서경덕, 김상헌, 김육, 조익 등 다섯 명의 위판이 봉안돼 있다.[67]

조선 말기의 유학자 송병선宋秉璿이 1862년에 숭양서원을 찾아 사당 협실夾室에 봉안된 정몽주 초상화를 첨배한 일을 자신의 문집에 기록한 것으로 미루어, 지금의 사당 봉안 방식은 조선시대에 마련된 것이 분명해 보인다.[68] 협실은 곧 사당의 좌측 방을 말한다. 두 개의 방으로 구성된 사당 구조는 조선시대 다른 서원 및 사당에서는 좀처럼 확인되지 않는 독특한 것이다. 아마도 숭양서원 운영 주체들은 정몽주 초상화와 추가로 배향하게 된 인물들의 위판을 함께 봉안할 방안을 고민한 끝에 이러한 구조를 고안한 것 같다.

──── 노동서원의 〈최충 초상〉과 오봉서원의 〈공자 초상〉

황해도 해주의 문헌서원文憲書院은 소수서원에 이어 두 번째로 사액을 받은 서원이다. 사액 연도는 1550년이다. 문헌서원은 주세붕이 황해도 관찰사 재직 중에 고려 전기의 유학자 최충崔沖과 그의 아들 최유선崔惟善을 제향하기 위해 건립한 서원이었다. 그런데 이 서원은 주세붕이 새로 건립한 것이 아니라, 기존에 최충과 최유선을 제향하던 사당을 중수한 것이었다.[69] 이 사당에는 이미 최충 부자父子의 초상화가 보관돼 있었다고 한다. 사액 직후 문헌서원 사당에 최충 부자의 초상화가 봉안되었는지는 알 수 없다.

문헌서원이 설립된 지 130여 년 만인 1685년에 소론계 학자 최석정

崔錫鼎은 최충 부자의 초상화 이모 작업을 주도하여 완성본을 서원 내 사당에 봉안했다. 이때 두 학자의 초상화는 사당 내에 설치된 두 개의 감실에 각각 봉안되었다.[70] 이로 미루어 최충 부자의 초상화는 문헌서원 설립 시부터 적어도 17세기 말까지는 이 서원 사당에 보관돼 있었던 것으로 보인다.

강원도 홍천에 거주하던 최충의 후손들이 건립한 노동서원魯東書院에는 현재 〈최충 초상〉(그림 48)과 〈최유선 초상〉이 봉안돼 있다. 두 초상화는 1748년에 다시 그린 이모본이다. 문헌서원은 조선시대에 최충과 최유선을 함께 제향하고 두 유학자의 초상화를 봉안한 유일한 서원이었다. 따라서 노동서원의 운영자들이 두 유학

48. 작가 미상, 〈최충 초상〉, 1748년, 비단에 색, 73.5× 38.4cm, 홍천 노동서원.

자의 이모본 초상화를 제작할 때 참고한 원본은 바로 문헌서원 봉안본이었을 것이다.[71]

서원 설립이 본격화되었을 때 초상화를 봉안 대상으로 삼은 대표적 서원으로 강릉의 오봉서원五峯書院이 있다. 이 서원은 강원도 관찰사 윤인서尹仁恕, 강릉부사 홍춘년洪春年 등이 공자의 초상화를 봉안할 목적으로 1561년에 건립했다. 그 초상화는 함헌咸軒이 1556년에 중국에

사신으로 갔다가 구해 온, 중국 당나라 때의 전설적인 화가 오도자吳道子가 그린 것으로 전해진 그림이었다. 지역 향교에서 공자에 대한 제향이 치러지고 있다는 지적에도 불구하고 함헌 등이 공자를 향사할 목적으로 서원 건립을 추진하면서 내세웠던 주요 명분은 중국에서 가져온 공자 초상화를 적절한 곳에서 봉안해야 한다는 것이었다.

오봉서원의 건립에는 당대 최고의 유학자 이황의 역할이 컸다. 그는 서원을 조선 사회에 보급, 정착시키고 그 성격을 규정하여 서원 발전의 토대를 마련했다고 평가받는 인물이다. 그는 풍기군수 시절에 소수서원의 사액을 정하여 국가의 공식적 승인을 받았으며, 이후 자신의 문인門人들과 함께 서원 보급 운동을 전개했다. 특히 그는 오봉서원의 창설을 칭송할 목적으로 직접 시를 지었으며, 이 시를 새긴 현판은 오랫동안 이 서원의 권위와 명성을 상징하는 자산이 되었다.

따라서 오봉서원의 설립은 무엇보다 성리학을 신봉하는 사림 중심으로 강원도 지역의 향촌 질서를 재편하고자 했던 지역 사대부들의 열망이 실현된 결과라 할 수 있다.[72] 이때 하필이면 강원도의 사림이 공자의 초상화를 봉안하려 했던 것은, 제향 대상으로 삼을 만큼 명망 높은 지역 출신의 성리학자가 없었기 때문이 아니었을까 한다.

───── 선현先賢 초상화의 힘

16세기 서원의 등장은 훈구파와의 오랜 대립을 통해 집권에 성공한 사림파가 향촌 지배 체제 확립을 위해 펼쳤던 노력의 일환이었다. 조선시대 서원은 일반적으로 선현을 향사하는 '사당祠堂'과 유생을 교육하는 '재齋'가 결합된 기관이다. 이황에 의해 서원의 교육 기능이 크게 확대되었으나, 서원의 향사 기능은 조선시대 내내 중요시되었다.

특히 배향 인물이 누구인지가 그 서원의 건립 명분을 만들고 명성을 유지하는 데 중요한 부분을 차지했다. 결국 소수서원, 임고서원, 숭양서원, 문헌서원, 오봉서원 등 초창기에 설립된 주요 서원들에 배향 인물의 초상화가 봉안된 사실은 초상화가 이 시기 서원의 설립과 운영에 중요한 역할을 했음을 뚜렷하게 보여 준다.

〈안향 초상〉(그림 43)처럼 16세기에 건립된 서원들에 봉안된 초상화들은 대부분 고려시대에 국가 주도로 제작한 초상화를 조선시대 도화서 화가들이 이모한 그림이었다. 따라서 이 초상화들은 모두 주인공의 외형이 닮게 재현된, 달리 말하면 화격畫格 즉 그림의 수준이 높다. 이 서원들을 방문한 사대부들은 이 초상화들을 통해 세상을 떠난 지 이미 오래되어 상상만 했던 선현들의 모습을 직접 확인할 수 있었을 뿐 아니라 그들의 행적을 떠올리며 더욱 깊이 존경하고 추앙하는 마음을 가질 수 있었다.

현종 때 이조·형조·예조 판서 및 대사헌 등을 지낸 박장원朴長遠이 안향의 초상화를 첨배한 뒤 쓴 글은 이 점을 잘 보여 준다.

이때 비가 내렸다. 급히 서원 관리인을 불러 문성공묘의 문을 열게 해 뜰 안으로 들어가 향을 피우고 알현했다. 재배再拜한 후에 나아가 초상화를 살폈다. 건巾과 도포는 자못 지금의 제도와 달랐다. 체격이 크고 이마가 넓어 실로 멀리서는 엄격한 기상이, 다가서면 온화한 기상이 느껴졌다. 비단에 그려진 그림은 몇 세대를 지났는지 알 수 없으나, 위엄 있는 모습에 오히려 살아 있는 듯한 기운이 느껴졌다. 비록 감히 가까이 가서 자세히 볼 수는 없었으나, 오히려 옷자락을 걷어쥐고 당堂에 올라 도道가 있는 이에게 직

접 가르침을 받는 것 같았다. 또한 평소에 높이 우러르던 마음을 조금이나마 위로받을 수 있었다.[73]

소수서원에 도착하자마자 문성공묘를 찾은 박장원은 사당 안에 봉안된 안향의 초상화를 향해 절을 올린 뒤 그림을 자세히 살폈다. 이때 그는 큰 체구에 넓은 이마를 가진 외모에서 풍기는 그의 위엄 있으면서도 온화한 기상을 느꼈다. 그 결과 마치 안향에게 직접 가르침을 받는 듯한 일종의 '환영'을 경험했으며, 안향에 대한 존경심을 더욱 굳건히 가질 수 있었다.

병자호란 때 척화斥和를 강력하게 주장한 일로 널리 알려진 김상헌金尙憲도 안향의 초상화를 첨배한 뒤 글을 남겼다.

> 고려조에 학문을 업신여기던 때를 당하여 도학道學을 흥하게 할 의론議論을 주창하셨네. 쇠퇴한 풍속을 앞장서서 가다듬고 유풍儒風을 진작시켜 일으키셨네. 학교가 밝게 빛나자 선비들의 얼굴 모습 바뀌었네.
> ……
> 전형典刑이 된 모습은 아득히 멀리 떠났으나, 선생의 모습을 그린 그림은 건물 안에 모셔져 있네. 나의 말을 글로 적으니, 그의 명성은 더욱 커질 것이다.[74]

안향의 초상화를 첨배한 김상헌은 성리학자로서 그의 주요 공적을 떠올렸지만, 이내 그가 이미 오래전에 세상을 등졌음을 깨닫고는 이를 안타까워했다. 그러고는 안향의 명성을 더욱 널리 알릴 목적으로 이

2. 초상화의 힘

찬문을 지었음을 밝혔다.

이익李瀷은 《12성현 화상첩》의 서문에서 성현들의 초상화첩이 만들어지는 까닭을 이렇게 설명했다.

> 오늘날 육경六經의 문자를 읽지 않는 사람이 없다. 식견이 얕은 사람은 그 말을 터득하고, 식견이 높은 사람은 그 마음을 터득한다. 그런데 그 마음을 터득하여 성현을 알게 되더라도 오히려 미진하다고 여기면 초상화를 구하여 추모할 것을 생각하니, 이것이 바로 초상화첩이 만들어지는 까닭이다.[75]

이익은 책으로 특정 선현의 가르침과 정신을 이해한 사람이라도, 그것만으로는 학문 정진에 부족함이 있다는 생각이 들면 그의 초상화를 구해 추모할 것을 생각하게 된다고 말했다.

이렇듯 김상헌, 박장원, 이익의 발언은 조선시대 사대부들이 특정 선현의 초상화를 그의 형상이 정확히 재현된 그림으로 여겼을 뿐 아니라 그에 대한 추모 혹은 추앙의 마음을 더욱 굳건히 가지게 하고 학문 정진을 돕는 수단으로 인식했음을 명확히 보여 준다.

16세기 중반 이후 훈구 세력을 누르고 권력을 쟁취한 사림 세력은 선현을 기리는 작업을 본격적으로 전개했다. 그들은 성리학의 도통道統에 있는 우리나라 선현을 문묘文廟에 종사從祀하고, 그들을 향사할 목적으로 전국 각지에 서원을 건립해 나갔다. 이 과정에서 초상화의 기능, 즉 선현을 사모하고 기리는 마음을 더욱 간절하게 만드는 '힘'에 주목했다. 사림에서 안향, 정몽주, 최충과 최유선, 공자 등을 배향하는 서원을 세우고, 그곳에 그들의 초상화를 봉안하여 보존과 관리에 각별한 관심을 가졌던 사실이 이를 입증한다. 그 결과 초상화는 16세기 이후 단순히 특정 인물을 재현한 그림이 아닌, 위판에 버금가는 봉안 대상으로서의 권위를 갖게 되었다.

사당과 영당으로 옮겨 간 초상화

17세기에도 선현의 초상화를 봉안하기 위한 향사 공간이 지속적으로 건립되었다. 그런데 이 시기에는 교육과 제향 기능을 모두 가진 서원보다는 제향 기능만 가진 영당이나 사당의 건립이 더 많았다. 그 이유는 서원의 첩설疊設, 즉 특정 인물을 제향하는 서원이 중복적으로 여러 곳에 설립된 데 따른 폐단으로 인해 새로운 서원 건립이 어려워졌는데, 아직까지 영당이나 사당 건립에는 별다른 제약이 없었기 때문이다. 또한 도통에 포함되지 않은 인물의 경우 그를 배향할 서원 건립이 여의치 않은 경우도 있었다.

49. 도동묘 전경. 전라남도 곡성.

이 시기에는 하연, 이제현, 김시습 등 한국 유학의 도통에 포함되지 못한 인물뿐 아니라 안향, 정몽주 등 이미 제향 서원이 마련돼 있는 인물의 초상화를 봉안할 목적으로 사당이나 영당이 다수 건립되었다. 대표적인 것이 경상도 합천의 타진당妥眞堂, 경상도 성주의 안산영당安山影堂, 전라도 곡성의 도동묘道東廟, 충청도 보은의 익재영당益齋影堂, 충청도 홍성의 김시습영당金時習影堂 등이다.

50. 도동묘에 봉안된 〈안향 초상〉.

2. 초상화의 힘

타진당은 1608년에 하혼이 자신의 5대조 하연과 그 부인 성주이씨의 초상화를 봉안하기 위해, 안산영당은 17세기 초에 성주이씨 문중에서 이장경 등 집안 선조 12인의 초상화를 봉안하기 위해 각각 건립한 영당이다. 도동묘는 17세기 후반에 안향의 직계 후손 안호安琥를 위시한 전라도 곡성 사림이 소수서원의 원본을 이모한 〈안향 초상〉을 봉안할 목적으로, 익재영당은 1657년경에 충청도 보은에 거주하는 이제현의 후손들이 〈이제현 초상〉을 봉안할 목적으로 각각 조성한 사당과 영당이다. 이들 중 일부는 오늘날까지도 초상화 봉안 공간으로 유지되고 있다.

도동묘(그림 49)는 1868년 서원 철폐령이 시행되었을 때 헐렸다가 1902년에 다시 건립되었다. 이때 이 지역 사람들은 기존 사당 주벽主壁(북쪽 벽)에 봉안했던 안향의 초상화를 동쪽 벽으로 옮기고, 주희의 초상화를 주벽에 새로 봉안했다. 현재 주희와 안향의 초상화는 화려하게 채색된 목제 감실 안에 각각 모셔져 있다(그림 50). 이 사당은 철폐된 후 비교적 빠른 시일 내에 재건립되었으므로 이와 같은 초상화 봉안 형태는 철폐 이전과 크게 다르지 않을 것이다.

─── **김시습영당, 청일사와 청절사**

17세기에는 특정 학파의 사대부들이 주도하여 세운 영당도 등장하기 시작했다. 서인계 인사들에 의해 충청도 부여와 경기도 수락산 등지에 건립된 김시습영당이 대표적이다.

김시습金時習은 세조의 왕위 찬탈을 비판한 인물이었으므로, 사후에는 사대부들이 그를 거의 언급조차 못 했다. 그러나 16세기 후반에 이이李珥를 중심으로 한 서인계 인사들에 의해 그에 대한 재평가 작업이 이루어졌다. 이 과정에서 그는 불의不義의 정권에 저항해 절의節義를 지킨 지식인의 전범으로 평가되었다.[76]

그의 젊은 시절 모습과 나이 든 모습의 초상화 두 점이 부여 홍산鴻山의 무량사無量寺에 소장돼 있다는 사실이 본격적으로 알려진 이후로 김시습 초상화의 보존과 봉안에 대한 관심이 특히 홍산 지역 사림들 사이에서 크게 고조되었다. 1621년에 홍산현감 심종직沈宗直은 무량사 옆에 영당을 지어 김시습 초상화를 봉안했으며, 1646년경에는 홍산현감 윤순거尹舜擧가 그림의 보존 상태가 좋지 않은 점을 들어 도화

51. 이징(추정), 〈김시습 초상〉, 17세기 중반(추정), 비단에 색, 72.0×45.5cm, 무량사.

서 화원 이징李澄을 불러와 이모본 초상화 한 점을 제작했다. 〈김시습 초상〉(그림 51)은 이때 이징이 이모한 것으로 전하는 초상화다.

1658년에는 권흔權俒이 심종직이 세운 영당을 홍산향교鴻山鄕校 옆으로 이건한 뒤에 김시습의 초상화를 걸고 봄가을로 제향을 올렸다. 그러나 1662년에 윤선거尹宣擧, 윤증 등 서인계 인사들이 초상화를 걸어 두고 제례를 치르는 방식에 문제를 제기하여 초상화는 위판으로 대체되고 그 후로 초상화는 상자에 보관되었다. 이 사당은 1704년에 청일사清逸祠로 사액을 받은 뒤 김시습을 향사하는 대표적인 장소로 오늘날까

2. 초상화의 힘

지 유지되고 있다.

또 하나의 대표적인 김시습영당으로 1701년에 사액을 받은 청절사
淸節祠가 있다. 이 영당은 당대 서인계의 대표적인 학자 박세당朴世堂이
1686년에 수락산 석림사石林寺(현 경기도 의정부시 장암동 소재) 인근에 지
은 것이다. 이곳은 김시습이 한때 살았다고 알려진 장소였다. 박세당
은 무량사 소장 초상화를 바탕으로 이모본을 제작하여 이 영당에 봉안
하고 제례를 행했다고 한다.

───── **포은선생영당이 지어진 사연**

17세기에 이르면 봉안하던 초상화를 위판으로 대체하는 서
원이나 사당이 생기기 시작한다. 1686년에 소수서원에서 안향 초상화
를, 1662년경 청일사에서 김시습 초상화를 각각 위판으로 대체했다.
즉 17세기 후반으로 갈수록 초상화가 가졌던 봉안 대상으로서의 지위
가 상실되어 갔던 것이다.

그런데 바로 이 무렵에 일부 학파의 사림 혹은 문중에서 설립한 원사
院祠에 한정해서 초상화가 주요 봉안 대상으로 재부상하기 시작했다.
원사란 서원, 사당, 영당을 아울러 가리키는 말이다. 정몽주의 제사를
모시는 봉사손奉祀孫의 집 안에 영당을 건립한 것이 그 결정적인 계기
였다.[77]

조선시대 거의 모든 사대부들은 학파나 정치적 입장이 다르더라도
정몽주를 조선 성리학의 종주宗主로서 존경했다. 현종~숙종 대에 예
송禮訟 논쟁으로 서인과 남인 간의 정쟁이 격화되고 숙종이 서인과 남
인 세력을 번갈아 가며 숙청한 환국換局 정치의 상황에서도, 각 붕당朋
黨 즉 서인과 남인 모두 정몽주 봉사손가에 사당 또는 영당 건립을 적

극적으로 추진했다. 이처럼 조선시대에 특정 인물의 초상화 봉안처를 건립하기 위해 붕당을 가릴 것 없이 조정 신료들이 그 일을 계획하고 실행한 경우는 정몽주의 사례를 제외하면 거의 찾아볼 수 없다.

17세기에 정몽주 봉사손의 집은 서울의 묵사동墨寺洞(현 성북동)에 있었다. 그 집 가묘家廟가 매우 낡았는데, 그 내부에 정몽주의 초상화가 봉사손의 바로 윗대 조상들 위판과 함께 봉안돼 있었다. 따라서 방문객들은 정몽주의 초상화를 첨배하기 위해 어쩔 수 없이 위판들이 봉안된 가묘를 출입할 수밖에 없었다. 1679년에 남인계인 우의정 오시수吳始壽는 이 문제를 거론하며 숙종에게 가묘를 새로이 건립해 달라고 요청했고, 숙종은 이를 승낙해 가묘가 새로 지어졌다.

이때 문제 해결을 위해서는 정몽주의 초상화만을 봉안하기 위한 별묘別廟, 즉 별도의 사당이 건립되어야 한다는 의견이 제기되었다. 그러나 이 사업을 주관한 정제두鄭齊斗 등은 『주자 가례』의 "이주二主가 항상 서로 의지하면 정신이 분산되지 않는다二主常相依, 則精神不分矣"라는 구절을 근거로, 즉 위판과 초상화를 함께 모시지 않으면 조상의 신神이 분산된다고 주장하며 별묘 대신 가묘를 새로 짓는 것으로 마무리 지었다. 다만 가묘 내부를 두 공간으로 구획하여 위판과 초상화를 따로 봉안함으로써 방문객들이 위판이 있는 곳은 드나들지 않도록 조치했다. 아마도 이 가묘는 협실이 있는 숭양서원 사당(그림 46)과 유사한 구조였을 것 같다.

경신환국庚申換局으로 서인이 정권을 장악한 직후인 1681년 1월, 노론계 인사인 좌의정 민정중閔鼎重은 정몽주 봉사손가의 가묘가 새로 건립되었지만 정몽주 초상화를 첨배하려는 사람들이 가묘를 드나들어야 하는 불편함은 이전과 다를 바 없다고 숙종에게 보고하면서, 초상화만 따로 봉안할 영당을 짓게 해 달라고 요청하여 승인을 얻었다.

그런데 이 영당 건립을 실질적으로 기획, 추진한 인물은 송시열이었다. 가묘가 새로 건립된 지 얼마 되지 않은 시점에 송시열이 이처럼 별묘의 성격을 띠는 영당 건립을 다시 추진했던 이유는 무엇보다 정몽주 봉사손가의 가묘를 '사대봉사四代奉祀'가 가능한 공간으로 조성하기 위해서였다. '사대봉사'는 『주자 가례』에 명시된 제례 원칙이었다. 그는 기존의 가묘에서 봉사손의 4대 조상까지 제사를 모실 경우 정몽주 초상화가 더해져 실제로는 태묘太廟 즉 종묘宗廟에서와 같이 5대 조상을 봉사하게 되므로 별묘를 만들어 이 문제를 해결하려 했다. 그는 정몽주를 불천위不遷位로, 즉 영원토록 제사 지내는 신위로 삼아 별묘를 지어 따로 모시면 가묘에서의 '사대봉사'도 가능하다고 여겼던 것이다.

이때 송시열은 무엇보다 정제두가 언급했던 '이주二主 분리' 문제에 대한 해답을 내놓아야 했는데, 그는 "이주가 서로 지척咫尺에 있으면 분리를 말할 수 없다."는 논리로 해결책을 제시했다. 초상화를 봉안한 영당을 가묘 바로 옆에 설치하면 이주가 분리되는 것은 아니라고 주장한 것이다.

별묘로서의 영당은 실제로는 정몽주의 불천위묘不遷位廟가 된다는 문제도 제기되었다. 불천위묘는 신주를 땅에 묻지 않고 영구히 두면서 제사를 지내는 조상의 사당을 일컫는다. 정몽주는 1517년에 문묘에 배향되었다. 문묘에 위판이 모셔진 인물의 불천위묘를 따로 세우지 않는 것이 당시의 일반적인 관행이었다. 그런데 송시열은 유현儒賢을 문묘에서 종사從祀하는 것은 조신朝臣(조정에서 벼슬하는 신하)이 종묘宗廟에 배향되는 것과 같으므로, 조신의 불천위묘 건립이 가능한 것처럼 유현의 불천위묘 건립 역시 불가할 까닭이 없다는 논리를 내세웠다. 당시 조

신의 불천위묘 건립에 대한 거부감은
없었다.

결국 1683년에 송시열의 주장이 온
전히 반영되어 정몽주의 봉사손가에
정몽주의 영당이 건립되었으며, 송시
열은 '圃隱先生影堂'(포은선생영당)이
라는 현판 글씨를 직접 씀으로써 자신
이 주도했던 이 사업을 마무리 지었다.

52. 송시열이 쓴 글씨가 현판으로 걸려 있는 포은선생영당.
경기도 용인.

송시열이 정몽주 적장손가의 가묘
를 '사대봉사'가 가능한 공간으로 조
성하고자 한 목적은 그곳을 『주자 가례』의 제례 원칙이 지켜지는 공간
이자 조선 성리학의 종주로 평가되는 정몽주를 향사하는 상징적인 장
소로 만드는 데 있었다. 만일 그가 소수서원이나 홍산 김시습영당처럼
초상화를 궤에 보관하는 방안을 택했다면 '사대봉사'의 문제는 쉽게
해결되었을 것이다. 그런데 여러 문제 제기에도 불구하고 독립된 제향
공간으로 영당을 건립한 이유는 무엇보다 초상화가 위판에 상응하거
나 버금가는 봉안 대상이라는 인식이 있었고, 이를 바탕으로 초상화의
적절한 봉안 방식을 고민했기 때문이다.[78]

송시열의 주도로 이루어진 포은선생영당(그림 52)의 건립은 17세기
말 이후, 특히 서인 계열의 사대부 사이에서 초상화가 중요한 봉안 대
상으로 재인식되고 이들에 의해 영당 건립이 크게 확산하게 된 결정
적 사건이었다. 송시열 사후 그의 초상화가 봉안된 '송시열 제향 원사
院祠'가 적어도 30곳 이상 설립된 사실이 바로 이 점을 입증한다. 이는
'초상화의 원사 봉안'에 대해 긍정적이었던 송시열의 평소 생각을 그

의 제자들이 적극적으로 반영한 결과로 볼 수 있다. 그리고 송시열 초상화가 봉안된 원사의 잇따른 건립은 아마도 남구만, 박세당, 윤증, 박세채, 최석정, 권상하 등 그와 동시대에 활동했던 서인 계열 학자들의 영당 건립에도 직간접적인 영향을 미쳤다고 생각된다.

소수서원이 〈안향 초상〉(그림 43)을 봉안한 이후 전국의 주요 서원들이 배향 인물의 초상화를 봉안하기 시작했고, 이후 원사에서 초상화를 봉안하는 관행이 조선 말기까지 지속적으로 이어졌다. 원사에 초상화를 봉안하게 된 구체적인 배경이나 목적 등은 조금씩 달랐지만, 봉안 대상으로서 초상화의 위상이 오랫동안 유지된 것이다. 다만 한 가지 염두에 두어야 할 것은 조선시대에 모든 원사에서 배향 인물의 초상화를 반드시 입수해서 봉안하지는 않았다는 사실이다. 초상화 봉안 문제는 그림이 전하는 경우에만 논의되었던 것이다.

초상화 봉안의 정치학

기념 공간에서 제향 공간으로

　　17세기 말을 기점으로 세상을 떠난 지 얼마 되지 않은 인물의 초상화를 봉안하는 사례가 본격적으로 등장하기 시작했다. 송시열이 사망하자 그를 스승으로 모셨던 권상하가 화양서원華陽書院, 흥농영당興農影堂 등 스승의 초상화를 봉안하기 위한 공간을 적극적으로 조성한 일이 대표적이다. 이전까지는 몇백 년 전에 사망한 인물의 초상화가 서원이나 영당 등에 봉안되었던 것과 비교하면 이는 새로운 현상이었다.

　　17세기 말 이후에는 특정 학파의 사대부들이 그들의 선사先師 즉 돌아가신 스승이 생활했던, 구체적으로는 학문을 연마하거나 강학講學 했던 곳을 사후에도 원래 모습 그대로 유지하고 내부에 스승의 초상화를 걸어 두었던 사례가 다수 확인된다. 대표적인 곳으로 기호 남인의 영수였던 허목許穆의 초상화가 봉안된 경기도 연천의 은거당恩居堂을 들 수 있다. 은거당은 1678년에 숙종이 허목에게 하사한 집으로, 생전에 그는 이곳을 독서 공간으로 사용했다.[79] 은거당에는 허목의 42세 때와 82세 때의 초상화 두 점이 보관돼 있었다.

은거당의 내부가 어떤 모습이었는지는 1739년에 이곳을 방문한 신유한申維翰의 기록을 통해 상상해 볼 수 있다. 그는 은거당에서 이 두 점의 초상화를 모두 보았다. 그는, 그곳에는 초상화뿐 아니라 허목이 소중히 여겼던 물건들, 즉 중국 하夏나라 우왕禹王이 쓴 형산비衡山碑 77자 글씨, 신라금新羅琴, 숙신씨肅愼氏의 돌화살촉(石砮), 그리고 기록 문서함과 직접 쓴 글씨, 손수 새긴 돌 도장 등이 진열돼 있었다고 기록했다.[80]

신유한은 허목의 초상화뿐 아니라 그의 생전 묵적墨跡과 애장품들이 있는 은거당 내부를 들여다보며 그가 아직도 그 안에서 일상생활을 하고 있다는 착각을 잠시 했을지도 모른다.

윤증尹拯의 초상화는 그가 사망하기 3년 전인 1711년에 도화서 화원 변량에 의해 제작되었다. 이 그림은 윤증 사후에 재종손再從孫 윤동주尹東周의 집에 보관되다가 1716년에 윤증이 생전에 기거하다 임종했던 유봉정사酉峯精舍에 봉안되었다. 띳집이었던 유봉정사에는 초상화 외에 그가 생전에 사용했던 두건(巾)·갓(冠)·띠(帶)·지팡이·신·벼룻돌·벼룻집(硯匣)·등긁이(背搔子)·잠자리(寢席) 등의 생활용품, 그가 직접 작성하고 수정했던 비문碑文·묘지墓誌 등의 문적文籍, 그가 애독했던 각종 서책이 그가 살아 있을 때와 똑같이 놓여 있었다. 유봉정사 역시 은거당처럼 윤증을 기억하고 기념하는 공간으로 조성되어 한동안 운영되었던 것이다.

다만 조선 말기까지 초상화 보관처로만 유지되었던 은거당과는 달리, 유봉정사는 추후 윤증을 제향하는 공간으로 변모되었다. 1744년

53. 이명기(추정), 『영당기적』 중 〈유봉전도〉, 1788년(추정), 종이에 담채, 36.3×52.6cm, 한국유교문화진흥원(윤증 종택 기탁).

에 윤증의 문인門人들이 유봉정사 중수重修를 진행했다. 이때 그들은 이곳 주변에 담을 두르고 문을 설치했으며, 지붕에 띠 대신 기와를 얹었다. 그리고 건물 안에 두 개의 감실을 설치하여 윤증의 측면상 초상화 한 본과 정면상 초상화 한 본을 각각 봉안하고 봄가을로 의식을 치렀다.[81] 그런데 이 의식은 서원에서 일반적으로 치르는 향사享祀가 아닌, 사람들이 모여 윤증의 초상화 앞에서 함께 절을 하는 행위였을 것으로 추정된다.

『영당기적影堂紀蹟』에는 윤증 초상화의 이모본 제작 과정이 구체적으로 기록되어 있는데, 여기에 수록된 〈유봉전도酉峯全圖〉(그림 53)는

2. 초상화의 힘

1788년에 윤증 초상화를 이모한 이명
기가 그린 것으로 추정되는 그림이다.
이 그림에서 가운데 부분에 담으로 둘
러진 세 칸짜리 건물이 바로 유봉정사
로, 현재는 '유봉영당'이라는 이름으로
보존되어 있다. 이 그림에서 유봉정사

54. 유봉영당 전경. 충청남도 논산.

는 일반 건물처럼 그려져 있지만, 현재
이 건물은 단청이 이루어진 전형적인
사당처럼 꾸며져 있다(그림 54). 아마도
유봉정사는 19세기 말 이후 어느 시점
에 사당 건물로 개축 또는 보수되었던
것 같다.

55. 유봉영당 내부.

지금까지도 이 건물 내에는 감실 두
개가 설치되어 있고, 그 안에 정면 초상
화와 측면 초상화가 한 본씩 봉안되어 있다(그림 55). 유봉정사는 윤증
이 생전에 학문을 연마하던 띳집에서 그의 사후 기와집으로 개축되고,
다시 19세기 말 이후에 단청을 입힌 사당으로 변모되었다. 이러한 연
혁은 곧 이 건물이 윤증의 체취를 느낄 수 있는 공간에서 그를 선현으
로 추앙하고 숭모하는 공간으로 성격이 변화했음을 보여 준다.

스승의 철학과 사상을 느낄 수 있는 공간

조선시대에 송시열을 향사한 원사 중에서 사대부들이 가장
중요하게 여겼던 곳은 충청도 괴산의 화양서원이었다. 화양서원은 송
시열이 가장 총애했던 권상하를 필두로 한 그의 제자들이 1695년에 스

승이 생전에 독서를 즐겼던 화양계곡의 만경대萬景臺 부근에 건립했다. 이때 송시열 초상화는 서원 내 사당에 위판과 함께 봉안되었다. 허목이나 윤증의 경우와는 달리, 그의 초상화는 사후 얼마 안 된 시점에 그를 향사하기 위해 건립된 서원에 봉안된 것이다.

그런데 송시열 초상화가 봉안된 화양서원은 설립 후 머지않은 시점에 그의 정치 철학과 사상을 집약적으로, 상징적으로 보여 주는 곳으로 조성되었다. 권상하 등은 1704년에 화양계곡 상류에 있는 초당草堂 옆에 명나라 신종神宗과 의종毅宗을 제향하는 사당인 만동묘萬東廟를 완성한 후, 송시열 초상화 한 본을 초당에 봉안했다. 초당은 송시열이 생전에 독서를 즐겼던 곳이었다. 권상하가 초당 옆에 만동묘를 건립하고 초당에 송시열 초상화를 봉안한 것은, 우리에게 유비劉備로 널리 알려진 촉한蜀漢 소열제昭烈帝의 사당과 제갈량諸葛亮의 사당이 이웃해 있어서 그 지역 사람들이 두 인물을 함께 제향했던 고사를 따른 것이었다.[82] 실제로 권상하는 만동묘에서 제사를 지낸 뒤에 초당에서 송시열 초상화를 두고 다시 제사를 올렸다.[83]

이처럼 초당은 사당의 기능을 갖기도 했지만, 평소에는 송시열의 자취를 느낄 수 있는 기념 공간으로 꾸며져 있었다. 건물 내부에는 그가 생전에 썼던 책상과 지팡이〔几杖〕뿐 아니라 서책, 벼룻갑 등이 그대로 놓여 있었으며 그의 초상화도 걸려 있었다.[84]

1710년에 권상하는 만경대 부근에 있던 화양서원을 만동묘 옆으로 옮기고, 서원 내 사당에는 기존처럼 송시열의 초상화와 신주를 그대로 옮겨 와 봉안했다. 그리고 초당에 보관돼 있던 또 다른 송시열 초상화는 세초洗草하여 없애 버렸다. 이때 그가 화양서원을 만동묘 옆으로 이전한 이유는 초당이 규모나 시설 면에서 송시열의 제향 공간으로는 부

56. 이형부, 《화양구곡도첩》 중 〈화양전도〉의 세부, 1809년, 종이에 담채, 38.0×51.0cm, 개인 소장.

족하다고 판단했기 때문으로 여겨진다.

    1809년에 이형부李馨溥가 그린 것으로 전하는《화양구곡도첩華陽九曲圖帖》중 〈화양전도華陽全圖〉(그림 56)에는 서로 인접한 화양서원과 만동묘의 모습이 묘사되어 있다. 그림의 중앙 왼쪽에 'ㄴ'자 모양으로 담이 둘러져 있고 그 안에 10여 채의 건물이 들어서 있는 곳이 화양서원이고, 그 오른편에 세 동의 건물이 수직으로 나란히 배치된 곳이 만동묘다. 초당은 화양서원 건물군에서 가장 오른쪽에 자리해 있다. 결국 화양서원과 만동묘의 배치는 송시열이 명나라 황제를 받드는 형국을 연상시킴으로써 그가 대명의리對明義理의 상징적 존재임을 드러내는 효과를 가져왔다.[85]

    충청도 회덕의 흥농興農(현 대전광역시 대덕구 회덕동)은 송시열이 중년 시

절을 보냈던 곳이자 만년에 다시 와
서 남간정사南澗精舍를 지어 강학 활
동을 벌였던 곳이다(그림 57). '남간
南澗'은 주희가 회암초당晦庵草堂을
짓고 거주했던 곳 주변에 흐르던 시
내[川]의 이름이다. 송시열이 주희
와 관련된 지명을 가져와 남간정사

57. 남간정사 전경. 가운데 위쪽이 사당. 그 아래가 남간정사. 오른쪽이 기국정이다.

라 이름 지었던 이유는 이 정사에서
주희의 사상과 학문을 연구, 계승하겠다는 뜻을 드러내기 위해서였다.

이러한 의도는 송시열의 청으로 제자 이희조李喜朝가 1687년에 지은
「남간정사기南澗精舍記」에 자세하게 기록돼 있다. 이 글에서 이희조는
주희를 유학의 도통道統을 이어받아 공자의 학문을 집성集成한 인물로
칭송하고는, 조선에서는 정몽주와 이황의 출현 이후 오직 송시열만이
주희의 학문을 계승했다고 단언했다. 또한 그는 송시열이 남간정사에
서 날마다 아침저녁으로 『주자 대전朱子大全』과 『주자 어류朱子語類』 등
을 소리 내어 읽으며 글자와 구절을 해석하고 오류를 밝히는 등 주희의
학문을 속속들이 파고들어 깊이 연구하는 데 갖은 노력을 다했다고 했
다. 마지막으로 그는 송시열이 정사의 이름을 '남간'이라 한 이유는 주
자를 존경하고 사모하는 마음을 일으킬 바탕으로 삼기 위해서였다고
했다.[86]

남간정사를 조성한 송시열의 뜻은 그의 사후 남간정사 옆에 영당이
조성될 때에도 반영되었다. 1694년 이후 어느 시점에 권상하는 남간
정사 바로 옆에 한 칸짜리 영당을 짓고 그 안의 북쪽과 동쪽 벽에 각각
주희와 송시열의 초상화를 걸고서, 이 영당을 흥농영당興農影堂이라

2. 초상화의 힘

불렀다.

권상하의 제자 한원진韓元震은 흥농영당의 건립 배경과 의미를 적은「흥농영당기興農影堂記」에서 두 선현의 초상화가 걸린 모습이 마치 스승과 제자가 예를 갖춰 아침저녁으로 조우하는 것처럼 보였다고 했다. 또한 그는 주희와 송시열을 한 공간에 모시게 된 이유를 이렇게 설명했다.

> 아! 명나라가 망한 지 100년이 되고〔주희가 사셨던〕중국 남쪽 지역 또한 더렵혀졌으니, 주자朱子의 도를 찾을 수 있는 곳이 없고 그의 책을 읽을 수 있는 땅이 없다. 오로지 우리 조선만이 선생의 노력에 힘입어 모두 주자의 도를 높이고 그의 책을 읽을 줄 안다. 따라서 주자를 선생의 사당에서 함께 제향하는 것은 마땅하다. 선생의 훌륭한 덕과 큰 성취는 우주를 지탱할 만한 것이고 또한 한 가지도 주자의 도에 근본하지 않은 것이 없으니, 주자를 제향하는 곳에 선생의 위판을 함께 두는 것 또한 어찌 마땅하지 않겠는가![87]

결국 권상하가 흥농영당을 지어 송시열과 주희의 초상화를 봉안한 목적은 주희를 존경하는 마음을 담아 남간정사를 지었던 송시열의 뜻을 받드는 데 있었고, 또한 송시열이 주희의 학문을 계승한 적통嫡統임을 드러내는 데 있었던 것이다.

1740년경에 흥농영당은 증축되었다. 송시열의 문인門人들은 세 칸짜리 사당을 새로 지었을 뿐 아니라 강당講堂, 재齋, 각閣, 삼문三門까지 지어, "학문은 마땅히 주자를 따라야 한다宗晦."고 했던 송시열의 말을 좇아 영당의 이름을 '종회사宗晦祠'로 바꾸어 명명했다. 이로써 홍농영당은 서원의 규모로 확장되었으며 그 설립 취지는 '종회사'라는 이름을 통해 명확하게 드러났다.

18세기 중반 이후 어느 시점에 종회사에는 권상하의 초상화도 봉안되었다. 그의 초상화는 아마도 서쪽 벽에 걸렸을 것이다.[88] 이곳에 권상하의 초상화를 봉안한 이들의 의도는 쉽게 파악된다. 권상하의 후학들이었을 그들은 권상하 초상화를 이곳에 봉안함으로써 그가 '주희-송시열'의 도통을 이은 훌륭한 학자임을 시각적으로 보여 주고자 했을 것이다. 현재 종회사는 소실되고 없지만, 그곳의 초상화 봉안 방식은 도동묘(그림 49, 50)와 유사했을 것으로 추정된다.

화양서원은 송시열이 주창했던 대명의리의 이념을 상징적으로 보여 주는 공간으로, 홍농영당은 그가 주희의 학문을 정통으로 계승했음을 명시적으로 보여 주는 장소로 조성되었다. 이 두 곳은 17세기 말 이후 초상화 봉안 공간이 단순히 특정 인물의 초상화를 걸어 두고 제사를 치르는 장소가 아닌, 그의 철학과 사상을 집약적으로 보여 주는 공간으로도 기능했음을 보여 준다.

이모본 초상화의 제작

─────── **이모본, 조선 후기 초상화 제작의 특징**

　　17세기 이후 서원, 사당, 영당 등 원사院祠를 세워 초상화를 봉안하는 관행은 널리 확산했다. 원사 설립에는 초상화를 봉안할 사당을 갖추는 것 외에 원본 초상화나 이모본 초상화의 입수가 전제되었다.

　　왕실에서는 전해 내려오는 어진들의 보존을 위해 이모 작업을 국가 사업으로 진행했다. 그리고 문중, 지역 사림, 특정 학파의 사대부들은 그들의 선조, 스승, 영수領袖, 선현의 원사를 새로 지으면서, 또는 이미 지어진 원사에 봉안할 목적으로 이모본 초상화를 제작했다. 조선시대에 원본 초상화는 대개 초상화 주인공의 직계 후손 집이나 그를 배향한 원사 중 중요한 곳에 보관되었다. 이 외의 장소에는 이모본 초상화가 봉안되는 것이 보편적이었다.

　　오늘날까지 전하는 조선시대 초상화 중에서 이모본 초상화는 상당수를 차지한다. 17~19세기에 중국이나 일본에서는 이모본 초상화의 제작이 우리나라만큼 성행하지 않았다. 그리고 최근까지 이모본 초상화는 대개 원본 초상화의 복제품 정도로 인식했으며, 연구자들도 원본 초상화의 형식과 양식을 추정하기 위한 참고 작품 정도로 활용했을 뿐이었다.

그러나 이모본 초상화는 봉안된 원사의 건립 및 운영 현황뿐 아니라 초상화 봉안 관행을 구체적으로 파악할 수 있게 해 주는 중요한 자료다. 일부 이모본 초상화는 원본보다 더 정밀한 예술성을 보여 주목을 끌기도 한다. 따라서 이모본 초상화는 조선 후기 초상화 제작 문화의 특징적 면모를 보여 주는 중요한 자료로 재평가될 수 있다. 이런 점에서 소선 후기 이모본 조상화의 제작을 원본 초상화의 단순한 '복제'가 아닌, '봉안' 혹은 '보존'을 전제로 한 초상화 '생산' 행위로 인식할 필요가 있다.

이모본 초상화의 제작은 초상화 주인공의 모습을 직접 보고 그리는 것만큼이나 어려운 일이었다. 17세기 후반 왕실에서 태조 어진의 이모 사업을 추진할 때 왕과 신료들이 벌였던 논의들을 살펴보면 이를 쉽게 알 수 있다.

1676년에 숙종은 남별전南別殿에 봉안할 목적으로 태조 어진의 이모 사업을 추진했다. 그러나 대신들은 어진 봉안에 관한 사항이 예문禮文에 없다는 점과 "터럭 하나라도 더 많으면 곧 다른 사람이 된다."라고 한 송나라 유학자 정이의 말을 거론하면서, 태조 어진을 완벽하게 이모할 수 있는 솜씨 좋은 화사畵師가 없다는 점을 내세워 그 사업을 중단시켰다. 1688년에 숙종이 이 사업을 재추진했을 때에도 일부 대신들은 정이의 말을 다시 거론하면서, 어진 모사模寫의 어려움과 화공畵工들의 솜씨가 졸렬하다는 이유를 내세워 또다시 반대했다.[89]

대신들이 태조 어진의 이모를 거듭 반대한 이유는 무엇보다도 상당

2. 초상화의 힘

한 물적, 인적 비용이 들어가는 어진 이모 사업을 긴급한 국가사업으로 인식하지 않았기 때문이라고 생각된다.[90] 그런데 그들은 이모 사업을 반대하는 명분으로 완벽한 이모의 어려움과 화가의 기량 문제를 거듭 내세웠다.

한편 숙종이 신하들의 반대를 무릅쓰고 태조 어진을 이모하여 남별전에 봉안하는 일을 강력하게 추진한 이유는 세조와 원종의 어진만 봉안돼 있어 '열성列聖 어진 봉안처'로서의 위상이 확고하지 못했던 남별전을 명실상부한 진전眞殿, 즉 어진 봉안 전각으로 격상시키고자 했기 때문이다.[91] 또한 이를 왕실의 권위를 높이고 왕권을 강화하는 하나의 방편으로 삼으려 했다. 한편 숙종은 새로 이모한 태조 어진을 남별전에 봉안한 직후인 1690년에 전각 명칭을 영희전永禧殿으로 바꾸었다.

이와 같이 신하들의 반대가 지속되는 상황에서도 숙종은 1688년에 이 사업을 관철시켰다. 이때 숙종은 모본母本으로 확정한 전주 경기전慶基殿의 태조 어진을 완벽하게 옮겨 그리기 위한 여러 조치를 매우 적극적으로 실행했다. 우선 어진 이모를 담당할 영정모사도감影幀摸寫都監을 설치해 조정에서 이 사업을 주관하도록 했으며, 이모를 담당할 화가 선발에 각별한 관심을 쏟았다.[92] 그는 도화서 화원뿐 아니라 지방 화가들까지 불러 시재試才 즉 시험을 치러서 주관화사를 선발했다.

한편 숙종은 그림에 재주가 있다고 알려진 수안군수遂安郡守 신범화申範華까지도 서울로 불러들였는데, 그가 상경했을 때는 주관화사가 이미 정해졌으므로 직접 그림 그리는 일을 담당하지는 않았다. 또한 정묘精妙한 화법을 가졌다는 이유로 부모의 상중喪中에 있던 김진규金鎭圭까지도 감조관監造官 즉 감독관으로 임명하여 불러들이려 했다. 그러나 이 일은 신하들의 반발에 부딪혀 추진하지 못했으며, 도감에서 추

58. 조중묵·박기준·백은배·유숙·이창옥·박용기·박용훈·안건영·조재흥·서두표, 〈태조 어진〉, 1872년, 비단에 색, 220.0×151.0cm, 어진박물관.

천한 문인화가 조지운趙之耘이 감조관으로 차출되었다.[93] 신범화, 김진
규, 조지운은 모두 양반 신분의 사대부들이었다.

1872년 1월, 고종은 1688년에 이모되어 영희전에 봉안된 태조 어진
의 색이 희미해졌다는 이유로 또다시 이모본 제작을 지시했다. 1872년
은 태조가 조선을 개국한 때로부터 8회갑回甲에 해당하는 해이기도 했
다. 이해 4월에 이모 작업을 수행할 어진이모도감御眞移模都監이 설치
되었다. 이 도감에 소속된 조중묵趙重默 등 열 명의 화가가 이모본 두
본을 완성했다. 이 두 본 중 한 점은 영희전에, 다른 한 점은 경기전에
각각 모셔졌다. 어진박물관 소장 〈태조 어진〉(그림 58)은 바로 이때 경
기전에 봉안되었던 것이다. 원래 경기전에 봉안돼 있었던 옛 본은 세
초되어 경기전 인근에 매안埋安되었다.[94]

1872년에 이모된 〈태조 어진〉은 조선 전기 초상화의 제작 전통을 충
실히 따른 작품으로 평가된다. 즉 복식, 어좌御座, 족좌대足座臺, 채전彩
氈(양탄자) 등은 물론이고 태조 이성계의 얼굴 표현에도 조선 전기 어진
양식이 잘 드러나 있다.[95]

───── 〈안향 초상〉 이모에 들인 노력

이모본 초상화 제작은 원본 초상화를 그대로 옮겨 그리는 단
순한 일이 아니었다. 이 사업을 추진한 담당자들은 먼저 재능 있는 화가
를 구해야 했으며, 화가 고용, 각종 재료 구입, 장황裝潢 등에 필요한 비
용을 마련해야 했다. 비용 마련을 위해 주변에 도움을 요청해야 하는 경
우도 있었다. 이러한 제반 절차를 관리 감독하는 사람도 두어야 했으며,
화가가 원본 그림을 철저하게 모사하고 있는지를 수시로 살펴야 했다.

소수서원의 사례는 서원의 운영 주체들이 초상화 이모 작업에 들인

공과 노력을 잘 보여 준다. 소수서원의 운영 주체들은 일찍부터 〈안향 초상〉(그림 43)의 보존 상태에 각별한 관심을 쏟았다. 이 〈안향 초상〉은 원나라 화가가 그린 원본을 모본으로 하여 고려시대에 이모한 초상화였다. 조선 초까지 흥주향교興州鄉校에 봉안돼 있던 이 그림은 1457년 순흥부順興府가 폐지될 때 안향의 후손에게 보내졌으며, 이후 소수서원 건립 때 후손 안정이 이 서원에 기증했다.[96] 서원의 운영 주체들은 고려시대에 제작된 이 초상화를 영원히 보존해야 한다는 의무감을 가졌다. 그래서 그들은 여러 차례에 걸쳐 이 초상화의 이모 혹은 보수 작업을 했다.

소수서원에서는 1559년에 〈안향 초상〉의 이모 작업을 했다. 한 해 전인 1558년에 풍기군수 장문보張文輔는 이 초상화를 자세히 살폈는데, 그림의 색이 희미해져 있고 비단 폭은 찢어지거나 떨어져 나가 있는 등 보존 상태가 좋지 않음을 확인하고 이모본을 제작하고자 했다. 그는 예조판서 심통원沈通源 등의 도움을 받아 경주 집경전集慶殿의 단청 일로 경주에 머물고 있던 도화서 화원 이불해李不害를 초청했는데, 이불해가 병이 나서 소수서원에 오지 못하고 서울로 복귀하면서 이 일은 중단되었다.[97]

1559년에 새로 부임한 풍기군수 박승임朴承任이 이 일을 다시 추진했다. 그는 경상감사 이감李戡에게 〈안향 초상〉의 상태를 보고했고, 이감은 다시 예조에 이 사실을 알렸다. 박승임은 별도로 예조판서 홍섬洪暹과 좌의정 안현安玹에게도 서신을 보내 이모 작업의 필요성을 재차 알리며 도움을 청했다. 1559년 9월에 홍섬은 이감이 보고한 내용을 바탕으로 명종에게 이모 작업에 대한 국가 차원의 지원을 건의했으며, 명종은 이를 윤허하여 이불해를 소수서원에 파견했다. 같은 해 10월에

2. 초상화의 힘

이불해는 마침내 소수서원을 방문해 안향의 초상화 이모본 두 점을 완성했다.

박승임 등은 완성된 이모본 초상화 두 점 중 이불해가 처음 완성한 본은 미진한 점이 있다는 이유로 원본 초상화와 함께 따로 궤에 보관하고, 두 번째 본을 사당에 걸어 봉안했다.[98] 한편 이 사당 봉안본은 1684년 도난 사건으로 완전히 훼손되었으며, 궤에 보관했던 또 다른 이모본은 19세기 이후 소수서원 관련 기록에서 전혀 언급되지 않는 것으로 미루어 어떤 이유인지 알 수 없으나 후대로 전해지지 않은 것 같다. 두 이모본의 모본인 고려 때 이모된 〈안향 초상〉만이 현재까지 전하고 있다.

〈안향 초상〉(그림 43)의 이모 작업은 풍기군수가 경상감사, 예조판서, 좌의정 그리고 심지어 국왕에까지 보고하여 지원을 받아 완수한 사업이었다. 풍기군수가 이렇게까지 한 이유는 그림 실력이 뛰어난 도화서 화원을 초빙하려면 조정의 허가가 있어야 했던 데다 그림 제작에 소요되는 비용을 국가로부터 지원받기 위해서였다.

───── **〈안향 초상〉 재再이모 과정의 전말**

이로부터 250여 년이 지난 1816년에 소수서원에서는 다시 〈안향 초상〉의 이모 작업을 계획했다. 이때는 이 초상화 외에 〈대성지성 문선왕전좌도大成至聖文宣王殿坐圖〉(그림 59) 등 소수서원에서 소장하던 그림 네 점이 이모 대상으로 선정되었다.

한 해 전인 1815년 소수서원의 원장이 된 김희주金熙周는 형조참판으로 임명되어 고향 봉화에서 상경하던 중에 소수서원을 찾아 그곳에서 보관 중인 〈안향 초상〉을 비롯한 그림들을 살펴보고서는 그림들의 색이 희미하게 바랜 점을 들어 이모할 계획을 세웠다. 그도 박승임처럼 조정의 지원을 얻기 위해 상경 후 영의정 김재찬金載瓚을 찾아가 이모 계획을 알리며 지원을 요청했으나 김재찬은 정중하게 거절했다.

결국 김희주는 국가의 지원을 받지 못하고 자체 비용을 마련해 이사업을 추진했다. 1816년 1월, 김희주는 도화서 화원 김건종金建鍾과 김재정金載鼎에게 이모 작업을 맡아 달라고 요청해 그들의 수락을 얻었다. 마침내 김희주는 1816년 3월 26일에 두 화가와 함께 소수서원에 도착했다.

두 화가 중 김건종은 조선 후기의 대표적인 화원畵員 집안 출신으로, 그의 부친은 풍속화가로 유명한 김득신金得臣이었다. 김건종은 훗날인 1830년 순조 어진 제작 때, 그리고 1836~1837년 태조 어진의 이모본 제작 때 이재관李在寬과 함께 주관화사로 참여했을 만큼 뛰어난 실력을 갖춘 화가였다. 한편 김재정은『건릉천봉도감 의궤健陵遷奉都監儀軌』를 비롯하여 각종 도감에서 의궤를 제작할 때 화원으로 참여했던 화가였다.

그림 제작을 담당할 화가가 결정되자 소수서원에서는 그해 2월에 개모도감改摹圖監과 개모도청改摹都廳이라는 임시 기구를 만들고, 기구별로 두 명씩을 뽑아 이모와 관련된 일을 맡겼다. 이들은 일자별로 이모 작업 과정을 상세히 기록해『영정 개모 일기影幀改摹日記』를 남겼다.[99] 이 기록물에 수록된 일정별 이모 작업의 주요 내용은 다음과 같았다.

> 3월 28일~4월 3일   김건종·김재정, 화기畵機(그림을 고정시키는
> 틀) 등 이모 작업에 필요한 기구와 재료를
> 갖추고, 비단에 우모시牛毛柴(우뭇가사리 따위

를 끓여서 만든 끈끈한 물질)와 어교魚膠(민어의
부레를 끓여서 만든 풀)를 바르는 등 본격적인
이모 작업 준비를 마침.

4월 4일~26일　　　김건종·김재정, 〈대선지성 문선왕전좌도〉
이모본 제작 완료.

4월 28일~30일　　〈안향 초상〉 이모본 제작 완료.

5월 1일　　　　　'서사書寫 유생儒生'(김덕휘金輝德)이 완성된
〈안향 초상〉 이모본에, 안향의 아들 안우기
安于器가 원본 초상화에 적었던 찬문贊文을
옮겨 씀.

5월 2일　　　　　김건종, 〈주세붕 초상〉 이모본 제작 완료.

5월 4일　　　　　김건종, 당초 계획에 없던 묵본墨本의 〈공
자 초상〉(판화로 추정)을 이모함.

5월 10일　　　　　김건종·김재정, 족자 제작을 마무리함.

5월 11일　　　　　김건종·김재정, 소수서원을 떠남.

　결국 김건종과 김재정은 3월 26일부터 5월 11일까지 45일 동안 소
수서원에 머무르며 네 점의 그림을 이모했다.

　이 기간 중에 그들은 〈대성지성 문선왕전좌도〉(그림 59)의 이모 제작
에 가장 많은 시간을 할애했는데, 그 이유는 그림 속에 등장하는 많은
인물들을 일일이 묘사하고 채색해야 했기 때문이었다. 현재 여러 조각
으로 잘려진 상태로 소수서원에 전하는 초본(그림 60)이 바로 김건종과
김재정이 이모 작업 과정에서 생산한 것으로 추정된다.

　〈대성지성 문선왕전좌도〉는 공자와 그의 제자 72명을 묘사한 그림

으로, 안향이 원나라에서 가져온 작품으로 알려져 있다. 그러나 조선시대에 일부 학자들은 이 그림을 명대明代에 그려진 것으로 보았으므로 제작 연대를 단정해 말하기는 어렵다. 다만, 적어도 17세기 말에는 이 그림이 소수서원에 보관돼 있었음은 분명해 보인다.[100]

이 네 점의 그림을 이모하는 작업에는 재료 구입비 310냥, 화가 고용비 230냥 등 총 540냥 이상의 비용이 들었다. 이 금액은 오늘날 화폐 가치로 대략 4천만 원으로 추산된다. 김희주 등은 이 비용을 70개 고을의 유림儒林에 통문通文을 보내 그들의 부조扶助로 충당하고자 계획하고 15명을 각 고을로 파견했다. 그렇지만 대다수 지역의 유림이 적은 액수를 부조한 데다 일부 고을에서는 여러 사정을 핑계로 부조를 아예 하지 않아, 소수서원의 운영자들은 화가들이 떠날 때까지 비용 문제로 매우 고심했다. 이모 작업 비용이 이처럼 서원 재정에 부담이 되는 수준이었다는 점은 김희주가 계획 단계에서 왜 영의정을 찾아가 도움을 청했는지를 설명해 준다.

59. 작가 미상, 〈대성지성 문선왕전좌도〉, 16세기(추정), 비단에 색, 170.0×65.0cm, 소수서원.

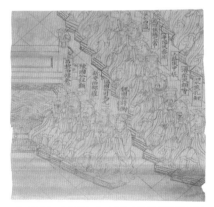

60. 김건종·김재정(추정), 〈대성지성 문선왕전좌도(초본)〉의 세부, 1816년(추정), 종이에 먹, 소수서원.

2. 초상화의 힘

봉안과 보존의 가치

1816년 소수서원 그림들의 이모 작업에는 인근 고을 사대부들의 관심이 집중되었다. 일부 지역 유림들이 제때 부조하지 못했으나, 통문을 받은 대다수 지역 유림들은 부조를 함으로써 이 사업에 적극적인 관심을 보였다. 서원 주변 지역 수령들은 이모 작업의 단계마다 직간접으로 지원해 주었다. 안동현감 김희택金熙澤은 개모도감의 일원으로 이모 작업을 주도했고, 하양현감何陽縣監 이귀성李龜星은 3월 26일에 김건종 등과 동행하여 서원을 방문했으며, 안주목사安州牧使 안정선安廷善은 20냥의 부조를 서원에 보냈다. 또한 이모 작업 기간 동안 순흥 및 인근 고을의 사대부들은 이모 작업을 보기 위해, 또는 물품이나 음식 등을 지원하기 위해 수시로 서원을 찾았다.

특히, 이모 작업이 끝난 뒤인 5월 18일에 열린 이모본 그림 네 점의 공개 행사에는 순흥 및 인근 고을의 사대부, 안향과 주세붕 등의 후손들이 대거 참석했다. 새로 이모된 〈안향 초상〉 등을 직접 볼 수 있는 이날 행사에는 무려 2천여 명이 모였다.[101]

그러나 아쉽게도 1816년에 제작된 네 점의 이모본 그림 중 〈대성지성 문선왕전좌도〉, 〈안향 초상〉, 〈주세붕 초상〉은 1911년에 도난을 당했다. 이때 도둑이 훔쳐 간 그림에는 〈이덕형 초상〉과 〈허목 초상〉도 포함돼 있었다.[102] 이후 이 그림들의 행방은 묘연하지만, 현재 국립중앙박물관에 소장돼 있는 〈안향 초상〉(그림 61)이 1911년에 도난당한 김건종의 그림으로 추정된다.

사실적이고 입체적인 인물 묘사나 화사한 얼굴색 표현으로 볼 때 이 그림을 그린 화가는 매우 뛰어난 실력을 갖춘 자였음을 알 수 있다. 또한 이 초상화 상단에 단정한 해서체楷書體로 적힌 찬문 글씨는 전문 필

宣授高麗國儒學提擧僉議中贊修文殿大學士贈謚文成公安

珦真

越延祐五年二月　日降

宥吉其曰云都僉議中贊修文殿大

學士安珦有常設學校之功亦於

夫子廟庭圖形致祭奉鄕興州守

郎崔琳依其曰摹寫一幅將安之

于鄕校時嗣子于器遠承之鎭邊崔

君送以示之於是焚香拜手乃爲

之賛曰

先君當日振儒風

上命圖形

文廟中一幅丹靑照耀樺四時邊豆

苶膚功

是年秋九月　日賛

慶尙全羅州道巡撫鎭邊使匡靖大夫檢校僉議評理無判典儀寺事上護軍安于器拜題

61. 김건종(추정), 〈안향 초상〉, 1816년(추정), 비단에 색, 106.0×73.0cm, 국립중앙박물관.

62. 소수서원 소장 〈안향 초상〉(그림 43)의 세부. (왼쪽)
63. 만지정 소장 〈안향 초상〉의 세부. 필자 미상. 17세기 전반(추정). 비단에 색. 78×41cm. (가운데)
64. 국립중앙박물관 소장 〈안향 초상〉(그림 61)의 세부. (오른쪽)

사자筆寫者의 솜씨로 보이는데, 이는 김덕휘라는 '서사 유생'이 이모본
초상화 상단에 찬문을 썼다는 사실에 부합한다.

1816년에 김건종이 안향 초상화를 이모할 때, 그는 소수서원 소장본
대신 만지정萬枝亭에 봉안돼 있던 〈안향 초상〉을 모본으로 삼았다.[103]
너부죽한 얼굴 형태나 수평을 이루지 못한 양 눈썹 등 국립중앙박물관
본에서 확인되는 안향의 특징적인 모습은 소수서원본이 아닌 만지정
본에서 확인된다. 더욱이 입, 코, 귀, 눈 그리고 콧수염과 입술 아래 수
염 표현 등에 쓰인 필선의 수나 모양에서도 국립중앙박물관본과 만지
정본은 서로 강한 유사점을 보인다(그림 62, 63, 64).

김건종이 만지정본을 모본으로 삼은 이유는 소수서원본의 상태가
좋지 않다는 도감의 판단 때문이었다. 현재 경북 영주시에 있는 만지
정은 안향의 12대손 안욱安頊이 17세기 초에 〈안향 초상〉의 이모본을
제작한 뒤 이를 봉안할 목적으로 자기 집 주변에 세운 건물이다. 만지
정은 안향의 초상화 봉안처로 널리 알려진 곳은 아니었다. 그런데 국

립중앙박물관본이 소수서원본보다 만지정본과 유사성을 보이는 점은 이 초상화가 1816년에 김건종이 소수서원에서 이모한 바로 그 그림일 가능성을 시사한다. 물론 이렇게 단정할 수 있는 결정적인 근거는 없지만, 국립중앙박물관본 〈안향 초상〉은 '이모본 초상화'가 '원본 초상화'의 단순한 복제 그림이 아님을 분명히 보여 준다.

1816년에 개모도감과 개모도청은 소수서원본 〈안향 초상〉의 얼굴색이 변했다고 판단하여 만지정본을 새 초상화의 모본으로 삼았다. 소수서원본 〈안향 초상〉의 얼굴색 문제는 17세기에 이미 지적되었다. 1691년에 소수서원을 방문한 이세구李世龜는 소수서원본(그림 43, 62)을 상세히 살핀 뒤 얼굴색이 자줏빛을 띤다고 지적하며 그 이유를 안응창 安應昌이라는 사람이 1659년에 색을 덧칠했기 때문이라고 밝혔다. 덧붙여 이로 인해 초상화가 '진眞'을 잃게 되었다고 아쉬워했다.[104]

실제로 현재 소수서원에 소장된 〈안향 초상〉의 얼굴은 자주색으로 보여 자연스러운 낯빛이 아니다. 그러나 국립중앙박물관 소장 〈안향 초상〉(그림 61, 64)의 얼굴은 붉은 기가 감도는 살색으로 정교하게 채색돼 있으며 주름선 주변에는 섬세한 음영이 표현돼 있다. 수염의 가닥가닥이 마치 부챗살처럼 퍼진 모습으로 묘사된 소수서원본과 달리, 국립중앙박물관본 수염의 가닥가닥은 모두 구불구불하게 서로 엉킨 모습이다. 적어도 18세기 말 이후의 것으로 여겨지는 이 같은 사실적인 표현 기법은 초상화 속 안향을 더욱 실제 인물처럼 보이도록 만든다. 더욱이 색이 바래고 덧칠이 이루어진 데다 좀으로 인해 화폭 곳곳에 결실이 생긴 소수서원본에서는 즉각적으로 느끼기 어려운 안향의 온화하면서도 후덕한 인상을, 사람들은 이 이모본에서 느꼈을 것 같다.

소수서원 원장으로 새로 임명된 김희주가 서원 소장 그림들의 보존 상태를 지적하며 시작된 이모 사업은 성공적으로 마무리되었다. 이와 같은 이모 작업의 진행이 조선시대에 비단 소수서원에서만 벌어지지 않았음은 분명할 것이다. 조선시대에 초상화 이모 제작은 원본 초상화의 단순한 '복제' 행위가 아닌, '봉안'과 '보존'이라는 가치를 위해 많은 인적·물적 재원이 소요된 중요한 사업이었다.

기억과 추모의 그림

어진 목민관을 기리다

───── **살아 있는 목민관을 제사 지내다**

　　조선시대에 특정 인물의 초상화를 제작한 가장 큰 목적 중
하나는 그를 오랫동안 기리고 기억하기 위해서였다. 조선시대 초상화
중 상당수는 주인공이 화가에게 직접 의뢰해 제작한 것이 아니라, 그
를 추모하고자 하는 사람들에 의해 '그려진' 것이었다. 이 중에는 한 고
을에서 선정善政을 베풀고 떠난 목민관牧民官을 기리기 위해 고을 사람
들이 제작한 생사당生祠堂 봉안용 초상화라는 것이 있다. 생사당은 제
향 대상 인물이 살아 있는데도 그를 제사 지내기 위해 세운 사당을 말
한다. 생존해 있는 인물을 대상으로 한 사당인 만큼 생사당에는 그의
위판이 아닌 초상화가 봉안되었다. 즉 생사당 조성을 위해서는 초상화
가 제작되어야 했다.

　　정약용은 『목민심서牧民心書』에 생사당 조성의 연원과 양상을 자세히
정리해 놓았다. 그는 생사당 조성 문화가 중국 한漢나라 때 본격적으로
시작되어 당대唐代와 송대宋代에 이르러 크게 성행한 것으로 보았다.

그가 『목민심서』에 실은 중국의 생사당 조성 사례 중 일부를 소개하면 다음과 같다.[105]

시기	지역	목민관	선정 또는 치적
한漢	연군燕郡	약포欒布	수령으로 부임하여 청렴하고 공평하게 정책을 펼침.
당唐	위주魏州	적인걸狄仁傑	위주자사魏州刺史로 부임하여 선정을 펼침.
북송北宋	태주泰州	장륜張綸	태주지주泰州知州가 되어 바다 방면으로 둑을 건설하고, 도망한 민호民戶의 조세를 면제해 줌.

즉 생사당 조성은 지방관이나 특임관特任官이 관할 지역에서 백성들에게 '혜정惠政' 즉 자비로운 정치를 펼쳤거나 '유애遺愛' 즉 많은 사랑을 베풀고 떠났을 때 백성들이 그를 위해 세운, 이른바 '보은報恩' 행위였음을 알 수 있다. 특임관이란 흉년 등에 곤궁한 백성을 돕기 위해 국가에서 특별히 파견한 관리를 말한다. 우리나라에서도 생사당은 고려시대부터 조성되었던 것으로 보이지만 그 조성 관행이 널리 확산한 시점은 임진왜란 직후였다. 생사당 조성에는 초상화 제작이 전제되었으므로 생사당의 역사를 살피면 이와 관련된 초상화들의 제작 사실에 대해서도 알 수 있다.

14세기에 안렴사按廉使 선윤지宣允祉가 조양兆陽(현 전남 보성군 조성면)을 침범한 왜구를 물리치고 그 지역을 안정시키자 지역민들이 그의 생사당을 건립한 일은 고려시대의 대표적인 생사당 조성 사례 중 하나다.[106] 조선 건국 이후에도 생사당 조성 사례는 기록으로 확인된다. 조선 초기의 대표적인 사례로 15세기 말 활동했던 신담申澹의 생사당이 있다. 신담은 세조 때 영의정을 지낸 신숙주의 조카이다. 1489년에 성종은 신담의 생사당 건립 사실을 보고받고는 이에 대해 상세한 사정을 조사하라고 지시했다. 이에 따라 경상도 관찰사 김여석金礪石은 신담의 생사당 건립 연유를 자세히 보고했다.

그에 따르면 신담은 6년간 영산현감靈山縣監으로 재직하면서 청렴하고 어진 마음으로 백성을 보살폈고, 특히 을사년(1485) 흉년 때 음식을 짐바리에 싣고 두루 돌아다니며 굶주린 자를 어루만져 먹일 정도로 진휼賑恤에 성의를 다했다고 한다. 그는 신담이 임기를 마치고 영산현(현 경남 창녕군 영산면)을 떠나게 되자 그곳의 백성들이 부모를 잃은 듯이 길을 막고 울었던 일, 사당을 세워 그의 초상화를 걸어 두고 봄가을로 영구히 제사 지내기로 결정한 일, 그리고 김일손金馹孫이 신담의 생사당에 대해 글을 지은 일까지 성종에게 보고했다.[107] 김일손은 당대 영남 사림파의 맹장으로 일컬어졌던 만큼 그의 글을 통해 신담의 생사당은 사대부들에게 널리 알려졌다.[108]

그러나 김여석의 보고를 받은 성종은 곧장 신담의 생사당을 없애라고 지시했다. 성종은 신담이 지역민들에게 큰 혜택을 준 사실을 인정하면서도 신담의 사례가 장래에 생사당이 난립해 백성의 고초를 일으키는 계기가 될 수 있음을 염려하여 이러한 조치를 단행한 것이다.

───── **명나라 장수들이 요구한 생사당과 초상화**

성종 대 이후 세간에 널리 알려진 생사당으로 무열사武烈祠와 선무사宣武祠가 있다. 이 두 곳은 조선 정부가 임진왜란과 정유재란 때 큰 공을 세운 명나라 장수와 관리를 위해 조성한 것이다. 이 생사당들의 조성을 위해 왕과 신료들이 나눴던 논의 내용이『조선왕조 실록』에 매우 자세히 기록돼 있다. 이를 통해 생사당 건립이 실제로 어떤 절차를 거쳐 기획되고 이루어졌는지 파악할 수 있다.

무열사는 임진왜란 때 평양성 수복에 큰 공을 세운 명나라 제독 이여송李如松을 비롯해 그의 휘하 장수 이여백李如栢, 장세작張世爵, 양원楊元 그리고 명나라 군사의 조선 파병에 결정적인 역할을 했던 병부상서 석성石星을 위해 조선 정부가 평양에 세운 생사당이다. 무열사의 건립은 1593년 2월에 이여송의 생사당을 조성하라는 선조의 지시로 시작되었으나 봉안 대상 선정 문제로 대신들 간에 논의가 길어져 지연된 끝에 1595년에 완료되었다.

선무사는 정유재란 때 왜적 격퇴에 큰 공을 세운 명나라 장수 형개邢玠와 양호楊鎬를 위해 조선 정부가 건립한 생사당이나. 이 생사당 조성은 1588년 선조의 지시로 시작되었다. 1599년 건립 당시에는 형개만 제향되었지만, 1604년에 양호의 배향이 추가로 결정되었다.

무열사와 선무사는 모두 살아 있는 명나라 장수들을 위해 세운 기념 공간이었으므로 조선 정부는 이 두 생사당의 건립 과정에서 지속적으로 그들의 관심이나 관섭에 신경을 써야 했다. 선무사의 건립은 애초에 형개의 직접적인 요구로 시작된 사업이었다. 이때 비변사備邊司에서는 그의 생사당을 세워 주면 다른 명나라 장수들도 유사한 요구를 할 것인데 이때 그들의 요구를 취사선택해 수용한다면 큰 논란이 일어날 것이란 점을 제기했다. 무열사 조성 과정에서도 이와 유사한 문제가 있었다. 선조가 사당의 격을 높이기 위해 이여송과 석성 등 최고위직 인사 두 명만을 제향할 것을 주장했지만, 일부 대신들은 이여송의 휘하 세 장수가 반발할 수 있다는 점을 들어 반대 의견을 냈던 것이다.

왜란을 치르는 과정에서 다수의 명나라 상수들은 자신이 세운 공을 자랑하며 조선 정부가 그에 상응하는 보답을 해 주기를 요구했다. 1599년에 명나라 수군 장수 진린陳璘이 접반사 남복흥南復興에게 "내가 조선을 도운 공이 크므로 나의 초상화를 그려 벽에 걸어 두고 향을 피우더라도 안 될 것이 없다."며 자기의 생사당을 지어 줄 것을 조선 정부에 노골적으로 요구했던 사례가 대표적이다.[109]

조선 정부는 생사당을 조성하는 것 외에도 비석이나 동주銅柱 즉 구리로 만든 기둥을 세우거나 가요歌謠를 지어 주는 등의 방식으로 명나라 장수들의 요구를 반영해 주었다. 이러한 보상책 중 그들이 가장 원했던 것은 단연 건물을 짓고 초상화를 제작해 봉안하는, 가장 많은 비용이 드는 생사당 건립이었다.

조선 정부가 명나라 장수를 위한 생사당 건립에 적극적이었던 표면적 이유는 그들의 공적을 기리기 위해서였지만, 실질적 이유는 원병援兵에 대한 고마움을 명나라 정부에 분명하게 드러내 보이기 위해서였다. 1594년 2월 27일, 선조가 이여송의 생사당을 세우는 일이 마무리되지 못한 것을 문제 삼으며 조선이 은혜에 보답하려 한다는 점을 명나라 사람들에게 알리기 위해 서둘러 완공할 것을 거듭 강조한 데서 이를 알 수 있다.

무열사와 선무사에는 제향 대상으로 선정된 중국 장수들의 초상화가 봉안되었다. 조정에서는 무열사 건립에 앞서 도화서 화원 이신흠李臣欽에게 이여송 등 5인의 초상화를 그리게 했다. 이때 이신흠은 명나라 장수 4인의 군진軍陣을 일일이 방문하여 그들을 직접 보고 초상화를 그렸다.[110] 다만 그가 조선에 온 적이 없는 석성의 초상화를 어떻게 그렸는지는 정확히 알 수 없다.

생사당 조성에 초상화 봉안이 필수적이었음은 조선 정부가 양호의 초상화를 구하기 위해 5년을 할애했던 사실을 통해 알 수 있다. 선조는 1604년에 선무사에 양호를 추가로 배향할 것을 결정한 뒤 사행원들을 시켜 그의 초상화를 구해 오게 했으나,[111] 양호가 고향으로 돌아가 버려서 입수하지 못했다. 이후 1609년에야 조선 사신들은 양호의 초상화를 구할 수 있었다. 1608년에 명나라를 방문한 이덕형李德馨이 중국에서 만난 양호의 부하 장수 황응양黃應陽으로부터 양호를 직접 찾아가 초상화를 그려 놓겠다는 약속을 받았으며, 그 이듬해 역관 이해룡李海龍이 황응양의 집을 방문해 그의 초상화를 받아 조선으로 가져온 것이다. 이때 이해룡은 중국에서 가져온 초상화의 크기가 작아 사당에 걸기에 적합하지 않다고 판단해 화가를 시켜 그 초상화를 큰 화폭에 이모하게 한 뒤 완성본을 이덕형에게 전달했다. 이로 미루어 앞서 언급한 석성의 초상화 역시 이러한 방식으로 이신흠에 의해 다시 그려졌을 것으로 보인다. 이처럼 선조의 지시로 시작된 양호의 선무사 배향은 그의 초상화를 구하는 일에 무려 5년이 소요된 끝에 마무리되었다.[112]

정묘호란이 일어났을 때 무열사에 봉안된 초상화 중 석성의 것만 온전히 보존되었으며 이여백의 것은 상반신 부분만 남았다. 나머지 세 장수의 초상화와 선무사에 봉안되었던 두 장수의 초상화는 모두 분실되었다.[113] 이때 이후 무열사에는 석성과 이여백의 초상화만 봉안되었으며 나머지 인물들은 위판으로 모셔졌다.

일본 텐리대학교 도서관에 소장된 《초상화첩》에는 석성의 초상화가 실려 있다. 이 초상화는 19세기 이후에 그려진 것으로 추정되는 이모본이다. 조선 후기에 석성의 초상화가 봉안된 곳은 무열사가 유일했으므로 텐리대 도서관 소장 〈석성 초상〉(그림 65)의 원본이 바로 무열사 봉안본이었을 것으로 추정된다.

한편, 무열사에 봉안된 이여송의 초상화는 소실되었으나, 그의 초상화는 동생 이여매李如梅의 후손가 등 몇몇 장소에 소장돼 있었던 것

65. 작가 미상, 《초상화첩》 중 〈석성 초상〉, 19세기, 비단에 색, 37.0×29.1cm, 일본 텐리대학교 도서관. (왼쪽)
66. 작가 미상, 《초상화첩》 중 〈이여송 초상〉. (오른쪽)

으로 보인다(이여매의 후손들은 조선에 정착했다). 영조도 그중 한 본을 어람
御覽한 적이 있었다. 〈석성 초상〉과 마찬가지로 《초상화첩》에 수록된
〈이여송 초상〉(그림 66)은 이여매 후손가 등에 전하는 이여송 초상화를
19세기에 이모한 그림으로 추정된다.

　선조는 임진왜란 때 참전한 명나라 장수들과 그들의 조선 파병에 결
정적인 역할을 한 명나라 관리를 제향할 목적으로 생사당을 평양과 서
울에 세웠다. 이 과정에서 선조와 대신들은 두 생사당의 배향 인물 선
정, 초상화 제작 및 봉안 의례 절차 마련 등의 문제에 관해 오랫동안 논
의했다. 그 결과 무열사는 2년 5개월 만에, 선무사는 12년 만에야 그
조성이 마무리되었다. 특히 석성과 이여백의 초상화는 여러 차례 전란
속에서도 후대에 전해져 무열사를 찾은 많은 사대부들에 의해 회자되
었으며, 이여송의 초상화는 그의 후손들에게 전해져 영조를 비롯한 유

명 인사들에 의해 알려졌다.

결국 이 두 생사당의 조성은 생사당의 개념뿐 아니라 그 건립 효과와 의미 등이 사대부들 사이에 널리 알려지게 된 중요한 사건으로 평가될 수 있다.

──── 생사당 조성 유행의 시초, 이원익 생사당

1595년경에 평양의 백성들이 평안감사 이원익李元翼을 위해 세운 생사당은 후대의 생사당 조성 관행에 매우 큰 영향을 미쳤다. 성종의 지시로 건립 즉시 철거되었던 신담의 생사당과는 달리, 이원익의 생사당은 적어도 1760년까지 160년이 넘는 기간 동안 존속했다. 그 결과 많은 사대부들이 이원익의 생사당 건립을 조선시대에 생사당 조성 관행이 유행하게 된 시발점으로 여겼다.[114]

선조 때 최고의 문장가로 손꼽혔던 최립崔岦은 이원익의 생사당이 건립된 후 제향에 쓸 제문祭文을 작성했다. 그는 이 제문에서 임진왜란의 발발과 동시에 도순찰사와 평안감사로 임명되어 몇 년간 평양을 다스렸던 이원익이 우의정으로 임명되어 서울로 돌아가자 평양 사람들이 그의 치적을 기리고 공경심을 표하기 위해 생사당을 세웠음을 밝혔다. 최립이 밝힌 그의 치적은 크게 네 가지였다. 첫째는 전쟁으로 파괴된 학교를 복원한 일, 둘째는 군사를 일으킬 것을 주장하고 정예병을 양성한 일, 셋째는 전쟁 중 일상이 파괴된 백성들을 위로하고 그들이 다시 농사 지을 수 있도록 도운 일, 넷째는 원병으로 평양에 온 명나라 장수들을 적절히 대우하여 명나라 병사들로 인한 문제가 발생하지 않게 만든 일이었다.[115]

충현박물관 소장 〈이원익 초상〉(그림 67)은 이원익의 생사당에 최초

로 봉안되었던 것으로 추정되는 초상
화다. 이 그림 뒷면에는 이원익의 글
「평양 생사당을 철거하고 돌아와서
초상화의 배접지 뒤에 쓰다書箕城生祠
撤還圖像褙後」가 적힌 문서 한 장이 덧
붙여져 있다. 그의 문집『오리집梧里
集』에도 실린 이 글에서 그는 자신의
생사당이 건립된 연유를 밝힌 뒤 생
사당 건립은 자기 뜻과 배치되는 것
이어서 스스로 생사당을 철거하고
봉안된 초상화를 회수해 왔다고 말
했다.[116]

67. 작가 미상, 〈이원익 초상〉, 1604년, 비단에 색, 167.0×
89.0cm, 충현박물관.

이 초상화에서 이원익은 흉배胸背
가 달린 청색 관복을 착용하고 있다.
그리고 왼쪽으로 몸을 약간 틀어 화
문석花紋席 위 호피虎皮가 깔린 교의
交椅(의자)에 앉은 채 왼손으로는 허리
에 두른 품대品帶를 잡고 오른손으로는 부채를 쥐고 있다. 이 초상화에
는 조선과 중국 초상화의 표현 요소들이 절반쯤 섞여 있는 듯하다. 측
면관의 자세나 화문석 등은 우리 식 표현 요소들이고, 학 문양의 흉배,
옷소매 밖으로 노출된 양손, 호랑이 가죽 등은 중국 초상화의 영향을
받은 것들이다.

이원익의 생사당이 건립된 이후 평양에는 평안감사나 평양서윤 등
지방관들을 위한 생사당이 적어도 18세기 전반까지 지속적으로 조성

되었다. 1727년에 평안감사로 부임했던 윤유尹游가 1730년에 편찬한
『속평양지續平壤志』및 여러 문집의 기록으로 미루어 18세기 전반까지
평양에는 적어도 평안감사 15인과 평양서윤 5인의 생사당이 조성되
었던 것으로 보인다. 특히『속평양지』에는 생사당이 조성된 평안감사
14인, 평양서윤 5인의 명단이 실려 있으며, 생사당의 위치뿐 아니라
운영 방식도 소개되어 있다.[117] 그 내용은 다음과 같다.

이원익李元翼 – 1592년	김기종金起宗 – 1627년	민성휘閔聖徽 – 1630년, 1637년
허적許積 – 1649년, 1653년	정만화鄭萬和 – 1666년	민유중閔維重 – 1669년
유상운柳尙運 – 1680년, 1684년	이세백李世白 – 1685년	이만원李萬元 – 1693년
이유李濡 – 1694년	홍만조洪萬朝 – 1698년	조태채趙泰采 – 1700년
이세재李世載 – 1701년	조태구趙泰耇 – 1706년	

『속평양지』에 수록된 관찰사의 이름과 부임 연도(민성휘·허적·류상운은 중임重任).

윤세수尹世綏 – 1703년	윤지경尹趾經 – 1706년	황이장黃爾章 – 1711년
이기헌李箕獻 – 1715년	성수웅成壽雄 – 1717년	

『속평양지』에 수록된 서윤의 이름과 부임 연도.

> 생사당은 창광산蒼光山 동쪽에 있다. 임진왜란 때 부府의 백성들
> 이 감사 이원익을 위해 창건했다. 이후 감사들의 생사당이 같은
> 당堂에 마련되었다.[118]

1724년에 평안감사로 부임한 이정제李廷濟의 생사당 봉안 사실은『속
평양지』에는 언급되어 있지 않으나 별도로 확인된다.[119] 평안감사의 생
사당은 감사별로 건립되지는 않았으며 한 채의 생사당 안에 이원익을
비롯한 여러 감사들의 초상화가 함께 봉안되었던 것으로 파악된다.

3. 기억과 추모의 그림

1760년에 자제군관子弟軍官 자격으로 연행燕行을 떠났던 이의봉李義鳳은 도중에 평양을 찾아 생사당을 방문했는데, 이곳에서 이원익, 민성휘, 김기종, 정만화, 허적, 이만원, 유상운, 홍만조, 이세재, 이유 등 열 명의 초상화를 보았다. 그가 평양서윤의 이름을 한 명도 언급하지 않았기 때문에 당시 평양서윤의 초상화가 이 생사당에 봉안돼 있었는지는 정확히 알 수 없다. 그러나 이의봉의 기록을 통해 평양의 생사당이 적어도 1760년까지는 운영되었음을 알 수 있다. 한편 이의봉의 기록에 이원익이 포함된 것으로 미루어, 앞서 언급했듯이 17세기 초에 이원익이 자기 초상화를 가져갔지만 그 후 어느 시점에 그의 초상화 한 점이 다시 평양 생사당에 봉안되었던 것으로 추정된다.[120]

평양의 생사당은 적어도 18세기 후반에는 철거되었다. 이곳에 봉안된 초상화들 대부분은 철거 시점 전후로 해당 인물의 후손들에게 보내졌다. 이러한 조치로 일부 초상화가 오늘날까지 전해진 것이다.

─── 평양에 조성된 생사당과 그들의 초상화

가장 먼저 소개할 작품은 〈허적 초상〉(그림 68)이다. 이 초상화는 1796년에 그려진 이모본으로, 원본이 평양 생사당에 봉안되었던 것으로 추정된다. 이 이모본 초상화 우측 상단에 적힌 3행의 글 중 제2~3행에는 이렇게 적혀 있다.

> 효종 계사년(1653년) 평안도 관찰사 때의 44세 본
> 현 국왕 재위 20년 병진년(1796년) 7월에 이모하다.[121]

이 두 행의 글은 이 초상화가 허적許積이 평안감사일 때 제작된 그

림을 모본母本으로 삼아 이모한 것임을 알려 준다. 허적은 1649년 6월에 처음으로 평안감사에 임명되었으나 1650년 3월에 면직되었고, 1653년 2월에 다시 평안감사에 제수되어 그 이듬해 12월까지 그 직을 유지했다.[122] 그는 이처럼 1653년에 평안감사로 재직 중이었으므로 제2행의 글은 실제 사실에 부합한다.

다만 생사당이 대개 지방관이 해당 지역을 떠날 때 건립되는 것이 관례였던 점을 고려하면 이 초상화가 1653년에 제작된 사실은 의문점으로 남는다. 그러나 이는 생사당이 주인공의 임기 중에 건립되기도 했음을 시사하는 증거가 될 수 있다. 혹은 후대에 후손들이 표제表題를 적는 과정에서 이 초상화가 평안감사 시절에 제작된 것이라는 전언에 근거해 단순히 평안감사 임명 시점을 초상화 제작 시점으로 여긴 데서 말미암은 결과일 수도 있다.

남인의 영수였던 허적은 1680년에 경신환국으로 관직과 품계品階를 모두 잃고 죽임을 당했다. 1689년 기사환국으로 남인이 집권하자 그의 관작官爵은 회복되었으나, 1694년 갑술환국으로 남인이 정권에서 축출되자 이 조치는 번복되었다. 1795년 10월에 이르러서야 그의 관작은 완

68. 작가 미상, 〈허적 초상〉, 1796년, 비단에 색, 107.6×37.5cm, 허적 종손가.

전히 회복되었다. 이 초상화의 제작은 그 이듬해 7월에 이루어졌으므로 관작 회복과 연관된 일로 여겨진다.

〈허적 초상〉(그림 68)에서 허적은 쌍학흉배雙鶴胸褙가 달린 흑색 단령에 학정소금대鶴頂素金帶를 착용하고 오사모를 쓰고 있다.[123] 학정鶴頂은 학의 정수리에 있는 붉은 부분을 지칭하는데, 금대金帶의 부속품 중 띠돈이라 불리는 장식 판의 붉은 반점이 이와 유사해 보여 이러한 형태의 금대를 학정금대라 부른다. 문양을 새기지 않은 금대를 뜻하는 소금대는 『경국대전經國大典』에 종2품 관리의 품대品帶로 규정돼 있으므로 이 복식은 허적이 종2품직인 평안감사였던 사실에 부합한다.

이 초상화는 화가가 17세기에 제작된 원본을 그대로 옮겨 그린 것이 아니라 이모 작업 당시의 화풍이나 양식을 상당히 가미해 완성한 그림이다. 먼저 그 형태나 형식으로 볼 때 관복, 족좌대, 교의 등은 17세기 말의 것으로는 보이지 않는다. 특히 관복과 교의 등의 묘사에 적용된 두드러진 음영 표현은 18세기 이후 제작된 그림에서야 볼 수 있는 것이다.

서울대학교 박물관 소장 〈이만원 초상〉(그림 69)은 평양 생사당에 봉안되었을 것으로 추정되는 또 하나의 초상화이다. 서울대학교 박물관은 이 초상화를 모본으로 하여 이모한 초상화를 한 점 더 소장하고 있다(그림 70). 이 이모본 초상화의 우측 상단에는 이런 내용이 적혀 있다.

가선대부 평안도 관찰사, 겸 병마수군절도사, 순찰사, 관향사, 평양부윤, 연릉군, 이우당 이 선생, 휘 만원, 자 백춘의 초상화. 성상聖上〔현 국왕〕 재위 16년 임자년〔1792년〕에 한양 보은동 매선당에서 고쳐 그리니 첫 모사 때로부터 100년이 흐른 뒤이다.[124]

이 이모본 초상화에 기록된 관직들은 이만원李萬元이 평안감사 즉 평안도 관찰사로 부임해서 겸직했던 것들이다. 이 글을 통해 원본과 이모본이 제작된 시점은 각각 1693년과 1792년으로 계산된다. 1693년은 그가 평안감사로 임명된 해이다. 그는 1693년 6월 평안감사에 제수되어 이듬해 4월까지 그 직에 있었다.

채제공은 「환안 축문還安祝文」이란 글에서 1792년에 이만원의 후손들이 충청도 공주 부강영당芙江影堂에 모셔져 있던 이만원의 초상화를 서울로 가져와 이모한 뒤에 그 원본과 이모본을 함께 그 영당에 다시 봉안한 일을 기록했다.[125] 따라서 서울대학교 박물관에 소장된 〈이만원 초상〉 두 점은 이때의 원본과 이모본으로 여겨진다. 그리고 이모본에 적힌 기록으로 미루어 원본은 1693년에 이만원이 평안감사로 재직 중일 때 제작되어 평양 생사당에 봉안했던 초상화인 것 같다. 화풍으로 볼 때 이 원본 초상화를 그린 화가는 어진은 물론 당대 중앙의 유력 관리와 명망 있는 학자들의 초상화를 다수 그린 평양 출신의 조세걸로 추정된다.

원본 〈이만원 초상〉(그림 69)은 이만원의 무릎부터 발목까지의 부분이 크게 훼손된 상태로 전해졌으나 현재는 복원이 이루어졌다. 색은 바래고 비단의 꺾임이 화면 곳곳에 나타나 있는 원본과 달리 이모본은 그 색이 선명하고 보존 상태도 매우 좋다. 따라서 이모본을 통해 주인공의 이목구비와 착용 복식의 세부를 좀 더 뚜렷이 확인할 수 있다.

이모본 〈이만원 초상〉(그림 70)은 조선시대에 그려진 이모본 초상화 중 가장 뛰어난 화격畵格을 보이는 작품 중 하나다. 이 그림의 화가는 이만원의 이목구비는 물론 두창 흔적과 수염, 흉배 문양 등을 정확히 옮겨 그렸을 뿐 아니라 원본에 적용된 뺨, 눈, 코 주변의 음영을 충실하

69. 조세걸(추정), 〈이만원 초상〉, 1693년, 비단에 색, 166.0×86.9cm, 서울대학교 박물관.

70. 이명기(추정), 〈이만원 초상〉, 1792년, 비단에 색, 161.3×85.5cm, 서울대학교 박물관.

게 표현했다. 이목구비와 수염 등을 보다 선명하고 명확하게 묘사했으며 복식은 더욱 음영이 두드러지도록 표현했다. 이러한 사실적인 표현으로 인해 두 초상화를 비교했을 때 이모본 속 이만원의 얼굴이 좀 더 생기 있어 보이며, 좀 더 실제 공간에 앉아 있는 것처럼 보인다.

〈이만원 초상〉 이모본의 제작을 주도한 이는 이만원의 외종손인 채제공으로, 이만원의 동생 이만성李萬成이 채제공의 외조부이다. 그는 이 이모본 초상화를 부강영당에 봉안할 때 「환안 축문」을 작성했을 뿐 아니라 자기 종조부從祖父 채팽윤蔡彭胤이 이전에 작성했던 이만원 초상화에 대한 찬문을 이 초상화에 옮겨 써 넣었다. 그리고 이모 작업이 이루어졌던 보은동의 매선당은 채제공의 집을 일컫는다. 매선당은 "매사에 선을 다하라每善"는 부친의 유지를 받들기 위해 그가 지은 당명堂名이었다.[126]

이 초상화는 1792년 8월 9일에 부강영당에 봉안되었다. 이 무렵 채제공은 좌의정으로 있었으니, 그가 이모 화가를 직접 초빙했을 가능성이 높다. 채제공은 1784년, 1789년, 1791년 이렇게 세 차례에 걸쳐 이명기로부터 자기 초상화를 그려 받았다. 그는 이명기가 초상화에 뛰어난 재주를 가진 화가란 사실을 누구보다 잘 알고 있었다. 따라서 이만원 초상화 이모 사업을 주도한 그가 이 일을 이명기에게 맡겼을 가능성이 높다.

〈홍만조 초상〉(그림 71) 역시 평양 생사당에 봉안되었던 그림으로 추정된다. 홍만조洪萬朝는 1698년 11월부터 1700년 6월까지 평안감사로 있었다. 이 초상화의 좌측 상단의 화기畵記에는 "평안감사로 있을 때 이 초상화를 그렸다莅任箕營時, 寫此眞."라는 말이 들어 있다. 다만 이 내용은 우측 상단 표제의 "62세 때의 초상화六十二歲眞"라는 내용에 부합하지 않는다. 홍만조의 62세 때는 1706년으로, 이해에 그는 함경도 관찰사로 있었기 때문이다. 화기와 표제 중 어느 것이 오류인지 정확히 알 수는 없지만, 홍만조의 평양 생사당 봉안 사실이 명확히 확인되고, 또 표제의 '六十二'에서 '六' 옆에 '五'를, '二' 옆에 '六'을 적어 '62세'를 '56세'로 바로잡아 놓은 (이는 적어도 20세기 초 이전에 적은 것이다) 것을 감안하면 이 초상화는 그가 평안감사일 때 제작된 그림으로 보는 게 타당하다.[127]

이 초상화에서 홍만조는 거의 정면을 향한 채 양손을 소매 밖으로 내놓고 있으며, 특히 오른손으로는 관대를 슬며시 잡고 있다. 이러한 자세는 중국 초상화의 전형적인 도

71. 작가 미상, 〈홍만조 초상〉, 1700년(추정), 비단에 색, 145.1× 79.2cm, 풍산홍씨 종가.

상圖像 중 하나로, 이 그림이 중국의 영향을 받았음을 보여 준다. 또한 얼굴을 살색으로 칠하고 콧등, 뺨, 이마 등 도드라진 부분을 흰색으로 칠하여 명암을 표현한 방식 역시 당시 중국으로부터 유입된 새로운 얼굴 묘사법으로 보인다.

국립중앙박물관 소장 〈성수웅 초상〉(그림 72) 역시 평양의 생사당에 봉안되었을 것으로 추정되는 초상화이다. 성수웅成壽雄은 1717년 8월경

3. 기억과 추모의 그림

에 평양서윤으로 임명되었으며 이듬해인 1718년 11월 서윤 재직 중에 사망했다. 『속평양지』에는 평양서윤 성수웅의 생사당 조성 사실이 실려 있다.

이 그림 상단 회장回裝(족자의 가장자리를 대어 꾸민 비단) 부분에는 "서윤 성수웅 공의 초상庶尹成公壽雄畫像"이라는 표제가 적혀 있다.[128] '서윤'은 한성부와 평양부에 소속된 종4품 관직인데, 성수웅은 오로지 평양부의 서윤만 역임했으므로 표제에 적힌 '서윤'은 곧 평양서윤을 지칭하는 것으로 보아도 무방하다.

얼굴 부분에서 확인되는 매우 강한 음영 표현은 평양 출신의 화가 김진여가 구사한 화풍과 상당히 유사하다. 18세기 전반

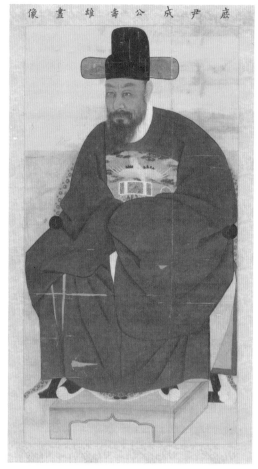

72. 작가 미상, 〈성수웅 초상〉, 1717년(추정), 비단에 색, 134.5×70.7cm, 국립중앙박물관.

에 음영법을 적극적으로 수용해 자기 작품에 적용했던 대표적인 초상화가가 바로 그였다. 우리는 조선 후기 극명한 음영법의 수용이 서울보다 평양에서 먼저 이루어졌음을 그를 통해 알 수 있다. 따라서 음영법이 두드러지게 적용된 〈성수웅 초상〉도 그의 영향을 받은 평양 출신의 화가가 그렸을 가능성이 높다.

생사당은 특히 숙종 때 집중적으로 조성되었다. 문헌 기록에서 이 시기에 조성된 생사당은 무수히 확인되며, 현재 생사당 봉안용으로 추정되는 초상화들의 주인공은 대부분 이 시기에 활동했던 인물들이다. 평양 외에 다른 지역에서도 생사당은 활발하게 조성되었다. 다만 생사당 조성이 관례화되어 부임 수령 다수의 생사당이 설치된 곳은 평양이 거의 유일했다.

그러면 이제 생사당이 전국적으로 건립되었음을 입증하는 몇 점의 초상화를 살펴보자. 다만 오늘날까지 유지된 생사당은 존재하지 않으므로 생사당에 봉안된 초상화 제시에는 다소간의 추론이 필요하다.

─── 지방 화가들이 그린 젊은 목민관의 초상

해주오씨 후손가에는 숙종 때의 문인 오도일吳道一의 초상화 한 점이 전해 내려온다. 이 〈오도일 초상〉(그림 73)의 장황은 조선시대에 이루어졌다. 족자 회장 위에는 "울진현령 오도일의 초상蔚珍縣令吳侯道一遺像"이라는 표제와 숙종 때 영의정을 지낸 최석정崔錫鼎의 화상찬畵像贊이 적혀 있다. 표제는 이 초상화가 울진현령 시절의 그를 묘사한 그림이라는 사실뿐만 아니라 울진에 위치한 그의 생사당에 봉안되었던 초상화일 가능성을 시사한다. 오도일의 문집에는 그가 1683년 윤6월에 울진현령에 임명되어 4년 만인 1686년에 조정으로 복귀한 사실, 이때 울진의 사림과 백성들이 그를 위해 생사당을 건립하고 초상화를 제작한 사실이 기록돼 있다.[129]

이 초상화에서 오도일은 몸을 오른쪽으로 살짝 틀고 있는 데 반해 호피가 깔린 족좌대와 의자는 정면을 향하고 있다. 이와 같은 모순된 표현은 이 초상화를 그린 화가의 기량이 떨어진다는 사실을 방증한다. 또한

3. 기억과 추모의 그림

얼굴과 복식 등에 음영이 전혀 적용되지 않은 점, 얼굴에 비해 몸체가 작게 묘사된 점, 호피·의자·족좌대 등이 매우 간략하게 그려진 점에서도 이 화가의 솜씨 없음이 드러난다. 이러한 점들로 미루어 이 화가는 지방에서 활동한 인물로 보인다. 한편, 검은 수염이나 주름 없이 말끔한 얼굴은 40세 전후였던 울진현령 시절 그의 모습에 부합해 보인다.

오도일은 1673년 문과에 급제한 이래 홍문관 교리校理, 사간원 헌납獻納, 이조좌랑吏曹佐郎 등 주요 청직淸職을 두루 거

73. 작가 미상, 〈오도일 초상〉, 1686년, 비단에 색, 127.0×90.0cm, 오도일 후손가.

친 후 1683년 39세의 나이로 지방관에 임명되었다. 그가 처음 발령받은 수령직이 바로 울진현령이었다. 이때 그는 1682년에 임술삼고변壬戌三告變의 주동자로 지목되어 어영대장에서 해임된 김익훈金益勳을 더욱 강하게 처벌할 것을 주장했는데, 울진현령 발령은 이로 인한 일종의 좌천성 인사였다. 임술삼고변은 김익훈 등이 남인 축출을 위해 세 건의 역모를 고발한 사건으로, 이 중 두 건은 근거가 없는 공작으로 밝혀졌다.

오도일은 울진현령으로 부임한 뒤 김시습을 제향한 동봉서원東峰書院을 건립하고 읍지邑誌를 작성하는 등의 성과를 내었다.[130] 이후 그는

소론의 핵심 인물로서 강원도 관찰
사, 대제학, 이조판서 등의 고위직에
올랐을 뿐 아니라 문장으로도 명성
을 날렸다. 이러한 그의 관력官歷 및
명성으로 미루어 그는 분명히 도화
서 출신 화원을 시켜 품격 있는 초상
화를 그리게 할 여건을 갖췄을 것으
로 추정된다. 따라서 솜씨 없는 화가
에 의해 그려진 이 초상화는 울진의
백성들에 의해 제작된 생사당 봉안용
그림이었을 것이다.

다음으로 살펴볼 것은 소론계로서
호조참판, 개성유수 등을 역임한 유
중무柳重茂의 초상화다. 경기도박물
관 소장 〈유중무 초상〉(그림 74)에서
유중무는 사모에 단학흉배單鶴胸背가

74. 작가 미상, 〈유중무 초상〉, 1704~1706년경, 비단에 색,
131.6×77.1cm, 개인 소장.

달린 단령 및 은대銀帶를 착용하고 양손을 모은 채 교의에 앉아 몸을 오
른쪽으로 살짝 튼 모습으로 묘사되었다. 그런데도 〈오도일 초상〉(그림
73)처럼 교의와 족좌대는 정면을 향한 모습이다. 이목구비는 거의 선
으로만 표현되었으나, 〈오도일 초상〉과 달리 복식 묘사에 쓰인 의습선
衣褶線(옷주름을 표현한 선) 주변으로 명암이 넓게 표현돼 있다.

얼굴 및 복식의 표현이 미숙하고 신체 비례가 부자연스럽다는 이유
로 이 초상화는 유중무 사후에 모사된 작품으로 추정되기도 했다.[131]
그러나 이러한 특징이 보이는 것은 이 초상화가 후대에 제작되었기 때

3. 기억과 추모의 그림

문이 아니라 지방 출신의 솜씨 없는 화가가 그렸기 때문이다.

옛 장황이 그대로 유지된 이 초상화의 회장 상단에는 "군수 유중무 공의 초상郡守柳公重茂之畵像"이라는 표제가 적혀 있다. 기록에 따르면 그가 역임한 군수직은 1704년 8월 53세의 나이에 임명된 상원군수祥原郡守가 유일하다.[132] 상원군은 평양 남동쪽 지역으로, 그는 1706년 3월까지 이 수령직에 있었다. 『상원군지祥原郡誌』 중 생사당 항목에는 오로지 유중무의 생사당 조성 기록만 실려 있다.[133]

초상화 속 유중무의 수염이 검고 눈 주변에 주름이 거의 없는 것으로 보아 그는 노년의 모습으로 묘사되지 않았음을 알 수 있다. 따라서 이 초상화는 1704~1706년에 상원군에 건립된 유중무의 생사당에 봉안되었던 것으로 보아 무방하다.

관복본 초상화에서 표제는 중요한 정보 중 하나다. 대체로 표제에는 주인공의 관직, 자호字號, 시호諡號, 나이 등이 언급돼 있다. 이 중 관직은 초상화 제작 당시에 그가 맡은 것, 평생 역임한 관직 중 가장 고위高位의 것, 최후에 임명된 것, 이 셋 중 하나일 가능성이 높다. 그중에서 최고위직이나 최후의 직이 언급된 경우 그 표제는 주인공의 사후에 적혔을 가능성이 높다. 표제에 적힌 관직이 초상화 제작 당시의 주인공이 맡고 있던 것인지를 알아내는 일은 간단치 않다. 다만 주인공이 중앙의 고위직을 역임한 인사임에도 불구하고 표제에 그가 한때 역임한 지방 수령직이 언급된 경우, 그 관직은 초상화 제작 당시의 것으로 볼 여지가 크다. 이런 측면에서 〈오도일 초상〉(그림 73)과 〈유중무 초상〉(그림 74)의 표제에 적힌 현령직과 군수직은 그 주인공들이 초상화 제작 당시에 맡았던 직책일 가능성이 높다.

조선 후기에는 진휼 등 특수한 목적으로 파견된 관리, 즉 특임관을

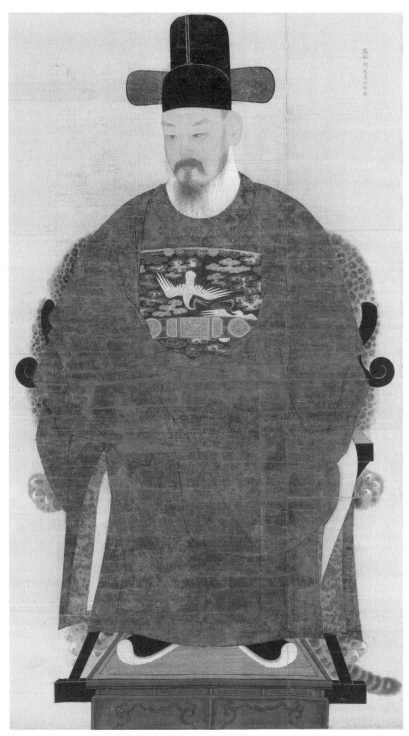

75. 작가 미상, 〈이인엽 초상〉, 1697년, 비단에 색, 150.5×87cm, 경기도박물관.

위해 조성된 생사당도 있었다. 대표적인 사례가 이인엽李寅燁의 생사당이다. 그는 1697년 1월부터 6월까지 평안도 감진어사監賑御史를 맡았는데, 1907년 간행된 『경주이씨 세보慶州李氏世譜』에는 그가 평안도 감진어사직을 수행한 직후에 평안도 지역민들이 그를 위해 생사당을 건립한 사실이 기록돼 있다.[134]

현재 전하는 이인엽의 초상화는 관복본 전신상 두 점, 관복본 반신상 한 점, 유복본儒服本 반신상 한 점 등 총 네 점이다. 관복본 전신상인 경기도박물관 소장 〈이인엽 초상〉(그림 75)에는 '감진어사 이인엽 공監賑御史李公寅燁'이라는 표제가 화면 우측 상단에 적혀 있다. 감진어사는 조선시대에 기근飢饉이 들었을 때 왕이 지방에 파견한 관리를 말하며, 이인엽은 평생 한 차례 감진어사에 임명되었다.

그는 이조·예조·병조·호조판서 및 대제학 등 중앙의 고위직을 두루 역임한 인물이다. 그럼에도 불구하고 이 초상화에는 임시직이라 할 수 있는 감진어사란 관직명이 적혀 있는데, 이러한 사실은 그림의 제작과 표제 작성이 감진어사 재직 중에 이루어졌을 가능성을 시사한다. 즉 〈이인엽 초상〉은 1697년 이인엽이 평안도 감진어사에 임명된 후에 그려진 생사당 봉안용 초상화로 추정된다. 실제로 이 초상화에서 젊은 모습으로 묘사된 이인엽은 감진어사직을 수행할 당시인 40대 초반처럼 보인다.

─── 생사당 난립의 폐해와 철폐령

17세기 말 이후 생사당 건립은 전국적으로 확산되었다. 특히 17~18세기에 각지의 백성들이 자기 지역으로 파견된 지방관이나 특임관의 선정에 보답하기 위해 생사당을 조성한 사례는 기록으로도 무수히 확인된다. 생사당 조성이 매우 성행했음은 이 시기 조정에서 생사당의 난립亂立, 즉 무분별한 건립에 따른 폐단이 거듭 논의된 사실로도 알 수 있다.

『승정원 일기』 1698년 10월 6일 자 기사에는 사간원에서 숙종에게 생사당과 관련해 보고한 내용이 실렸다. 이 보고에는 생사당 난립에 대한 조정 신료들의 문제의식이 구체적으로 드러나 있다.

> 근래 외방外方에서 '요예要譽'가 실로 병폐입니다. 생사당을 건립하는 일이 또한 짐짐 발생하고 있습니다. 지극한 정성으로 백성을 사랑하여 실로 〔세금을〕 거두어들이고 〔대가를〕 지급하는 데 백성의 마음을 얻은 것이라면 그것은 오히려 좋습니다. 도리를 어겨 가며 명예를 구하기에 이르고 백성들로부터 아름다움을 훔치는 일은 그 사례가 꽤 있습니다. 그중에 더욱 심한 것이 술과 안주를 가지고 향리鄕里의 품관品官을 대접한 뒤 형상形像을 남기는 일을 반드시 성사시키려 하는 것이니, 실로 〔백성들을〕 어르고 달래려는 방편입니다. 대개 읍민邑民의 원망을 가라앉히려고 〔세금을〕 경감해 주는 은혜를 베푸는 것은 오히려 관가의 재물을 축내는 것으로 귀결됩니다.[135]

사간원에서는 생사당의 난립을 '요예' 즉 '명예를 구하는' 지방관과 실질적 이익을 얻으려는 일부 지역 사람들의 이해관계가 서로 맞아떨어지면서 발생한 결과로 분석했다. 여기서의 '요예'는 지방관이 지역 사람들로부터 현리賢吏나 양리良吏, 즉 현명하고 어진 관리라 칭송받기를 추구한다는 의미이다.[136] 조선시대에 생사당이나 선정비善政碑 등은

3. 기억과 추모의 그림

그 대상 관리가 '양리'였다는 평판을 얻었다는 사실을 구체적으로 입증해 주는 근거로 인식되었다. 사간원에서 지적한 생사당 난립에 따른 가장 큰 폐단은 지방관들이 '양리'라는 명예를 얻을 요량으로 해당 지역에서 세금을 무분별하게 경감하는 등 지역민들에게 필요 이상의 과한 은혜를 베푸는 것이었다. 이러한 조치가 정부 재정의 악화를 초래한다고 여긴 것이다.

다음으로 지역민이 얻고자 한 실익이란 위 기사에 언급된 '세금의 경감'을 말한다. 그런데 지역민들이 지방관으로부터 얻을 수 있는 이익은 이뿐만이 아니었다. 지방관이 관할 지역에서 행사할 수 있는 권한이나 부여받은 역할은 적지 않았다. 그중 가장 대표적인 것이 지역 내 향반鄕班 세력을 통제·견제하는 권한, 향리鄕吏를 관리·감독하는 역할이었다. 지방관이 가진 이러한 권한과 역할로 인해 일부 지역의 향리, 향반 등 향촌 집단은 지방관에게 아첨하고 반대급부로 자기 세력의 유지나 확대를 위한 지원 그리고 노역 부담이나 세금의 경감 조치 등의 실질적 이익을 기대했다.

지방관이 중앙의 요직에 오를 가능성이 있거나 중앙의 주요 인사들과 깊은 친분을 가진 경우 그들의 기대는 더욱 컸다. 1725년에 영조와 신료들이 평양 지역에서 벌어지고 있는 생사당 난립에 대해 논의하는 과정에서 이조판서 송인명宋寅明은 평양의 백성들이 생사당을 건립하게 된 주요한 요인 중 하나로 평안감사 대부분이 중앙 요직으로 진출하게 되는 점을 꼽았다.

평안감사는 지위가 높고 명망이 높은 인사가 아닌 경우가 없으니, 조정에 복귀하면 다수가 병조판서나 이조판서가 됩니다. [생사당이나 선정비 건립 등의) 일을 크게 벌여 〔감사에게〕 아첨하려는 방도를 만듭니다. 그 결과 그가 임기를 마치고 돌아간 후에 혹 이와 같이 생사당을 세우는 일이 있습니다. 감사가 된 자가 어찌 모두 명예를 구했겠습니까? 고故 상신相臣 이원익의 생사당은 반드시 명예를 구하고자 하는 의도에서 나온 것이 아니니 진실로 일률적으로 그것을 논할 수는 없습니다.[137]

조선 후기에 다수의 조정 신료들은 생사당 건립을 지역민들의 '아첨 행위'이자 지방관의 '명예 주구 행위'로 규정했다. 송인명처럼 모든 생사당 건립 사례에 이러한 혐의를 씌울 수 없다고 여긴 신료들도 있었으나, 다수의 신료들은 이처럼 생각했다. 따라서 생사당의 폐단에 관한 논의는 조정에서 반복해서 벌어졌으며, 영조 대에 이르러서는 생사당의 철폐 논의까지 이루어졌다.

1735년에 박문수朴文秀는 사행단의 부사副使로서 연행燕行 도중에 평양을 들른 일이 있었다. 그는 연행에서 복귀하자마자 영조에게 평양 생사당의 폐단을 보고한 뒤 생사당에 걸린 초상화를 철거하고 선정비를 없애야 할 것을 강력하게 주장했다.

신이 평양을 지나며 보았을 때, 전후 평안감사의 생사당과 선정비가 부지기수였습니다. 지역을 잘 다스린 것과 상관없이 아첨하는 것이 풍습이 되었으며, 군대와 민간에서 돈을 거두어 재물을 쓰기를 한도 없이 하였습니다. 지금 감사가 된 자가 반드시 대동강에 그 비석을 빠뜨리고 그 초상화를 철거한 후에야 백성의 풍습이 비로소 바르게 될 것입니다.[138]

박문수의 보고를 받은 영조는 선배들의 초상화를 가벼이 훼손할 수
없다는 일부 신하의 주장을 물리치고 자신이 즉위한 1724년 이후에 평
안도에 건립된 관찰사의 송덕비頌德碑와 생사당을 모두 철거할 것을 지
시했다.[139] 영조가 생사당 철폐를 주장한 박문수의 의견을 적극적으로
수용한 것으로 미루어 생사당 철거는 이후 전국적으로 확대 시행되었
을 것으로 추정된다.

　그 결과 1750년대에 이르면 전국 각지에 건립되었던 생사당 중 상당
수가 철거되었으며 더 이상 새로 조성되는 생사당은 없었던 것으로 보
인다. 1754년에 이조참판 조명리趙明履가 영조와 생사당에 대해 이야

76. 작가 미상, 〈평양성도(8폭)〉의 세부, 19세기, 종이에 색, 각 폭 107.6×37.5cm, 국립중앙박물관.

기하다 "지금은 생사당이 없습니다."라고 한 데서 이 점을 파악할 수 있다.[140] 적어도 1760년까지 160년 넘게 운영되었던 평양의 생사당도 1770년을 전후해 완전히 철거되었다.

채제공은 1774년부터 이듬해까지 평안감사로 있으면서 생사당이 있었던 곳에 유허비遺墟碑를 건립했는데, 이 사실로도 생사당 철거는 입증된다. 그는 이원익의 생사당이 있었던 곳에 기념 비석을 세웠다. 19세기에 그려진 〈평양성도平壤城圖〉를 보면 창광산 자락에 비각碑閣 한 채가 그려져 있는데, 이 비각이 바로 채제공이 세운 유허비를 보호하기 위해 지은 것이다(그림 76).[141]

숙종과 영조 대에 조정에서 생사당 난립에 대한 논의가 반복적으로 펼쳐진 끝에 생사당 철거가 강력하게 시행되었다. 이 사실은 오히려 이 시기에 생사당 조성이 크게 성행했던 사실을 반증한다. 한편, 영조 때 광범위하게 시행된 생사당 조성 금지 및 철거 정책으로 인해 18세기 중반 이후 생사당은 거의 건립되지 않았다. 그 결과 생사당 조성 및 생사당 봉안용 초상화의 제작은 17~18세기에 벌어졌던 특수한 현상이 되었다. 그러나 이러한 현상은 지방관 파견 제도의 정착, 지방관의 권한 강화, 지방관과 향리·향반 등 지역 세력 간의 역학 관계 등 조선 후기 정치·사회 구조의 일면을 보여 준다. 또한 조선의 사회체제 및 사회구조의 성립과 변화 과정 속에서 초상화 제작이 성행하다가 그 관행이 사라졌음을 생생하게 알려 준다.

3. 기억과 추모의 그림

스승을 추모하다

───── 평생 학문에 천착한 학자의 모습, 〈장현광 초상〉

　유학자들이 스승의 초상화를 제작하는 관행은 적어도 고려 시대부터 확인된다. 고려 말~조선 초에 활동한 것으로 추정되는 설인명偰仁命은 스승 임전林腆의 초상화를 그려 병풍으로 꾸민 뒤 그 찬문을 나계종羅繼從에게 부탁한 일이 있다.[142] 설인명과 임전의 활동 기록은 알려진 게 없지만, 나계종이 문과에 급제하고 성균관 순유박사諄諭博士 등의 관직을 역임한 사실이나 이곡李穀, 정몽주鄭夢周 등과 두루 교유한 점으로 미루어 그들 역시 같은 시대를 살았던 유학자들이었다고 생각된다.

　조선 개국 이후에는 기록상 스승의 초상화를 제작한 사례가 17세기 이후부터 확인된다. 남인계 유학자 손처눌孫處訥의 문인門人들이 1630년에 스승의 초상화를 제작한 일이 가장 이른 시기의 사례다.[143] 영남 지역에서 활동했던 남인계 유학자 장현광張顯光의 초상화도 그의 제자들에 의해 17세기 전반기에 제작되었다. 장현광의 초상화 제작 사실은 좀 더 구체적으로 전한다. 즉, 그의 제자 김응조金應祖가 1633년에 선산부사善山府使로 임명된 후 인동仁同(현 경북 구미시)에 거주하는 장현광을 자주 방문해 안부를 살피던 중 어느 날 화가를 시켜 그의 초상화 세 점을 제작했다고 한다.[144]

현재 장현광의 초상화는 여러 점이 전하는데, 이 중 일부는 후대에 제작된 이모본으로 보인다. 장현광 종손가에서 한국학중앙연구원에 기탁한 〈장현광 초상〉(그림 77)은 이모본에서 흔히 보이는 형식적·도식적 표현이 없어 1633년에 제작된 원본 초상화로 추정된다.

이 초상화에서 상현광은 도포에 충정관沖正冠을 쓰고 두 손을 모은 채 돗자리에 앉아 있다. 그의 모습은 평소 거처하던 방에 앉아 있거나 제자들에게 강학할 때의 광경을 연상시킨다. 이로 인해 그의 사후에 제자들은 이 초상화를 보며 마치 스승이 생전처럼 자신들에게 가르침을 주는 듯한 감흥을 받았을지도 모른다.

이 초상화에서 화가가 교의나 관복 등 관료의 신분을 드러내는 기물이나 복식 대신에 유복儒服을 입고 화문석에 앉은 모습으로 장현광을 형상화한 것은, 장현광 또는 그의 제자들로부터 '평생 학문에 천착한 학자의 모습'으로 그려 달라고 요청받았기 때문일 것이다.

장현광 사후에 그의 초상화 세 점은 인동의 부지암不知巖, 영천의 입암立巖, 선산의 원당元堂 등 세 곳에 나누어 보관되었다.[145] 부지암, 입암, 원당은 모두 장현광 생전에 제자들의 도움으로 마련한 그의 서재가 있던 장소들이었다. 그는 이 세 곳에서 학문을 연마하고 제자들을 가르쳤다. 이 중 부지암(경북 구미시 소재)에는 1642년에 김응조에 의해 사당이 건립되어 초상화가 봉안되었다. 그러다가 1655년에 장현광의 제자들이 오산서원吳山書院에 봉안돼 있던 그의 위판을 모셔 와 봉안

3. 기억과 추모의 그림

하면서 이곳은 서원으로 바뀌었고, 1676년에 동락서원東洛書院으로 사액을 받았다.[146] 아마도 이 무렵 초상화는 궤에 넣어 따로 보관되었을 것으로 추정된다.

이처럼 장현광의 제자들은 스승이 생존해 있을 때 화가를 시켜 초상화를 제작했고, 스승이 돌아가시자 그 초상화를 스승이 평소에 강학하고 독서하던 서재에 두었다. 시간이 흐른 뒤 그 서재는 장현광에게 제향을 올리는 공간으로 변모했다. 이렇게 생전에 제작한 스승의 초상화를 사후에 사당을 지어 봉안한 일은 17세기 이

77. 작가 미상. 〈장현광 초상〉. 1633년. 비단에 색. 124.3× 90.3cm. 한국학중앙연구원(장현광 종택 기탁).

후에야 본격적으로 확인된다. 17세기 이전까지는 이런 사례가 확인되지 않는다. 그렇다면 스승의 초상화를 제작한 첫 사례가 왜 영남 지역에 서였으며, 왜 그 주인공이 장현광이었을까?

〈장현광 초상〉(그림 77)은 초상화의 주인공이 죽은 지 얼마 안 된 시점에 그 초상화가 서원·사당·영당 등 원사院祠의 봉안 대상이 된 첫 사례여서 주목할 만하다. 여기에는 장현광이 영남 지역을 거점으로 활동한 명망 있는 학자였다는 사실이 중요한 요인으로 작용했다고 볼 수 있다.

영남에는 조선 최초의 서원인 소수서원과 정몽주를 제향한 가장 오래된 서원인 임고서원이 있다. 두 서원에는 한국 유학의 조종祖宗으로 일컬어지는 안향과 정몽주의 초상화가 각각 봉안되었다. 장현광이 정

몽주의 초상화를 직접 보며 마치 200여 년 전에 죽은 그와 실제로 마주한 듯한 환영을 겪은 일을 앞서 언급했다(89쪽 참조). 이런 경험은 정몽주의 초상화가 매우 사실적으로 재현되었기에 가능했을 것이다.

17세기 이후 장현광은 남인계 영남학파의 영수로서 소수서원과 임고서원의 대소사뿐 아니라 두 곳에 봉안된 초상화의 보수 및 이모 작업에 직접 관여하거나 자문했다. 이 과정에서 장현광의 제자들 역시 자연스럽게 초상화를 중요한 봉안 대상이자 학문 수련에 도움이 되는 시각 자료로 인식했을 수 있다. 나아가 스승의 초상화가 스승의 사후 어느 때에 봉안 대상으로 기능할 수 있다는 생각을 가졌을지도 모른다.[147] 즉 장현광 초상화의 원사 봉안은 초상화 제작 당시에 이미 제자들이 바랐던 바였음을 미루어 추정할 수 있다.

그런데 장현광 이후 영남 지역에서는 생전에 제자들의 지원으로 초상화를 제작한 학자도, 원사에 새로 스승의 초상화를 봉안한 사례도 확인되지 않는다. 그 이유는, 17세기 중반 이후 이 지역에서는 봉안 대상으로 초상화보다 위판을 우선시하는 관행이 더욱 굳어졌기 때문인 듯하다. 이 점은 1686년에 소수서원에서 안향의 초상화가 철거되고 그의 위판이 봉안된 사실, 1655년에 부지암 장현광 사당의 봉안 대상이 초상화에서 위판으로 대체된 사실로 미루어 알 수 있다.

───── **노론의 영수**領袖, 〈송시열 초상〉

17세기 중반 이후 스승의 초상화를 그리는 관행이 영남 지역에서는 더 이상 확인되지 않는 것과 대조적으로 서울에서 가까운 근기近畿 지역 또는 호서 지역에서는 적어도 18세기까지 스승의 초상화를 제작하고 이를 서원, 사당, 영당 등에 봉안하는 관행이 크게 성행했다. 이 지역에서 확인되는 가장 이른 시기의 스승 초상화 제작 및 봉안 사례를 송시열 초상화에서 확인할 수 있다.

송시열은 생전에 적어도 세 명의 화가로부터 세 차례 이상 자기 초상화를 그려 받았다. 송시열의 초상화 제작 사실은 그의 문집에 수록된 「연보年譜」 중 '정축년'(1697) 항목에 자세히 소개돼 있다. 이 기록은 그의 사후 충청도 회덕의 흥농興農과 옥천의 용문정사龍門精舍 인근에 그의 영당이 건립된 사실과 함께 실려 있다.

> 선생의 초상화는 모두 셋이다. 그중 하나는 화사畵師 한시각韓時覺이 그린 것으로 가묘家廟에 봉안되었다. 이것은 선생의 77세 때의 초상화이다. 또 하나는 문인門人인 상서尚書 김진규金鎭圭가 초草를 뜬 것을 화사를 시켜 옮겨 그리게 한 것으로, 화양서원華陽書院에 최초로 봉안했던 본이 이것이다. 선생은 평소에 눈을 크게 뜬 채 사람을 본 적이 없었으나 이 본은 전혀 그렇지 않다. 이는 김 상서가 갑자기 와서 인기척을 하며 마루로 올라오자 선생이 매우 기뻐하여 눈을 크게 뜨고 맞이했기 때문에 김 상서가 초본을 그린 것이 이와 같았다고 한다. 또 하나는 진사進士 김창업金昌業이 초본을 그린 것을 화사가 옮겨 그린 것이다.[148]

「연보」에는 1683년에 한시각이 정본을 그린 사실과 김진규와 김창업이 각각 초본을 그린 사실이 실려 있다. 초본은 유탄柳炭(버드나무를 태워 만든 숯)이나 붓으로 채색 없이 종이에 그린 일종의 밑그림을 말하며, 정본은 비단에 채색이 이루어진 완성본을 가리킨다. 김창업이 초본을 그린 해는 1680년이며, 김진규가 초본을 그린 해는 1680년 혹은

1683년으로 추정된다.[149]

경기도박물관 소장 〈송시열 초상(야복방건본)〉(그림 37)은 김진규가 그린 초본을 모본으로 하여 이명기가 19세기 초에 이모한 것이다. 홍직필의 문집에는 그가 1803년경 송시열 초상화를 입수하여 집 안에 걸어두고 매달 초하루와 보름 그리고 송시열의 생신과 기일마다 절을 한 사실과 함께 그 초상화가 김진규가 그린 초본을 밑그림으로 사용해 이명기가 그린 것이라는 내용이 실려 있다.[150] 경기도박물관 소장 〈송시열 초상〉(그림 37)이 홍직필의 문집에 언급된 송시열 초상화로 추정됨은 앞서 살핀 바 있다(84~85쪽 참조).

김창업은 1680년에 송시열 초상화를 그렸다. 1680년은 남인이 실각하고 서인이 재집권하게 된 경신환국이 일어난 해다. 이해 6월에 송시열은 유배지 거제도에서 충청도의 집으로 돌아왔다. 그리고 같은 해 10월 3일에 영중추부사領中樞府事에 임명되어 곧바로 상경해 숙종을 알현했다. 그때 마침 인경왕후(숙종의 비妃)의 국장國葬이 있었는데, 그는 숙종의 지시로 인경왕후의 지문誌文(망자의 태어난 날과 죽은 날, 행적, 무덤의 위치와 좌향 등을 적은 글)을 지어 올렸다. 그는 안국동, 왕십리 등지에 머무르다 다음 해 7월에 충청도 화양으로 돌아갔다. 아마도 김창업은 송시열이 서울에 머무를 때 그를 찾아가 초상화를 그린 것 같다.

리움미술관 소장 〈송시열 초상(심의복건본)〉(그림 78)의 상단에는 "우암 송 선생의 74세 초상尤庵宋先生七十四歲眞"이라는 표제가, 중앙 우측에는 "후학 안동 김창업이 그리고 부호군 진재해가 모사하다後學安東金昌業寫 副護軍秦再奚摹"라는 글이 각각 적혀 있다.

이 초상화는 앞서 언급한 김창업이 초를 뜨고 다른 화사가 정본을 제작했다는 「연보」의 기록을 입증해 준다. 이 작품과 「연보」의 기록으로

3. 기억과 추모의 그림

미루어 1680년에 김창업은 초본만 제작했으며, 훗날 송시열의 제자들이 그를 제향하는 서원이나 영당을 지어 초상화를 봉안할 때 전문 화가를 시켜 정본을 제작한 것으로 생각된다. 앞서 살펴본, "김창업이 그렸다金昌業畫"라는 글과 "우암 송 선생의 74세 초상"이라는 표제가 포함된 〈송시열 초상(야복방건본)〉(그림 25) 역시 김창업이 1680년에 그린 초본을 바탕으로 제작한 작품으로 분류된다.

「연보」에 언급된 세 화가 중 송시열 초상화를 정본까지 완성한 화가는 도화서 화원 출신의 한시각뿐이었다. 송시열 종택에서 국립청주박물관에 기탁한 〈송시열 초상(심의복건

78. 김창업 초, 진재해 필, 〈송시열 초상(심의복건본)〉, 18세기 초, 비단에 색, 97×60.3cm, 리움미술관.

본)〉(그림 79)은 「연보」에 "한시각이 그린 것으로 가묘에 봉안"된 본이라 언급된 바로 그 초상화로 추정된다.[151] 이 초상화에서 송시열은 복건幅巾과 심의深衣를 착용하고 두 손을 모으고 화문석 위에 서 있는 모습으로 그려졌다.

현재 송시열 초상화는 초본과 정본을 합쳐 수십 본이 넘게 전한다. 이 초상화들 중 화가와 제작 시점이 정확히 밝혀진 것은 몇 점에 불과하다. 이러한 이유로 세 화가가 그린 원본과 후대에 제작된 이모본을 구분하는 일도, 각 이모본이 누구의 것을 모본으로 한 그림인지를 판

79. 한시각, 〈송시열 초상(심의복건본)〉, 1683년, 비단에 색, 174.0×79.0cm, 국립청주박물관(송시열 종택 기탁). ▶

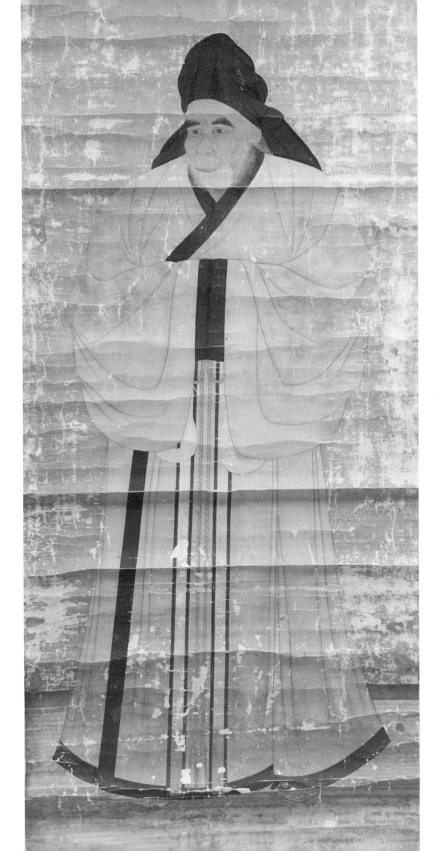

단하는 일도, 각 이모본과 초본이 언제 제작되고 어느 곳에 보관 혹은 봉안되었는지를 파악하는 일도 전혀 간단치 않다. 다만 얼굴 표현 방식을 기준으로 현재 전하는 송시열 초상화를 김진규본 계열, 김창업본 계열, 한시각본 계열 등 크게 세 그룹으로 분류할 수 있으며, 이를 통해 세 화가가 송시열의 얼굴을 각각 어떻게 표현했는지 살필 수 있다.

경기도박물관본(야복방건본, 그림 37), 의림지역사박물관본(야복방건본, 그림 25), 송시열 종택본(심의복건본, 그림 79)은 각각 김진규본, 김창업본, 한시각본 계열의 대표적인 초상화이다. 세 계열의 초상화를 비교하면 다음과 같다(그림 80, 81, 82).

	김진규본(그림 80)	김창업본(그림 81)	한시각본(그림 82)
눈썹	초승달 모양	일자로 뻗다가 양쪽 끝에서 털이 무성함	삼각형 모양
왼 눈썹 옆 주름	세 개가 비스듬히 파인 모양	세 개가 수직으로 파인 모양	없음
눈과 눈썹의 간격	넓음	약간 넓음	좁음
눈 크기	큼	보통	보통
코끝 모양	동그람	그다지 동그랗지 않음	동그람
콧구멍	양 콧구멍을 모두 그림	한 콧구멍만 그림	한 콧구멍만 그림
왼 뺨의 수염 옆 세로 주름 유무	없음	있음	있음
귓불	축 늘어져 있음	늘어지지 않음	늘어지지 않음

세 화가는 저마다 다르게 표현했지만, 그들이 그려 낸 송시열의 외모는 대체로 비슷하다. 얼굴 곳곳에 주름이 많은 탓에 그의 피부는 매우

80. 김진규 초, 이명기 필, 〈송시열 초상(야복방건본)〉(그림 37)의 세부. (왼쪽)
81. 김창업 초, 진재해 필, 〈송시열 초상(야복방건본)〉(그림 25)의 세부. (가운데)
82. 한시각, 〈송시열 초상(심의복건본)〉(그림 79)의 세부. (오른쪽)

울룩불룩해 보인다. 그리고 큰 귀와 두터운 아랫입술, 털이 무성한 눈
썹과 수염은 그의 특징적인 면모로 보인다. 이러한 외형은 그를 강인
하고 고집스러운 성격을 가진 인물로 보이게 한다. 특히 김진규본으로
분류된 이명기의 그림에서 좀 더 크게 묘사된 눈은 송시열 문집의 「연
보」 내용을 입증하는 표현이어서 흥미롭다.[152]

　송시열은 스스로 화가를 초빙하여 초상화를 주문 제작하지 않았다.
먼저 김진규와 김창업에 의한 초상화 제작은 그들이 속한 집단 혹은 당
파에 속한 인사들이 자발적으로 벌인 일로 여겨진다. 김진규의 부친은
1680년 노론(서인)이 정권을 잡게 된 경신환국에 대한 공으로 보사공신
保社功臣 1등에 오른 김만기金萬基였으며, 김창업의 부친은 경신환국 이
후 영의정으로 임명된 김수항金壽恒이었다. 송시열과 친분이 두터웠던
두 사람은 경신환국 이후 서인 주도의 정국 형성에 큰 기여를 한 서인
의 핵심 인물들이었다.

　훗날 김진규와 김창업은 노론 세력의 핵심으로 성장하지만, 경신환
국 당시 그들은 20대 초·중반의 젊은 문사에 지나지 않았다. 더욱이 그

　　　　　　　　　　　　　　　　　　　　3. 기억과 추모의 그림

들은 송시열의 학문을 따랐지만 그의 가르침을 직접 받지는 못했다. 그들과 송시열의 관계는 그들의 부친을 비롯한 집안 사람들과 송시열이 정치적으로 오랫동안 긴밀한 관계를 맺은 데서 비롯된 측면이 컸다. 김창업이 송시열의 초상화를 그린 1680년은 이들의 정치적 관계가 결실을 맺어 서인이 집권한 바로 그해였다.

1683년에는 한시각이 송시열의 초상화를 그렸는데, 이때의 초상화 제작은 기록으로도 송시열의 문인門人 집단에 의해 이루어졌음이 확인된다.

> 계해년〔1683년〕 봄 서울의 선비들이 돈을 모아 선생의 초상화를 그려 가지고 가자 선생께서 말씀하셨다. "주자께서는 스스로 초상화를 만드셨지만, 나는 본래 여기에 뜻이 없었다. 서울의 선비들이 이 그림을 주니 물리칠 수 없구나. 이 궁박한 모양새를 보니 나와 흡사하다."[153]

『우암 선생 언행록尤菴先生言行錄』에 수록된 이 글에 따르면, 1683년 봄 송시열이 경기도 여주와 서울에 머무를 때 서울의 선비들이 그의 초상화를 주문 제작해 완성본을 그에게 주었다고 한다. 한시각이 1683년에 그린 것으로 알려진 〈송시열 초상(심의복건본)〉(그림 79)이 바로 이 그림으로 추정된다.

이 무렵 송시열의 행적을 통해 이 초상화가 그려진 상황이나 배경을 구체적으로 알 수 있다. 송시열은 1683년 1월 15일에 상경하여 숙종을 알현하고 3월까지 서울에 머무르며 수시로 입궐해 숙종 앞에서 강의講義를 하고 조정의 일에 대해 의견을 개진했다. 이때 사간원 등 삼사三司

의 언관들은 남인의 무자비한 숙청을 시도해 어영대장에서 해임된 김익훈을 구명하기 위해 그가 상경한 것이라는 의혹을 제기했다.[154] 이러한 의혹을 제기한 이유는 김익훈이 바로 송시열의 스승인 김장생金長生의 손자였기 때문이다.

이 무렵 김익훈의 처벌 사안을 두고 훈척勳戚(공신과 외척) 문제에 타협적이고 우호적이었던 의정부 대신 그룹과 삼사의 젊은 관료들은 치열한 정쟁을 벌였다. 이때의 두 집단 간 정쟁은 서인이 노론과 소론으로 나뉘게 된 결정적 계기가 되었다.[155] 경신환국 이후 서인 내부의 두 세력이 격렬히게 대립하던 시점에 송시열은 훈척 집단을 지지하기 위해 상경했으며, 바로 이때 한 무리의 서울 선비들이 도화서 화원 한시각을 시켜 그의 초상화를 제작했던 것이다. 1683년의 정치적 상황을 고려했을 때 '서울의 선비들'은 곧 공신, 외척, 대신 집단에 속하는 노론계 인사들로 한정할 수 있다. 인경왕후의 부친이자 김익훈의 조카인 김만기는 물론이고 영의정 김수항도 모두 김익훈을 지지하여 노론이 되었다.

송시열은 1680년 경신환국으로 서인이 집권하자 오랜 유배 생활을 끝내고 관직을 임명받아 서울로 올라왔다. 1681년 충청도로 되돌아갔던 그는 1683년에 외척의 일원인 김익훈이 큰 정치적 위기에 몰리자 그를 지원할 목적으로 다시 상경했다. 노론의 영수로서 당대 정계에 큰 영향력을 행사하던 바로 그 시점에 송시열은 그를 따르는 무리들의 지원을 업고 자기 앞에서 붓을 든 김창업, 김진규, 한시각으로부터 각각 초상화를 그려 받게 된 것이다.

몰래 그린 스승, 〈윤증 초상〉

이후 스승의 초상화를 제작한 사례는 무수히 확인된다. 남구만, 박세당, 윤증, 박세채, 최석정, 권상하 등 송시열과 동시대에 활동한 여러 명망 있는 학자들의 초상화가 그들의 생전에 제작되었다. 이 초상화들 역시 그들 제자들의 주도로 제작된 것으로 추정된다. 특히 초상화 제작 과정이 매우 소상히 기록돼 있는 윤증의 사례는 이러한 가정을 뒷받침한다.

1711년 여름, 도화서 화원 변량卞良은 정면상과 측면상 등 윤증의 초상화 두 점을 그렸다. 그중 측면상을 모본으로 하여 1744년에 장경주가 이모한 것이 앞서 살펴본 〈윤증 초상〉(그림 38)으로, 우리는 이를 통해 1711년 작 〈윤증 초상〉의 면모를 엿볼 수 있다. 이때의 초상화 제작은 윤증의 집안 손자이자 제자인 윤동수尹東洙를 비롯해 김시제, 정석로, 윤무교, 이진성 등의 제자들이 주관했다. 앞서 소개한『영당기적』에는 이러한 사실 외에도 윤증의 제자들이 그에게 초상화 제작을 권유하고 그가 알지 못하게 초상화를 제작한 일화가 소개되어 있다. 그 일화는 이렇다.

윤증의 제자들이 그에게 초상화 제작 계획을 말하자 그는 "나의 부친도 초상화가 없는데 내가 어떻게 그것을 가질 수 있겠느냐."며 그들의 제의를 거절했다. 이에 제자들은 향음례鄕飮禮 행사를 진행하는 중에 변량을 무리 중에 들어가게 해 몰래 스승의 모습을 그리게 했다.[156]

한편, 윤동수도 윤증 초상화 제작에 관한 두 가지 일화를 기록으로 남겼는데, 이는 윤증의 제자들이 그의 초상화를 제작하기 위한 시도를 거듭하여 했음을 구체적으로 보여 준다.

그중 첫 번째 일화는 다음과 같다. 윤동수가 어느 날 초상화 제작에 대한 윤증의 의중을 살필 생각으로 이렇게 물었다.

> 예로부터 성현 중에 초상화가 없는 이가 없었을 뿐 아니라 주희는
> 특히 초상화를 중시해 여러 차례 그리고 자찬문自贊文을 지었는
> 데, 동국東國의 선유先儒들만은 초상화를 남기지 않은 이유가 무
> 엇입니까?[157]

윤증이 "중국처럼 화법畵法에 정묘한 이가 많지 않아서"라고 답하자
윤동수는 이때를 놓치지 않고 "초상화를 그리는 것이 도리에 어긋나는
바는 없지 않습니까?"라고 다시 물었다. 윤증은 아무런 대답을 하지
못했다.

두 번째 일화는 『영당기적』에 실린 것과 내용이 비슷하다. 윤증의 제
자 이진성李晉聖이 어느 날 화공 변량을 데려와 윤증에게 초상화를 그
리겠다고 하자 그는 단호히 거절했다. 이에 이진성은 변량으로 하여금
밖에서 윤증의 모습을 그리게 한 뒤 이 사실을 그에게 알리려 했으나,
그가 완성된 초상화를 없애 버리라고 할 것이 염려되어 결국 알리지 못
했다.

윤동수는 두 일화를 소개하고 이어서 이렇게 말했다.

> 비록 그러하지만[스승에게 초상화를 제작한 사실을 알리지 못했지만] 하늘
> 이 도우심에 힘입어 스승의 형상을 그려 초상화를 얻었다. 완연히
> 양기陽氣가 만물을 기르는 듯한 용모이시니, 춘풍의 기운을 띠신
> 것 같네. 지금에 이르러 목소리와 형상이 영원히 사라진 후에도
> 첨배하여 우러러 바라볼 수 있으니, 후덕한 품성이 어렴풋하나 기

3. 기억과 추모의 그림

상이 방불하여 웃고 말씀하는 소리가 들리고 귀한 가르침을 받는
듯하네. 어찌 사림과 후학의 큰 다행이 아니겠는가!¹⁵⁸

　윤증의 사례로 미루어 보면 스승들은 대부분 자신의 초상화를 남기
려는 제자들의 제안을 기꺼이 받아들이지 않았던 것으로 보인다. 남인
계 학자이자 동국진체東國眞體를 창안한 서예가로도 유명한 이서李漵도
초상화를 제작하려는 제자들의 계획을 무산시킨 바 있다.
　어느 날 이서의 제자들이 모두 모여 훗날에 우러러 사모하는 마음을
표하기 위한 용도로 스승의 초상화를 제작하겠다는 계획을 그에게 알
렸으나 그는 다음과 같이 말하면서 이 일을 허락하지 않았다.

　　　　초상화는 명공名公이나 귀인貴人의 일이다. 나는 일개 유생儒生이
　　　　니 화상畵像이 어찌 나에게 분에 넘치는 것이 아니겠는가.¹⁵⁹

　송시열의 제자로도 알려진 이희조李喜朝는 자신의 초상화 초본을 제
작한 조영석趙榮祏에게 "나중에 난처한 상황이 발생할 수 있으니 이러
한 일을 하지 말라."며 오히려 그를 타일렀다고 한다.¹⁶⁰ 일부 학자들
이 자신의 초상화를 제작하려는 제자들의 제의를 거절하거나 흔쾌히
받아들이지 않았음을 보여 주는 이 사례들은, 반대로 18세기에 이르러
특정 학자의 제자들이 스승의 반대를 무릅쓰고서라도 그의 초상화를
남기려 한 일이 꽤 존재했음을 시사한다.

────　**권상하의 제자, 〈한원진 초상〉과 〈윤봉구 초상〉**
　한원진韓元震의 초상화 제작 사례는 스승의 초상화를 갖추

는 일이 스승의 학문적 업적을 기리며 오래도록 추모하고자 한 제자들에게 중요한 사업이었음을 여실히 보여 준다. 1740년에 한원진의 제자 김근행金謹行 등은 진재해의 아들이자 도화서 화원인 진응회秦應會를 시켜 스승의 초상화 초본을 제작했다.[161] 이후 한원진이 1751년 2월에 세상을 등지자, 송능상宋能相, 김근행, 권진응權震應 등의 제자들이 스승이 남긴 글을 모아 정리하는 일과 함께 그의 초상화 정본 제작을 진행했다.

1751년 5월 송능상이 권진응에게 보낸 편지에는 이때의 정본 제작에 대한 이들의 향후 계획이 자세히 밝혀져 있다. 즉, 한원진의 초상화 정본 제작을 주관한 김근행은 1740년에 그려진 초본을 바탕으로 여러 점의 초상화를 제작하고, 완성된 작품 중 가장 핍진하게 그려진 본을 송능상에게 보낼 예정이었다. 또한 송능상 등은 화양서원에 모여 김근행이 보내온 초상화가 핍진하게 그려졌는지를 살피고 그 그림을 권상하(한원진의 스승) 등 여러 선생의 초상화가 보관된 곳에 함께 봉안하는 문제를 논의할 계획이었다.[162] 편지에서 송능상은 이러한 계획을 밝히며 이에 대한 권진응의 의견을 물은 것이다.

이해에 김근행은 정본 초상화를 완성한 뒤 송능상에게 편지를 보냈다. 편지에서 그는 스승의 모습이 얼마나 핍진하게 그려졌는지에 대해서는 사람마다 견해가 다를 수 있으나, 자신은 완성된 초상화가 대략 스승의 모습이 방불하게 표현된 것 같다고 자신의 견해를 밝혔다. 다만 '원본'과 비교했을 때 육색肉色이 제대로 표현되지 못한 점이 아쉬워서 '옛 화공'을 시켜 한 번 더 원본의 이모 작업을 진행하려 한다고 알렸다.[163] 이때 김근행이 언급한 '원본'은 곧 1740년에 진응회가 그린 초본을, '옛 화공'은 진응회를 각각 지칭하는 것으로 보인다.

83. 진응회(추정), 〈한원진 초상〉, 1740년, 종이에 색, 52.5×30.3cm, 홍주성역사관.
84. 작가 미상, 〈한원진 초상〉, 1751년, 비단에 색, 80.9×60.5cm, 의림지역사박물관.
85. 진응회(추정), 〈한원진 초상〉(그림 83)의 세부.
86. 진응회, 〈권섭 초상〉의 세부, 1734년, 비단에 채색, 65.0×46.5cm, 의림지역사박물관.

김근행은 1751년에 한원진의 초상화 정본을 완성했다. 그런데도 그는 1756년에 다시 권진응에게 서신을 보내어 변 화공에게 초상화 제작을 맡겼다고 했다. 이로 미루어 김근행은 스승의 초상화 정본 제작 계획을 거의 5년 만에 다시 실행한 것으로 보인다.[164] 변씨 성의 화가가 그림을 그렸던 것으로 미루어 진응회에게 그림 제작을 의뢰하려던 애초의 계획에 차질이 생겼던 모양이다.

홍주성역사관 소장 〈한원진 초상〉(그림 83)은 1740년에 진응회가 그린 초본 초상화로, 의림지역사박물관 소장 〈한원진 초상〉(그림 84)은 1751년에 그려진 작가 미상의 정본 초상화로 각각 추정되는 작품들이다. 두 초상화에서 한원진은 복건과 심의를 착용한 모습으로 묘사되었다.

한원진 종손가에 전해져 온 홍주성역사관본은 화면 우측 상단에 "초본初本"이라고 적혀 있는 데다, 진응회가 1734년에 그린 〈권섭 초상〉(그림 86)의 인물 묘사 방식과 유사한 점으로 미루어 이 그림은 진응회의 작품인 듯하다. 인물의 양쪽 콧방울과 귀의 묘사, 콧구멍 부분의 음영 표현 그리고 양 눈 바로 위아래에 얇은 선을 그어 쌍꺼풀과 눈 밑 주름을 묘사한 것 등에서 두 그림은 상당한 유사성을 보인다(그림 85, 86). 이러한 표현 방식이 의림지역사박물관본(그림 84)에서는 확인되지 않는다. 따라서 한원진을 묘사한 두 초상화가 같은 시점에 제작된 것이 아님은 명백해 보인다.

의림지역사박물관본이 1751년에 그려진 것임은 여러 정황을 통해 추정해 볼 수 있다. 1751년에 김근행은 새로 완성한 정본에서 인물의 육색이 제대로 표현되지 못한 점을 걱정했는데, 안면 전체가 약간의 보랏빛이 도는 살색으로 칠해진 의림지역사박물관본은 김근행의 근심에 부합해 보인다. 이렇듯 육색이 제대로 표현되지 못한 문제는 김 근행이 진응회 같은 뛰어난 실력의 화가를 초빙하지 못한 이유도 있지 만, 무엇보다도 한원진의 실제 모습을 보지 못한 화가가 채색이 되지 않은 묵본墨本, 즉 먹으로만 그려진 초본을 바탕으로 정본을 그린 데서 발생한 결과로 여겨진다.

다음으로 김근행이 송능상에게 밝혔던 계획을 모두 실행했다면 1751년에 완성된 초상화는 권상하를 제향한 서원 중 가장 권위 있는 곳 에 봉안되었을 가능성이 높다. 의림지역사박물관본은 본래 권상하 제 향 서원들 중 가장 중요하게 여긴 황강서원에 소장되었던 본이다. 송능 상이 봉안 계획을 밝힌 권진응은 다름 아닌 권상하의 증손자였으며, 황 강서원은 권상하의 직계 후손들이 주도적으로 관리·운영했던 서원이 다. 따라서 그동안 황강서원에서 보관해 오다가 최근에 권상하의 직계 후손들이 의림지역사박물관에 기증한 이 초상화는 1751년에 김근행이 주도해 완성한 바로 그 정본 초상화일 가능성이 높다.

한원진이 세상을 떠난 지 얼마 안 되는 시점에 그의 핵심 제자들이 이처럼 한원진의 유문遺文을 모으는 일과 더불어 정본 초상화를 제작 하는 작업을 서두르고, 또 핍진하게 묘사된 초상화를 얻기 위해 여러 차례 모사 작업을 진행한 사실은, 조선 후기에 특정 학파 소속 사대부 들이 스승의 초상화를 얻기 위해 벌였던 노력의 일면을 잘 보여 준다. 또한 조선시대에 초상화 초본과 정본의 제작이 반드시 동시에 이루어 지지 않았던 사실도 알 수 있다.[165]

권상하의 제자 윤봉구尹鳳九는 1752년에 자신의 초상화를 그려 준 변상벽卞相璧에게 감사의 마음을 전하는 글을 남겼다. 이 글에는 안릉 安陵의 선비 최운로와 강자안이 재물을 마련하여 화가를 데려와 자신

爾頭圓之方受天地之正氣爾之生也直亦天地之所
畀爾戴兢戒懼敢或褻或墜爾無忘明誠之訓兮曾奉
規於先師爾毋曰吾衰之甚兮惟日新而學之

久翁自警
家弟石門子書

畫師卞相璧寫

의 초상화를 남길 것을 적극 권한 내용 그리고 처음에는 이를 불필요하다고 물리쳤다가 이내 그들의 권유를 수용한 내용 등이 담겨 있다.[166]

로스앤젤레스카운티미술관 소장 〈윤봉구 초상〉(그림 87)은 바로 이때 변상벽이 그린 초상화이다. 이 그림 상단에는 "병계거사의 70세 초상屛溪居士七十世眞"이라는 표제가 적혀 있다. 병계屛溪는 윤봉구의 호이다. 우측 상단에는 윤봉구가 짓고 그의 동생 윤봉오尹鳳五가 쓴 자경문自警文이 있고, 그 아래 "화사 변상벽이 그리다畫師卞相璧寫"라는 글귀가 적혀 있다. 자경문은 스스로 경계하고 지켜야 할 것을 적은 글을 일컫는다. 이 초상화에서 윤봉구는 난삼欄衫이라는 유복에 정자관을 쓴 채 화문석 위에 앉은 모습이다.

이렇듯 윤증, 한원진, 윤봉구 등의 초상화 제작 사례들은 18세기에 이르러 기호지방을 중심으로 스승의 초상화를 제작하는 일이 매우 성행했음을 보여 준다.

—— 스승을 영원히 추모하는 가장 효과적인 방법

조선 후기를 대표하는 유학자 이재李縡는 17세기를 대표하는 서인계 유학자 송준길宋浚吉이 후학에게 한恨을 남긴 것이 두 가지가 있다고 했다. 그중 하나는 "터럭 하나라도 더 많으면 곧 다른 사람이 된다."라는 정이의 말 때문에 송준길이 자신의 초상화를 남기지 않은 일이었다는 것이다. 이재는 이를 두고 '겸덕謙德'에 따른 행위였다고도 했다.[167] 바꿔 말하면 송준길을 따른 후대의 문도들은 그의 초상화가 그려지지 않은 사실을 매우 아쉽게 여겼다는 것이다. 송시열, 윤증 등 송준길과 같은 시대에 활동한 학자 대다수의 초상화가 전해져 후학들에게 숭모의 대상이 되었음을 고려하면 이재가 왜 이렇게 아쉬워했는지 이해할 수 있다.

　18세기 중반 소북小北 계열의 학자 임희성任希聖은 스승 이하원李夏源을 위해 쓴 묘지명墓誌銘에서 다음과 같이 말했다. 광해군 때 권력을 잡았던 북인의 한 분파인 소북은 영조 때까지 소수 당파로 존속했었다.

> 기미년[1739년] 말에 [공의] 문인門人들이 함께 '사마司馬 공의 초상화를 벽 뒤에서 그린' 고사에 따라 공의 초상화를 그렸다. 어느 때에 경건히 걸고자 함이었다. 일찍이 공이 서원을 세워 제향 올리는 폐단을 극도로 싫어하셨기에, 끝내 공이 그것[몰래 초상화를 그린 사실]을 알게 할 수 없었다. 공께서 돌아가셨는데도 조정의 금령禁令으로 제사를 올릴 수 없어 초상화를 오히려 서재의 상자 안에 두었으나, 여러 유생들이 시절마다 우러러 절하기를 선사께서 살아계실 때처럼 정성으로 하였다.[168]

　이 글에서 임희성은 북송北宋의 학자 사마광司馬光의 제자들이 벽 뒤에서 스승의 초상화를 그렸던 고사에 근거하여 자신을 비롯한 이하원의 제자들이 스승의 초상화를 그렸다고 밝혔다. '벽 뒤에서 그렸다'는 말은 몰래 그렸다는 말이다. 이처럼 조선시대 사대부들은 중국의 사례를 자신들의 스승 초상화 제작의 주요 근거로 삼기도 했다.

　스승의 초상화를 제작하는 관행은 송시열의 초상화가 그려진 1680년부터 본격적으로 확인된다. 특히 근기 및 호서 지역에서 이런 관행이 크게 성행했다. 이 시기의 사대부들은 스승이 돌아가신 후에 그를 제향할 공간에 봉안할 목적으로 생전 스승의 초상화를 제작하고자 했다. 스승의 초상화를 제작할 때 제자들은 이 목적을 공공연하게 드러내지 않았으나, 스승이 돌아가시면 빠른 시일 내에 원사를 조성해 그곳에 초상화를 봉안했다. 그들은 스승의 모습을 생생하게 보여 주는 초상화를 특정 공간에 모시는 일이 스승이 영원히 기억되고 추모될 수 있는 효과적인 방법임을 인지했던 것이다. 그러나 초상화 봉안을 위한 원사 건립은 18세기 중반에 이르러 매우 어려워졌다.

　1713~1714년에 숙종은 서원 건립을 본격적으로 규제했으며, 영조는 숙종의 정책을 더욱 강력하게 시행했다. 그 결과 서원의 신규 건립은 거의 불가능해졌다. 이때 영당이 서원을 대체하는 원사로서 적극 활용되었다. 1700년 이후 송시열을 제향하는 영당이 다수 건립된 사실이 이 점을 입증한다.

　그런데 일부 영당이 재齋와 강당 등을 갖추며 서원에 버금가는 규모가 되기 시작하자 영당의 건립마저 규제되었다. 1741년에 영조가 영당에 대해서까지도 건립을 규제하는 정책을 강력하게 실시한 이후 특정 인물을 제향할 목적으로 영당을 건립해 그의 초상화를 봉안하는 일은 더욱 어려워졌다. 이렇게 영당의 건립마저 어려워지면서 18세기 후반 이후에는 제자들이 스승의 초상화를 제작하는 관행 역시 크게 감소했다.[169]

사랑하는 벗과 가족을 그리다

──── **이서와 윤두서가 사랑한 벗, 〈심득경 초상〉**

오늘날까지 전하는 조선시대 초상화는 매우 많지만 그림의 제작 배경과 상황, 봉안, 소장, 첨배 등에 관한 기록이 함께 전하는 경우는 드물다. 모든 초상화의 제작 배경이나 상황을 온전히 이해할 수 없는 이유가 여기에 있다. 그러면, 직접적인 기록이 없다면 그 초상화를 이해할 수 없을까?

물론 기록의 부재를 과도한 해석과 추정으로 메워서도 안 되겠지만, 작은 단서, 간적접 기록, 관련 역사적 사실 등을 통해 특정 초상화의 제작 배경이나 상황을 유추해 보는 일은 얼마든지 가능하며, 이는 결국 초상화 감상과 이해에 큰 도움이 된다. 벗이나 가족 등 사적인 관계에서 그려진 초상화들을 다루는 이 장에서는 특히 합리적 추정을 통해 초상화 작품 한 점 한 점에 대한 이해에 다가서 보고자 한다.

1700년 전후에 활동한 심득경沈得經은 진사 시험에 합격한 이력 외에 알려진 정보가 거의 없는 인물인데, 그의 초상화 한 점이 남아 있다.

〈심득경 초상〉(그림 88)의 상단 좌우에는 이서李漵가 짓고 윤두서尹斗緖
가 쓴 찬문 두 편이 있고, 하단 우측에는 윤두서가 짓고 쓴 다음과 같은
글이 있다.

현 국왕 재위 36년 경인년(1710년) 11월에 그리다.
이때 공이 죽은 지 넉 달이 되었다. 해남 윤두서가 삼가 마음을 가
다듬고 그렸다.[170]

곧, 이 초상화는 윤두서가 친한 벗 심득경이 세상을 떠난 지 4개월
만인 1710년 11월에 추사追寫한, 즉 그의 모습을 직접 보지 않고 떠올
려 그린 그림임을 알 수 있다. 이 초상화에서 심득경은 동파관東坡冠에
도포를 착용하고 태사혜太史鞋를 신었으며 두 손을 모으고 의자에 앉아
있다.[171] 동파관은 북송의 시인 동파東坡 소식蘇軾이 즐겨 쓴 것으로 알
려진 관이고, 태사혜는 조선시대 양반 남성이 평상시에 신던 신발이다.
심득경은 38세의 나이에 갑자기 병으로 세상을 등졌다. 그의 부친인
심단沈檀의 외할아버지가 윤두서의 증조부인 윤선도尹善道이다. 친척
간인 둘은 어려서부터 매우 가까이 지낸 벗이기도 했다. 정약용은 윤
두서의 형 윤흥서尹興緖를 위해 쓴 행장行狀에서 그가 학문을 함께 연마
하며 도움을 주고받았던 친구 셋을 언급했는데, 이잠李潛과 이서 형제
그리고 심득경이 바로 그들이었다. 이로 미루어 심득경은 윤두서·윤
흥서 형제, 이잠·이서 형제와 절친했던 것 같다.
심득경보다 이서는 열한 살이 많았고, 윤두서는 다섯 살이 많았지만
두 사람은 심득경을 친구로 여겼다. 심득경과 이서의 만남을 주선한
사람은 윤두서였다. 심득경은 1710년 8월 21일에 사망했는데, 이서는

88. 윤두서, 〈심득경 초상〉, 1710년, 비단에 색, 160.3×87.7cm, 국립중앙박물관.

9월 28일 그를 위해 쓴 제문에서 사랑하는 친구를 잃은 슬픔을 절절하게 표현했다.

> 아! 내가 공을 잃은 뒤로 정신이 나간 모양이다. 좌우에서 공을 보고, 앞뒤에서 보고, 오가면서 함께했던 장소에서 보고, 꿈에서도 보고, 어른어른하고 희미한 사이에도 보았다. 아! 공의 모습을 어느 날에 잊겠는가! 공의 덕스러운 모습을 어느 날에 놓겠는가! 상례喪禮의 제도는 한계가 있어 길일을 택하여 기일期日을 알린다. 공은 이제 떠났으니, 지금부터는 공의 형체와 그림자를 다시 볼 수 없다. 이에 술 한 잔을 올리며 공을 그리워하는 나의 마음을 표현한다.[172]

이처럼 이서는 심득경의 갑작스러운 죽음을 쉽사리 받아들이지 못할 정도로 애통해했으며, 평소에 그의 환영을 여기저기서 볼 정도로 그를 몹시 그리워했다. 다른 친구들도 이서와 마찬가지로 그의 죽음을 슬퍼했을 텐데, 심득경의 또 다른 벗 윤두서는 다시 볼 수 없는 친구의 모습을 오로지 기억에 의지하여 화폭에 재현해 냈다. 윤두서가 〈심득경 초상〉을 그린 것은 다시는 볼 수 없는 벗의 모습을 그려 영원히 기억하기 위해서였을 것이다.

이 초상화 우측 상단에 적힌 이서의 찬문을 보면, 이 그림이 슬픔에 빠진 심득경의 친구와 가족들에게 얼마나 큰 위안이 되었을지 가늠해 볼 수 있다.

골격은 단정하고 수려하며 기질은 맑고 깨끗하다.

마음과 정신은 순수하여 옥과 얼음처럼 맑다.

어질고 겸손하며 공정하고 밝았네.

얼굴은 반듯하며 길쭉하고 낯빛은 밝고 깨끗하다.

눈은 맑고 귀는 단정하며 입술은 붉고 치아는 고르다.

귀는 차고 귀밑털은 성글며 눈썹은 단정하고 수염은 맑다.

모습이 단정하고 공손하며 목소리는 맑고 깨끗하다.

초상화 속 그의 모습이 근엄해 그는 마치 살아 있는 것 같아,

그를 보고 있는 듯하고 그의 목소리를 듣고 있는 듯하다.

아! 그대의 용모를 보지 않고 누가 그대의 성정을 알겠는가!

아! 그대의 기상을 모르고 누가 그대의 참된 덕을 알 수 있겠는
가!¹⁷³

이서는 이 초상화를 보며 심득경의 훌륭한 덕성과 인품을 떠올리는
한편으로 그가 가진 외모의 특징을 하나하나 읊었다. 그가 나열한 특
징과 이 그림 속 그의 모습은 상당히 일치해 보인다. 특히 붉게 칠한 입
술이나 가지런한 눈썹, 성근 귀밑털 등의 표현이 그렇다. 심득경의 외
모를 떠올리면서, 이서는 그림 속 심득경의 모습과 기억 속 그의 모습
이 동일하다고 느꼈을 것이다. 이서가 초상화를 보고 "그는 마치 살
아 있는 것 같아, 그를 보고 있는 듯하고 그의 목소리를 듣고 있는 듯하
다."라고 했을 정도이니 말이다.

이 그림을 본 심득경의 벗들과 가족도 이서처럼 마치 그가 되살아난
것 같은 신기한 경험을 했다. 19세기 초에 활동한 실학자 이긍익李肯翊이
지은 『연려실 기술燃藜室記述』에는 윤두서가 그린 심득경 초상화가 주변
사람들에게 어떤 충격을 주었는지를 보여 주는 일화 한 편이 실려 있다.

         3. 기억과 추모의 그림

윤두서는 사인士人 심득경과 금석지교金石之交를 맺었다. 득경이 죽은 후 두서가 득경의 초상화를 추작追作하여 그 집에 보냈더니 온 집안이 놀라서 울었는데, 손숙오孫叔敖가 되살아난 것 같았다.[174]

"손숙오가 되살아난 것 같았다."라는 말은 『사기史記』에 실린 '우맹의관優孟衣冠' 고사를 언급한 것이다. 초楚나라의 정승 손숙오는 장왕莊王을 보좌해 초나라를 강국으로 만든 명신이었다. 손숙오는 평소 초나라의 유명한 배우인 우맹優孟을 잘 대해 주었다. 손숙오가 죽은 뒤에 우맹은 그의 아들이 매우 가난하게 산다는 말을 듣고서 손숙오의 행동거지를 흉내 내어 연습한 뒤에 그의 의관을 착용하고 장왕에게 갔다. 우맹을 본 장왕은 크게 놀라며 손숙오가 다시 살아 돌아왔다고 여겼다. 장왕은 곧 자기 앞에 나타난 이가 우맹임을 알았음에도 불구하고 그를 정승으로 삼으려 했다. 그러나 우맹은 장왕의 제의를 거절하고 그를 설득해 손숙오의 자손에게 땅을 내려 줄 것을 요청했다.

심득경의 가족은 윤두서가 그린 〈심득경 초상〉을 보며 그가 살아 돌아온 것 같은 환영을 경험했다. 특히 그들이 심득경의 초상화를 본 뒤 울음을 터뜨린 것은, 그의 급작스러운 죽음으로 큰 슬픔에 빠진 그들을 위로하는 데 초상화가 적잖은 도움이 되었을 것으로 보이는 상징적인 장면이다.

심득경이 세상을 떠난 후 어느 날, 지방에 다녀온 이서는 갑자기 그가 생각이 나서 일곱 편의 시를 지었다.[175] 이 시 일곱 편은 이서가 심득경을 생각하며 하루 동안 겪은 일을 시간 순서대로 적은 일기처럼 읽히며, 또한 이서가 초상화의 본질적 속성을 꿰뚫고 있음이 엿보인다.

두 번째 시에서 이서는 이렇게 읊었다.

> 나는 진번陳蕃의 걸상〔탑榻〕을 가지고 있는데,
> 그대를 대접한 지 십여 년이 흘렀네.
> 걸상은 있는데 사람은 없네.
> 거미줄이 친 채 허공에 홀로 매달려 있네.[176]

'진번의 걸상'은 후한後漢 때 진번이 태수로 있으면서 다른 빈객은 일제 사절하고 덕망 높은 서치徐穉가 올 때만 특별히 의자를 내려놓았다가 그가 가면 다시 걸어 놓았다는 고사를 인용한 것이다.

세 번째 시에서 이서는 자신과 심득경의 사귐을 백아伯牙와 종자기鍾子期에 견주었으며, 네 번째 시에서는 심득경의 집을 지나치는데 그 집에 쉽게 들어가지 못하고 주변을 서성이다 해가 저문 일을 읊었다. 다섯 번째 시에서는 윤두서의 집에 갔더니 그곳에도 거미줄이 처진, 먼지가 쌓인 걸상이 걸려 있었다고 했다. 윤두서도 심득경만을 위한 '진번의 걸상'을 마련해 놓았던 것이다. 즉 윤두서가 그린 〈심득경 초상〉 속 등받이 없는 의자는 바로 '진번의 걸상'을 표현한 것으로 여겨진다.

여섯 번째 시는 다음과 같다.

> 내가 종애鍾崖 노인의 집을 방문하여,
> 서로 마주하며 마음으로 바라보기만 했네.
> 그대의 형상을 볼 뿐(주: 초상화가 있어 그의 집에 간 것이다)
> 그대의 음성을 들을 수는 없네.[177]

3. 기억과 추모의 그림

이 시에서 이서는 종애 노인, 즉 윤두서를 만나 벗을 잃은 상심을 공유하고 윤두서의 집에 보관된 심득경의 초상화를 본 일을 말했다. 눈여겨볼 대목은 이서가 초상화를 보면서 심득경의 목소리를 들을 수 없음을, 즉 현실에는 그가 실재하지 않음을 자각했다는 점이다. 그의 자각은 곧 초상화가 가진 근본적인 한계와 맞닿아 있다.

윤두서의 초상화에서 심득경은 등받이 없는 걸상에 앉아 자연스럽게 양발을 땅에 디디고 있다. 자연스럽게 그의 왼발이 오른발보다 아래쪽으로 내려와 있고, 도포자락도 겹친 채 흘러내린 모습이다. 이러한 표현은 일정한 형식이 지켜졌던 동시대 초상화에서는 거의 볼 수 없는 새롭고 자유로운 형식이다.

또한 윤두서는 심득경의 이목구비는 물론이고 눈썹과 수염 등을 선線으로만 간략하게 묘사하고 음영은 최소한으로 적용했는데, 이는 윤두서가 자화상에서 매우 사실적인 기법을 적용했던 것과는 대조적이다.[178] 오로지 기억에 의지해 벗의 초상을 그려야 하는 상황에서 그는 사실적으로 그리는 일 자체가 불가능하며 오히려 그것이 왜곡으로 이어질 수 있다는 생각을 했을지도 모른다. 이런 측면에서 〈심득경 초상〉은 더 이상 세상에 없는 소중한 벗을 그림으로라도 환생시키려 한 윤두서의 간절함이 담긴, 그의 천재적 예술성이 묻어난 작품이라 할 수 있다.

─── **요절한 아들을 그린 아버지, 〈이산배 초상〉**

예나 지금이나 사랑하는 가족이나 친구를 잃은 사람들의 슬픔을 누가 쉽게 어루만져 줄 수 있을까? 세상을 떠난 이의 모습이 재현된 초상화가 그들에게 작은 위안이 된 사례를 하나 더 소개하고자 한다. 〈이산배 초상〉(그림 89)이 그것으로, 주인공 이산배李山培를 그린 화가는 다름 아닌 그의 아버지 이덕수李德壽였다.[179]

이산배는 1730년에 정시庭試 을과 1위로 문과에 급제했으나 그로부터 2년 뒤인 30세의 나이에 요절했다. 그래서 그의 생애에 대해 알려진 정보가 거의 없지만, 그가 문과에 급제한 뒤 최치중崔致重이란 관리가 그의 급제 취소를 주장한 일이 『영조 실록』에 자세히 소개되어 있다.

최치중은 이덕수가 해당 시험의 고관考官(감독관) 중 한 사람이었던 점을 거론하고, 또 이산배가 부친의 문장을 표절했다고 주장하며 그의 급제를 취소해야 한다는 상소를 올렸다. 그러나 영조는 최치중의 문제 제기를 무시했다. 이후 이산배는 승정원 정7품 관직인 사변가주서事變假注書에 임명되었으나 관직에 나아가지 않았다. 『승정원 일기』에 그가 아팠다는 기사가 여러 번 나오는 것으로 미루어 아마도 그는 병 때문에 출사出仕하지 못했던 것으로 보인다.

부친 이덕수는 1713년에 문과에 급제한 뒤 여러 벼슬을 거쳐 이조판서와 예조판서 그리고 대제학 등 최고위직까지 올랐던 인물이다. 1735년에는 동지 겸 사은부사同知兼謝恩副使로 청나라에 다녀왔으며, 1744년에는 기로소耆老所에도 입소했다. 정치적으로 소론이었던 그는 특히 문장으로 당대에 큰 명성을 떨쳤다.

이덕수는 문과 장원을 하여 출세의 길목에 들어섰던 외아들 이산배가 갑자기 죽자 크게 낙심하고 슬퍼했다. 이덕수가 아들의 문과 시험에 관여했다는 오해를 받은 일은 곧 그가 아들의 일에 깊은 관심을 가졌음을 반증하는 동시에, 아들의 납작스러운 죽음이 그에게 얼마나 큰 절망으로 다가왔을지 가늠케 한다. 그러나 이덕수는 겉으로는 이런 절망적 심정을 전혀 드러내지 않았다.

3. 기억과 추모의 그림

그의 문집에 실린「죽은 아들의 초
상화에 부쳐題亡兒眞」라는 글에는 그
가 아들의 초상화를 제작한 일이 간
단히 소개되어 있다. 이 글에 따르면
이덕수는 특히 어린 손자들이 제 아
버지의 모습을 제대로 기억하지 못
할까 근심했으며, 이에 도화서 화원
함세휘咸世輝에게 죽은 아들의 모습
을 그려 달라고 요청했다. 그는 함세
휘가 완성한 이산배의 초상화를 본
뒤 "그 모습은 비슷하지만 실제 모습
은 볼 수가 없구나."라며 죽은 자식
을 그림으로밖에 볼 수 없는 답답한
심사를 표출했다.[180]

89. 함세휘, 〈이산배 초상〉, 1730년경, 종이에 색, 116.0×
49.8cm, 전의이씨 문중.

〈이산배 초상〉(그림 89)에서 이산배는 흰색 평상복에 흰색 사방관四
方冠을 쓰고 있다. 얼굴에는 주름이 전혀 없으며 수염이 성글게 나 있
어 30세에 세상을 등진 그의 모습에 부합해 보인다. 이 초상화에는 음
영이 거의 적용되지 않았으며, 이목구비는 매우 간결하고 뚜렷하게 묘
사돼 있다. 이러한 점으로 미루어 함세휘는 윤두서가 심득경 초상화를
그릴 때처럼 대상 인물을 사실적으로 묘사하려는 시도를 적극적으로
하지 않은 듯한데, 추사追寫라는 제한된 묘사 방식으로 그리다 보니 이
처럼 간결한 그림이 되지 않았나 싶다.

그러나 이덕수가 그림 속 아들의 모습이 실제와 비슷하다고 한 것으
로 보아, 이덕수 또는 그의 가족이 함세휘에게 아들의 모습을 닮게 그

려 달라고 한 요구에 함세휘가 여러 번 고쳐 가며 그렸을 상황이 떠오른다.

이 초상화는 유지油紙에 그려진 초본 형식의 그림이다. 동시대에 그려진 다른 초상화와는 달리, 이 초상화에서 이산배의 눈꼬리는 위로 치켜올려진 모습으로 묘사되었고 흰자위는 흰색으로 칠해져 있다. 또한 윗옷의 옷깃과 어깨 부분에만 흰색 안료가 칠해져 있으며, 가슴 아래 부분은 마무리되지 않은 듯 여백으로 남아 있다. 이러한 표현은 마치 이산배가 화면 속에서 갑자기 떠올라 나타난 듯한 효과를 준다.

17세기 후반 이후 스승, 가족, 친구를 그린 초상화는 지속적으로 제작되었다. 즉 초상화의 제작 주체가 자신과 친밀한 사람의 모습을 그림으로 남겨 오랫동안 기억하려 한 것인데, 이는 바로 조선 후기 초상화들의 여러 제작 동기 중 한 부분을 차지한다.

—— 86세 어머니를 그리다, 〈복천 오 부인 초상〉

조선 후기에 한 개인이 부모, 가족, 친구 등 자신이 사랑하는 주변 사람들의 초상화를 그리는 일은 매우 드물었다. 무엇보다도 초상화는 서원, 사당, 영당 등에서 봉안 대상으로 쓰였을 뿐 사가私家의 제례 때에는 쓰이지 않았기 때문이다. 즉 부모, 가족, 친구 등의 초상화를 제작하는 것이 통상적이고 필수적인 일은 아니었다. 따라서 현재 전하는 이런 유의 초상화들은 대개 사적이고 비공식적으로 제작되었을 가능성을 시사한다. 그런 만큼 이런 초상화들의 제작에는 개인적인 의지나 간절함이 깊이 반영된 것으로 보인다.

〈복천 오 부인 초상〉(그림 90)은 영조 대의 대표적인 왕실 인사였던 밀창군密昌君 이직李樴의 부인 동복오씨同福吳氏를 그린 초상화다. 복천福

川은 동복同福의 옛 지명으로, 지금의 전남 화순군 동복면을 가리킨다.

족자로 된 이 그림의 좌측 하단에는 이직의 팔촌 동생 이강李橿이 1761년 9월 9일에 쓴 화기畵記가 있다. 이 글에는 이익정李益炡의 모친인 오 부인이 이해에 나이가 86세라는 것, 그리고 이익정이 집안 간 혼인 관계로 평소 매우 가깝게 지내던 강세황에게 모친의 초상화 제작을 의뢰했다는 내용이 담겨 있다. 강세황의 조카 강위姜偉가 오 부인의 사위였으므로 강세황은 실제로 이익정과 상당한 친분 관계에 있었을 것으로 보인다.

조선시대에는 중인 신분의 화원畵員이 사대부가의 여인을 대면하는 일 자체가 거의 불가능했던 모양이다. 이러한 점을 의식했는지, 이강은 화기에 오 부인과 강세황이 이미 친분이 있는 사이임을 밝히는 "〔강세황이〕 이전에 이익정의 모친께 직접 인사를 올린 적이 있다甞獲升堂之拜"라는 말을 넣었다. 당시 이익정은 예조판서여서 예조 소속인 도화서 화원에게 초상화 제작을 요청할 수 있었는데도 강세황에게 부탁한 것은 이러한 이유 때문으로 추정된다.[181] 실제로 조선시대에 사대부가의 여성을 그린 초상화는 매우 드물게 전한다.

16~18세기에 제작된, 이름이 밝혀진 사대부가 여성의 초상화로는 〈복천 오 부인 초상〉이 유일하다. 그렇다면, 여성의 초상화 제작 관례가 거의 없던 당시에 이익정은 왜 모친의 초상화를 제작하려 했을까?

〈복천 오 부인 초상〉의 상단에는 휘장이 드리워져 있으며 휘장 안쪽 공간에 오 부인이 화문석 위에 한쪽 무릎을 세우고 두 손으로 무릎을 감싼 채 앉아 있다. 평상복 차림으로 몸을 오른쪽으로 살짝 튼 그녀의 바로 옆에는 손잡이에 비둘기가 조각된 지팡이와 베개가 놓여 있다.

이 초상화에서 오 부인은 매우 왜소하고 마르고 병약해 보인다. 머리

90. 강세황, 〈복천 오 부인 초상〉, 1761년, 비단에 색, 78.3×60.1cm, 개인 소장. ▶

福川吳夫人八十六歲眞

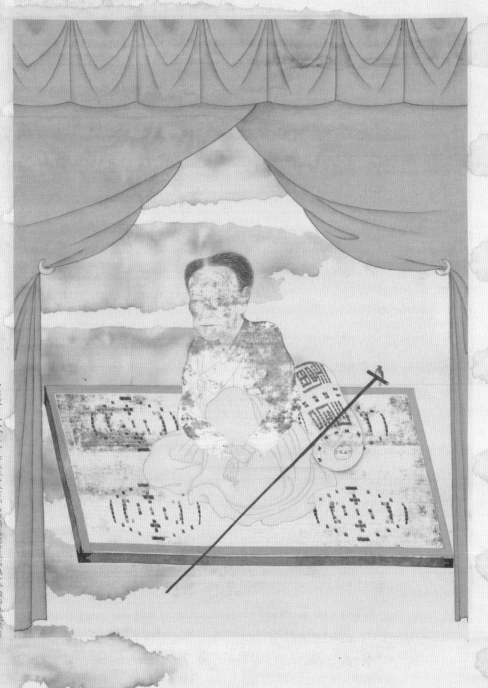

七介之首爲先妣春通宋之誼甞薩拜致恩居以拿書之名

宮昌名璜殿公夫人今年八十六歲瀧子其宗伯盐趙諱春君世尾爲眞一本繪時毛裘其

는 탈모가 진행된 듯하며 얼굴 주름은 깊고 입술은 매우 얇다. 오른눈은 거의 감겨 있고 왼눈만 살짝 뜬 모습은 그녀의 건강 상태를 여실히 보여 준다(그림 91). 특히 왼눈 눈두덩이가 아래로 처지고 부어오른 것처럼 묘사돼 있는데, 이는 눈꺼풀을 들어 올리는 근육의 노화로 제 기능을 하지 못하게 되어 나타나는 안검하수眼瞼下垂라는 병의 증상이다.[182] 따라서 그녀 옆에 놓인 베개는 그녀가 지병으로 누워 있는 시간이 많았음을 보여 주는 상징물처럼 보인다.

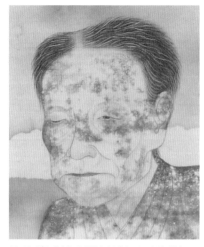

91. 강세황, 〈복천 오 부인 초상〉(그림 90)의 세부.

오 부인은 1762년 3월 13일에 세상을 떠났다. 이 초상화가 이강이 화기를 작성한 1761년 9월경에 제작되었다고 가정하면, 오 부인은 초상화 제작 후 약 6개월 뒤에 사망한 셈이다. 그림 속 오 부인의 모습으로 미루어 강세황이 초상화를 그릴 당시 그녀는 침상을 벗어나지 못할 정도로 건강이 매우 나빴을 것으로 짐작된다.

시간이 흐를수록 더욱 몸이 야위어 가는 데다 지병으로 계속 누워 있어야 하는 노모老母를 보는 아들 이익정의 심정은 어땠을까? 아마도 그는 머지않아 모친을 다시는 볼 수 없을지도 모른다는 두려움에 사로잡혔을지도 모른다. 그는 모친의 초상화가 혹시 모를 모친의 부재 시에 그녀에 대한 그리움으로 슬픔에 빠진 자신을 조금이나마 위로해 줄 수 있으리라는 생각을 가졌을지 모른다. 그런데 마침 가까운 지인 중 뛰어난 그림 실력을 가진 데다 모친과도 대면할 수 있는 강세황이 있었다. 그는 근심과 두려움을 얘기하며 모친의 형상을 그려 달라고 강세황에게 간절하게 요청했을 것이다. 강세황 역시 그의 사정을 듣고 차마 거절하지 못했을 것이다. 자화상을 여러 차례 그렸지만 강세황이 그린 동시대 인물의 초상화가 전혀 전하지 않는 사실로 미루어, 이런 가정이 비약은 아닐 것이다.

1744년에 그려진 〈이직 초상〉(그림 92)은 영조의 어람御覽을 거친 초상화다. 쌍학흉배雙鶴胸背가 수놓인 흑색 관복을 입고 서대犀帶(무소의 뿔로 장식한 1품 벼슬아치가 두르던 띠)를 맨 채 호피가 깔린 교의에 앉은 이직은 위엄 있는 모습이다. 이 초상화와 〈복천 오 부인 초상〉을 나란히 놓고 보면, 남편 이직의 당당한 풍채와 대비되어 오 부인은 더욱 초췌하고 파리해 보인다. 오 부인의 초상화가 그녀의 86세 때 모습임을 감안하더라도 이러한 인상을 지울 수 없다.

오 부인의 초상화를 그린 강세황은 인물의 사실적 재현을 통해 정신적인 면까지도 그림에 담아낼 수 있다고 믿었던 화가였다. 〈강세황 자화상〉(그림 28)에 보이는 깊은 주름과 홀쭉한 뺨은 스스로를 여윈 모습으로 묘사하는 데 전혀 주저하지 않았음을 보여 준다. 따라서 〈복천 오 부인 초상〉에서도 오 부인의 모습을 있는 그대로 재현했을 때 그녀의 신명이 그림에 담길 것이라는 그의 인식이 십분 반영되었

92. 장경주, 〈이직 초상〉, 1744년, 비단에 색, 167.5×93.3cm, 개인 소장.

3. 기억과 추모의 그림

으리라 생각된다.

애초에 이익정이 모친의 인자함과 자애로움이 그림에 반영되기를 기대했을지도 모르지만, 아마도 강세황은 초상화에 대한 자신의 생각을 이익정에게 충분히 설명해 동의를 얻었을 것이다. 〈복천 오 부인 초상〉은 모친을 영원히 기리고자 한 이익정의 간절함, 주인공을 핍진하게 묘사하려 한 화가 강세황의 진지함이 반영된, 조선 후기 초상화의 또 다른 면모를 보여 주는 작품이다.

아버지와 아들의 합작, 《칠분전신첩》

임희세任希世로도 불렸던 임희수任希壽는 1750년 7월 27일 불과 18세의 나이로 요절한 화가였다. 그는 자신의 유일한 작품으로 《칠분전신첩七分傳神帖》을 남겼다. 이 초상화첩은 열아홉 점의 초상화 초본과 부기附記로 구성돼 있으며, 부기에는 초상화 주인공들의 이력과 초상화 제작 당시의 상황 등이 간략히 기록돼 있다.

인명	이식 李栻	윤휘정 尹彙貞	임수륜 任守綸	임순 任絢	임정 任珽	윤광의 尹光毅	남태량 南泰良	임위 任瑋		불명	강세황 姜世晃	불명
초상화 수	1점	1점	1점	2점	2점	1점	2점	4점 (측면상)	1점 (정면상)	2점	1점 (자화상)	1점
부기 유무	있음	있음	있음	있음	있음	있음	있음	있음	있음	없음	없음	없음
수록 면	3~4면	5~6면	7~8면	9~10면	11~13면	14~15면	16~18면	19~23면	24~25면	26~27면	28면	29면

《칠분전신첩》에 수록된 인물의 초상화 수, 부기 유무, 수록 면.[183] (1~2면은 백지이다)

이 초상화첩 28면의 〈강세황 자화상〉과 29면의 확인되지 않은 인물의 초상화 한 점을 제외한 열일곱 점은 모두 임희수가 그린 것이고, 부기는 모두 그의 부친 임위任瑋가 아들 임희수 사망 후에 초상화첩을 꾸미는 과정에서 기록해 넣은 것으로 파악된다. 여기에 실린 초상화의 주인공들은 모두 소북小北 남당南黨의 인물들로, 임위의 스승, 선배, 친족이었다.[184]

남당은 17세기 초 북인北人에서 분파된 소북에서 다시 갈라진 정파이다. 청북淸北으로도 불리는 이 당파는 청북의 영수였던 남이공南以恭의 성을 따서 남당으로 불렸다. 남당계 인사들은 서인과 남인이 공존체제를 형성하는 상황에서 실무 능력을 바탕으로 정계에서 하나의 당파로 결집했으며, 적어도 영조 대까지 지속해서 조정에 진출했다.[185] 임위 역시 문과 급제 후 20여 년간 벼슬을 살았다. 특히 그는 사헌부, 사간원, 홍문관, 승정원 등 학식과 문벌이 높은 인물이 주로 등용되는 기관의 관리로 연이어 임명되었다.

이 초상화첩에 수록된 초상화 주인공들이 임위와 친밀한 관계에 있는 같은 당파의 인물들이라는 사실은 초상화 대상을 임희수가 아닌 임위가 선정했을 가능성, 즉 아들이 아버지의 권유 혹은 부탁으로 그들의 초상화를 제작했을 가능성을 시사한다. 따라서 이 초상화첩에 대한 분석은 화가 임희수가 아닌 부기 작성자 임위를 중심으로 할 필요가 있다.

이 화첩에 초상화가 실린 인물들과 임위의 관계를 살피면, 먼저 이식은 임위의 스승이었다. 윤휘정은 임위의 고모부이자 임위의 부친 임수조任守朝의 절친한 벗이었고, 임수륜은 임위의 5촌 숙부였다. 임순과 임정은 각각 그의 사촌 형과 팔촌 형이었으며, 윤광의는 그의 벗이자 윤휘정의 조카였다. 그리고 남태량은 임위 모친의 6촌 동생이었다. 즉 임위는 자신의 스승 그리고 혈연 관계로도 엮인 학문적 선배나 벗의 초상화를 아들에게 그리게 한 것이다. 따라서 이 초상화들은 조선 후기

에 특정 당파나 학파의 인사가 자신이 추앙하는 스승의 초상화를 제작
했던 관행의 범주, 그리고 벗이나 가족의 초상화를 남겼던 관행의 범
주에 동시에 포함되는 경우라 할 수 있다.

　임위가 이들의 초상화를 남겼던 이유는 그의 오촌 조카이자 강세황
의 벗이기도 했던 임희성任希聖의 말을 통해서 짐작해 볼 수 있다.

> 그는 해담談諧〔우스갯소리〕을 잘했다. 마음 맞는 친구를 만나면 술
> 잔을 주고받으며 이야기를 끝도 없이 했는데, 종일 그렇게 해도
> 싫증을 내지 않았다. 그러나 일찍이 사람들의 숨겨진 결점이나 과
> 오를 가벼이 발설한 일은 없었다.[186]

　아마도 임위는 평소 격의 없이 담소를 나누며 즐거운 한때를 보냈던
그의 스승, 집안 어른, 벗을 기리고 기억할 목적으로 그들의 초상화를
제작했던 것으로 보인다.

　이 초상화첩에서 가장 특기할 만한 점은 얼굴이 조금씩 다르게 표
현된 임위의 초상화가 다섯 점이나 실려 있다는 사실이다. 이 초상화
들은 19~22면과 24면에 실려 있다. 23면과 25면에는 부기가 적혀 있
다. 이 다섯 점의 초상화에 대해서는 좀 더 구체적으로 살펴볼 필요가
있다.

　19~20면의 초상화(그림 93)에는 모두 흰색 사모紗帽에 도포를 착용
한 모습의 임위가 묘사되어 있다. 이목구비 역시 두 그림이 유사하다.
다만 20면(그림 93의 왼쪽)의 임위는 왼눈이 좀 더 경사져 있고, 양 눈 위
주름의 음영이 두드러지며, 아래 턱수염도 좀 더 곱슬곱슬하다. 흰 수
염도 몇 가닥 더 있다. 그래서 20면의 임위는 19면(그림 93의 오른쪽)의

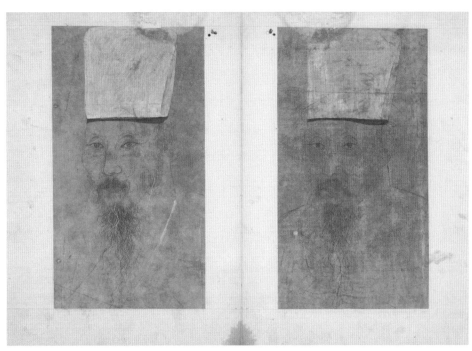

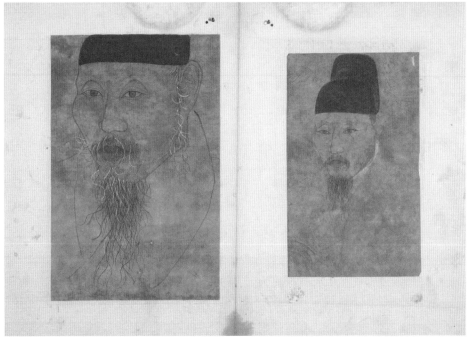

93. 임희수, 《칠분전신첩》 중 〈임위 초상〉(오른쪽부터 19, 20면), 1748~1750년, 종이에 색, 23.0×10.9cm(화첩 규격), 국립중앙박물관. (위)
94. 임희수, 《칠분전신첩》 중 〈임위 초상〉(오른쪽부터 21, 22면). (아래)

임위보다 좀 더 생기 있어 보이는 한편 깐깐한 성격의 소유자처럼도 보인다.

이 두 그림과 비교하면 21면(그림 94의 오른쪽)의 임위는 보다 부드럽고 온화한 성격의 소유자처럼 그려졌다. 얼굴의 오른쪽 광대뼈를 앞의 두 그림보다 덜 튀어나온 것처럼 부드럽게 묘사한 데다 수염을 아래로 가지런히 뻗은 모양으로 표현했기 때문이다. 22면(그림 94의 왼쪽)의 임위는 앞의 세 그림보다 좀 더 연로하고 강한 인상을 가진 인물로 보인다. 그 이유는 매우 각진 턱, 움푹 팬 눈 위 주름, 매우 헝클어진 수염 그리고 군데군데 확인되는 흰 털 등의 표현 때문이다.

마지막으로 인물 묘사에 유탄柳炭이 쓰인 24면의 초상화(그림 95)는 얼굴 윤곽과 수염만 소략하게 그려져 있는 미완성 그림이다.

23면의 부기는 19~22면에 실린 초상화 네 점에 대해 임위가 쓴 자찬문 성격의 글이다.

> 산림山林[학덕이 높으나 벼슬하지 않고 숨어 지내는 선비]의 기상이 있다고 하면서 이름은 아직 조적朝籍[조정의 명부]에 있고, 고관高官에 뜻을 두고 있으면서 벼슬살이는 그가 즐기는 바가 아니었다. 시절에 따라 부합하지 못했고, 사람들과 친하게 지내지도 못했다. 비록 마장경馬長卿 같은 빛나는 문장력이 없고 우중상虞仲翔 같은 덕행도 없을지라도, 소탈한 행동과 강직한 태도에서 한두 가지 장점은 기대할 수 있다.[187]

마장경은 전한前漢의 대표적인 시인 사마상여司馬相如를, 우중상은 오吳나라의 정치가 우번虞翻을 가리킨다. 그는 이 글에서 '은거'와 '출

세'라는 상반되는 명분의 실천 사이
에서 고민했음을 토로하는 한편으
로, 자신을 뛰어난 실력의 문장가(마
장경)나 직언을 서슴지 않는 강직한
관리(우중상)로 자부하는 모습을 은
연중에 내비쳤다. 임희성이 그에 대
해 "경서經書와 사서史書를 널리 섭
렵했으며, 사장辭章〔문장과 시〕과 문
한文翰〔글짓기〕에 미묘한 이치를 깨달
아 남보다 뛰어났다."라고 말한 것
그리고 그가 사간원 정언正言 및 헌
납獻納, 사헌부 지평持平 및 집의執義
등 국왕에게 직언할 수 있는 관직에
임명되었던 일은 그의 자부심이 근
거 없는 것이 아님을 추측게 한다.

95. 임희수, 《칠분전신첩》 중 〈임위 초상〉(24면), 1748~1750
년, 종이에 색, 23.0×10.9cm(화첩 규격), 국립중앙박물관.

　자부심 혹은 자의식이 투영된 임위의 글과 함께 실린, 조금씩 다르
게 표현된 이 네 점의 초상화는 임희수가 부친의 모습을 단순히 묘사
한 그림이 아닌, 자기 모습을 완벽하게 재현해 달라는 아버지의 거듭
된 요청 끝에 완성한 그림들로 보인다. 조선시대에 화가가 주인공을
핍진하게 그리기 위해 다수의 초본을 생산한 경우는 종종 있었지만,
임희수처럼 다양하게 표현한 경우는 강세황 외에는 거의 확인되지 않
기 때문이다. 이 초상화들은 부친의 모습을 완벽하게 재현하고자 한
임희수의 노력을 보여 주는 자료로 볼 수도 있지만, 자신의 참모습〔眞〕
이 담긴 초상화를 남기고자 한 임위의 절실함을 보여 주는 증거로 생

각할 수도 있다.

초상화첩에 실린 임위의 초상화 다섯 점은 임위와 임희수 부자가 나눈 애절한 혈육의 정情에서 나온 산물로도 보인다. 임희성은 "숙부는 아들 하나가 있어 그 이름이 희세였다. 재주가 매우 뛰어났으며, 부자父子는 서로를 알아주는 지기知己였다. 희세는 나이 18세에 죽었다."라고 했다.[188] '지기'란 '자기 속마음을 참되게 알아주는 친구'라는 뜻이니 이 부자가 유달리 친밀했음을 알 수 있으며, 이로 인해 초상화첩의 그림들을 두 사람이 함께 제작했을 가능성도 제기하게 만든다.

아마도 대상 인물을 결정하여 그에게 초상화 제작을 알리는 일은 임위가 주로 맡았을 테지만, 대상 인물을 어떻게 표현할지 고민하고 과연 핍진하게 재현되었는지 살피는 일은 두 사람이 함께 했을 것이다. 이 부자의 관계가 얼마나 돈독했는지는 24면의 초상화(그림 95)에 대한 부기(25면)를 통해서도 알 수 있다.

> 경오년〔1750년〕 7월 보름 뒤에 그린 초본이다. 몰골법沒骨法〔윤곽선을 그리지 않고 먹이나 물감으로 채색하는 화법〕으로 채색하려 했는데 손이 떨려 미처 하지 못했다. 아이는 이 본을 그리는 데 가장 마음을 썼다고 했다. 모습은 어찌 그리 파리하며, 운명은 어찌 그리 기구한가! 18년 부자의 은애恩愛를 연기와 그을음이 암담한 가운데 겨우 희미하게 상상할 따름이다.[189]

임위의 외아들 임희수는 7월 27일에 사망했다. 따라서 24면의 초상화는 그가 죽기 불과 10여 일 전에 그린 것으로 보인다. 이 면에는 현재는 없어진 임위의 초상화 초본 한 점이 부착돼 있었을 것이란 주장도 있다.[190] 이 면에 보이는 개략적으로 그려진 정면 초상화는 '결실된 초상화가 바탕 종이에 묻어난 것'이라는 말이다.

물론 이런 가능성을 배제할 수는 없지만, 나는 "〔임희수가〕 손이 떨려 미처 몰골법으로 채색하지 못하고 죽고 말았다."는 임위의 기록을 근거로 이 그림을 24면의 미완성 초본으로 추정한다. 물론 나의 이러한 주장 역시 '임희수가 가장 마음을 써서 그린 초상화가 얼굴 윤곽만 그려진 이 미완성의 초본일 수 있느냐?'라는 의문을 완전히 해소하지는 못한다. 누구의 의견이 옳든, 이 초본이 아픈 상황에서도 임희수가 완성하려 한 임위 초상화의 일면을 보여 준다는 사실에는 변함이 없다.

이 부기를 읽고 나서 이 초상화를 보면, 몸이 성치 않아 손을 떨면서도 부친의 초상화를 완성하려 한 임희수와 그의 죽음을 예감하며 자신을 그리는 모습을 지켜보는 임위의 모습이 자연스럽게 겹쳐 떠오른다. 또한 자신이 사랑한 아들이 세상을 떠난 후 그가 남긴 자신의 초상화를 보는 임위의 마음이 얼마나 비통했을지 공감하게 된다.

임위의 초상화는 '그림 속 주인공'이 '그림을 그린 화가'를 그리워하는 상황을 보여 준다는 점에서 앞선 사례들과는 달라 보이지만, 그 초상화가 세상을 떠난 자와 그를 사랑하고 아꼈던 자를 연결시켜 주는 매개체로 기능한다는 점에서 그 성격은 다르지 않다.

4

성대盛代의 기록

공신에게 초상화를 하사하다

──── **"공신의 형상을 그려 후세에 널리 알리라"**

    중국에서 왕이 충성스러운 신하의 초상화를 제작한 일은 오랜 역사를 갖는다. 전한前漢의 선제宣帝가 기원전 51년에 곽광霍光 등 내치內治에 큰 공을 세운 신하 11인의 초상화를 기린각麒麟閣 벽에 그리게 했다는 고사는 기록으로 확인되는 가장 이른 사례 중 하나다. 또한 후한後漢의 명제明帝가 기원후 60년에 등우鄧禹 등 선왕 광무제光武帝 때의 공신 28인의 초상화를 제작해 운대雲臺에 걸어 두었다는 고사, 당唐 태종이 643년에 장손무기長孫無忌 등 훈신勳臣 24인의 초상화를 능연각凌煙閣 벽에 그리게 했다는 고사는 후대에 널리 알려진 신하 초상화 제작의 사례들이다.

    우리나라에서는 적어도 고려 초기에 왕이 신하들의 초상화를 제작해 봉안하는 관행이 시작되었다. 태조 왕건王建이 신흥사新興寺에 공신당功臣堂을 두어 그 동쪽과 서쪽 벽에 고려 건국에 공을 세운 삼한공신三韓功臣의 초상화를 그리게 했던 것이 대표적인 예다. 이후 고려시대 내내 여러 명목으로 공신 초상화가 활발하게 제작되었다. 〈정몽주 초상〉(그림 44)의 원본 초상화도 정몽주가 공양왕을 추대한 공으로 1390년에 좌명공신佐命功臣에 책봉되었을 때 하사받은 것으로 알려져 있다.[191]

조선시대에도 공신 책봉이 빈번하게 이루어지면서 공신 초상화 역시 활발하게 제작되었다. 공신 초상화는 조선시대에 국왕의 지시로 그려진 가장 대표적인 신하 초상화였다. 조선시대에는 공신 책봉이 모두 스물여덟 차례 있었으며 책봉된 정훈공신正勳功臣의 수는 천 명에 달했다. 이를 세 시기로 나눠 살펴보면 다음과 같다.[192]

	조선 개국~임진왜란 (약 200여 년간)	선조~인조 (약 60년간)	숙종~영조 (약 100년간)
공신 책봉 횟수	12회	13회	3회
책봉 공신 수	526명 (4등 이내의 정훈공신正勳功臣)	417명 (정훈공신)	22명 (정훈공신)

조선시대 공신 책봉 횟수 및 책봉 공신 수

작은 공을 세운 원종공신原從功臣에게 초상화가 수여되었는지는 불명확하지만 정식 공신인 정훈공신에게는 초상화가 거의 수여되었던 것으로 파악된다. 따라서 조선시대에는 천 점에 가까운 공신 초상화가 제작되었을 것으로 추산된다.

한편, 조선 초기에는 중국처럼 공신의 초상화를 함께 봉안하는 곳이 조성돼 있었다. 1395년에 태조는 당나라 능연각의 제도를 본받아 장생전長生殿을 조성해 자신과 개국공신들의 초상화를 함께 두었다.[193] 그러나 태종 때 어진을 공신 초상화와 함께 둔 옛 제도가 없다는 신하들의 의견이 수용되어 태조의 어진은 철거되고 장생전은 사훈각思勳閣으

4. 성대盛代의 기록

로 명칭이 변경되었다.[194] 그러나 이후 사훈각에 대한 기록이 거의 없는 것으로 보아 오랜 기간 운영되지는 못했던 것 같다.

공신으로 책봉되면 공신과 그의 후손들에게는 사회·경제적으로 여러 예우와 특혜가 베풀어졌다. 공신에게는 토지와 노비가 지급되었으며, 그의 후손들에게는 과거를 거치지 않고 관직에 진출하는 음서蔭敍의 기회가 주어졌다. 또한 왕은 공신에게 교서敎書와 함께 초상화를 하사했다.[195]

공신 초상화 제작은 공신에 관한 업무를 맡아보던 충훈부忠勳府에서 담당했다. 1471년 성종은 자신을 잘 보필한 공으로 신숙주·한명회韓明澮·최항崔恒·홍윤성洪允成 등 75인을 좌리공신佐理功臣에 책봉했다. 이들 공신에게 초상화를 하사하면서 그 이유를 짧게 설명했는데, 이를 통해 국가에서 공신 초상화를 제작해 수여한 목적을 엿볼 수 있다.

> 지난 무술년[1478년]에 나라에서 능연각과 운대의 아름다운 자취를 본떠 화사畫師를 충훈부로 보내어 그곳에서 공신의 초상화를 그리라고 명하였으니 모두 썩어 없어지지 않도록 할 것이며, 이는 훈열勳烈[큰 공훈]을 중시하는 것을 내보이고 자손에게 영광을 돌리고자 함이다.[196]

성종은 공신의 모습을 후대에 남겨 그의 공적功籍을 기리고 그의 자손들이 자기 선조를 영광스럽게 여기게 할 목적으로 공신 초상화 제작을 명했다고 말했다. 실제로 조선시대 공신의 후손들은 선조의 공신 초상화를 가문의 영광스러운 전세傳世 유물로 생각하여 매우 소중하게 관리했다. 그들은 건물을 지어 초상화를 봉안하거나 보관 상태가 좋지 않을 경우 이모본을 제작했다.[197] 그 결과 오늘날까지 적지 않은 수의 공신 초상화가 전한다.

한편 성종이 1478년에 공신 초상화 제작을 명령했다고 한 점으로 미루어 이처럼 공신 책봉 즉시 초상화가 제작되지 않은 경우도 있었던 것 같다.

공신 초상화의 양식은 시기별로 조금씩 다르지만, 그 도상圖像의 주요 특징은 조선시대 내내 유지되었다. 즉 공신 초상화에서 주인공은 한결같이 오사모와 관복을 착용하고 두 손을 모은 채 교의交倚에 앉아 족좌대를 밟고 오른쪽을 향해 있으며, 바닥에는 일종의 카펫인 채전彩氈이나 화문석이 깔려 있다. 앞서 살펴본 〈신숙주 초상〉(그림 9)과 〈장말손 초상〉(그림 14)은 조선 전기에, 〈이시방 초상〉(그림 15)은 조선 중기에, 〈권희학 초상〉(그림 11)은 조선 후기에 각각 그려진 대표적인 공신 초상화들이다. 이 그림들은 시기별 전형적인 공신 초상화의 형식을 보여 준다.

정도전鄭道傳이 저술한 『조선경국전朝鮮經國典』의 '공신 도형 사비功臣圖形賜碑'라는 항목에는 태조가 공신들을 위해 "건물을 세우고 초상화를 그리게 한立閣圖形" 일이 서술돼 있다.[198] '입각立閣'은 기린각이나 능연각 같은 '공신들의 초상화 보관 건물 조성'을 일컫는다. 이후 '입각도형立閣圖形'이라는 문구는 거의 모든 공신 교서에 적혔다.

1467년 이부李溥를 적개공신敵愾功臣에 봉하는 교서에서도 이 문구를 확인할 수 있다(그림 96의 붉은 선). 임진왜란을 전후해 '입각도형'은 '도형수후圖形垂後'로, 즉 "형상을 그려 후세에 전하다"라는 말로 바뀌었다. 1604년에 이항복을 호성공신扈聖功臣에 봉하는 교서 등 이 시기에 작성된 공신 교서에는 이 문구가 항상 적혀 있다. '입각'이라는 말이 빠

96. 「이부 적개공신 교서」 부분, 1467년, 전체 29.1×98.2cm, 국립중앙박물관.

진 것으로 보아, 아마도 이 무렵 공신들의 초상화를 보관하기 위한 공간은 더 이상 조성되지 않았던 것으로 여겨진다.

조선시대에 공신 초상화는 몇백 년에 걸쳐 지속적으로 제작되었다. 따라서 공신 초상화는 책봉이 이루어지면 으레 지급되는, 이른바 '공신 증서'처럼 인식되었을 것 같다. 이런 이유 때문인지, 17세기 전반까지는 국왕이 공신들의 초상화를 일일이 어람御覽하거나 제작에 직접적으로 관여한 적은 거의 없었다. 그런데 17세기 후반 이후 이러한 관행에 변화가 생겼다. 특히 숙종과 영조가 공신 초상화에 보인 관심과 그 인식은 이전의 국왕들에게서는 찾을 수 없는 것이어서 주목된다.

보사공신 김만기와 김석주

숙종 대에는 공신 책봉이 단 한 차례 있었다. 1680년에 경신환국을 일으켜 서인 집권에 큰 공을 세운 6인의 신하를 책봉한 보사공신保社功臣이 그것이다. 이해 5월 조정에서는 김석주金錫胄, 김만기金萬基, 이입신李立身, 남두북南斗北, 박빈朴斌, 정원로鄭元老 등 6인을 공신

으로 책봉했으나 이 중 정원로는 역모 가담자로 몰려 다음 달에 훈적
動籍이 삭제되었다. 그리고 11월에 이사명李師命 등 6인이 추가로 공신
에 책봉되었다. 이때도 기존처럼 공신들의 초상화가 제작되었다. 그러
나 9년 후인 1689년에 남인이 서인을 축출하고 집권한 기사환국으로
보사공신들의 훈적이 삭제되었으며, 이때 충훈부에서는 보사공신들의
초상화를 모두 불태웠다.[199]

　5년 후인 1694년에는 서인이 남인을 누르고 재집권한 갑술환국이
일어났다. 숙종은 복훈도감復勳都監을 설치하여 김석주 등 최초 보사공
신에 책봉된 5인의 훈적을 회복하는 작업을 진행했으며, 조정 신료들
과 함께 이들 5인의 초상화를 다시 제작하는 사안을 두고 논의를 거듭
했다. 이때는 5인 모두가 사망해 초상화를 제작할 수 없는 상황이었음
에도, 숙종은 "형상을 그려 후세에 전하다圖形垂後"는 구절이 공신 교
서에 반드시 포함되어 왔다는 근거를 내세워 추사追寫해서라도, 즉 모
습을 떠올려서라도 그들의 초상화를 제작하라고 지시했다.[200]

　이미 사망한 공신의 초상화를 추사하여 제작한 사례는 이때가 유일
하다. 예컨대 이순신李舜臣이나 원균元均 등 1604년에 책봉된 선무공신
宣武功臣 중 책봉 이전에 사망한 공신의 초상화는 제작되지 않았다. 그
들의 공신 교서에도 '도형수후'라는 구절은 빠져 있다.[201] 1680년 11월
조정에서 추가로 책봉한 6인의 보사공신 중 조태상趙泰相의 초상화는
제작되지 않았는데, 이 역시 그가 초상화 제작 직전에 사망했기 때문
이다.[202] 따라서 사망한 공신의 초상화를 추사하여 제작한 것은 매우
이례적인 일이었다.

　복훈된 공신들의 초상화 제작은 1694년 6월 복훈도감의 제조提調 신
완申琓과 김진구金鎭龜(김만기의 장남)가 숙종에게 직접 이 일을 건의하면

서 시작되었다. 그들은 "옛 학자들이 '터럭 하나라도 더 많으면 곧 다른 사람이 된다.'고 한 말을 알고 있지만, 공신을 우대하는 뜻에서 복훈復勳된 공신들의 초상화를 제작해 줄 것"을 요청한 것이다. 인물을 보지 않고 초상화를 제작하는 일이 이례적임을 밝힌 발언이었다. 그들의 건의를 곧바로 수용한 숙종은 초상화를 추사하여 제작하는 과정에서 발생할 수 있는 실진失眞, 즉 '닮지 않음'을 보완할 수 있도록 조세걸과 송창엽宋昌燁 등 1680년 보사공신 초상화를 제작했던 화가들을 이때의 초상화 제작에 다시 참여시켰다.[203]

〈김만기 초상〉(그림 97)은 이렇게 해서 1694년에 제작된 보사공신 초상화들 중 하나다. 이 그림 상단에는 숙종이 초상화를 어람한 뒤 직접 짓고 쓴 찬문을 베껴 쓴 글씨가 있고, 하단 좌측에는 김만기의 차남 김진규金鎭圭가 짓고 쓴 제발문이 있다. 제발문의 내용은 다음과 같다.[204]

선신先臣〔김만기〕이 경신년〔1680년〕에 보사훈保社勳에 책봉되었다. 해당 관리가 예에 따라 초상을 그렸으나, 실제로는 신臣 진규가 그것을 그렸다. 기사년〔1689년〕에 간흉한 무리들이 그의 공훈을 혁파하여 초상화가 불에 타는 것을 면치 못했다. 갑술년〔1694년〕에 이르러 공훈을 회복시킨 뒤 화공을 시켜 지난날에 제작해 사적私的으로 보관해 두었던 초본을 모사하게 해 〔이 초상화를〕 완성했다. 왕이 〔초상화를〕 가져올 것을 명하여 어제御製 찬문을 지어 직접 별지에 써서 하사하였으니, 이는 실로 특별한 은혜이다. 삼가 어필御筆을 베껴 쓴 뒤 초상화를 옮겨 걸었다. 신 진규가 절하며 공경하는 마음으로 쓰다.[205]

97. 송창엽(추정), 〈김만기 초상〉, 1694년, 비단에 색, 171.0×99.9cm, 개인 소장. (왼쪽)
98. 김진규, 〈김만기 초상(초본)〉, 1680년, 비단에 색, 59.5×31.9cm, 개인 소장. (오른쪽)

　　이 제발문에서 김진규가 1680년에 자신이 그렸다고 언급한 초본이
바로 〈김만기 초상(초본)〉(그림 98)이다. 이 초상화 상단 오른쪽에는 "광
성부원군 서석 김 공의 초상光城府院君瑞石金公遺像"이라는 표제가 있고,
왼쪽에는 이런 내용이 적혀 있다.

　　　48세 때[1680년]의 그림으로 아들 진규가 그렸다. 갑술년[1694년]에
　　　그려진 두 본은 이 그림을 모사한 것이다.[206]

　　　　　　　　　　　　　　　　　　4. 성대盛代의 기록

이 초본에 대한 설명은 위 제발문의 내용과 정확히 일치한다. 한편, 1694년에 화원이 흑단령본 〈김만기 초상〉(그림 97)을 그릴 때 김진규는 화원을 시켜 홍단령본 초상화 한 점을 더 그리도록 했는데, 이 초상화도 현재 남아 전한다.[207]

국왕이 자신이 책봉한 공신의 초상화를 직접 살피고 찬문까지 내린 일은 공신 초상화를 추사하여 제작한 일만큼이나 매우 드문 사건이었다. 공신 책봉이 자주 있었던 17세기 전반에 이러한 사례는 확인되지 않는다. 숙종이 이와 같이 김만기의 초상화를 각별하게 여겼던 것은 국구國舅 즉 자신의 장인이었던 그를 추모하고 그의 공적을 후대에 널리 알리고자 했기 때문이었다. 숙종은 이 초상화의 찬문에 이렇게 썼다.

> 초상화가 맑고 높아, 잊지 않을 것을 생각하네. 후세에 밝게 보이니, 길이 다함이 없을 것이네.[208]

실학박물관 소장 〈김석주 초상〉(그림 99)은 1694년 보사공신 복훈 때 제작된 초상화와 관련 있는 작품이다. 김석주는 숙종의 신임을 바탕으로 경신환국을 주도한 핵심 인물이었다. 이 그림에서 가장 특이한 점은 김석주의 두 눈과 눈썹 양 끝이 추켜올려진 모습이다. 이런 표현은 같은 시기에 제작된 다른 초상화에서 확인되지 않는 독특한 것이다.

이 그림이 그려진 뒤 약 80년 후인 1773년 8월, 영조는 김석주의 후손 김기장金基長에게 김석주의 초상화를 가져오게 하여 대신들과 함께 자세히 보았다. 영조는 초상화에서 그의 눈과 눈썹 끝이 바깥쪽으로 곧추선 모습을 특이하게 여겨 이것이 혹시 망건을 썼기 때문에 그런 것인가 하고 추측하는가 하면, 이런 모습을 당시 사람들에게서는 볼 수

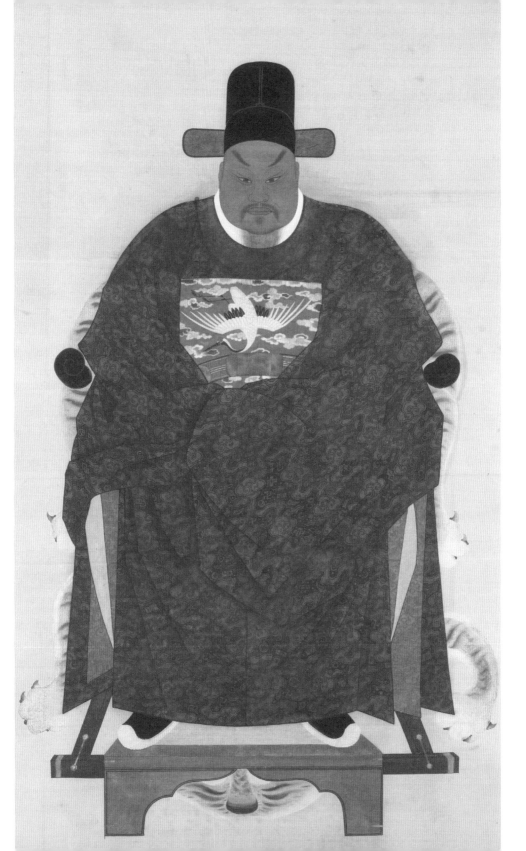

없는 것으로 생각하여 심지어 그림의 주인공이 김석주가 아니지 않냐고 의심하기도 했다.[209]

영조의 의문을 해소해 준 것은 김석주의 후손 김치묵金峙默이었다. 그는 영조에게 김석주 생전에 소유했던 초상화 두 점은 모두 1689년에 소실되었고, 이 그림은 1694년 이후에 숙종의 명으로 화가가 그의 모습을 떠올려 그린 것임을 밝힌 것이다. 〈김석주 초상〉에 보이는 특이한 형태의 눈과 눈썹은 그의 외모를 잘 아는 당시 왕과 대신들의 기억에 의존해 화가가 그의 모습을 더듬어 그리는 과정에서 얼굴 특징을 더욱 강조하여 표현한 데서 비롯된 결과물이 아닐까 한다.

〈김만기 초상〉(그림 97)과 〈김석주 초상〉(그림 99)에서 주인공은 모두 정면을 바라보고 있다. 이 두 초상화를 제외하면, 조선시대 공신 초상화 중 주인공이 정면을 바라보는 모습으로 그려진 예는 없다. 또한 두 초상화는 서로 다른 형식으로 그려졌다. 관복을 묘사한 방식이 다를 뿐 아니라 족좌대, 흉배, 호피 등의 표현도 서로 다르다. 보사공신 초상화의 재제작 사례를 제외하면, 같은 때 책봉된 공신의 초상화가 이와 같이 전혀 다른 형식으로 그려진 경우도 없다. 보사공신 초상화 재제작에 참여한 화가들이 각자 자기만의 양식으로 그림을 그렸던 것이 아니었을까 추측하게 되는데, 실제로 이때 화원 다섯 명이 공신 다섯 사람의 초상화를 그렸다.

〈김석주 초상〉은 관복의 윤곽, 족좌대의 형태, 호피가 놓인 방식 등에서 〈이만원 초상〉(그림 69)과 유사해 보인다. 특히 왼쪽 옷소매를 오른쪽 옷소매보다 좀 더 넓게 표현한 것, 관복 아래쪽에 안감을 드러낸 것에서 이러한 유사성은 더욱 뚜렷하다. 이러한 점으로 〈김석주 초상〉을 그린 화가를 1694년 복훈된 공신 초상화 제작에 참여한 화원 5인

중 한 명인 조세걸로 추정해 볼 수 있다. 다만 〈김석주 초상〉의 관복에 음영이 두드러지고 교의 아래쪽 나무에 투시법이 정교하게 적용된 점 등으로 미루어 이 초상화는 18세기 중반 전후에 어떤 화가가 조세걸의 그림을 이모한 것으로도 추정해 볼 수 있겠다.

─── 영조, 공신들의 초상화를 어람御覽하다

영조는 공신 초상화에 숙종보다 더 많은 관심을 드러냈다. 1735년 8월, 그는 1623년에 책봉된 정사공신靖社功臣의 초상화 현황을 파악하라고 충훈부에 지시했다. 그리하여 영조는 역대 공신들의 초상화를 찾아 살펴보게 되었는데, 이 과정에서 공신 초상 외에 역대 명신名臣, 명현名賢들의 초상화도 보았다.

영조는 대신들과 국사國事를 논하는 과정에서 그들과 함께 초상화를 보았기 때문에 이러한 어람 사실은 대개 『승정원 일기』 등의 기록물에 자세히 소개돼 있다. 따라서 왕의 초상화 어람은 공적 행위로 판단할 수 있다. 이전 국왕 중 영조만큼 역대 공신의 초상화를 자주 살펴본 국왕은 없었다. 그는 왜 이처럼 공신 초상화에 전례 없는 큰 관심을 가졌을까?

1746년 8월, 영조는 약방제조藥房提調 원경하元景夏에게 역대 공신들의 초상화를 찾아 궁궐로 가져오라고 지시했다.[210] 이때 그는 이지란李之蘭과 이항복李恒福·전용全龍·오연吳連 등 호성공신扈聖功臣들의 초상화를 살펴보았다. 전용과 오연은 임진왜란으로 선조가 몽진蒙塵(피란)할 때 그를 지근거리에서 호위했던 무신들이었다.

이지란은 태조를 도와 조선 개국에 공을 세워 개국공신開國功臣 1등에 책봉된 인물로, 1398년 1차 왕자의 난 때에는 정사공신定社功臣 2등에, 1400년 2차 왕자의 난 때에는 좌명공신佐命功臣 3등에 각각 책봉되기도 했다. 경기도박물관 소장 〈이지란 초상〉(그림 100)은 조선 후기에 이지란의 반신半身만 묘사한 이모본이다. 이 그림에서 이지란의 얼굴은 음영 없이 오로지 필선으로만 묘사되었다. 또한 그의 수염은 짧고 성글게, 몸체는 왜소하게 표현되었다.

영조가 본 이지란의 초상화가 공신 책봉 때 하사된 것이었는지 혹은 후대의 이모본이었는지는 알 수 없지만, 영조와 함께 이지란의 초상화

100. 작가 미상, 〈이지란 초상〉, 조선 후기, 비단에 색, 72.7 × 53.2cm, 경기도박물관.

를 본 조현명趙顯命이 "용모가 부인婦人의〔여성의〕 모습을 닮았습니다."라고 말한 것으로 미루어 영조가 살펴본 초상화는 형식과 표현에서 경기도박물관 소장본과 큰 차이가 없는 그림이었을 것으로 생각된다.[211] 영조는 1757년 11월에 이지란의 12세손 이연오李衍五가 가져온 이지란의 초상화를 한 번 더 보았으며, 이때 그는 이연오를 등용하라고 지시했다.[212]

1746년 9월 19일, 영조는 익안대군益安大君 이방의李芳毅의 11세손인 이정희李鼎熙가 가져온 이방의의 초상화를 어람했다. 익안대군은 태조의 셋째 아들로, 개국공신과 정사공신 1등에 책봉된 왕족이었다. 영조가 본 초상화는 1734년에 도화서 화원 장득만張得萬이 이모한 본이었다.[213] 그는 이 초상화를 본 후 감회가 갑절이 되었다면서 표제를 직

접 썼다. 그가 이 초상화에 특별한 관심을 보인 것은 다음의 일화에서 분명히 확인된다.

영조가 이 초상화를 살펴보던 중에 소매에 먹이 묻어 그림의 여백 부분이 그 먹으로 더럽혀지는 일이 일어났다. 그는 "정성이 있으면 하지 못할 일이 없다."면서 안료를 사용해 이를 덮어 그 흔적을 지우고, 초상화 가장자리에 비단을 대어 꾸민 기존 회장回粧을 제거한 후 흰색 비단으로 다시 두르라고 지시했다. 이 외에도 목홍주木紅紬로 초상화 포장용 보자기를 만들고 놋쇠로 궤 장식을 만들게 하는 등 초상화 보관에 관한 사항까지 직접 챙겼다.[214]

전주이씨 문중 소장 〈익안대군 초상〉(그림 101)이 이때 영조가 살펴본, 영조의 지시로 다시 장황된 바로 그 초상화다. 이 그림 상단 우측의 "익안대군 초상益安大君遺像"이라는 표제가 영조의 어필이다. 이 표제 아래에는 "숭정 기원 후 103년, 병인년〔1746년〕 9월에 삼가 쓰다 崇禎紀元後百三年, 柔兆攝提季秋謹書"라는 기록이 있고, 그림 왼편에는 1392년과 1398년에 각각 개국공신과 정사공신으로 책봉되었음이 기록돼 있다.

영조는 익안대군의 초상화를 본 뒤 그의 묘에 치제致祭하도록, 즉 직접 지은 제문과 제물을 보내어 제사 지내도록 하고, 초상화를 직접 가져온 이정희에게 벼슬을 내렸다. 또한 해당 지역 관찰사에게 이 초상화를 봉안할 영당을 짓게 하는 한편, 안정적으로 제사를 지낼 수 있도록 그의 후손들에게 제위전祭位田을 하사했다.

영조가 익안대군의 초상화를 본 뒤 특별한 감흥을 느끼고 후손들에게 많은 특전을 내린 것은, 그가 왕실 인사인 데다 왕위 계승 서열에서 태종보다 앞섰음에도 동생의 왕위 등극을 지원했던 역사적 사실 때문

101. 장득만, 〈익안대군 초상〉, 1734년, 비단에 색, 72.7×53.2cm, 전주이씨 문중.

이었을 것으로 추정된다. 태종의 형이었던 익안대군은 1차 왕자의 난 때 태종과 함께 정도전 일파를 제압했으며, 태종과 회안대군懷安大君(태조의 넷째 아들) 간에 벌어진 2차 왕자의 난 때도 태종을 지지했다.

〈익안대군 초상〉은 18세기 전반기에 제작된 이모본이지만 인물의 자세는 물론이고 관복, 교의, 족좌대 등에서 조선 전기 공신 초상화의 전형을 유지한 모습이다. 다만 조선시대 대부분의 공신 초상화에서 주인공이 몸을 오른쪽으로 살짝 틀고 있는 것과는 달리 익안대군은 왼쪽을 향한 모습으로 묘사되었다.

영조는 1747년 6월경에 장만張晩의 초상화를 충훈부에서 어람했다. 장만은 1624년 이괄李适의 난을 진압한 공으로 진무공신振武功臣 1등에 책봉된 인물이다. 장만의 초상화는 그의 후손이 가져온 것이었다. 영조는 이 그림을 살펴본 후 예조禮曹에 명하여 장만의 묘에 치제하게 하고 그의 후손을 등용하라고 지시했다.[215]

〈장만 초상〉(그림 102)은 17세기 전반의 전형적인 공신 초상화 형식을 보일 뿐 아니라 얼굴과 복식 표현에 당대의 양식이 반영돼 있다. 이러한 점으로 미루어 이 초상화는 장만이 공신으로 책봉될 때 하사받은 그림으로 추정된다. 그렇다면 이 초상화는 영조가 1747년 6월경에 살펴본 바로 그 그림일 것이다. 현재 장만의 초상화는 이 외에 유복본儒服本 한 점이 더 전한다. 영조가 유복본 초상화를 보았을 가능성을 배제하기는 어렵지만, 영조가 장만 초상화 여러 점 중 한 점만 보았다면 그것은 공신 책봉 때 정식으로 주어지는 관복본官服本 초상화였을 가능성이 높다.

한편, 그림에서 장만의 왼눈이 검은 천으로 가려져 있는데, 이는 그의 왼눈이 실명되었기 때문이다. 그는 이괄의 난을 진압할 때 군사들

102. 작가 미상, 〈장만 초상〉, 1625년, 비단에 색, 185.7×99.6cm, 경기도박물관(인동장씨 태상경파 충정 종친회 기탁). (왼쪽)
103. 작가 미상, 〈정탁 초상〉, 1604년, 비단에 색, 166.3×89.2cm, 예천박물관(청주정씨 고평종중 기탁). (오른쪽)

과 함께 노숙하면서 몸을 혹사하여 왼눈을 실명했다고 전한다.[216]

영조는 1756년 9월에 호성공신 정탁鄭琢의 초상화를 보았다. 호성공신은 임진왜란 때 몽진한 선조를 호위했던 신하들에게 내려진 공신 칭호로, 1604년에 이항복, 정곤수, 이원익, 윤두수, 정탁 등 86명이 책봉되었다. 영조는 신하들과 함께한 자리에서 정탁의 5세손이자 당시 좌승지로 있던 정옥鄭玉이 정탁의 초상화를 소장하고 있음을 듣고, 그에게 그 그림을 가져오게 하여 어람했다. 그림을 본 영조는 화상찬문을

지어 정옥에게 하사했다.[217]

　정탁 후손가에서 소장하고 있는 〈정탁 초상〉(그림 103)이 바로 이때 영조가 어람했던 그림이다. 초상화 상단 회장에는 정옥이 옮겨 쓴 영조의 화상찬문이, 회장의 좌우에는 그가 이 화상찬문을 왜 적었는지를 밝힌 글이 각각 적혀 있다.

　정옥은 그의 8촌에게 쓴 편지에서 영조가 어제御製(화상찬문)를 내리고 자신에게 직접 이 글을 그림 위에 쓰게 한 일을 언급한 뒤, 이러한 일이 일찍이 없었던 것이어서 당시의 신료들이 모두 찬탄했다고 밝혔다.[218]

　1593년에 정탁은 임진왜란 때 의주에서 조선 정부가 명나라와 교섭한 내용을 『용만문견록龍灣聞見錄』이라는 책으로 엮어 선조에게 바친 일이 있었는데, 160여 년 후에 영조가 이 책을 보고 나서 정탁의 초상화를 찾아 어람한 것이었다. 초상화를 본 뒤 영조는 정옥을 황해도 감사에 임명하여 정탁의 유고遺藁를 간행하도록 배려해 주었고, 정탁의 문집은 4년 뒤인 1760년에 발간되었다.[219] 정옥이 간행한 정탁의 문집에는 그가 공신 초상화를 하사받은 과정이 자세히 설명돼 있다.

　정탁은 1604년 7월에 호종공신 3등에 책봉되어 공신 회맹제會盟祭에 참석하라는 교지를 받았으나, 늙고 병들어 참석할 수 없다는 내용의 글을 왕에게 올렸다. 같은 해 9월에는 충훈부에서 그의 초상화를 그릴 화사畵師를 보내왔다. 그 후 2개월 만인 11월에 공신 교서와 공신 초상화가 그의 집으로 보내졌다.[220]

　앞서 소개했듯이 영조는 재위 기간 동안 적지 않은 수의 공신 초상화를 직접 수소문해 살펴보았다. 앞서 언급한 초상화들 외에도 권공, 유계종, 최세준, 조시준, 이원익, 장유 등의 공신 초상화도 어람한 사실이 기록으로 확인된다. 영조는 공신 초상화를 어람하기 전이나 후에 그의 후손들을 등용하거나 재정적 지원으로 해당 공신의 제향 사당이나 영당을 건립, 운영할 수 있도록 하는 등 다양한 특전을 베풀었다. 그 결과 일부 공신의 후손들은 특혜를 바라고 선조先祖의 초상화 소장 사실을 조정에 보고해 왕의 어람을 유도한 사례도 종종 있었다.

1767년에 전라도 영광에 사는 이국좌李國佐는 개국·정사·좌명공신이자 태종의 사촌 형인 자신의 선조 이천우李天祐의 초상화가 아직 원본 상태로 전한다고 알리면서, 왕이 특별히 지시해 공신의 초상화를 새로 이모해 준 전례가 있으므로 이 초상화도 이모해 줄 것을 요청하는 상소를 올렸다. 한익모韓翼謩 등 대신들이 이천우의 후손들이 함부로 전례를 끌어와 이런 요청을 한 것을 문제 삼자 영조는 그들의 요청을 수용하지 않았다.[221] 이때 영조가 이천우의 초상화를 어람했는지 여부는 확인되지 않는다.

그런데 1774년에 영광의 이천우 후손들은 서울에서 화공을 초빙해 와 이천우 초상화의 이모본을 제작했다. 국립광주박물관 소장 〈이천우 초상〉(그림 104)은 바로 이때 도화서 화원 한종유韓宗裕가 이모한 그림으로 알려져 있다.[222] 그들은 1767년 이후 지속적으로 이모본 제작을 위한 노력을 기울여 7년 후인 1774년에 결국 이 이모본 초상화를 제작했던 것 같다. 이때 그들이 국가로부터 화원 파견 등의 지

104. 한종유, 〈이천우 초상〉, 1774년, 비단에 색, 159.0× 104.0cm, 국립광주박물관.

원을 받았는지는 확인되지 않지만, 이모본 제작을 위해 서울에서 화가를 초빙한 것으로 미루어 국가 혹은 중앙 관리의 지원을 얻어 냈을 가능성은 높아 보인다.

이 초상화에서 의복, 교의, 금대金帶, 흑피화黑皮靴 등은 매우 세밀하고 정교하게 표현되었다. 의복, 족좌대, 인물의 자세 등에서는 조선 전기 초상화의 전형이 잘 유지되었음을 확인할 수 있다. 다만, 얼굴이 흰색으로 칠해져 부자연스러워 보이는데, 이는 근대기에 어느 화가가 호분으로 덧칠한 것이라고 전한다.

─── "분무공신들의 초상화를 다시 그리라"

영조는 특정 공신의 초상화를 보며 그의 공적과 충성심을 되새기는 한편으로 그의 후손들에게 다양한 특전을 베풀었다. 그는 이와 같은 혜택을 통해 왕실과 사직을 위해 헌신하고 희생한 공신의 공로를 널리 알리고, 이를 통해 자신에 대한 신하들의 충성심을 끌어내고자 했던 것으로 여겨진다. 재위 초반에 책봉한 분무공신들의 초상화를 재위 중반에 다시 제작하게 한 일도 같은 목적으로 실행한 사업으로 이해된다. 숙종이 삭훈削勳된 보사공신들의 초상화를 재제작한 특수한 사례를 제외하면, 국왕이 자신의 재위 기간 중에 제작한 공신 초상화를 다시 제작한 사례는 일찍이 없던 일이었다.

영조는 1746년 9월에 이항복, 이지란, 이색李穡, 황희黃喜, 익안대군의 초상화를 연이어 열람한 일에 감회를 표하며 당나라 시인 왕건王建이 지은 시 한 편을 인용했다.

소년 천자天子는 변방에서 세운 공로를 중시하였네!

마음이 능연화각에 있어,

교서를 내려 훈신勳臣을 그린 그림을 찾아,

그것으로 장생전 안에 병풍을 꾸몄네.[223]

　이 시가 수록된『궁사宮詞』는 당나라 왕궁의 일상과 후궁들의 실생활을 기록한 책으로, 칠언절구 100수로 구성돼 있다.[224] 영조는 '소년 천자'를 후한의 명제明帝로 보았다.[225] 다만 명제가 부왕父王 광무제의 공신들을 묘사한 초상화를 걸어 두었던 곳은 운대이며, 능연화각은 당태종이 세웠던 능연각을 말하는 것으로 보인다. 따라서 능연화각은 공신 초상화를 둔 건물 정도로 이해하면 된다.

　영조는 이로부터 반년 후인 1747년 2월, 분무공신인 영의정 조현명趙顯命, 총융사摠戎使 박찬신朴纘新과 함께 충훈부를 방문하여 기공각紀功閣에서 역대 공신의 성명이 책자로 기록된 '훈안勳案'을 어람했다. 이때도 그는 왕건의 이 시를 언급했다. 아직 충훈부에는 역대 공신의 초상화가 보관되어 있지 않았다.

　1750년 5월 10일, 호조판서 박문수는 '조선에는 기린각과 같은 공신의 초상화가 보관된 곳이 별도로 없으며 충훈부에는 명첩名帖만 있으므로, 이번에 분무공신의 초상화를 다시 그려 작은 화첩으로 꾸며서 충훈부 내 한 전각에 두고자 한다.'고 영조에게 보고하여 승낙을 얻었다.[226] '명첩'은 곧 '훈안'과 같은, 공신들의 성명을 기록한 책을 말한다.

　분무공신 이삼李森의 후손가에서 소장해 온《이삼 화상 이모소첩李森畫像移模小帖》(그림 105)은 이때 충훈부에서 제작해 그의 후손에게 지급한 초상화첩이다. 이 화첩에는 〈이삼 초상〉(그림 105의 위 왼쪽), 1750년 8월 16일에 조현명이 쓴「분무공신 화상첩기奮武功臣畫像帖記」(그림

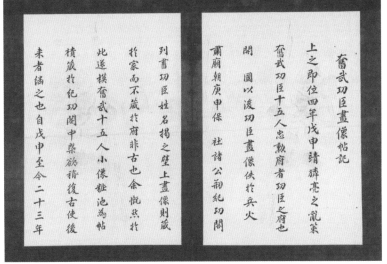

105. 작가 미상, 《이삼 화상 이모소첩》의 표지(위 오른쪽), 〈이삼 초상〉(내지 2면, 위 왼쪽), 「분무공신 화상첩기」(내지 3~4면, 아래), 1750년, 비단에 색, 41.9×28.7cm(초상화 규격), 개인 소장.

105의 아래), 이삼의 아들 이희일李希逸이 쓴 「발문」이 실려 있다. 이 중 조현명과 이희일의 글을 통해 분무공신 초상화의 재제작 과정을 상세히 알 수 있다. 그 주요 내용은 다음과 같다.

기공각은 1680년 보사공신에 책봉된 공신들이 충훈부 내에 세운 건물인데, 그들은 이곳에 공신의 성명을 써서 벽에 걸어 두었을 뿐 공신 초상화를 따로 보관하지는 않았다. 조현명은 이 점을 한탄하여 분무공신 15인의 초상화를 다시 그려 완성된 초상화들로 화첩을 만든 뒤 기공각에 보관했다. 이때 화가들은 조현명, 박문수, 박찬신, 김중만金重萬, 이보혁李普赫 등 생존해 있던 공신들을 방문해 그들을 직접 보고 그렸다. 그리고 이만유李萬囿와 이익필李益馝 등 병환이 심했던 공신 및 사망한 공신들은 1728년 공신 책봉 때 하사한 초상화를 이모했다.

이 과정에서 화가들은 공신마다 반신상 두 점을 제작했다. 두 점 중 하나는 화첩으로 꾸며 각 공신의 집으로 보내졌으며, 나머지 한 본은 다른 공신들의 초상화와 함께 화첩으로 장황되어 충훈부에 보관되었다. 영조가 어람한 화첩은 모든 분무공신들의 초상화가 함께 수록된, 즉 충훈부에 보관된 초상화첩이었다.

한편, 《이삼 화상 이모소첩》은 같은 시점에 제작된 분무공신들의 화상첩과는 달리 이희일과 조현명의 글이 실려 있는 것으로 보아 이희일이 개인적으로 다시 꾸민 것으로 추정된다.

이런 사실이 언급된 「분무공신 화상첩기」의 작성 시점이 1750년 8월 16일이므로 분무공신의 초상화 재제작 작업에는 3개월 정도가 소요되었음을 알 수 있다. 그런데 영조가 이로부터 3년 전에 명제가 운대를 조성한 일이 언급된 시를 여러 차례 거론한 것으로 미루어, 1750년에 박문수가 건의하고 조현명이 주도한 분무공신 초상화 재제작 및 기공각 보관 사업은 영조의 직접적인 지시 혹은 적어도 그의 적극적인 지원으로 진행된 사업으로 보인다.

영조가 자신이 책봉한 분무공신의 초상화를 재위 중에 다시 제작한 것은 집권 초기에 일어난 큰 난을 수습해 정국 안정에 결정적인 기여를 한 공신들의 고마움을 잊지 못했기 때문이었을 것이다. 그러나 그가 이 일을 추진했던 더 큰 목적은 충훈부의 부속 건물인 기공각을 기린각이나 능연각처럼 공신의 초상화를 별도로 보관, 전시하는 공간으로 조성하는 데 있었던 것으로 추정된다. 1747년에 영조가 기공각에서 훈안만 어람하며 왕건의 시를 언급한 사실, 1750년에 박문수가 영조에게 조선에는 공신들의 초상화만을 별도로 보관한 곳이 없다고 한 말은 이러한 추정을 뒷받침한다.[227]

《권희학 충훈부 초상첩》과 〈박문수 초상〉

1750년 충훈부에 보관된 초상화첩에는 분무공신 15인의 초상화가 한데 실렸을 텐데, 이 화첩은 현재 전하지 않는다. 다만《이삼화상 이모소첩》처럼 각 공신에게 전달된 초상화가 다수 남아 있다.《권희학 충훈부 초상첩》,《이만유 충훈부 화상첩》,《박동형 충훈부 화상첩》, 〈김중만 초상〉, 〈박문수 초상(60세 상)〉 등이 이때 제작되어 각 공신의 집에 보내진 초상화들이다.

이 중《권희학 충훈부 초상첩》(그림 106)과《이만유 충훈부 화상첩》은 제작 당시의 장황이 그대로 유지된 것으로 보인다.《권희학 충훈부 초상첩》을 펼치면 첫 면에 권희학이 공신 책봉 때 받은 화원군花原君이란 군호君號와 그의 성명, 생몰년, 공신 책봉 사실, 품계와 관력 등을 담은 제기題記가 단정한 해서체로 적혀 있고, 둘째 면에 그의 초상화가 실려 있다. 이 글은 용 문양 등이 새겨진 냉은지冷銀紙에 작성돼 있다.

《권희학 충훈부 초상첩》의 〈권희학 초상〉(그림 106의 왼쪽)은 1728년

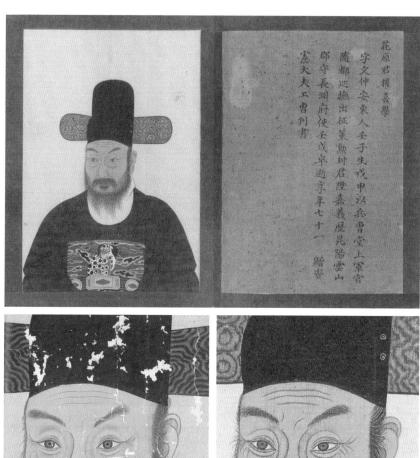

106. 《권희학 충훈부 초상첩》의 첫 면(위 오른쪽)과 둘째 면의 〈권희학 초상〉(작가 미상. 위 왼쪽), 1750년, 비단에 색,
42.5×29.5cm(초상화 규격), 한국국학진흥원(안동권씨 화원군 문중 기탁). (위)
107. 작가 미상, 〈권희학 초상(원본)〉(그림 11)의 세부. (아래 왼쪽)
108. 작가 미상, 〈권희학 초상(이모본)〉(그림 106의 왼쪽)의 세부. (아래 오른쪽)

에 분무공신으로 책봉되면서 하사된 〈권희학 초상〉(그림 11)의 이모본이다. 1750년 분무공신 초상화를 재제작할 때 권희학은 이미 사망했기 때문에 그의 초상화는 새로 그리지 못하고 이모했다. 두 초상화 속 권희학의 모습은 서로 비슷하지만, 이모본에서 다소 도식적인 표현 요소가 확인된다(그림 107, 108). 특히 원본에서 눈 주변에 정교하게 적용된 음영이 이모본에서는 원형의 선으로 간략하게 묘사되었고, 뺨에 난 수염 표현도 이모본이 좀 더 도식적이다. 이와 달리, 화가가 공신을 직접 방문해 그린 초상화에서는 이런 도식적 표현은 보이지 않는다.

〈박문수 초상(60세 상)〉(그림 110)은 초상화와 제기題記가 함께 족자로 꾸며져 있다. 이 제기의 형식, 구성, 글씨체는《권희학 충훈부 초상첩》의 제기와 유사하다. 종이 역시 냉은지이다. 따라서 박문수의 초상화도 원래는 권희학의 것과 동일한 형식의 화첩으로 장황되었을 것이다. 다만 〈박문수 초상(60세 상)〉의 제기에는 그의 졸년卒年 및 시호諡號가 적혀 있어 이 제기가 작성된 시점이 그가 사망한 1756년 이후로 추정된다. 그렇다면 초상화가 제작된 1750년보다 최소 6년 늦게 제기가 작성된 셈인데, 이 제기는 그의 사후에 작성되었을 가능성이 있다.

박문수 초상화는 38세 때 그려진 것도 남아 있다. 38세 상(그림 109)은 1728년에, 60세 상(그림 110)은 1750년에 각각 제작되었다. 두 초상화 속 주인공의 이목구비는 물론이고 눈썹과 수염 등도 서로 유사해 보이지만, 60세의 박문수는 38세의 박문수보다 분명히 나이 든 모습이다. 살집이 붙은 얼굴, 깊이 파인 주름, 약간 처진 눈, 무성한 수염 등에서 이를 알 수 있다. 그 결과 60세의 박문수는 38세의 그보다 훨씬 진중하고 위엄이 있어 보인다(그림 111, 112). 암행어사 활동으로 널리 알려진 박문수처럼, 조선시대에 노년의 초상화뿐 아니라 젊은 시절 모습

4. 성대盛代의 기록

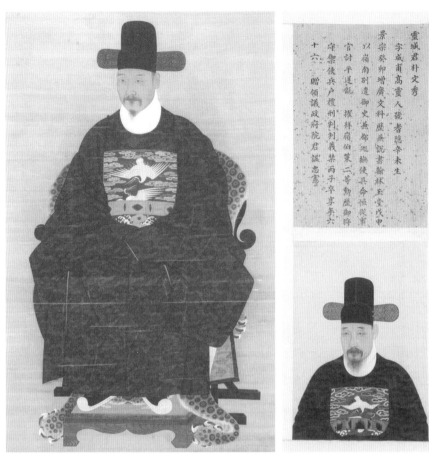

靈城君朴文秀
字成甫高靈人號耆隱辛未生
景宗癸卯增廣文科歷燕說書翰林玉堂戊申
以嶺南別遣御史無郡巡撫使兵命恒慰軍
官討平延龍擢拜簡伯策二等勳歷御將
守禦使兵戶禮刑判義禁丙子卒享年六
十六。贈領議政府院君諡忠憲

109. 작가 미상, 〈박문수 초상(38세 상)〉, 1728년, 비단에 색, 164.8×100.0cm, 천안박물관(고령박씨 충헌공종택 기탁). (왼쪽)
110. 작가 미상, 〈박문수 초상(60세 상)〉, 1750년, 비단에 색, 40.2×28.2cm(초상화 규격), 개인 소장. (오른쪽)

111. 작가 미상, 〈박문수 초상(38세 상)〉(그림 109)의 세부. (왼쪽)
112. 작가 미상, 〈박문수 초상(60세 상)〉(그림 110)의 세부. (오른쪽)

의 초상화까지 가졌던 인물은 흔치 않았다.

분무공신 초상화의 도상圖像과 표현 형식

분무공신 초상화는 각 그림마다 도상과 표현 형식이 일관되지 않은데, 이러한 현상은 화가나 주인공이 임의로 그 도상과 표현 형식을 결정했기 때문으로 추측된다. 그러나 두 차례의 분무공신 초상화 제작은 영조의 지대한 관심과 지원 속에서 진행되었으므로, 이러한 도상과 표현 형식은 실제 그림 작업에 앞서 결정되었을 가능성이 높다.

먼저 권희학은 무관임에도 불구하고 〈권희학 초상〉(그림 11)에는 무관을 상징하는 동물이 아닌 문관을 상징하는 학이 흉배 문양으로 그려져 있는데, 이는 당시 무관들이 동물 문양과 학 문양 흉배를 혼용하여 사용한 풍조의 결과로 설명된다. 그러나 이 초상화의 쌍학흉배는 권희학이 분무공신으로 책봉될 때 가의대부嘉義大夫(종2품 문관 품계)에 오른 일을 반영한 표현 요소로 보인다.

참고로 조선시대 2품 이상 무관의 품계는 별도로 없었다. 조선시대에 무관이 받을 수 있는 가장 높은 품계는 정3품의 절충장군折衝將軍이었는데, 분문공신에게는 이보다 더 높은 정2품 문관의 품계가 주어졌다. 즉 정2품 이상은 문관과 무관의 품계 구분이 없었던 것이다.

그가 가의대부 품계를 받은 일은《권희학 충훈부 초상첩》의 제기에도 언급돼 있다. 1750년에 제작된 이 화첩의 〈권희학 초상〉에는 무관의 흉배가 표현돼 있어 그가 무관 출신이었음을 알 수 있다(그림 106의 왼쪽).

이처럼 무관의 초상화에 한해서 1728년 초상화에서는 문관의 흉배가, 1750년 초상화에서는 무관의 흉배가 쓰였던 이유를 정확히 알 수는 없지만, 이러한 흉배 표현이 두 차례 분무공신 초상화 제작 때 일관되게 적용된 점은 분명하다. 무관 김중만金重萬의 초상화 두 점에도 이러한 규칙이 적용돼 있다.

다음으로 그간 1728년에 제작된 〈권희학 초상〉(그림 11)과 〈박문수 초상(38세 상)〉(그림 109)이 서로 다른 형식으로 그려진 데 대한 설명은 없었다. 〈권희학 초상〉에서 족좌대는 정면을 향하고 있고, 호피虎皮의 양발 부분은 거의 좌우대칭을 이루고 있으며, 팔소매 부분에는 흰색 안감이 많이 드러나 있다(그림 11). 이와는 대조적으로 〈박문수 초상〉에서는 표피豹皮의 발 한쪽이 휘어져 족좌대 옆으로 길게 늘어져 있으며, 관복 좌측 하단의 푸른색 안감이 삼각형 형태로 드러나 있고, 팔소매 부분에는 흰색 안감이 전혀 표현되지 않았다(그림 109).

그런데 같은 시점에 제작된 분무공신의 초상화를 모두 조사해 본 결과 두 그림에 보이는 이러한 표현 형식의 차이는 주인공이 무관인지 문관인지에 따라 달리 적용된 것으로 확인되었다. 즉 분무공신 중 무관은 모두 〈권희학 초상〉의 형식을, 문관은 모두 〈박문수 초상〉의 형식을 보였다. 박문수는 문관이었다. 결국 두 차례 분무공신 초상화 제작 시에 초상화의 도상과 표현 방식은 담당 화원이 우연히 선택한 것이 아닌, 충훈부가 본격적인 그림 작업에 앞서 충분한 논의를 통해 결정한 것으로 볼 수 있다.

숙종과 영조는 충훈부나 공신도감功臣都監에서 공신 초상화를 개별 공신에게 보내기 전에 왕이 먼저 어람하는 관행을 확립시켰다. 또한 공신 초상화 제작에 관한 여러 사안들에 대해 대신들과 깊이 논의했다. 두 국왕의 이러한 모습은 이전 시기 공신 초상화 제작 때는 확인되지 않는 매우 이례적인 것이었다. 숙종이 추사 방식을 통해 이미 사망한 공신들의 초상화를 그리게 한 일도, 영조가 옛 공신들의 초상화를 일괄적으로 다시 제작하여 특정 공간에 보관토록 한 일도 전례가 없는 일이었다. 그들이 이러한 일을 추진한 것은 무엇보다도 자신을 위해 충성한 공신들을 각별하게 대우하고, 그럼으로써 현재의 신하들로부터 충성심을 끌어내기 위해서였을 것이다. 특히 영조가 충훈부 기공각에 분무공신의 초상화를 보관토록 한 일에는 보다 큰 의미를 부여할 수 있다. 그가 기공각을 조성한 것은 공신들의 공적을 기리고 그들을 영원히 기억할 수 있는 공간의 조성이 시급하다고 판단했을 뿐 아니라, 그곳이 현재의 신하들에게 국가와 왕실에 충성을 다짐하는 귀감의 장소가 될 것으로 기대했기 때문이 아니었을까.

나이 든 신하를 예우하다

───── **300년 만에 성사된 왕의 기로소 입소,《기해 기사계첩》**

　　사직社稷을 위해 충성하고 원활한 국가 운영에 이바지한 신하들을 위해 국왕이 초상화를 제작하여 하사한 사례는 중국 한나라 때부터 확인된다. 우리나라에서는 공신들의 초상화를 제작한 관례가 적어도 고려시대에는 굳어져 조선시대까지 이어졌다. 그리고 18세기 이전까지 국가에서 공신이 아닌 신하들의 초상화를 제작해 보관하거나 해당 신하에게 수여한 사례도 종종 확인된다.

　　예종은 1469년에 권감權瑊 등 승정원 소속 승지들의 초상화를 그려 꾸민 병풍을 승정원에 보관케 한 일이 있었다.[228] 강희맹姜希孟은 「승정원 초상화 병풍 기록承政院圖形屛記」이라는 글에서 이때의 일을 중국의 군왕들이 기린각, 운대, 능연각 등을 조성해 공적이 있는 신하들의 초상화를 보관했던 고사에 견주면서 예종의 말을 다음과 같이 인용했다.

　　신하 아무개 등은 실로 나의 후설喉舌('목구멍과 혀'라는 뜻으로 '승지'를 달리 이르는 말]의 임무를 맡아 그 직을 충실히 행하니 큰 공적이 드러났다. 내가 그대들의 공을 기뻐하여 독실히 잊지 않을 것이니, 내가 그대들의 형상을 그려 좌우에 두어 후대에도 변함없는 뜻을 보일 것이다.[229]

국왕이 승정원 승지들의 초상화를 제작하여 병풍으로 꾸민 일은 이 사례가 유일하다. 따라서 이는 일회성 사업으로 끝나 버린 것 같다. 공신 초상화를 제외하면 조선 초부터 18세기 이전까지 국왕의 지시로 그려졌음이 명확히 밝혀진 특정 관료의 초상화는 확인되지 않는다.

1719년에 숙종은 자신이 기로소耆老所에 들어간 것을 계기로 당시 기신耆臣, 즉 기로소에 들어간 신하들의 초상화를 그려 화첩으로 꾸미게 했다. '기사耆社'라고도 불리는 기로소는 조선시대에 70세가 넘는 정2품 이상의 문관들을 예우하기 위해 설치한 기구로, 태조가 60세 되던 1394년에 창설되었다. 이후 국가기관의 주도로 이루어진 기신 초상화 제작은 조선 말기까지 지속되었다. 1727년 책봉된 분무공신을 마지막으로 공신 책봉은 더 이상 없었으므로, 18세기 이후 기신 초상화는 국왕의 지시로 제작된 관료 초상화 중 가장 큰 비중을 차지했다.

국립중앙박물관 소장 《기해 기사계첩己亥耆社契帖》은 '숙종의 기로소 입소入所'를 치를 때 기로소에서 제작한 계첩契帖이다. 이 계첩의 구성과 내용을 파악하려면 우선 숙종의 기로소 입소 행사에 대해 살펴봐야 한다. 숙종은 즉위한 지 45년이 되고 60세를 바라보는 59세가 된 1719년에 세자, 즉 훗날의 경종과 신하들의 간절한 요청을 받아들여 자신의 기로소 입소를 추진했다. 숙종의 기로소 입소는 태조가 기로소에 들어간 이후 300여 년 만에 거행된 의미 있는 왕실 행사였다. 신하들은 개국 이후 두 번째로 열리는 이 행사를 성대盛代의 일로 여겼다.[230] 숙종은 이 행사를 통해 자신이 태조가 행한 일을 계승했음을 널리 알렸고, 노인을 숭상하는 풍속을 크게 일으킬 수 있을 것이라 기대했다.[231]

숙종의 기로소 입소가 결정된 직후 입소와 연계된 여러 행사가 이어서 개최되었다. 이 중에서 기로소의 부속 건물인 영수각靈壽閣 내에 『기로소 어첩耆老所御帖』을 봉안하는 행사는 숙종의 기로소 입소를 상징하는 의식이었다. 이 어첩은 기로소에 입소한 두 국왕의 선생안先生案, 즉 명단이 적혀 있는 책이었다. 이 선생안의 첫째 장에는 태조의 묘호廟號가, 다음 장에는 숙종의 존호尊號가 각각 적혀 있었다.[232] 『기로소 어첩』 봉안 행사 전후로 경덕궁(현 경희궁)과 기로소 등에서 숙종의 입소 진하陳賀(임금에게 올리는 축하) 행사, 기로연耆老宴, 진연進宴(국가의 경사 때 치르는 궁중 잔치) 등의 행사가 잇따라 열렸다.[233]

계첩은 조선시대에 국가 행사에 참여한 관리들이 행사가 끝난 뒤 그 의미를 좇아 계契를 결성하여 화원에게 의뢰해 만든 일종의 화첩을 일컫는다. 병풍으로 꾸민 것은 계병契屛, 축으로 꾸민 것은 계축契軸이라 불렀다. 계첩, 계병, 계축에는 행사 장면을 묘사한 궁중행사도가 주로 그려졌다.[234] 계첩은 대개 참여 관원의 수만큼 제작되어 한 부씩 지급되었는데, 숙종의 기로소 입소 행사가 끝난 뒤 기로소에서는 총 열두 부의 계첩을 제작해 열한 점은 기신 열한 명에게 한 부씩 지급했으며, 나머지 한 부는 기로소에 보관했다.

국립중앙박물관 소장 《기해 기사계첩》은 이때 기신들에게 지급된 계첩 중 한 부이다. 이 계첩은 임방任埅이 작성한 「계첩 서契帖序」(3, 4면), 「숙종 어제」(5, 6면), 김유金楺가 작성한 「어첩 발御帖跋」(7, 8면), 「각 행사별 참여 인원 명단」(9, 10면), 〈어첩 봉안도御帖奉安圖〉(11, 12면), 〈숭정

113. 김진여 등, 《기해 기사계첩》 중 〈신임 초상〉(31면, 오른쪽)과 〈임방 초상〉(32면, 왼쪽), 1719년경, 비단에 색, 52.0×36.9cm(화첩 규격), 국립중앙박물관.

전 진하전도崇政殿進賀箋圖〉(13, 14면), 〈경현당 석연도景賢堂錫宴圖〉(15, 16면), 〈봉배 귀사도奉盃歸社圖〉(17, 18면), 〈기사 사연도耆社賜宴圖〉(19, 20면), 「좌목座目」(21, 22면), 기신들의 초상화(23~32면), 기신들의 축시(33~51면), 「감조관監造官, 서사관書寫官, 화원畵員 명단」(52면)으로 구성돼 있다. 1~2면은 비어 있다.[235] 《기해 기사계첩》이 1720년에 완성된 것으로 보아 그림 제작에 상당한 시간이 소요된 듯하며, 숙종은 완성된 첩을 보지 못하고 세상을 떠났다.

《기해 기사계첩》에는 「좌목」에 기록된 기신 열한 명 중 은퇴 후 향리에 내려간 최규서崔奎瑞를 제외한 이유李濡, 김창집金昌集, 김우항金宇杭, 황흠黃欽, 강현姜鋧, 홍만조洪萬朝, 이선부李善溥, 정호鄭澔, 신임申

4. 성대盛代의 기록

鉽, 임방任埅 등 열 명의 초상화가 한 면에 한 점씩 10면에 걸쳐 수록돼 있다.[236] 예를 들면 31면과 32면을 펼치면 신임과 임방의 초상화가 나 란히 실려 있다(그림 113).

이 첩에 수록된 기록화 및 초상화 제작에는 김진여金振汝, 장태흥張泰 興, 박동보朴東輔, 장득만張得萬, 허숙許俶 등 다섯 명의 화원이 참여했 다.[237] 초상화에 적용된 화풍은 인물마다 조금씩 다른데, 아마도 화가 들은 각자 대상 인물을 할당받은 뒤 자기 양식으로 초상화를 그렸던 것 같다. 여러 점의 초상화 작품을 남긴 김진여를 제외한 나머지 화가들 의 초상화풍은 뚜렷하게 알려진 것이 없어, 각각의 초상화를 누가 그 렸는지 정확히 밝히기는 여의치 않다. 다만 대부분의 초상화에 음영이 강하게 적용되어 있어서 그 시대에 서양화법을 가장 적극적으로 수용 한 김진여가 이들 초상화 제작을 주도했을 가능성은 높아 보인다.

《기해 기사계첩》에는 초상화 외에도 〈어첩 봉안도〉 등 숙종의 기로 소 입소 관련 행사를 그린 다섯 점의 기록화가 수록돼 있다. 11~12면 에 실린 〈어첩 봉안도〉(그림 114)는 『기로소 어첩』을 봉안하기 위해 기 로소로 향하는 기신들과 승지 등 관원들의 행렬을 묘사한 그림이다. 이 그림에는 의장기를 든 관원 및 고취鼓吹가 앞에서 인도하고 어첩을 실은 채여彩輿(일종의 가마)와 말을 탄 기신들이 뒤에서 따르는 모습 그 리고 이 장면을 구경하는 사람들까지 묘사되었다. 행렬의 뒷부분(화면 의 오른쪽)에서 녹색 관복을 입고 말을 타고 가는 여덟 명(이들의 얼굴에는 흰 수염도 표현돼 있다)이 이 행사에 참여한 기신들이다.

기록화 중 세 번째로 실린 〈경현당 석연도〉(그림 115)는 숙종이 경덕 궁 경현당에서 기신들에게 베푼 연회 장면을 묘사한 그림이다. 화면 중앙을 기준으로 왼쪽에 여섯 명, 오른쪽에 네 명 등 기신 열 명이 녹색

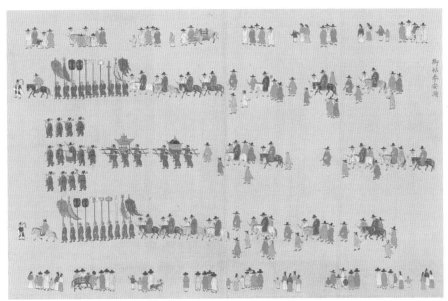

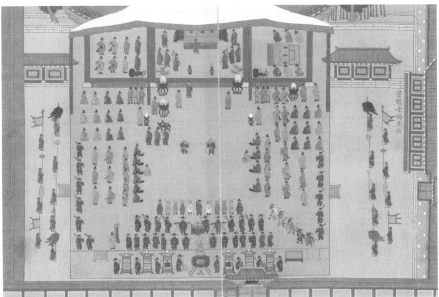

114. 김진여 등, 《기해 기사계첩》 중 〈어첩 봉안도〉, 1719년경, 비단에 색, 52.0×36.9cm(화첩 규격), 국립중앙박물관. (위)
115. 김진여 등, 《기해 기사계첩》 중 〈경현당 석연도〉.

4. 성대盛代의 기록

단령을 입고 머리에 꽃을 꽂은 채 음식이 차려진 각자의 소반을 앞에 놓고 앉아 있다. 화면 우측 하단에 처용무 무동舞童 다섯 명이 사선으로 그려진 것으로 미루어 화가는 처용무가 공연되기 직전의 행사장을 포착한 것으로 보인다.

《기해 기사계첩》은 김창집 등의 기신들이 '숙종의 기로소 입소'라는 국가 행사에 참여한 일을 기념하고 기록할 목적으로 만든 계첩이다. 조선시대에 기로소 입소는 장수해야 하는 데다 출중한 능력으로 최고 위직까지 오른 뒤에야 이룰 수 있는, 벼슬한 관리라면 누구나 바랐을 영광스러운 일이었다. 따라서 김창집 등 11인의 기신이 숙종의 기로소 입소라는 300여 년 만에 열린 국가 행사에 참여한 일을 본인과 집안의 큰 영예로 여겼을 것은 어렵지 않게 짐작할 수 있다. 따라서 그들은 계첩 제작을 통해 숙종의 기로소 입소가 성대의 일로 길이 전해질 것으로 기대하는 한편, 자신들이 이 영광스러운 자리에 있었던 일을 후손들이 영원히 기억해 주기를 염원했을 것이다.

기신 임방은 「계첩 서」에서 이렇게 말했다.

> "아! 계첩을 만드는 일은 세상에 흔히 있는 일이나 이 첩과 같은 것을 일찍이 본 적이 없다. 이는 어찌 다만 자손에게 전하여 집안의 보물로 삼고자 할 따름이겠는가. 장차 백세, 천세 뒤에라도 선왕께서 태조의 일을 원용援用한 공적을 우러러보고 신들이 받은 성은盛恩을 알리고자 함이다.[238]

이 말은 계첩의 제작 목적을 압축적으로 설명해 준다. 《기해 기사계첩》은 임방의 말처럼 내용과 구성 면에서 전례를 찾을 수 없는 계첩이었다. 초본의 반신상이 첩 형식으로 장황된 경우는 이전에도 있었으나, 이처럼 여러 인물들의 초상화를 한데 모아 화첩으로 꾸민 예는 전혀 없었다.

앞서 정탁의 사례에서 보았듯이 국가기관에서 공신 초상화를 제작할 때 화가는 해당 공신의 집을 방문해 그의 모습을 보고 그렸던 것으로 파악된다.《기해 기사계첩》이 기로소 주도로 제작된 만큼 이 계첩의 초상화를 그린 화원들 역시 기신들을 개별 방문했을 것으로 여겨진다.

116. 작가 미상, 〈임방 초상〉, 1719년경, 비단에 색, 75.5×45.8cm, 경기도박물관. (왼쪽)
117. 작가 미상, 〈신임 초상(야복본)〉, 1719년경, 비단에 색, 151.5×78.2cm, 국립중앙박물관. (오른쪽)

4. 성대盛代의 기록

그런데 이 과정에서 기신의 요청에 따라 계첩 수록본 외에 별본別本을 추가로 제작한 경우도 있었다. 경기도박물관 소장 〈임방 초상〉(그림 116)의 우측 상단에는 "기사첩 여본耆社帖餘本"이라 적혀 있는데, 이로 인해 이 초상화가 《기해 기사계첩》 제작 때 여본 즉 별본으로 그려진 것임을 알 수 있다. 이 초상화의 화풍은 계첩에 수록된 본(그림 113의 왼쪽)과 거의 유사하지만 그림 규격이 계첩본보다 크고, 계첩본 상단의 전서篆書 표제가 이 그림에는 없다.

국립중앙박물관 소장 〈신임 초상(유복본)〉(그림 117)은 그림 상단에 "증 영의정 행좌참찬 충경공 한죽당 신 선생 초상贈領議政行左參贊忠景公寒竹堂申先生眞"이라는 표제가, 좌측 상단에 "81세에 그리다八十一歲寫"라는 기록이 있어 1719년에 그려진 신임의 초상화임을 알 수 있다. 따라서 이 초상화 역시 《기해 기사계첩》을 제작할 때 신임이 요구하여 담당 화원이 추가 제작한 것으로 보인다.

이 초상화는 《기해 기사계첩》 중 〈신임 초상〉(그림 113의 오른쪽)과 그 얼굴 표현 방식이 완전히 동일하지는 않지만 매우 유사하다. 또한 이 초상화에서 신임은 와룡관臥龍冠에 유복을 착용한 채 불자拂子(먼지떨이)를 들고 있는 모습으로 묘사되었다. 이는 조선시대에 별본으로 제작된 초상화가 반드시 화첩 수록본과 동일한 형식으로 제작되지는 않았음을 알려 준다.

대본으로 제작된 〈강현 초상〉(그림 119) 역시 《기해 기사계첩》에 수록된 소본 〈강현 초상〉(그림 118)의 별본 초상화로 추정된다. 대본 초상화 상단에는 "예부상서 겸 대학사 백각 강현 초상禮部尙書兼大學士白閣姜鋧畫像"이라는 표제가 적혀 있고, 족자 상단의 회장에는 4구 32자의 시가 적혀 있다. 이 시 중 "구공과 백발로 미루어 낙양기영회의 한 사람이네

118. 김진여 등, 《기해 기사계첩》 중 〈강현 초상〉,
1719년경, 비단에 색, 52.0×36.9cm(화첩 규격),
국립중앙박물관. (왼쪽)
119. 작가 미상, 〈강현 초상〉, 1719년경, 비단에
색, 165.8×96.0cm, 국립중앙박물관. (오른쪽)

鳩筇鶴髮, 洛社耆筵"라는 구절은 이 초상화가 계첩 제작 무렵에 만들어진
본임을 추정케 한다.[239] 조선시대에 기신들이 기로회를 열 때 가장 자주
그 전거로 인용했던 노인들의 모임이 바로 낙양기영회洛陽耆英會, 즉 '낙사
洛社'였다. '구공鳩筇'은 70세 이상의 대신에게 왕이 내려 주던, 손잡이

4. 성대盛代의 기록

부분에 비둘기 모양을 새긴 지팡이를 일컫는다.

두 초상화의 표현 방식을 살펴보면, 대본 〈강현 초상〉의 음영과 얼굴색 표현이 훨씬 섬세하지만 이목구비 및 주름 형태의 묘사는 두 그림이 유사하다(그림 118, 119). 이로 미루어 강현의 초상화를 그린 화원은 계첩의 반신상보다 별본인 전신상에서 역량을 더 발휘한 것 같다. 국가 기관의 주도로 신하의 초상화를 제작할 때 그림 주인공의 요청으로 여본 혹은 별본이 제작되는 관행은 이후에도 지속되었다.

─── 51세 영조의 기로소 입소, 《기사경회첩》

영조가 기로소에 들어갈 때도 기신들의 초상화 계첩이 제작되었다. 영조는 1744년 51세의 나이로 기로소에 입소했다. 향산구로회香山九老會와 낙양기영회에서 60을 바라보는 사람들도 모임에 참여했다는 전례를 들며 신하들이 영조의 기로소 입소를 강력히 요구하자 그가 이를 받아들인 것이다.[240] 향산구로회는 당나라 시인 백거이白居易가 벼슬에서 물러난 나이 든 친구 여덟 명과 가진 모임을, 낙양기영회는 송나라 문언박文彦博이 사마광司馬光, 부필富弼 등 연로하고 어진 열세 사람과 함께 향산구로회를 모방하여 만든 모임을 각각 일컫는다.

영조는 9월 9일에 세자를 거느리고 기로소 영수각을 찾아 건물 내 감실에 봉안된 『기로소 어첩』을 꺼내어 숙종의 묘호가 적힌 다음 면에 '지행순덕영모의열왕至行純德英謨毅烈王'이라는 자신의 존호를 직접 썼다. 그곳에서 예관禮官이 승지에게 궤장几杖(왕이 기신들에게 하사하던 의자와 지팡이)을 주었고, 승지는 다시 이를 영조에게 주었다.[241] 이는 영조의 기로소 입소 행사 중 가장 중요한 의례였다. 원래 궤장은 왕이 기신에게 하사하는 것인데, 영조는 스스로에게 궤장을 준 셈이다.

9월 10일, 경덕궁 숭정전에서 왕세자가 백관百官을 거느리고 영조를 축하하는 의식을 거행하자, 영조는 이를 받고 교문敎文을 반포했다. 이어서 경덕궁 경현당에서 기신들에게 술을 내렸다. 이 자리에서 그는 칠언시를 지은 뒤 행사에 참여한 신하들에게 그 시의 한 구절을 이용해 화답시를 짓도록 하는 한편, 1719년에 숙종이 기신들에게 은잔銀盞을 하사한 전례를 따라 기신들에게 은병銀甁을 내렸다.[242]

국립중앙박물관 소장《기사경회첩耆社慶會帖》은 1744년에 기신들이 서문과 발문, 시문, 초상화, 기록화 등 글과 그림을 한데 모아 엮은 계첩이다.[243] 이 계첩의 전체 체제와 구성은《기해 기사계첩》과 비슷하다. 이 계첩에는 이의현李宜顯, 신사철申思喆, 윤양래尹陽來 등 기신 8인의 초상화가 한 면에 한 점씩 8면에 걸쳐 수록돼 있다.「좌목」(21. 22면)에 적혀 있는 10인 중 김유경金有慶과 이하원李夏源의 초상화는 그들이 타지에 있는 관계로 제작되지 못했다.

초상화에 이어〈영수각 친림도靈壽閣親臨圖〉등 기록화 다섯 점이 31면에서 40면까지 10면에 걸쳐 실려 있다. 이 계첩에 수록된 초상화 여덟 점과 기록화 다섯 점의 제작에는 장득만, 장경주, 정홍래鄭弘來, 조창희趙昌禧 등 도화서 화원 4인이 참여했다.

이 계첩의 23면과 24면에는 이의현과 신사철의 초상화가 나란히 실려 있는데, 특이한 것은 다른 기신들과 달리 신사철만 정면을 향한 모습이다(그림 120의 왼쪽). 이 계첩의 초상화들은 화면 상단에 전서체篆書體로 표제가 적혀 있고 주인공이 흑단령을 착용한 채 대부분 우측을 향한 모습으로 그려졌는데, 이로 보아 화원들은《기해 기사계첩》의 그림 형식을 충실히 따랐음을 알 수 있다. 다만 음영 기법은 후대에 제작된《기사경회첩》이 오히려 더 약하게 적용돼 있어 1740년대 도화서 화원

4. 성대盛代의 기록

真歲五十七公申谷后事知行　　真歲七十七公李尙綱賀朝奉仕政事府領

120. 장득만 등, 《기사경회첩》 중 〈이의현 초상〉(23면, 오른쪽)과 〈신사철 초상〉(24면, 왼쪽), 1744년, 비단에 색, 53.2×
37.6cm, 국립중앙박물관.

121. 장득만 등, 《기사경회첩》 중 〈이의현 초상〉(그림 120의 오른쪽)의 세부. (왼쪽)
122. 김진여 등, 《기해 기사계첩》 중 〈신임 초상〉(그림 113의 오른쪽)의 세부. (가운데)
123. 작가 미상, 〈신임 초상(야복본)〉(그림 117)의 세부. (오른쪽)

들 화풍의 일면을 살필 수 있다.

　《기사경회첩》의 〈이의현 초상〉(그림 121)과 《기해 기사계첩》의 〈신임

초상〉(그림 122)을 비교해 보면 확실히 신임의 눈, 입, 뺨, 턱 주변에 명

암이 더 강하게 적용되었음을 확인할 수 있다. 〈신임 초상〉에서는 숙종
때 강한 명암법을 도입해 시도했던 김진여의 화풍을 엿볼 수 있는데,
이 초상화를 그릴 때 여본으로 그려진 〈신임 초상(유복본)〉(그림 123)에
서는 명암이 더욱 짙게 적용되었음을 알 수 있다. 명암이 강하게 적용
된 탓에 신임의 얼굴은 검고 창백해 보이기까지 한다. 〈이의현 초상〉에
명암이 덜 적용된 것은 김진여 다음 세대 화원들이 명암의 과도한 적용
에서 오는 이런 문제점을 인지했기 때문이 아니었을까 한다.

《기사경회첩》 중 〈영수각 친림도〉(그림 124)에는 앞서 언급한 9월 9일
의 행사 장면이 묘사돼 있다. 감실 앞 오른편에 주칠朱漆이 된 궤안机案
(책상)과 화문석이 놓여 있다. 이 행사 때 영조는 이 화문석 자리에 앉았
지만, 기록화에 국왕을 그리지 않는 관례에 따라 그의 모습은 그려지
지 않았다. 궤안 위에 놓인 책이 바로 『기로소 어첩』이다. 영조의 자리
뒤에는 승지들이 영조에게 전달할 궤장을 들고 있다. 한편 영수각 바
로 아래에 그려진 빈자리는 세자가 앉은 곳인데, 역시 관례에 따라 세
자도 묘사되지 않았다.

《기사경회첩》 중 영조는 직접 지은 「어첩 자서御帖自敍」(3, 4면)에서
선왕 숙종이 태조에 이어 300여 년 만에 기로소에 입소한 일을 '아름
답고 성대한 일猗歟盛哉'로 표현하고, 숙종에 이어 자신이 기로소에 입
소한 일을 매우 영광스럽게 여겼다. 또한 그는 1719년에 왕자로서 『기
로소 어첩』이 만들어지는 과정을 편전에서 지켜본 일을 회상하며 기로
소 입소가 자신이 평소 이루고 싶었던 '지극한 소원至願'이라고까지 말
했다.[244] 아마도 그는 기로소 입소가 자신의 정통성을 확고히 인정받을
수 있는 중요한 계기가 될 것으로 확신했던 것 같다.

《기해 기사계첩》과 《기사경회첩》은 모두 기로소에서 제작한 것으로,

4. 성대盛代의 기록

124. 장득만 등, 《기사경회첩》 중 〈영수각 친림도〉의 세부, 1744년, 비단에 색, 53.2×37.6cm, 국립중앙
박물관.

국왕의 기로소 입소 행사에 참여한 기신들에게 나누어 준 계첩이다.
이 두 계첩은 기록화첩과 초상화첩의 성격을 동시에 지닌다. 《기사경
회첩》이 제작된 1744년 이후 기로소에 입소한 국왕은 고종뿐이다. 고
종은 1902년 영조의 전례를 좇아 51세의 나이에 기로소에 입소했다.
다만 전하는 기록도 그림도 없어 이때 계첩은 제작되지 않은 것으로 보
이고, 기신들의 초상화를 제작하려던 시도는 있었음이 기록으로 확인
된다. 이해 11월 25일에 고종은 기로소에 기신들의 초상화가 보관된
사실을 언급하며 당시 기신들의 초상화를 그릴 것을 지시했으나, 완성
여부는 알 수 없다.[245]

영조, 나이 든 신하의 초상화첩 제작을 정례화하다

기로소 관련 '계첩'은 1744년을 마지막으로 더 이상 제작되지 않았지만, 기신들의 초상화를 수록한 '초상화첩'은 19세기까지 지속적으로 제작되었다. 1719년과 1744년에 제작된 계첩을 포함해 19세기까지 제작된 일련의 기신 초상화첩은 조선시대에 '기사첩耆社帖' 혹은 '기사경회첩耆社慶會帖' 등으로 불렸다. 그리고 1756년부터 기사첩은 오로지 초상화로만 꾸며졌으며, 여러 부가 아닌 단 한 부만 제작되어 기로소에 보관되었다. 그 결과 기사첩은 국왕의 기로소 입소라는 행사를 기념하고 축하하는 내용까지 아울렀던 기록물에서 단순히 기신들의 초상화만 수록한 초상화첩으로 성격이 축소되었다.

기사첩의 제작이 정례화된 시점은 1756년이었다. 이해 8월 19일에 영조는 1719년과 1744년에 기신들의 초상화첩이 제작된 일을 언급하며 이를 이어 나갈 것을 천명했고, 당시 기신들의 초상화를 일괄적으로 그려 기로소에 보관하라고 지시했다. 이에 따라 기로소에서는 김재로金在魯 등 기신 10인의 초상화를 그려 수록한《병자첩丙子帖》을 제작했다. 개별 기사첩은 이처럼 제작된 해의 간지干支가 붙은 제목으로 명명되기도 했다.

1756년의 기사첩 제작은 아마도 숙종의 계비 인원왕후가 70세에 이른 것을 기념하기 위한 진하 행사가 계기가 되었을 것으로 생각된다. 영조가 기사첩 제작을 지시하기 40여 일 전인 7월 8일에 영조는 기신 및 문무 종친, 재신宰臣으로 60세 이상인 신하들을 데리고 인원왕후를 찾아 그녀의 70세 생일을 진하하고, 그다음 날에는 이를 기념하기 위해 영화당映花堂에서 60세 이상의 노인을 대상으로 한 문·무과 시험인 기로정시耆老庭試를 개최했다.[246]

4. 성대盛代의 기록

영조의 지시가 내려진 지 2개월 만인 10월 26일에 《병자첩》이 제작
되었다. 영조는 완성된 기사첩에 수록된 기신들의 초상화가 모두 핍진
하게 묘사되었는지 자세히 살피고는 이렇게 말했다.

> 김 영부사領府事[김재로]의 모습은 자못 늙었으며 우의정[신만]의
> 부친[신사철]은 화색이 많이 감돈다. 어유룡魚有龍, 홍중징洪重徵,
> 유복명柳復明은 매우 닮은 모습이다. 권적權繭과 이광세李匡世의 경
> 우는 방불하게 그렸는지 모르겠으니 그 자손으로 하여금 보게 하
> 면 반드시 [방불하지 못한 점을] 고치려 할 것이다. 이광세는 예전 춘
> 방春坊[세자시강원]에서 근무했는데 지금은 늙었다. 윤봉조尹鳳朝는
> 야위고 파리한 모습이 특히 심하니, 이전에 "이 세상에 살 뜻이
> 없다."고 한 것이 진실로 그러하다. 이중경李重庚은 더욱 흡사하니
> 이미 회혼回婚이 지났다고 들었는데 나이가 역시 많다.[247]

이처럼 영조는 《병자첩》 수록 인물 10인 중 정형복鄭亨復을 제외한
9인의 초상화에 대해 평을 남겼다. 한편 이때 영조는 김재로 초상화에
한해서 찬문 한 편을 지어 그 그림에 쓰도록 했다.[248] 영조가 기신들의
초상화를 한 점 한 점 자세히 살피며 그들을 떠올리는 장면은 그가 그들
을 얼마나 각별하게 생각했는지를 보여 주는 동시에, 초상화를 제작한
목적이 그들에 대한 자신의 총애를 드러내는 데 있었음을 알려 준다.

1763년에는 《계미첩癸未帖》이 제작되었는데, 이 기사첩에는 유척기
兪拓基 등 기신 11인의 초상화가 실렸다. 이해에 영조는 태조에 이어
두 번째로 70세에 이른 조선의 국왕이 되었다. 그는 이 일을 기념하기
위해 1월 1일에 기로소 영수각을 찾아 자신의 감회를 글로 써서『기로

소 어첩』에 남겼으며, 같은 달에 화원 변상벽에게 자신의 어진 한 본을 제작하게 했다. 그리고 2월 3일, 경현당에서 대신들과 함께 완성된 어진을 보았다.[249] 다음 날인 2월 4일, 경현당에 기신 11인을 포함한 여러 신하들이 모인 가운데 영조는 원래는 올해가 자신이 기로소에 들어가는 해라고 말하며 기신들의 초상화를 한 본씩 그려 기로소에 보관할 것을 지시했다.[250] 이렇게 해서 만들어진 것이 바로《계미첩》이다.

1768년에 왕실 종친 이익정李益炡 등 네 명의 신하가 기로소 입소를 계기로 영조의 윤허를 받아 초상화를 제작하게 되었다. 그런데 이듬해 4월, 이익정은 1768년 이전에 기로소에 입소한 기신들의 초상화도 제작해 줄 것을 영조에게 요청했다. 영조는 이를 받아들여 윤급尹汲 등 기신 5인의 초상화를 추가로 제작하도록 했다. 1770년에 이익정은 기신 중 초상화를 미처 제작하지 못한 4인의 초상화를 제작해 달라고 다시 영조에게 요청했으며, 이 역시 바로 받아들여졌다.

《무자첩戊子帖》은 이렇게 1768년에서 1770년에 걸쳐 제작한 기신 13인의 초상화가 수록된 기사첩이다.[251] 이 기사첩은 여러 해에 걸쳐 제작되었으나『기사지耆社志』에는 '무자년'(1768년)이라는 간지가 붙은 제목, 즉《무자첩》으로 소개되었다. 영조는 1771년 9월에 기로소 영수각에서《무자첩》을 열람하며 "윤급, 윤봉오, 이지억, 이길보는 더 이상 볼 수 없지만 그들의 모습이 어렴풋이 떠오른다."고 말했다.[252] 이들은 《무자첩》에 초상화가 수록된 기신들로 모두 1771년 이전에 사망했다. 《무자첩》의 제작 사례는 기사첩에 수록될 인물들의 초상화 제작이 반드시 동일 시점에 일괄적으로 이루어진 것은 아니었음을 보여 준다.

《기해 기사계첩》(1719)과《기사경회첩》(1744) 외에도 기사첩은 총 열네 차례나 제작되었다. 『기사지』는 헌종 때 이조·예조판서 등을 지낸 홍경모洪敬謨가 기로소의 설치 연혁, 기로소 입소 인물 명단 등 기로소 관련 제반 자료들을 체계적으로 정리해 엮은 책으로, 이 기록에 따르면 1719년부터 1849년까지 제작된 기사첩은 총 16종이며, 초상화가 수록된 기신의 수는 총 134명에 이른다.[253]

《기해첩》(1719, 10명), 《갑자첩》(1744, 8명), 《병자첩》(1756, 10명), 《계미첩》(1763, 11명), 《무자첩》(1768, 13명), 《계사첩》(1773, 8명), 《갑오첩》(1774, 8명), 《신축첩》(1781, 8명), 《갑진첩》(1784, 4명), 《정미첩》(1787, 6명), 《갑인첩》(1794, 11명), 《신미첩》(1811, 4명), 《정축첩》(1817, 14명), 《임오첩》(1822, 2명), 《신묘첩》(1831, 9명), 《을사첩》(1845, 11명)

홍경모는 《을사첩》 제작 때 작성한 「기사경회첩 서耆社慶會帖序」에서 기신들의 초상화를 정기적으로 제작하게 된 연원과 그 과정을 상세히 설명했다. 그는 기신들의 초상화 제작이 중국의 기린각, 운대, 능연각 고사에서 비롯되었다고 설명하면서, 숙종이 기로소에 입소한 뒤 나이든 신하를 우대할 목적으로 기신들의 초상화를 제작한 이래 그 전통이 이어졌다고 했다. 또한 1744년에 영조가 기로소 입소 직후 '후한의 명제가 광무제의 공신을 그리게 한 고사'를 들며 당시 기신들의 초상화를 제작하라고 지시한 일화도 소개했다.[254] 영조는 1750년에 분무공신들의 초상화를 재제작할 때에도 이 고사를 언급한 적이 있다.

이러한 사실은 당시의 국왕들이 '공이 큰 신하'라는 개념을 공신에 책봉된 신하로만 한정하지 않고 오랫동안 나라에 충성하며 성실히 공무에 봉직한 신하로 확대했음을 알려 준다. 그리고 기사첩 제작을 처음 지시한 숙종이나 그 제작 전통을 확고히 한 영조 모두 자신들의 기로소 입소를 성대盛代의 일로 인식했다. 그들은 아마도 자신들의 기로소 입소가 노구老軀의 기신들이 오랜 기간 자신들을 중심으로 보좌한 결과라고 믿었을지 모른다. 또한 왕조 초기부터 공신 초상화 제작 관행이 이어져 오던 상황에서 기신도 공신처럼 그 형상이 초상화로 남겨져야 한다고 생각했을지 모른다. 한편 기사첩은 반드시 기로소에 보관되었는데, 이는 무엇보다도 기린각, 운대, 능연각을 설치한 중국의 고사를 따른 것이었음을 알 수 있다.

《기해 기사계첩》(1719)과 《기사경회첩》(1744)은 국왕의 기로소 입소 행사를 기념할 목적으로 제작된 것으로, 이후 1902년까지는 국왕의 기로소 입소 행사가 없었다. 그런데도 1756년에는 《병자첩》이, 1763년에는 《계미첩》이 연이어 제작되었다. 이 두 첩은 각각 인원왕후와 영조의 장수를 축원하는 과정에서 제작되었으므로, 이제 기사첩의 제작 목적은 불명확해졌다. 이 점은 1768년의 《무자첩》 이후 더욱 두드러졌다. 《무자첩》, 《계사첩癸巳帖》(1773), 《갑오첩甲午帖》(1774)은 오로지 기신들의 모습을 초상화로 남겨 기로소에 보관한다는 취지로 만들어졌으며, 기사첩의 제작 간격도 조금씩 좁혀지기 시작했다.

───── **별본으로 남은 기로소 신하의 초상 1 – 이산두와 이익정**

기사첩은 총 16종이 제작되었지만 오늘날까지 전하는 것은 《기해 기사계첩》(1719)과 《기사경회첩》(1744)뿐이다. 기로소에 보관되어 온 기사첩들이 20세기 초에 모두 소실된 것이다. 그러나 기사첩 제작 과정에서 별도로 제작한 몇몇 초상화가 전한다. 별본으로 그려진 이산두李山斗의 초상화가 이에 해당한다.

앞서 언급했듯이 이익정은 1769년 4월, 1768년 이전에 기로소에 입소한 기신들의 초상화를 제작해 달라고 영조에게 요청했다. 영조는 이를 수락하면서 특별히 이산두를 거론했고, 그가 있는 안동으로 화원을 보내 초상화를 그리게 하고 그의 자손에게 완성된 초상화를 궁궐로 가져오라고 분부했다.[255] 이때 그는 "임금은 그의 신하를 볼 수 없고 신하는 그의 임금을 볼 수가 없으나 항상 마음으로 서로를 생각한다."는 말을 덧붙였다.

같은 해 5월 이산두의 손자 이전춘李全春이 완성된 조부의 초상화를 가지고 왔고, 이를 어람한 영조는 이렇게 감회를 표현했다.

> 너의 할아버지를 보고자 했는데 그의 손자가 나타났구나. 아! [닮게 그린 것이] 8할에 가깝도다. 실로 특별하다. 그의 초상화를 그려 가져왔는데 겨우 관冠과 옷, 흉배만을 분별할 수 있구나. 노인의 초상이 그가 나타나지 않은 것과 무엇이 다르겠냐마는, 지금 어렴풋하지만 그의 초상화를 보니 그 사람을 보는 것 같다.[256]

이산두의 초상화를 본 뒤 영조는 이모본 두 점을 제작하게 한 뒤 한 본은 궐내에 들이고 다른 한 본은 기로소에 보관케 했다. 그리고 이전춘이 가져온 그림은 본가로 다시 돌려보냈다.[257] 이때 영조는 '지중추 이산두知中樞李山斗'라 직접 쓰고 그 오른쪽에 세손世孫(훗날의 정조)에게 '구십 세 초상九十歲像'이라 쓰게 한 뒤 그 글씨를 이전춘에게 주었다. 그리고 "돌아가서 너의 조부에게 이 글씨를 주어서 그에게 '나의 얼굴을 보는 것과 같이 하라'고 하여라."라고 지시하고, 이어서 어필을 봉안할 상자를 만들고 그것을 봉안해 갈 사람을 지원하고 말을 지급하라고 명령했다.[258] 아마도 이때 영조는 초상화가 아닌 별도의 종이에 이 글씨를 써 주었던 것 같다.

이산두는 87세 되던 해인 1766년에 정2품의 자헌대부資憲大夫 품계를 받았으며, 88세 때인 1767년에 지중추知中樞에 임명되고 기로소에 들어갔다.[259] 그는 1735년에 남포현감藍浦縣監에 임명된 이후로 조정으로부터 제수받은 직임을 실제로 행한 경우는 거의 없었다. 그런데도 그는 지속해서 관직에 임명되고 품계를 올려 받았는데, 이는 영조가 그를 장수한 신하로 우대한 결과였다.

특히 1761년에 영조는 82세가 된 그에게 종2품의 가선대부 품계를 내리면서 서울로 올라오라고 지시했다. 이때 그는 몸이 불편해 상경하지 못했다. 영조는 1767년에도 같은 지시를 내렸으나, 영조와 그의 만남은 실현되지 못했다.[260] 1769년에 영조가 화원을 파견해 그의 초상화를 그려 오라고 한 것은 그가 기신이어서 그랬던 것이기도 하지만 90세에 이른 그를 직접 보고 싶어 한 영조의 바람도 컸다. 결국 영조에게 올려진 초상화 속 이산두는 실제의 이산두를 대신해 영조와 만나게 된 것이다.

현재 이산두의 초상화는 세 점이 전한다. 이 중 두 점은 비단에 그려진 것으로 그의 후손가에서 소장하고 있으며, 나머지 한 점은 국립중앙박물관 소장《해동 진신 도상첩海東搢紳圖像帖》에 수록된 초본이다.

후손가 소장본 중 한 점은 인물의 허리까지 묘사된 규격이 큰 반신상이고(그림 125), 다른 한 점은 가슴까지 묘사된 반신상이다. 이 중 후자는 보존 상태가 매우 안 좋다.《해동 진신 도상첩》의 이산두 초상화 역시 반신상인데, 후손가 소장본과는 달리 흉배가 표현되지 않았다(그림

125. 작가 미상, 〈이산두 초상〉, 1769년, 비단에 색, 66.0×37.2cm, 개인 소장.

126). "지사 이산두의 90세 초상知事李山斗九十歲眞"이라는 표제에서 이 초상화가 1769년에 제작된 것임을 알 수 있다. 이 세 초상화 속 이산두의 모습은 매우 비슷하다. 후손가 소장 두 초상화에 표현된 쌍학흉배와 금대는 그의 당시 품계인 정2품에 부합하니 1769년에 제작된 정본 초상화가 분명해 보인다.

이 세 점 중 영조가 어람한 것은 후손가 소
장본 중 크기가 작은 반신상 초상화로 추정
된다. 이 그림의 규격이 영조 때 제작된《기
사경회첩》의〈이의현 초상〉(그림 120의 오른쪽)
또는《김중만 충훈부 화상첩》의〈김중만 초
상〉과 유사하기 때문이다. 반면 화첩 수록에
적합하지 않은 큰 규격의 반신상(그림 125)은
이산두의 요청에 의해 화원이 제작한 별본
으로,《해동 진신 도상첩》수록본(그림 126)은
1769년에 진행된 이산두 초상화 제작 과정
에서 생산된 초본으로 각각 추정된다.[261]

126. 작가 미상,《해동 진신 도상첩》중〈이산두 초
상〉. 1769년. 종이에 색, 32.5×25.1cm, 국립중앙
박물관.

《해동 진신 도상첩》의〈이산두 초상〉(그
림 126)을 소실된《무자첩》에 수록된 이산두의 초상화와 연관된 것으로
본다면,《해동 진신 도상첩》의 다른 초상화들 역시 조선 후기의 기사
첩 제작 과정에서 생산된 초본이거나 기사첩 수록 초상화를 모본으로
해서 제작된 이모본들로 추정해 볼 여지가 있다.《해동 진신 도상첩》
에 수록된 초상화 중 특히 이경호李景祜, 이길보李吉輔, 이지억李之億, 신
사철, 이중경李重庚의 초상화는 기사첩 수록본과 연관된 것으로 파악된
다. 이 초상화들 속 주인공들은 모두 노년의 모습으로 묘사된 데다 기
사첩 수록 초상화를 제작한 이력이 있기 때문이다.

왕실 종친 이익정은 1768년에 70세가 되어 기로소에 들어갔다. 이해
에 이익정은 기사첩(《무자첩》)에 수록될 자신의 초상화를 제작했다. 그
러나 이 초상화는 현재 전하지 않고, 그의 전신상 초상화 한 점이 남아
있다.〈이익정 초상〉(그림 127)이 바로 그 그림이다. 이 그림 우측 상단

4. 성대盛代의 기록

判前事寺公七十歲真

班聯三公
翁鮚七旬
溫溫晬味
漂漂精神

星冠芳目輝
玉色蒼延之藏
人戲仙奇山一丸
為州日平鳳神仙

唐國趙和好資童蒔

에 적힌 "판부사 이 공의 70세 초상判府事李公七十歲眞"이라는 표제에서 알 수 있듯 이 그림은 1768년에 제작된 것이다. 머리에 쓴 5량梁의 금관과 허리에 찬 서대犀帶는 그가 당시 1품의 품계에 있었음을 입증하는 증표들이다.

초상화 상단에는 영조 때 이조판서 등을 역임한 조명정趙明鼎이 짓고 쓴 화상찬문이 있다. 이 글에서 조명정은 "나이는 칠순을 넘어壽躋七旬"라거나 "사람들은 혹 향산의 한 노인이라 하니人或謂香山一老"라고 했다.[262] 백거이가 향산구로회를 결성한 일을 떠올린 것인데, 이로 미루어 이 초상화는 그의 기로소 입소를 기념할 목적으로 제작된, 즉《무자첩》(1768) 제작 때 별본으로 그려진 그림으로 추정된다.

이 초상화에서 이익정은 국가 제례나 경축일, 조칙詔勅 반포 등이 있을 때 신하들이 입었던 금관조복金冠朝服을 착용하고 홀笏을 든 채 화문석 위에 선 모습으로 묘사되었다.

─── 별본으로 남은 기로소 신하의 초상 2 – 강세황과 구윤명

국립중앙박물관에는 '문인 초상 일괄 강세황 외 13인'(이하 '13인 모음')과 '문인 초상 일괄'(이하 '12인 모음')이라는 제목으로 각각 정리해 놓은 총 스물여섯 점의 초상화가 소장돼 있다. 이 초상화들은 크게 종이에 그려진 열아홉 점과 유지油紙에 그려진 일곱 점으로 나눌 수 있다. 이 스물여섯 점의 초상화에는 주인공의 인적 사항이 화면 우측 상단에 적혀 있는데, 필획의 특징이 모두 같아서 한 사람이 쓴 글씨로 추정된다. 그래서 원래 하나의 화첩으로 묶여 있다가 어느 때 분리된 것이 아닌가 싶다.

'13인 모음'에는 13인의 초상화 열네 점이, '12인 모음'에는 12인의 초상화 열두 점이 각각 들어 있다. 이 두 초상화 모음 중 구윤명具允明의 초상화만 두 점이 실려 있다. 스물여섯 점 중 스물두 점의 인적 사항 말미에는 '어느 때의 기사첩'이라는 사실이 적혀 있다. 이를 테면 〈강세황 초상〉(그림 128)에는 "판서 강세황, 자 광지, 호 표암, 진주인, 계사생, 병신 정시, 갑진년 기사본判書姜世晃 字光之 號豹菴 晉州人 癸巳生 丙申庭試 甲辰耆本"이라고 적혀 있어 이 초상화의 원본이 1784년《갑진첩》에 수록된 것이었음을 알 수 있다. 〈구윤명 초상〉(그림 129)에는 '신축년 기사본辛丑耆本'이라고 명시돼 있다. 따라서 이 초상화의 원본은《신축첩》에 실렸음을 알 수 있다.

두 초상화의 복식 및 얼굴 표현에서는 한결같이 형식적인 요소들이 엿보인다. 특히 〈강세황 초상〉(그림 128)에서 화가가 얼굴의 피부 질감을 드러내기 위해 사용한 붉은색 단선短線은 매우 도식적인 요소로 보인다. 이 그림을 1783년에 이명기가 그린 〈강세황 초상〉(그림 131)과 비교해 보면 도식적·형식적 요소를 쉽게 알아차릴 수 있다.

이 점은 〈구윤명 초상〉(그림 129)에서도 확인된다. 구윤명의 초상화는 국립중앙박물관 소장《명현 화상첩名賢畵像帖》에도 수록돼 있다(그림 130). 이 화상첩에 실린 초상화들은 후대의 이모본이 아닌, 화가가 대상 인물들을 직접 보고 그린 초본들로 추정된다. '12인 모음'의 〈구윤명 초상〉(그림 129)과《명현 화상첩》의 〈구윤명 초상〉(그림 130)을 비교해 보면 주인공의 이목구비는 물론 수염의 형태 등이 모두 유사하게 묘사돼 있음을 알 수 있다. 하지만 눈 주변에 적용된 음영이나 팔자 주름의 형태 등을 보면 '12인 모음' 수록본에 매우 형식적인 필치가 적용되었음을 알 수 있다. 이와 같은 도식적·형식적 요소는 '13인 모음'과 '12인 모음'의 모든 초상화들에서 확인되므로 이 그림들은 모두 기사첩에 실렸던

128. 작가 미상, 〈강세황 초상〉('문인 초상 일괄' 중), 19 세기, 종이에 색, 39.2×37.5cm, 국립중앙박물관. (위 왼쪽)
129. 작가 미상, 〈구윤명 초상〉('문인 초상 일괄' 중), 19 세기, 종이에 색, 39.2×37.5cm, 국립중앙박물관. (위 오른쪽)
130. 작가 미상, 《명현 화상첩》 중 〈구윤명 초상〉, 18세 기, 종이에 색, 56.0×37.3cm, 국립중앙박물관. (아래)

원본이 아닌, 적어도 19세기 이후에 제작된 이모본으로 추정된다.

1783년 가을, 강세황의 셋째 아들 강관姜儇은 이해에 부친의 초상화 를 제작하게 된 내력과 제작 과정을 상세히 기술한 「계추 기사季秋記事」 를 남겼다. 이 글에서 강관은 부친이 이해에 부총관副摠管에 오른 데 이 어 기로소에 들어간 일과 정조의 명으로 이명기가 그린 부친의 초상

4. 성대盛代의 기록

豹菴姜公七十一歲眞

御製祭文

踈懶惟韻粗跡雲煙揮毫萬紙內屛宸墨

卿官不冷三絶則虔北樣華國西樺躃先

才難之思薄辭是宣

曹允亨謹書

131. 이명기, 〈강세황 초상〉, 1783년, 비단에 색, 145.5×94.0cm, 국립중앙박물관.

화를 받은 일을 소개했다.[263] 국립중앙박물관 소장 〈강세황 초상〉(그림 131)이 바로 이때 이명기가 그린 초상화로, 화면 상단 우측의 "표암 강공의 71세 초상豹菴姜公七十一歲眞"이라는 표제로 이 그림이 1783년에 제작되었음을 알 수 있다.

표제 왼편에는 강세황 사후에 조윤형曹允亨이 쓴 정조의 어제 제문祭文이 있다. 한편, 1784년 윤3월에 정조는 강세황의 장남 강인姜偵에게 부친이 기로소에 입소했는데 초상화가 있느냐고 물었다. 강인이 초상화를 그리지 못했다고 답하자 정조는 그의 초상화 제작을 지시했다.[264] 강관이 바로 전해에 정소의 명으로 이명기가 그린 부친의 초상화를 받은 일을 밝혔는데, 강인이 왜 이때 부친의 초상화를 그려 받지 못했다고 말했는지는 알 수 없다. 강세황의 초상화가 《갑진첩》(1784)에 수록되었던 사실로 미루어 그의 답변은 기사첩에 수록할 초상화를 제작하지 못했다는 뜻이었던 것 같다.

강세황의 사례는 국왕이 기사첩 제작과 상관없이 기로소에 입소한 신하에게 초상화 소유 여부를 묻고 그의 초상화를 제작하도록 지시한 일이 종종 있었음을 알려 준다. 특히 《무자첩》 제작 사례에서 확인했듯이, 대략 18세기 후반부터 기신들의 초상화는 반드시 기로소 입소 시점에 일괄적으로 제작되지는 않았다. 또한 강세황의 경우처럼 기로소 입소 후에 국왕의 승인을 얻어 여러 차례 자기 초상화를 제작한 사례도 종종 있었다. 그리고 이 과정에서 대본大本 전신상을 별도로 제작하는 일도 빈번했던 것으로 파악된다.

───── **별본으로 남은 기로소 신하의 초상 3 ─ 김치인과 채제공**

〈김치인 초상〉(그림 132)도 별도로 제작한 대본 전신 초상화

御贊
七十二歲眞

精神兩注晧髮颯興起曰
洛波元老之像
上之十一年丁未三月二十九日□下

李命基寫

사례의 대표적인 작품이다. 이 초상화는
1787년에 이명기가 김치인金致仁의 72세
때 모습을 그린 것이다. 이 그림에는 정조
가 같은 해 3월 29일에 김치인을 위해 지은
화상찬문이 적혀 있다. 이민보李敏輔는 김
치인의 행장行狀에서 이 화상찬문의 유래
를 설명했는데, 이에 따르면 정조가 일찍이
기신의 초상화를 그려 바칠 것을 명했는데
특별히 김치인의 초상화를 본 뒤에는 화상
찬을 직접 작성했다고 한다.[265]

133. 이명기(추정), 《초상화첩》 중 〈김치인 초상〉.
1787년(추정), 비단에 색, 56.1×41.2cm(화첩 규격),
일본 텐리대학교 도서관.

〈김치인 초상〉은 대본 전신 초상화로,《정
미첩》(1787) 제작 때 만든 별본으로 추정된
다. 아마도 이때 반신상도 제작되어 이 기사첩에 수록되었을 것이다. 한
편, 일본 텐리대 도서관 소장《초상화첩》의 〈김치인 초상〉(그림 133)은
반신상인데, 이 그림에도 앞서 소개한 정조의 어제가 적혀 있다.

두 초상화 속 김치인은 거의 동일한 모습이다. 반신상에 음영이 좀
더 두드러지게 반영되었을 뿐 표현 방식은 서로 매우 유사하다. 따라
서《초상화첩》수록본(그림 133)은《정미첩》에 수록된 본이거나 이 기사
첩 제작 과정에서 생산된 여러 본의 초상화 중 한 점일 수 있다.

마지막으로 정조 때 그려진 기신 초상화로 영국 대영박물관 소장
〈채제공 초상(홍단령본)〉(그림 134)이 있다. 이 초상화의 우측 상단에는
"번암 채 상국의 70세 초상樊巖蔡相國七十歲眞"이라는 표제가 있고, 좌
측 상단에는 1792년에 채제공이 이 그림의 제작 과정에 대해 직접 짓
고 쓴 글이 있다. 이 글에 따르면, 정조가 1789년에 채제공의 초상을

제작해서 궐내에 들이라고 명했으며, 이때 채제공이 자신의 자손이 영원히 바라보며 의지할 바탕으로 삼게 할 목적으로 소본小本 초상화의 별본으로 이 초상화를 제작했다고 한다. '소본 초상화'는 곧 '궐내에 들일 본'을 말한다. 정조 때는 궐내 납입을 위한 신하들의 초상화를 자주 제작했는데, 이들 대부분은 소본, 즉 반신상이었던 것 같다.

채제공은 1789년 1월에 70세가 되자마자 곧바로 기로소에 입소했다. 이로 미루어 정조가 채제공의 기로소 입소를 계기로 그의 초상화를 제작하라고 지시했던 것으로 보인다.[266] 이해에는 기사첩이 제작되지 않았고 《갑인첩》(1794)에 그의 초상화가 수록되었으니, 1789년의 이 초상화는 기사첩 제작 과정에서 생산된 것이 아니라 단순히 그의 기로소 입소를 계기로 그려진 것으로 추정된다. 텐리대 도서관 소장 《초상화첩》에 수록된 〈채제공 초상〉(그림 135)은 화면에 어떤 기록도 없지만 이때 궐내 납입을 위해 제작된 초상화가 아닐까 한다.

현재 전하는 채제공의 초상화는 1784년, 1789년, 1791년에 제작된 것이다(그림 34, 134, 35). 모두 이명기가 그린 것으로, 이 초상화들에서 채제공의 복식이나 자세는 조금씩 다르지만 이목구비 등의 얼굴 묘사 방식은 서로 유사하다. 다만 세 시점에 제작된 초상화에서 채제공의 귀의 형태가 눈에 띌 정도로 조금씩 다르게 묘사되었다. 귀의 형태에서 1789년에 그려진 대영박물관 소장본(그림 134)과 가장 유사한 것은 텐리대 도서관 소장본(그림 135)이다. 하지만 이 사실만으로 텐리대 도서관 소장본을 1789년에 제작된 '궐내 납입본'으로 단정할 수는 없다. 그러나 소본 반신상으로 세밀하고 정교한 필치를 보여 주는 이 초상화는 어떤 목적으로든 국왕의 지시로 그려져 궐내 혹은 기로소와 같은 특정 기관에 보관되었던 본은 분명해 보인다.

135. 이명기(추정), 《초상화첩》 중 〈채제공 초상(흑단
령본)〉, 1789년(추정), 비단에 색, 56.1×41.2cm
(화첩 규격), 일본 텐리대학교 도서관.

134. 이명기, 〈채제공 초상(홍단령본)〉, 1789년, 비단에 색, 96.5×
59.5cm, 대영박물관.

　이처럼 정조는 기사첩 제작과 무관하게 기로소에 입소한 신하들의
초상화를 개별적으로 그려서 완성된 초상화 중 한 본을 궁중에 보관케
했다. 즉 그는 기신의 초상화를 특정 시섬에 일괄 제작하는 관행을 유
지하는 한편으로 상시로 제작하는 관행도 만들었던 것이다.

4. 성대盛代의 기록

현신賢臣과 충신忠臣을 기억하다

───── **숙종이 왕자에게 하사한 〈연잉군 초상〉**

　　숙종과 영조는 공신 초상화 제작에 큰 관심을 기울였다. 공신 초상화 제작에 직접 관여하는가 하면 완성된 초상화를 직접 살펴보기도 했다. 때로는 특정 공신의 초상화를 어람한 뒤 찬문을 지어 하사하기도 했다. 이는 다른 국왕들에게서는 거의 찾아볼 수 없는 면모였다.

　또한 두 국왕은 자신의 기로소 입소 행사를 계기로 기신들의 초상화를 제작하도록 하여 이를 관행으로 정착시켰다. 이 과정에서 숙종과 영조는 기신들을 공신과 다름없는 신하로 대했으며, 공신 책봉 때마다 교서에 언급했던 "형상을 그려 후세에 전한다圖形垂後"라는 문구를 기신들에게도 적용했다.

　정조는 두 국왕이 확립한 기신 초상화 제작 전통을 더욱 확고하게 계승했다. 그 역시 특정 관리의 기로소 입소를 계기로 초상화를 제작토록 했으며, 기사첩에 수록할 소본小本 반신상 외에 대본大本 전신상을 그리게 하여 해당 기신에게 수여하기도 했다.

한편 숙종, 영조, 정조는 공신과 기신에 그치지 않고 평시에 여러 명목을 내세워 측근 신하들의 초상화를 제작해 직접 하사하거나 대내大內 혹은 특정 관청에 보관하게 했으며, 이를 관행으로 정착시켰다. 이 국왕들 중에서도 왕실 행사나 특정 사건을 계기로 최고위직에 있는 관리나 왕자들의 초상화를 제작하는 관례를 만든 것은 숙종이었다.

1713년에 숙종은 자신의 어진 제작에 참고하기 위해 중국 화가가 그린 김창집의 초상화 초본을 궁궐로 가져오게 해서 다른 대신들과 함께 그 그림의 채색 방식을 자세히 살폈다.267 숙종의 어진이 제작되기 직전인 이 무렵에 김창집은 중국 사행使行을 다녀온 터였다. 어진 제작이 끝나자 숙종은 "대신[김창집]의 도상圖像[초상화]을 그냥 돌려줄 수 없다."고 말하며 어진 주관화사 진재해에게 김창집 초상화를 그려 그에게 줄 것을 지시했다. 또한 숙종은 완성된 김창집의 초상화를 본 뒤 화상찬을 직접 지었다.268

숙종의 어진 제작을 주관하던 어용모사도감의 도제조 이이명은 숙종이 김창집의 초상화 제작을 지시한 일을 중국의 고사에 견주었다. 그 고사는 은殷나라 고종高宗이 꿈에서 본 성인聖人을 화가에게 초상화로 그리게 한 뒤 그 그림을 가지고 성인을 찾아다녔는데, 그러던 중 성곽 부여을 하던 부열傅說이 바로 그림 속 성인임을 알아차리고 그를 재상에 등용했다는 내용이다.

또한 숙종이 김창집을 등용해서 백성들로 하여금 그를 우러러보게 하고, 그를 마음으로 신임하는 신하로 삼으며, 그의 모습을 그려 당대를 빛내고자 한 일이 전한과 후한에서 기린각과 운대를 건립해 외국에 과시하거나 전대前代를 추억하도록 한 것보다 의미 있는 일로 평가했다.269 이 때 대본 한 점과 소본 두 점의 김창집 초상화가 완성되었는데, 이 중 대본

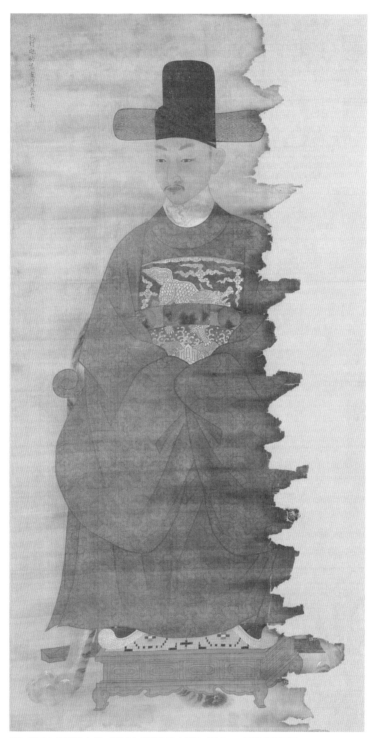

136. 박동보, 〈연잉군 초상〉, 1714년, 비단에 색, 183.0×87.0cm, 국립고궁박물관.

에는 이이명이 쓴 찬문과 서문, 숙종의 화상찬, 김창흡의 발문이 적혀 있었다.[270] 다만 안타깝게도 이 초상화들은 현재 전하지 않는다.

숙종은 자신의 곁에서 몇십 년간 봉직한 신하뿐 아니라 자신을 간병한 왕자들에게도 초상화를 수여하여 그들의 노고에 고마움을 표시했다. 〈연잉군 초상〉(그림 136)은 숙종의 명으로 1714년에 도화서 화원 박동보가 왕자 시절의 영조, 즉 21세 때의 연잉군延礽君을 그린 초상화다.[271]

그해에 숙종은 연잉군이 8개월 동안 자신의 곁에서 약시중을 한 노고를 잊을 수 없다며 박동보에게 초상화를 그리게 하고, 연잉군에게 말 한 필을 하사한다는 유서를 내렸다.[272] 이때 연잉군뿐 아니라 그의 이복동생 연령군延齡君의 초상화도 같은 명목으로 제작되었다.

영조(연잉군)는 즉위 후 최소 여섯 차례(1724년, 1733년, 1744년, 1754년, 1763년, 1773년)에 걸쳐 열세 점 이상의 어진을 제작했다. 이처럼 많은 어진을 제작했지만 그가 평생 가장 소중하게 여겼던 것은 부왕父王 숙종으로부터 하사받은 〈연잉군 초상〉이었다. 그는 이 그림을 숙종이 자신에게 내린 은혜의 표지標識이자 자신의 왕위 계승의 정통성을 보여주는 증표로 여겼다.

─── **등준시登俊試 무과 합격자들의 초상화**

영조는 기사첩의 제작을 정례화하는 등 측근 신하들의 초상화 제작에 남다른 관심을 가졌다. 다음의 일화는 그가 신하들의 초상화 제작에 관심을 가졌던 이유를 설명해 준다.

1746년 4월, 동지사同知事 원경하元景夏는 영조에게 조을祖乙(상나라 13대 왕)과 선왕宣王(주나라 11대 왕) 시절의 중흥은 신하들이 왕(영조)에게 바라는 것이지만, 자신과 신하들은 선왕을 충실히 보좌했던 중산보仲山甫나 윤길보尹吉甫의 공에는 미치지 못한다고 말했다. 그러면서도 그는 전한前漢 선제宣帝 때의 이름난 신하 병길丙吉과 두연년杜筵年의 초상화가 기린각에 걸린 경우를 자신과 대신들이 오만방자하게도 바란다고 했다. 영조가 기린각에 초상화가 걸린 이가 몇 명이었느냐고 물으니, 원경하는 한증韓增, 조충국趙充國 등 십여 명이었다고 답했다. 이에 영조는 조선에서는 중흥에 공헌한 신하로 좌리공신佐理功臣이 있었다고 말했다. 좌리공신은 개국이나 반정, 반란 진압 등의 특별한 사건에서 공을 세운 것이 아닌, 성종을 잘 보필한 것만으로 공신에 책봉된 이들이었다. 그러면서 영조는 대신들도 중흥을 도모하고자 하는 마음이 있겠지만 중흥을 이루기도 전에 한증 등 한나라 명신들처럼 먼저 초상화를 가지려는 것이 의도한 바는 아닐 거라고 웃으며 말했다.[273]

영조와 원경하는 중국 역대 왕조의 중흥을 이끈 군주와 신하들에 대해 토론하는 한편, 특별히 한나라의 중흥을 견인한 신하들의 초상화가 걸린 기린각을 언급하며 조선의 중흥을 위해 함께 분발할 의지를 다졌다.

이 일은 영조가 몇 차례나 후한 명제의 운대 조성을 언급한 일을 연상시킨다. 특히 이 일화 말미에 영조가 웃으며 한 말은 왕조의 중흥을 이룬다면 대신들의 초상화를 그려 기린각이나 운대 같은 곳에 두지 못할 이유가 없다는 말처럼 들린다. 결국 이 일화는 영조가 왕조의 중흥을 이루기 위해서는 무엇보다 신하들의 헌신이 전제되어야 하고, 왕조의 중흥이 실현되면 신하들의 초상화를 제작해 특정 장소에 두어 공적을 기릴 것이며, 이는 그들의 노고에 보답하는 최선의 방책이라고 생각하고 있었음을 보여 준다.

《등준시 무과 도상첩登俊試武科圖像帖》은 영조의 이러한 인식이 반영된 초상화첩 중 하나다. 이 화첩은 1774년에 영조가 경복궁 근정전 터에서 시행한 등준시登俊試 무과 합격자들의 초상화를 첩으로 꾸민 것이다. 등준시는 현직 문무 관료를 대상으로 특별히 실시했던 과거 시험으로, 이때의 등준시는 세조가 1465년에 실시한 이후 300여 년 만의 일이었다.

이 초상화첩은 영조가 내린 전교傳敎, 합격자 명단인 방목榜目, 합격자 18인의 초상화 그리고 화첩 제작에 참여한 화원 명단인 좌목座目으로 구성돼 있다.[274] 좌목에는 한종유, 한종일韓宗一, 신한창申漢昌, 장홍張絃, 김종린金宗獜, 최득현崔得賢, 한정철韓廷喆 등 7인의 이름이 적혀 있다.

전교에는 영조가 1월 18일과 25일에 각각 하교한 내용이 실렸다. 1월 18일 전교에는 문과 합격자 15인과 무과 합격자 18인의 화상첩畵像帖을 제작해 예조와 병조에 각각 보관하라는 지시가, 1월 25일 전교에는 문·무과 화상첩 각 한 건씩을 궐내로 들이라는 지시가 각각 실려 있다.[275] 이때 《등준시 무과 도상첩》과 함께 제작된 문과 합격자의 초상화첩은 전하지 않는다.

1774년 1월 24일, 예조판서 민백흥閔百興과 병조판서 조중회趙重晦는 문과와 무과의 화상첩 제작에 쓰이는 재원을 호조와 병조에서 각각 조달하고 초상화 제작은 예조에서 일괄 담당하게 해 달라고 영조에게 요청해 승인을 받았다. 이때 민백흥은 기사첩의 전례를 따라 이 화상첩을 제작할 계획임을 영조에게 보고했다.[276]

5월 2일, 영조가 민백흥에게 등준시 합격자들의 초상화가 완성되었냐고 묻자 그는 무과 합격자들 것만 아직 완성되지 않았다고 보고했

137. 한종유 등, 《등준시 무과 도상첩》 중 〈이창운 초상〉, 1774년, 비단에 색, 47×35.2cm, 국립중앙박물관. (왼쪽)
138. 한종유 등, 《등준시 무과 도상첩》 중 〈이달해 초상〉. (오른쪽)

다. 이에 영조는 이미 그려진 것이라도 먼저 궐내에 들이라고 지시했
다.[277] 다음 날에도 영조는 김상철金尙喆에게 등준시 합격자의 화상첩
을 보았냐고 물었고, 김상철이 보았다고 하자 합격자들의 모습이 방불
하게 그려졌는지 다시 물었다. 이처럼 영조는 등준시 합격자들의 초상
화 제작을 승인한 이후 초상화첩의 완성과 열람을 간절히 기다리고 있
었다.[278]

영조는 등준시를 자신의 의지로 300여 년 만에 다시 시행한 성대盛代
의 행사로 생각했고, 등준시 합격자들을 이 성대의 행사를 빛낸 신하
들로 여겼다. 영조가 등준시 합격자들을 위해 초상화첩 제작을 지시한
1월 24일, 송재희宋載禧 등 합격자들은 자신들이 과거에 합격했을 뿐
특별한 공로가 없는데도 초상화를 제작하는 일에 많은 비용이 쓰이는

점을 거론하며 화상첩 제작이 지나친 일이라 말했다. 이때 영조는 후한의 명제가 운대를 조성한 일을 언급하며 300여 년 만에 다시 시행된 경사를 기념하기 위해 행사에 참여한 신하들의 초상화를 그리는 일은 전혀 지나친 일이 아님을 밝혔다.[279] 결국 영조는 신하들의 초상화 제작과 보관을 통해 자신이 다스리는 세상이 치세治世이자 성대임을 보여 주려 했던 것 같다.

《등준시 무과 도상첩》에는 무과 합격자 18인의 반신 초상화가 한 면에 한 점씩 수록돼 있어《기해 기사계첩》이나《기사경회첩》의 전례에 따라 제작했음을 알 수 있다. 이 조상화첩 중〈이창운 초상〉(그림 137)과 〈이달해 초상〉(그림 138)에서 이창운李昌運과 이달해李達海는 오사모에 사자나 호랑이가 수놓인 흉배가 부착된 단령 그리고 종2품 관리가 차는 학정금대를 착용하고 있다. 두 인물은 모두 오른쪽으로 몸을 약간 튼 모습이며, 두 초상화에서는 18세기 전반 진재해가 확립한 전형적인 도화서 초상화풍이 확인된다. 다만 두 초상화는 이목구비 표현과 음영 적용에서 차이를 보이는데, 이는 초상화 제작에 참여한 화원 개개인의 양식이 반영되었기 때문으로 생각된다.

한편 이 화상첩에 실린 모든 초상화들을 자세히 보면, 화상첩 제작에 참여한 화가들의 전반적인 화풍은 다음 세대인 이명기의 화풍과 확실한 차이가 있음을 알 수 있다. 이명기는 이들보다 서양의 음영법을 훨씬 농후하게 적용해 보다 핍진한 사실성을 추구했다.

─── 정조, 근신近臣들의 초상화 제작을 수시로 지시하다

영조에 이어 왕위에 오른 정조는 특정 행사 개최와 무관하게 가까이에서 자신을 보좌한 신하들의 초상화 제작을 수시로 지시했다.

1800년 6월, 정조는 편전에서 금위대장 서유대徐有大 등 신하들과 여러 현안을 논의하던 중 서유대가 근래 장신將臣 중 용모가 제일이라고 칭송하며 그에게 이렇게 말했다.

> 내가 일찍이 대신大臣, 각신閣臣, 장신의 초상화를 그려 첩으로 만들어 두었으나 근래 새로이 임명한 장신들은 모두 초상화를 만들지 못했다. 여러 장신 중에 초상화가 없는 자가 있는지, 경은 그것을 물으라. 그리고 경의 초상화 또한 늙기 전 모습을 모사한 것이니 근래 모습으로 다시 한 본을 만드는 것이 좋을 것이다.[280]

이 기록은 정조가 재상, 규장각 관리, 각 군영의 우두머리 장수 등 측근 신하들의 초상화를 지속적으로 제작하고 그 그림들로 자주 초상화첩을 만들었음을 시사한다. 현재까지 이때 제작된 초상화첩으로 확인된 것은 없지만, 일본 텐리대 도서관 소장 《초상화첩》은 정조가 말한 초상화첩과 관련 지을 수 있는 것으로 추정된다. 이 화첩에 수록된 초상화들의 제작 시점이나 성격 등에 대한 본격적인 분석은 아직 없었다.

이 초상화첩에는 정조 때 활약한 최고위 관료 23인의 반신상 스물세 점이 수록돼 있다. 초상화들 중에는 표제에 주인공의 나이가 적혀 있는 것도 있고, 그림 옆 회장에 주인공의 관직명과 이름이 적혀 있는 것도 있다. 그리고 23점 중 14점에는 화상찬문이 적혀 있는데, 이 중 일부는 정조가 지은 것이 확실하며 나머지도 그의 것으로 추정된다.

초상화 스물세 점에는 한결같이 사실적 표현 기법이 적용돼 있는데, 특히 정조 대 도화서 화원들의 화풍이 엿보인다. 그런데 이 초상화첩은 같은 시점에 일괄 제작한 초상화들로 엮은 화첩은 아니고, 그렇다고 19세기 이후에 한두 화가가 일괄 이모한 초상화들을 누군가 엮은 화첩도 아닌 것 같다. 오히려 정조 때 약간의 시간차를 두고 여러 화가들에 의해 제작된 초상화들을 어느 시점에 누군가가 첩으로 꾸민 것으로 생각된다. 즉 텐리대 도서관 소장《초상화첩》은 정조의 명으로 제작해 궐내에 보관했던 초상화들로 꾸며진 화첩이 아닌가 싶다.

1781년 10월, 정조는 규장각 각신의 소상小像 즉 반신상을 그려 바칠 것을 명하면서 김종수金鍾秀의 초상화도 제작하라고 지시했다. 정조는 화원 한정철을 보내 김종수의 초상화를 그리게 했으며, 완성된 그림을 어람한 뒤 다음과 같은 내용의 화상찬문을 지어 그에 대한 총애를 보였다.

> 조정에서 홀로 대의大義를 맡고, 재야에서는 세속의 더러움에 물들지 않았네. 이 사람이 공적은 우뚝하나 마음은 깨끗이 빈 사람이 아닌가![281]

김종수의 문집에 소개된 이 화상찬문은 텐리대 도서관 소장《초상화첩》에 수록된 〈김종수 초상〉(그림 139) 상단 좌측에도 적혀 있다. 따라서 이 초상화는 1781년에 정조의 명으로 그려진 것으로 추정할 수 있다. 그해 10월에 김종수는 의정부의 좌참찬左參贊으로 있으면서 홍문관과 예문관의 대제학을 겸직한 상태였다.

이 그림에는 1780년대 이후 고위 관료의 초상화를 거의 도맡아 제작했던 이명기의 화풍은 전혀 보이지 않는다. 앞서 이명기가 그린 것으로 가정한 1789년 작 〈채제공 초상〉(그림 135)과 비교하면 이를 뚜렷이 알 수 있다. 따라서 이 초상화의 제작 시점은 정조 대 초기이며, 앞의 기록대로 한정철이 그린 것으로 보는 것이 합당해 보인다.

한정철은 앞서 언급한 《등준시 무과 도상첩》 제작에 참여했던 화원이다. 이 화첩에 실린 〈이달해 초상〉(그림 138)을 〈김종수 초상〉과 비교하면 이목구비의 표현, 양눈 주변의 얼굴색, 왼뺨에 적용된 음영 등에서 두 초상화의 유사함이 보인다. 두 그림에서 눈 주변에 둥근 원형의 선을 긋고 그 원 바깥쪽에 옅은 먹을 칠해 음영을 표현한 것이 매우 비슷하다. 이러한 사실은 두 작품의 화가가 동일인이거나, 그렇지

139. 한정철(추정), 《초상화첩》 중 〈김종수 초상〉, 1781년 (추정), 비단에 색, 56.1×41.2cm(화첩 규격), 일본 텐리대학교 도서관.

않더라도 그 두 화가가 같은 시기에 유사한 화풍을 공유했을 가능성을 시사한다.

《초상화첩》에는 1781년에 그려진 초상화가 세 점 더 있다. 바로 〈서명응 초상〉(그림 140), 〈정민시 초상〉, 〈서명선 초상〉이다. 세 초상화의 오른쪽 상단에 모두 동일한 예서체로 표제가 적혀 있다. 〈서명응 초상〉의 "대총재 삼관 대학사 내각학사 보만 서 공의 66세 초상(명응)", 〈정민시 초상〉의 "대사농 내각학사 정와 정 공의 37세 초상(민시)" 그리고 〈서명선 초상〉의 "영의정 동원 서 공의 57세 초상(명선)"이 그것이다.[282] 즉 세 초상화는 각각 66세의 서명응徐命膺, 37세의 정민시鄭民始, 57세의 서명선徐命善을 그린 것이다. 표제 중 '대총재大冢宰'는 이조판서를, '삼관三館'은 예문관·춘추관·성균관을, '대사농大司農'은 호조

판서를 각각 일컫는다.

제작 시점이 1781년으로 동일하고
표제가 동일한 예서체로 적혀 있으므
로, 이 세 초상화는 같은 시점에 함께
제작된 것 같다. 또한 세 그림의 화풍
은 〈채제공 초상〉(그림 135)에서 확인
되는 이명기의 화풍이 아니라,《등준
시 무과 도상첩》에서 볼 수 있는, 영
조 대부터 활약한 화원들의 화풍과
유사하다. 〈이창운 초상〉(그림 137)과
〈서명응 초상〉(그림 140)을 비교해 보
면 양쪽 콧방울과 콧구멍의 묘사, 눈
주변에 반원형 선을 긋고 그 바깥쪽에
옅게 선염渲染하여 음영을 표현한 점
등에서 유사함이 보인다.

140. 작가 미상, 《초상화첩》 중 〈서명응 초상〉, 1781년(추
정), 비단에 색, 56.1×41.2cm(화첩 규격), 일본 텐리대학교
도서관.

한편, 세 사람 중 서명응과 정민시는 1781년에 각각 규장각 제학提學
과 직제학直提學으로 있었으므로 두 초상화는 1781년에 규장각 각신의
초상화를 제작하라는 정조의 명으로 제작된 것임이 분명해 보인다. 또
한 세 초상화 모두 〈김종수 초상〉처럼 정조의 어제가 같은 위치에 적혀
있다.

이런 사실들로 볼 때《초상화첩》에 실린 김종수, 서명응, 정민시, 서
명선의 초상화는 같은 시점에 제작된 것으로 보아 무방하다.

정조가 평소에 측근 신하들의 초상화를 빈번하게 제작했음은 다음
의 기록에서도 확인된다. 1796년에 그는 이명기를 불러 자신의 어진을

4. 성대盛代의 기록

그리게 하고, 규장각 학사 서용보徐龍輔, 이만수李晩秀, 이시원李始源, 남공철南公轍 등 4인에게 번갈아 가며 입시入侍하여 어진 제작을 감독하게 했다. 그리고 어진 제작이 끝나자 정조는 이 네 신하의 초상화 제작을 명했고, 이후 완성된 초상화들을 직접 보았다. 이때 각 초상화는 축軸으로 제작되어 궐내에 보관되다가 정조 승하 후 각 신하의 집으로 보내졌다.[283] 아쉽게도 이 4인의 초상화는 현재 전하지 않는다.

정조는 어느 해 화공에게 명하여 오재순吳載純, 김종수, 김희金熹 등 규장각 각신의 가거도家居圖, 즉 집에 기거할 때의 모습을 그리게 했다. 특히 그는 네 신하마다 별도의 화제畵題를 직접 써 주며 그에 부합하는 그림을 그리라고 화공에게 지시했다.[284] 오재순에게는 "오 제학은 부좌하고 조용히 수양하네吳提學趺坐習靜", 김종수에게는 "김 제학은 손님을 마주하고 먼지를 털고 있네金提學對客揮塵", 김희에게는 "김 직학은 술에 취해 책상에 기대어 잠들었네金直學憑几醉睡"라고 써 준 것이다. 이 그림들은 전형적인 공신 초상화 형식이 아닌, 평상시 모습을 포착한 서재도書齋圖 형식으로 추정해 볼 수 있는데, 이 초상화들도 현재 전하지 않아 구체적인 내용은 알 수 없다.

───── **정조가 가장 총애한 채제공의 초상화**

정조 때 고위직에 오른 인물 다수의 관복본 초상화가 현재까지 남아 전한다. 이 중 상당수는 정조의 지시로 제작된 것으로 파악되는데, 가장 널리 알려진 작품이 채제공의 초상화다.[285] 현재 전하는 채제공의 초상화는 1784년, 1789년, 1791년에 제작된 것들이다. 1784년 작으로는 금관조복본 한 점(그림 34), 흑단령본 한 점, 초본 두 점 등 네 점이, 1789년 작으로는 대영박물관 소장 홍단령본(그림 134)

이, 1791년 작으로는 홍단령본(시복본) 한 점(그림 141), 흑단령본 한 점, 초본 한 점 등 세 점이 전한다.[286]

이 초상화들은 모두 이명기가 그렸지만, 초상화 제작이 모두 정조의 지시로 이루어졌는지는 명확하지 않다. 다만 채제공의 기로소 입소를 계기로 그려진 것으로 앞서 추정한 1784년 작(그림 134)과 1791년 작(그림 141)은 정조의 명으로 그려진 것이 분명하다.

이 중에서 1791년 초상화의 제작 과정은 구체적으로 알려져 있다. 이해 10월에 정조는 자신의 어진이 완성되자마자 주관화사였던 이명기에게 채제공의 초상화를 제작해 궐내로 들이라고 지시했다. 이때 이명기는 궁궐 납입본과 별개로 채제공의 부탁을 받아 한 본을 더 제작했다. 〈채제공 초상(홍단령본)〉(그림 141)이 바로 그 작품이다. 정조가 이명기에게 측근 신하의 초상화를 그리게 한 것은 숙종이 진재해에게 김창집의 초상화를 그리게 한 것을 떠올리게 한다.

결국 현전하는 채제공의 초상화 중 홍단령본 두 점(그림 134, 141)은 모두 정조가 궁궐에 보관하기 위해 초상화 제작을 지시했을 때 채제공이 사적으로 보관하기 위해 제작한 별본으로 파악된다.

18세기에 이르러 국왕들은 궐내에 혹은 특정 기관에 보관하기 위해 측근 신하의 초상화 제작을 지시한 일이 잦았으며, 이 중 상당수는 직접 살펴보기도 했다. 이때는 주로 규격이 작은 반신상이 제작되었다. 그러나 정조 때는 신하들의 대본 전신상도 왕의 지시로 자주 제작되었던 것 같다.

1791년에 영의정 홍낙성洪樂性은 자신의 초상화에 대해 정조와 이야기를 나누었다. 그는 몇 해 전 자신의 기로소 입소 때 제작한 소본 초상화를 정조에게 보여 준 일이 있었는데, 이를 언급하고는 그 후로 다시

樊巖蔡相國濟恭伯規甫七十三歲真

畫者李命基

聖上十五年辛亥 御眞圖寫後承 命摸像 內入以其餘本明年壬子糚

甫形甫精 俞頂甫踵 扇是君恩 香亦君恩

父母之恩 聖主之恩 貢緜一身 所愧歇後

何物非恩 無計報恩 樊翁自贊自書

초상화를 제작하지 못했다고 했다. 그러자 정조는 그의 대본 초상화 한 점을 제작하여 완성본을 가져오라고 지시했다.[287] 이로써 홍낙성은 기로소에 입소한 1787년에는 소본을, 1791년에는 대본 초상화를 국왕의 명에 따라 제작했다.

이 사례는 조선 후기에 국왕이 측근 신하의 대본 전신상 초상화도 그리게 하여 어람한 일이 있었음을 알려 준다. 다만 대본 초상화는 대체로 국가기관에 보관되기보다는 해당 신하가 소장한 것으로 보인다. 또한 정조 때는 왕의 지시나 승인으로 한 관리가 자신의 초상화를 여러 차례 그려 받는 일도 적지 않았음을 보여 준다. 홍낙성 외에 채제공과 강세황의 초상화 제작 사례, 서유대의 초상화가 이미 있는데도 그것이 젊은 시절의 모습이므로 다시 그릴 것을 지시한 사례 등에서도 이를 확인할 수 있다.

─── **왕의 초상화 하사에 대한 신하들의 반응**

지금까지 국왕이 자신의 총애를 보이기 위해 신하의 초상화를 그리게 한 일을 살펴보았다. 그렇다면 국왕의 지시로 자신의 형상이 그려지고 또 왕이 직접 살펴보기까지 했을 때 그 신하는 어떤 반응을 보였을까?

1787년에 정조는 승정원 관리를 통해 자신의 지시로 제작된 좌의정 이재협李在協의 초상화와 직접 짓고 쓴 화상찬을 이재협에게 보냈다. 승정원 관리가 도착하자 이재협은 황망한 기색을 이기지 못하고 일어나서 정조의 찬문을 여러 번 읽으며 자신이 어떻게 왕의 어제어필御製御筆을 받게 되었는지를 그 관리에게 물었다고 한다.[288]

《초상화첩》에 실린 〈이재협 초상〉(그림 142)에는 바로 그 정조의 찬문이 적혀 있다.

작은 일에는 투철하지 못하나, 큰일에는 투철하다. 그의 한 조각
마음을, 내가 이 그림에서 헤아리네.[289]

　이 화제에서 이재협의 성격을 꿰뚫
는 정조의 통찰력과 섬세한 면모를 엿
볼 수 있다. 정조가 여러 신하들을 위
해 지어 준 화상찬문에는 이처럼 일반
적이고 추상적인 내용이 아닌, 해당
신하의 성품과 기질을 구체적으로 파
악해 넣은 사적이고 구체적인 내용이
항상 담겼다.[290] 한편 이 초상화에는
이명기의 화풍이 적용돼 있다.
　1787년에 정조는 영의정 김치인,
판중추부사 서명선, 영돈령부사 홍
낙성에게도 초상화 찬문을 지어 보냈
다. 이때도 사관이 정조를 대신해 전

142. 작가 미상, 《초상화첩》 중 〈이재협 초상〉, 1787년(추
정), 비단에 색, 56.1×41.2cm(화첩 규격), 일본 텐리대학교
도서관.

달했다. 이에 그들은 각자 전문箋文(임금에게 올리는 글)을 지어 자신의 초
상화를 어람하고 찬문을 써 준 것에 대한 감사의 마음을 표했으며, 정
조는 그 전문을 받았다.
　김치인은 전문에서 다음과 같이 말하며 정조가 내려 준 찬문에 감격
해했다.

훌륭한 글로 은혜를 내려 주시니 홀연 초상화가 사치스러워졌습니다. 영화榮華는 높은 벼슬을 받은 것보다 더하고, 영광은 짧은 비단 축에 빛납니다.[291]

서명선은 전문에서 정조의 초상화 어람을 자신에게 베푼 큰 은혜로 여겼다.

세상의 풍파 속에서 근심하고 두려워한 지 오래되었습니다. 옛 모습을 다시 볼 수 없음을 탄식하는 마음 간절하고 밤낮으로 그리워하는 마음이 깊었는데, 홀연 화상畫像을 보아 주시는 은총을 입었습니다.[292]

또한 이 세 사람 모두 전문에서 반드시 왕이 내린 큰 은혜에 보답하겠다는 다짐을 표현했다. 특히 홍낙성은 이렇게 말하며 왕에 대한 충성을 맹세했다.

삼가 주상 전하께서 뭇사람들에게 진심을 보이시고 예로써 신하를 부리시니 조정에 노성老成한 사람이 많습니다. 매번 국가를 다스리는 아홉 가지 방법 중에서 대신들을 우대하는 일에 마음을 쓰시고 은혜로 고루 길러 주시어 겹겹이 닫혔던 문이 활짝 열리게 된 것을 모두가 우러르고 있습니다. 신이 감히 백 번 절하고 명심하며 열 번을 싸서 고이 보관하지 않겠습니까. 쓸모없는 신臣 같은 재상은 비록 모범이 될 만한 명예는 없지만, 이 몸은 신의 것이 아니니 은혜에 보답하려는 마음을 다하겠습니다.[293]

4. 성대盛代의 기록

정조는 측근 신하들의 초상화를 자주 제작하게 하고 완성된 본을 어람했으며, 화상찬문을 지어 하사하기도 했다. 그 결과 그 신하는 이 일을 자신의 생애에 드문 큰 영광이자 왕이 자신에게 내린 큰 은혜로 여겼으며, 이를 계기로 국왕에게 더욱 충성할 것임을 스스로 다짐했다.

정조의 신하들이 왕이 하사한 초상화를 매우 각별하게 여겼음은 채제공의 사례에서 다시 확인할 수 있다. 1791년 정조의 명으로 제작된 〈채제공 초상〉(그림 141)에는 다음과 같은 자찬문自贊文이 적혀 있다.

> 너의 모습 너의 정신은 부모의 은혜이고 머리부터 발끝은 성군聖君의 은혜로다. 부채는 임금 은혜, 향마저도 임금 은혜, 온몸을 꾸민 것 그 모두가 임금의 은혜이다. 그 은혜 갚을 길 없으니 너무도 부끄럽네.[294]

직접 짓고 쓴 이 찬문에서 그는 자신이 왕으로부터 더없이 큰 은혜를 받았음을 거듭 강조했다. 이런 그의 말은 더욱 충심으로 왕을 섬길 것임을 다짐하는 말처럼 들리기도 한다.

채제공은 정조에 대한 충심을 자기 초상화에 의탁해 드러내기도 했다. 1800년 2월 10일, 남인계 인사 이익운李益運은 정조에게 평소 채제공이 품었던 염원을 전했는데, 그 내용은 이렇다.

채제공은 수원 화성華城 안에 자신의 별서인 채로헌采露軒을 지어 노후를 보낼 계획이었다. 그런데 채로헌이 완공될 무렵 정조의 어진이 화성 인근에 새로 조성된 현륭원顯隆園(사도세자의 묘소) 재실齋室에 봉안되었다. 이에 채제공은 자신이 죽으면 채로헌에 자기 초상화를 걸어 두어 살아서나 죽어서나 왕(정조)을 우러러 받드는 정성을 다하고자 한다고 말했다.

이익운은 정조에게 이런 사실을 전한 후 이어서 말했다. 채제공 사후에 그의 아들 채홍원蔡弘遠이 이런 아버지의 뜻을 받들어 채로헌 내에 초상화를 봉안할 건물을 짓고자 했는데 채로헌이 화성 안에 있어서 함부로 짓지 못하고 있으니 그 건물 조성을 허가해 달라고 한 것이다. 정조는 곧바로 승인해 주었을 뿐 아니라, 채로헌이 화성 가는 길에 있어서 채제공 사후에 그 앞을 지나가면서 문득 그를 생각한 일, 이전에 현륭원을 방문했을 때 시를 써서 그에 대한 사모의 마음을 표현했던 일을 밝히면서 그 건물을 서둘러 완성해 그의 초상화를 걸라고 이익운에게 지시했다.[295]

그러나 정조는 채제공의 초상화 봉안처 건립을 지시한 지 4개월 만에 세상을 떠났다. 그의 죽음으로 남인은 실권했고, 채로헌 내에 채제공의 초상화 봉안처가 완공, 운영되었는지는 알 수 없다. 이 일화는 채제공이 정조가 하사한 초상화를 보관해 후손에게 전하는 것에 그치지 않고 왕에 대한 충심을 보이는 매체로 활용하고자 했음을 구체적으로 보여 주고 있어 흥미롭다.

─── 《해동 진신 도상첩》과 《명현 화상첩》

조선 후기에 공신 책봉이 아닌 왕실 또는 국가 행사를 계기로 근신近臣들의 초상화를 제작해 하사한 왕은 숙종이었다. 그리고 영조는 숙종이 실행한 신하 초상화 제작 관행을 계승했을 뿐 아니라 보다 다양한 명목으로 자신을 보좌한 신료들의 초상화를 제작했다.

특히 영조는 신하들의 반신 초상화로 화첩을 꾸미게 하여 궐내에 혹은 국가기관에 보관하는 관례를 정착시켰다. 그는 6종의 기사첩, 분무

공신의 초상화첩, 《등준시 무과 도
상첩》등 여러 초상화첩 제작을 직접
지시하고, 이 화첩에 수록된 초상화
들을 대부분 어람했다.

이 외에도 영조가 평시에도 수시로
신하들의 초상화를 제작하라고 지시
했을 가능성을 《해동 진신 도상첩》과
《명현 화상첩》을 통해 엿볼 수 있다.
이 두 초상화첩에는 각각 23인, 33인
의 초상화가 실려 있다. 두 화첩에 수
록된 초상화 주인공들은 거의 대부분
오사모에 단령을 착용한 모습이고,
이들은 모두 영조 때의 고위 관료들
이다.

《명현 화상첩》의 초상화들은 모
두 유지油紙에 그려진 초본으로 더욱
주목을 요한다. 〈심성진 초상〉(그림

143. 작가 미상, 《명현 화상첩》중 〈심성진 초상〉, 18세기, 종
이에 색, 41.0×23.0cm, 국립중앙박물관.

143) 등 여러 초본에 '정본차正本次' 즉 '정본으로 확정하다'라는 뜻의
문구가 적혀 있고 절반 이상의 초상화에 주인공의 관직명과 이름이 적
혀 있는 것으로 보아, 《명현 화상첩》의 초상화들이 한 번에 제작한 것
은 아니더라도 한 곳에서 일괄 생산, 관리, 보관했던 것으로 보인다.[296]
즉 이 초상화첩을 '해당 인물들의 초상화 제작 때 생산된 초본을 당대
혹은 후대에 누군가 수집해 엮은 것'으로 보기는 어렵다는 말이다. 더
욱이 그림 수준이 전부 높고 화풍도 모두 유사한 점은 이러한 추정을

더욱 뒷받침한다.

따라서 나는 이 초상화첩을 영조 때 예조 혹은 예조 산하의 도화서에서 제작하여 보관해 두었던 관리들의 초상화 초본 모음집으로 추정한다.[297] 이러한 추정이 맞다면, 영조 재위 후반기에는 국가기관에서 평시에 주요 고위 관료들의 초상화를 제작, 보관하는 관행이 있었을 가능성을 제기할 수도 있다.

이 초상화첩에는 서명응의 초상화가 실려 있다. 여기서 간략하게 《명현 화상첩》의 〈서명응 초상〉(이하 '화상첩본', 그림 144)과 앞서 소개한 텐리대 도서관 소장 《초상화첩》의 〈서명응 초상〉(이하 '초상화첩본', 그림 140)을 비교해 보자.

우선 '화상첩본'의 주인공이 정교하게 묘사돼 있는 것으로 보아 이 역시 '초상화첩본'과 마찬가지로 도화서 화원이 그린 것으로 판단된다. 다음으로 두 초상화 속 서명응은 이목구비가 대체로 유사하지만, '화상첩본'이 '초상화첩본'보다 훨씬 젊은 모습이다. '초상화첩본'에는 흰 수염이 더 많고, 왼쪽 턱 밑에 '화상첩본'에는 없는 몇 가닥 털이 있으며, 눈과 입 주변에 주름이 좀 더 많다.

따라서 '화상첩본'을 '초상화첩본'보다 좀 더 이른 시점에 제작된 초상화로 볼 수 있다. 서명응이 훨씬 젊게 표현된 '화상첩본'은 '초상화첩본'보다 적어도 5년 이상 앞서 그려졌을 것으로 추정된다. 이로써 두 초상화는 정조 대 이전에 국가기관에서 평상시에 한 신하의 초상화를 거듭 제작한 관행이 시작되었을 가능성을 시사한다.

정조는 숙종이나 영조와 마찬가지로 신하들의 초상화 제작에 큰 관심을 보였다. 그는 영조 때 정착된 신하 초상화 제작 관행을 계승했을 뿐 아니라 이전보다 더 자주 대신, 각신, 장신들의 초상화를 제작했다. 조선 후기의 국왕들은 평상시에도 여러 명목으로 특정 신하의 초상화를 제작하여 하사하거나 국가기관에 보관했다. 그리고 그들은 신하 초상화를 국가와 왕실을 위해 헌신한 신하들을 우대함을 보이기 위한, 그럼으로써 신하들의 충심을 끌어내기 위한 방편으로 활용했다.

초상화가 이렇게 활용될 수 있었던 것은, 무엇보다도 조선 초부터 오랫동안 지속된 공신들의 초상화 제작 관행으로 인해 사대부들 간에 관복본 초상화가 '나라에서 공신에게 내려 주는 상징적인 물건'으로

144. 작가 미상, 《명현 화상첩》 중 〈서명응 초상〉, 18세기, 종이에 색, 39.0×28.8cm, 국립중앙박물관.

각인되었기 때문이다. 여기에 더해 조선 후기의 국왕들은 초상화를 그려 후대에 그 모습을 전해야 하는 '공신'을 단지 특정 사건에 공을 세운 신하들로 한정짓지 않고, 왕조의 '중흥' 즉 국가의 안녕과 발전에 기여한 신하들로 확대하여 인식하기 시작했다. 그 결과 초상화로 남길 필요성이 있는 신하들은 왕을 오랫동안 보좌한 기신, 왕의 국정 운영을 바로 옆에서 지원한 대신, 각신, 장신으로 확대되었다.

—— 관복본 초상화의 걸작, 〈유언호 초상〉과 〈오재순 초상〉

초상화 주인공의 복식을 기준으로 보면 조선시대에는 '관복본' 초상화가 가장 많이 그려졌다. 이 중 17세기 말 이전 것은 대부분 공

신들의 초상화였다. 1728년의 분무공신을 마지막으로 공신 책봉은 더 이상 없었는데, 매우 많은 관복본 초상화가 19세기 말까지 그려졌다.

17세기 말에서 19세기 말까지 제작된 관복본 초상화 중 일부는 앞서 언급한 생사당 봉안용이었다. 대부분의 생사당 봉안용 초상화에는 지방 화단畵壇의 양식이나 화풍이 짙게 적용돼 있고, 그 제작 시점은 17세기 말에서 18세기 초로 한정된다.

생사당 봉안용 초상화를 제외한, 18세기 이후에 그려진 대부분의 관복본 초상화는 중앙의 최고위직 관료들을 형상화한 것이다. 이 초상화들은 도화서 화원이 그린 것이라고 쉽게 단정할 수 있을 만큼 그림의 수준이 매우 높다. 그림에 당대 최고의 초상화가가 그렸음이 밝혀진 경우도 적지 않다. 이러한 사실은 이 시기 초상화 수준이 매우 높았음을 방증하지만, 다른 한편으로는 이 시기 관복본 초상화들의 대부분이 국가기관 즉 도화서 화원들에 의해 생산되었음을 입증한다.

영·정조 때 그려진 관복본 초상화들은 관리라면 누구든 쉽게 그려 남겼던 그림이 아니었으며, 또한 주인공 사후에 제작된 제의용祭儀用도 아니었다. 이 시기 관복본 초상화 중 상당수는 국가기관에서 기신 등 국왕이 총애한 측근 신하의 형상을 남겨 길이 보관하려는 취지에서 제작한 것이다. 따라서 조선 후기 관복본 초상화는 '현신賢臣과 충신忠臣의 기록물'로 재인식될 필요가 있다. 제작 배경이 구체적으로 밝혀져 있지는 않으나 조선시대를 대표하는 최고 걸작으로 자주 언급되는 다음 두 작품 역시 이와 같은 배경에서 제작되었을 것이다.

서울대학교 규장각한국학연구원 소장 〈유언호 초상〉(그림 145)은 1787년에 이명기가 그린 것이다. 화폭의 위쪽에 명주로 덧댄 회장에는 당시 우의정 유언호兪彦鎬에 대한 정조의 어평御評이 붙어 있는데, 이는

御評

相見于高
先卜於夢
一弦一韋
示此伯仲

朝鮮議政大臣 經筵講官兼閣學士杞溪俞彦鎬字士京五十八歲像

宏體長闊說元身減一半

紫頴三丁未畫京李命基寫

정조가 초상화와 함께 그에게 하사한 것이다.

> 우리 만남은 꿈에서 예정되었지. 활시위 하나, 다듬은 가죽 하나
> 로 내게 최선과 차선을 가르쳐 주었네.[298]

이 초상화는 조선 후기 사실주의적 표현 기법의 높은 완성도를 보여 주는 작품으로 널리 알려져 있다. 화면 좌측 하단에 "얼굴과 몸의 길이와 폭은 원래 신장에 비해 절반으로 줄인 것이다容體長闊視 元身減一半."라고 적혀 있는데, 조선시대에 이처럼 실제 인물 대비 그림의 크기가 언급된 작품은 이 그림이 유일하다. 이러한 기록 때문에 화가가 이 초상화를 제작할 때 '카메라 옵스큐라'를 사용했을 것이라는 주장도 있다.[299] 카메라 옵스큐라는 서양에서 르네상스 이후 1830년대까지 카메라 발명에 앞서 사용되었던 광학기구이다.

이전 시기 초상화들과 비교했을 때 〈유언호 초상〉에는 서양화법이 보다 농후하게 적용되었다. 화문석 문양을 사면斜面으로 배치해 주인공이 서 있는 공간을 입체적으로 보이게 만든 데서도 이 점을 확인할 수 있다. 특히 문양의 세로 선을 그어 보면 대략 그림 오른쪽 상단에 소실점이 생기는데, 이는 이 그림에 투시도법이 적용되었음을 시사한다. 화문석 문양이 위에서 바라본 대로 묘사된 〈이익정 초상〉(그림 127)과 비교해 보면 이명기가 앞 세대 화가들보다 투시도법 같은 서양화법을 훨씬 더 깊이 이해했음을 알 수 있다.

이 규장각한국학연구원 소장 〈유언호 초상〉(이하 '규장각본')을 텐리대 도서관 소장《초상화첩》에 수록된 〈유언호 초상〉(이하 '초상화첩본')과 비교해 보면 주인공의 모습은 매우 비슷해서 어느 것이 먼저 그려졌는지

◀ 145. 이명기, 〈유언호 초상〉, 1787년, 비단에 색, 116.0×56.0cm, 서울대학교 규장각한국학연구원.

쉽게 판단하기 어렵다(그림 146, 147). 즉 두 그림은 몇 년의 시간차를 두고 제작되었을 수도, 같은 시점에 그려졌을 수도 있다. 만약 같은 시점에 그려졌다면 '규장각본'은 궁궐 납입본으로 추정한 '초상화첩본'을 그릴 때 유언호가 별본으로 제작한 것일 수 있다. 같은 시점에 그려진 것이 아니라 해도 홍낙성의 대본 초상화처럼 정조의 지시로 제작된 것일 수도 있다.

유언호는 1784년에 스스로 지은 묘지문墓誌文에서 1781년에 정조가 화공을 시켜 자기 초상화를 그리게 한 일을 언급했다.[300]

이와 같은 사실로 미루어 한층 진전된 사실주의 기법이 적용된, 회장 부분에 정조의 어제가 적힌 '규장각본' 역시 정조의 지시로 제작된 작품일 가능성이 높다.

이명기의 또 다른 걸작으로 평가되는 리움미술관 소장 〈오재순 초상〉(이하 '리움미술관본', 그림 148)은 정조 대에 드물게 확인되는 정면관 초상화다. 이 작품의 족자 상축上軸 뒷면에는 "순암 오 문정공의 65세 초상. 이명기가 그리다醇庵吳文靖公六十五歲眞像. 李命基寫."라는 제첨題簽이 붙어 있다. 오재순吳載純의 시호인 '문정공'이 적혀 있으므로 이 제첨은 그의 사후에 적힌 것으로 보인다. 사후의 기록이긴 하지만, 이에 따라 이 초상화는 1791년에 제작되었으며 그 화가는 이명기일 가능성

146. 이명기, 〈유언호 초상〉(그림 145)의 세부.

相見于嵩先卜於蔘
一弦一韋示此伯仲

左相俞彥鎬

147. 이명기(추정), 《초상화첩》 중 〈유언호 초상〉, 1780년대, 비단에 색, 56.1×41.2cm(화첩 규격), 일본 텐리대학교 도서관.

이 높다.

이보다 5년 전인 1786년에 정조는 오재순에게 초상화 한 본을 내렸다. 이 그림은 화가가 궁궐에 들인 초본으로, 화면 좌측에 다음과 같은 정조의 어제가 적혀 있었다.

> 미칠 수 없는 것은 그의 우직함이니, 호를 '우불급재愚不及齋'로 고치는 것이 좋겠다.[301]

오재순의 문집에 소개된 이 일화 속 초상화는 궁궐 납입본인 것으로 미루어 정조의 지시로 제작되었을 것이다. 텐리대 도서관 소장《초상화첩》에 수록된 〈오재순 초상〉(이하 '초상화첩본', 그림 149)에 바로 이 어제가 적혀 있다. 이 화첩에 수록된 초상화 대부분이 궁궐 납입본이었을 것으로 추정되는 만큼 '초상화첩본' 역시 정조의 지시로 그려진 그림으로 추정할 수 있다.

'초상화첩본'은 '리움미술관본'에 비해 이목구비가 좀 더 명확한 선으로 묘사돼 있어서 이명기보다는 한정철 등 앞 세대 화가들의 화풍이 적용된 그림으로 보인다. 그런데도 여전히 '초상화첩본'이 오재순의 문집에 소개된 바로 그 그림인지 단정하기는 어렵다. 오재순이 국왕으로부터 호號를 내려 받았을 정도로 총애를 받았던 사실로 미루어 그 역시 채제공이나 홍낙성처럼 여러 차례 국왕의 승인을 얻어 자신의 초상화를 제작했으리라고 추정되기 때문이다. 그렇게 가정한다면 '리움미술관본' 역시 1791년에 정조의 지시로 그려진 것으로 볼 수 있을 것이다.

19세기에 이르러 갑자기 관복본 초상화 제작이 크게 감소했다. 19세

◀ 148. 이명기, 〈오재순 초상〉, 1791년, 비단에 색, 151.7×89.0cm, 리움미술관.

149. 작가 미상, 《초상화첩》 중 〈오재순 초상〉, 18세기 후반, 비단에 색, 56.1×41.2cm(화첩 규격), 일본 텐리대학교 도서관.

기 전반에 그려진 전신상 관복본 초상화는 매우 드물게 전하며, 반신 상도 18세기와 비교했을 때 남아 있는 작품의 수가 매우 적다. 그 이유 는 무엇일까?

18세기에 관복본 초상화 제작이 활발했던 것은 무엇보다도 숙종, 영조, 정조가 연이어 즉위하면서 강력한 왕권을 행사했던 역사적 사실과 관련이 깊다. 그들은 강력한 왕권을 바탕으로 정국을 주도하는 과정에서 자신에게 충성심을 발휘하고 나라를 위해 헌신한 신하들에게 총애를 보이기 위해 초상화라는 매체를 적극 활용했다. 그러나 19세기의 국왕들 대부분은 정국의 주도권을 장악하지 못했고, 따라서 초상화를 활용한 통치 행위도 더 이상 벌일 수 없었다. 이처럼 조선시대 관복본 초상화의 제작과 유행은 당대의 정치적 상황에 깊이 연동돼 있었다.

5

'나'를 표현한 그림

숙종 어진, 성군聖君의 현현顯現

───── **초상화와 정체성의 표현**

　　조선시대 사대부들은 초상화를 그릴 때 화가가 외형을 실제
모습대로 그리는 것 못지않게 내면, 정신, 인품 등을 담아내는 것을 중
요하게 여겼다. 윤두서가 자신의 내면을 담아내기 위해 수염을 과장되
게 표현한 것이 그 대표적인 사례. 그러나 신체의 특징을 과장하거나
왜곡하는 식으로 초상화를 그리는 일이 조선시대에 그다지 유행하지는
않았다. 다만 복식, 기물器物, 배경 등을 통해 주인공의 신분과 지위를
드러내고 그의 취미와 사상적 지향점 등을 드러낸 경우는 적지 않았다.

　　1763년 2월 3일과 4일에 영조는 경현당에서 세손 및 대신들과 함께
그해 완성된 70세 때의 어진과 1714년에 제작된 21세 때의 어진(그림
136)을 함께 걸어 두고 보았다. 신하들은 영조에게 70세 때의 어진이
그의 외모를 더 닮게 잘 그렸다거나 실제 모습과 한 치의 차이도 없다
는 등의 말을 했다.[302]

　　이 70세 때의 어진에서 영조는 강사포絳紗袍(왕이 하례를 받을 때 입던 예

복)를 착용하고 있으며 좌우에는 궤장이 놓여 있었다. 이 궤장은 영조가 특별히 지시하여 그린 요소로 생각된다. 왜냐하면, 한국전쟁 때의 화재로 일부만 전하는 〈순조 어진(강사포본)〉(그림 150)도 이와 같은 강사포 어진으로, 여기에는 어떤 기물도 따로 표현되지 않은 것으로 보이기 때문이다.

　현재 남아 있는 어진 중 주인공 좌우에 기물이 그려진 그림으로는 〈철종 어진〉(그림 155)이 유일하다. 영조는 궤장을 표현한 것에 대해 이렇게 말했다.

　　　옛날 공민왕恭愍王은 자신의 초상화를 그리면서 화면 한쪽에 바리때[절에서 쓰는 승려의 공양 그릇]를 그렸는데, 오늘에 이르기까지 사람들 모두 그가 불교를 숭상한 것을 비웃는다. 지금 나의 궤几와 장杖이 그 바리때의 허물을 시원하게 씻어 버렸다.[303]

　영조가 1744년에 불과 51세의 나이로 태조와 숙종에 이어 기로소에 입소한 것은 그가 이 행사를 자신의 정통성을 확고히 하는 데 활용하기 위해서였다고 볼 수 있다. 1763년에 그는 조선시대 국왕 중 처음으로 재위 중에 70세가 되었다. 명실상부 궤장을 받을 수 있는 나이가 된 것이다. 그가 이를 '성대의 일'로 자부했음은 어렵지 않게 짐작할 수 있다.

　70세가 넘은 관리가 치사致仕, 즉 관직에서 물러날 때 국가에서 그에게 '궤장'을 내리는 일은 오경五經 중 하나인 『예기禮記』에 언급될 정도로 유교 사회에서 오랜 전통을 가진 의식이었다.[304] 이런 측면에서 영조가 자신의 70세 어진에 그려 넣게 한 '궤장'은 스스로를 성대의 군주로 자부하는, 그의 자의식이 투영된 상징물로 볼 수 있다.

더욱이 그가 '궤장'을 불교의 상징물인 바리때의 대척점에 있는 기물로 언급한 것은 그가 궤장을 유교의 상징물로 인식했음을 보여 준다. 결국 '궤장'을 자기 어진에 그려 넣은 것은 무엇보다도 자신이 유교적 가치를 실천한 군주임을 당당하게 표방하기 위해서였던 것이다. 궤장의 의미에 대해 이와 다르게 설명할 수도 있지만, 영조가 자신의 정체성이나 자의식을 드러낼 목적으로 어진에 표현한 것이라는 사실에는 변함이 없다.

조선 후기에 제작된 초상화 중에는 주인공의 개성, 취미, 사상, 철학, 내면, 자의식 등이 표현된 것으로 해석할 수 있는 그림이 적지 않다. 이 중에는 이 점을 쉽게 읽어 낼 수 있는 작품이 있는가 하면 명확히 밝히기 어려운 작품도 있다.

그리고 이런 작품들에서도 주인공의 '고유한 성격', '은밀한 내면 의식', '심리

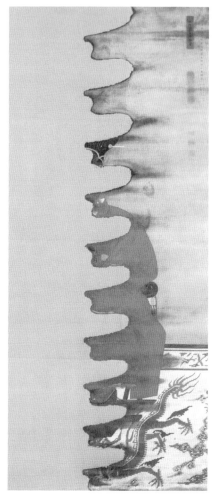

150. 김건종 등, 〈순조 어진(강사포본)〉, 1830년, 비단에 색, 231.3×121.4cm, 국립고궁박물관.

상태'를 읽어 내는 것은 매우 어렵다. 왜냐하면 조선시대 초상화에서 읽어 낼 수 있는 주인공의 개성이나 내면 의식 등이 그만의 특징적인 것이 아니라, 그가 속한 계층의 사람들이 공통적으로 추구한 것이었기 때문이다. 대부분의 관복본 초상화나 유복본 초상화에는 '출사出仕'에 대한 자부심과 '은일隱逸'에 대한 동경이

투영돼 있다고 볼 수 있는 것이 그러한 예이다.

그런데도 조선시대 초상화를 주인공의 외형만을 본뜬 그림이 아닌 그의 개성이나 내면 의식 등이 표현된 그림 혹은 그의 정체성을 읽을 수 있는 그림으로 인식하는 것은 조선시대 초상화를 이해하는 데 매우 중요한 전제 요소이다.

조선시대 초상화의 주인공들 대부분은 단순히 화가 앞에 앉아 자신의 초상화가 완성되기만을 수동적으로 기다리지 않았고 자신이 어떤 옷을 입을지, 어떤 자세를 취할지, 어떤 기물들을 옆에 둘지 등을 스스로 결정해 화가에게 알렸다고 생각된다. 〈채제공 초상〉(그림 141)에 그려진 부채와 향낭은 채제공이 정조로부터 하사받은 것이다. 채제공이 이 초상화에 직접 쓴 찬문에서 부채와 향낭이 '임금의 은혜'라고 말한 것으로 미루어 이 물건들을 초상화에 표현한 것은 그의 요청으로 이루어진 것이며, 그렇게 요청한 이유는 자신에 대한 정조의 총애 그리고 정조에 대한 자신의 충성심을 드러내기 위해서였을 것이다.

오늘날 전하는 조선시대 초상화를 주인공의 복식이나 자세 그리고 기물의 종류 등을 기준으로 매우 세세하게 분류할 수 있는 것은 결코 우연한 일이 아니다. 조선시대 초상화를 감상할 때 그 양식이나 제작 과정 외에 주인공의 삶의 궤적 그리고 그가 추구했던 철학과 사상 등을 아울러 분석하는 일은 그래서 무엇보다 중요하다.

—— 숙종, 화려한 '어진御眞 시대'를 열다

조선의 개국 직후부터 왕의 초상화, 즉 어진이 그려졌다. 태조의 재위 마지막 해인 1398년에 함경도 함흥의 준원전濬源殿에 태조의 어진이 봉안되었다.[305] 이 사실은 태조의 생전에 이미 그의 어진 제작과 봉안 공간 조성이 이루어졌음을 알려 준다. 〈태조 어진〉(그림 58)은 1872년에 조중묵趙重默, 박기준朴基俊, 백은배白殷培 등의 화원들이 영희전永禧殿에 보관돼 있던 기존의 태조 어진을 이모한 그림이다.

이 어진에서 태조는 정면을 바라보며 청색 곤룡포에 익선관翼善冠을 착용하고 화려하게 조각된 용상龍床에 앉아 있다. 비록 이 어진은 이모본이지만 조선 초기의 초상화법을 확인할 수 있을 정도로 정교하게 그려졌다.[306]

태조 외에 태종, 세종, 세조가 재위 중에 어진을 제작한 것은 기록으로 확인된다. 그리고 예종, 성종, 중종의 어진은 그들의 사후에 추사追寫 방식으로 그려졌다. 명종은 선왕 인종이 자신의 어진을 제작하지 말라고 한 유지를 받든다는 명목으로 인종 어진을 추사 방식으로도 그리지 않았다. 명종의 어진 제작 사실은 『조선왕조 실록』 같은 관찬 기록물에서는 확인되지 않는다. 선조부터 현종까지 다섯 왕의 어진은 공식적으로는 그려지지 않았다.[307] 17세기 전반에 공신 책봉을 계기로 많은 관료들의 초상화가 제작되었는데도 어진만은, 적어도 공식적으로는 제작되지 않았다.

한편, 임진왜란과 병자호란 등의 전란으로 몇백 년간 보존되어 온 역대 군왕과 왕후의 어진은 대부분 망실되고 궐내 어진 봉안처인 선원전璿源殿도 소실되었다. 임진왜란 직전인 명종 때 선원전에는 태조의 어진 26축, 성종의 어진 9축이 봉안돼 있었다.[308] 전체 어진의 수는 이보다 훨씬 많았을 것이다.

조선 초기의 어진 제작 관행이 중단되고 역대 군왕의 어진이 거의 망실된 상황에서 숙종은 선왕들의 어진 이모 작업 관행을 정착시켰을 뿐 아니라 영희전 등 여러 진전眞殿(역대 군왕의 어진 봉안처)의 운영과 위상

강화에 각별한 관심을 쏟았다.

숙종은 조선시대 초상화 연구에서 매우 중요한 인물이다. 무엇보다도 그가 세 차례에 걸쳐 자기 어진을 제작함으로써 재위 중인 국왕이 어진을 제작하는 관행을 거의 200여 년 만에 복원시켰기 때문이다. 짧게 재임한 경종을 제외한 모든 후임 국왕들은 그가 마련한 어진 제작 관행과 의례 절차를 좇아 재임 중에 다수의 어진을 제작했다. 결과적으로 숙종은 조선 중기의 이른바 '무어진無御眞 시대'를 마감하고 조선 후기의 화려한 '어진 시대'를 열었던 임금으로 평가된다.[309] 그렇다면 숙종이 이처럼 어진 제작 관행을 복원해 여러 차례에 걸쳐 자기 어진을 제작했던 이유는 무엇일까?

명종 대 이후 약 150여 년 동안 어진이 그려지지 않았던 데에는 다양한 요인이 있었다. 무엇보다도 그림을 말기末技, 즉 하찮은 기예로 인식했던 당시 왕과 사대부들의 부정적 인식이 그중 하나였을 것이다. 또한 초상화 제작에서 주인공을 핍진하게 그리는 일이 중요하다는 인식이 깔려 있는 상황에서 당시 화가들의 기량으로는 왕의 모습을 완벽하게 재현하는 일이 어렵다고 쉽게 판단한 것도 하나의 요인으로 꼽을 수 있다. 한편으로는 왜란, 반정, 호란 등 잇따른 정치적 격변의 상황에서 상당한 비용이 들고 적지 않은 인력이 동원되어야 하는 어진 제작이 군신君臣 간에 긴급한 국가사업으로 인식되지 않았을 수도 있다. 그리고 이러한 정치적 격변을 거치면서 왕실 소장 서적 및 열성列聖 어진이 망실되어 제작에 참고할 어진도 적고, 참고할 만한 봉안 절차나 규례도 없었기 때문이었을 수도 있다.

여러 요인으로 어진 제작이 중단된 상황에서 누군가가 어진 제작을 재개하고자 했다면, 그는 기존의 관행을 깨고 상당한 비용을 들이고 인력을 동원해 가면서까지 이를 실행해야만 하는 논리를 만들어 신료들을 설득해야 하고, 또한 어진의 제작 및 봉안 관련 의례와 절차를 새로 마련해야 했을 것이다. 숙종은 자기 어진을 제작하기 위해 이러한 모든 조치를 실행에 옮겼다.

숙종은 1688년에 태조영정모사도감太祖影幀摹寫都監을 설치하여 태조 어진의 이모본을 제작해 남별전南別殿에 봉안했다. 이때 그는 전국에서 기량 있는 화가들을 불러 시재試才(시험)를 치르게 했고, 주관화사 자리를 두고 도화서 출신 윤상익尹商翊과 평양 출신 조세걸이 경합했다. 1680년 보사공신 초상화를 제작한 경력 등으로 조세걸이 훨씬 널리 알려져 있었으며 대부분의 신료들이 시재에서 조세걸의 기량을 더 높이 평가했으나, 최종적으로 주관화사는 윤상익으로 결정되었다.[310]

1618년 광해군은 임진왜란 때 소실된 진전인 평양 영숭전永崇殿에 태조 어진을 봉안하기 위해 이모본 제작 계획을 세웠다. 이에 전주 경기전 봉안 태조 어진을 서울로 가져와 모친 공빈김씨恭嬪金氏의 사당인 봉자전奉慈殿에 봉안했고, 그 전각을 남별전으로 불렀다.[311] 이해에 그는 지방에 있던 세조의 어진도 이 전각에 봉안했다. 이듬해에는 경기전에서 옮겨 온 태조 어진을 모본으로 삼아 이모본을 제작했으나 전란의 위험성 때문에 영숭전으로 옮겨 봉안하지 못하고 남별전에 봉안했다. 이후 남별전에 봉안되었던 태조의 어진은 병자호란 때 소실되었으며, 이 무렵 이곳에는 세조와 원종(인조의 부친으로 추존왕)의 어진만 봉안돼 있었다.[312]

효종은 1656년에, 현종은 1661년에 각각 남별전에 봉안할 태조 어진의 이모본 제작 계획을 세웠으나 실행에 옮기지 못했다. 숙종 역시 1676년에 같은 계획을 세웠지만, 많은 인력과 비용이 드는 태조 어진의 이모 작업이 긴급한 국가사업이 아니라고 주장하는 신하들의 반대에 부딪혔다.

1688년에 이르러서야 숙종은 태조영정모사도감을 설치하여 태조 어진의 이모본을 제작했다. 그는 이 이모본 어진을 남별전에 봉안함으로써 남별전을 역대 국왕의 어진이 봉안된 진전으로 확고히 격상시켰다.

숙종이 태조 어진을 이모했던 것은 남별전을 명실상부한 열성의 어진 봉안 공간으로 조성해 왕실의 권위를 세우기 위해서였다. 그런데 그는 이 이모 사업을 자기 어진 제작의 명분을 쌓는 목적으로, 그리고 자기 어진 제작을 위한 의례와 절차를 마련하기 위한 목적으로도 활용했던 것으로 추정된다.

─── 1713년 작 〈숙종 어진〉이 제작되기까지

숙종은 1689년에 조세걸을 시켜 자기 어진을 제작했다. 기사환국으로 서인에서 남인으로 권력이 교체되던 시점인 그해 1~2월, 그는 이 사업을 신하들에게 알리지 않고 내관과 화원만 동원한 채 비공개로 진행했다. 다만 어진 제작에 참여한 내관과 화원에 대한 포상은 공개적으로 시행했다.

숙종은 태조 어진 이모 작업 때 배제했던 조세걸을 자기 어진 제작의 주관화사로 선발했다. 본격적인 이모 작업에 앞서 숙종이 당시 초상화가로 가장 명성 높았던 조세걸을 수소문해 찾고 그가 그린 김석주의 보사공신 초상화도 어람했던 것으로 미루어 이러한 그의 조치는 미리 계획되었던 것으로 여겨진다. 아마도 숙종은 태조 어진의 이모 작업을 벌이면서 조세걸을 자기 어진을 그릴 화사로 이미 낙점했던 것으로 보인다.[313]

5. '나'를 표현한 그림

이로부터 6년 후인 1695년에 숙종은 생애 두 번째로 자기 어진을 제작했는데, 이때도 비공식, 비공개로 진행했다. 완성된 어진 한 본을 강화도로 옮기는 절차에 대해, 그리고 장녕전長寧殿 건립을 진행한 강화유수 김구金構의 포상 조치에 대해 일부 신하들이 문제 제기를 하면서 비로소 숙종 어진 제작 사실이 알려졌다.

이해에 어진 제작을 담당한 주관화사는 6년 전에 숙종의 어진을 그렸던 조세걸이었다. 1689년과 1695년에 어진을 그린 화가가 같은 인물이었으므로 이때 제작된 두 어진은 형식이나 양식에 큰 차이가 없었을 것이다.

이후 18년 만인 1713년에 숙종은 세 번째로 자기 어진을 제작했다.[314] 이때 그는 도감 설치, 도제조 및 제조 임명, 감조관監造官 발탁, 시재를 통한 주관화사 선발, 어진 제작 참여자에 대한 포상 등 태조 어진 이모 때 시행한 절차들을 대부분 밟으며 어진 제작 사업을 공개적으로 진행했다.[315] 세 번째 숙종 어진 제작은 다음과 같이 진행되었다.

1713년 4월 9일, 숙종은 2품 이상의 관원 다수를 불러 모아 자신이 얼마 전에 진재해를 시켜 완성한 자기 어진 초본 세 점을 내어 살펴보도록 하고 각자 의견을 내라고 했다. 이때 좌의정 이이명은 도감을 설치하여 정본 어진을 제작할 것을 숙종에게 요청해 그의 승낙을 얻어 내었다.[316]

4월 10일, 숙종은 어진 제작을 위한 임시 부서인 '어용도사도감'을 설치하고 도제조에 이이명을, 제조에는 예조판서·공조판서·호조판서 등 3인을 임명했다.[317] 이로써 숙종 어진의 정본 제작은 어용도사도감에 의해 공식적으로 진행되었으며, 어진 제작의 모든 과정과 절차는 공개적으로 이루어졌다. 도화서 화원들을 포함하여 전국에서 부른 화가들을 대상으로 시재가 치러졌다.

4월 21일, 숙종은 최종적으로 진재해를 주관화사로 선발하고 그에게 정본 어진 제작을 맡겼다. 그사이에 어진의 복식으로 곤룡포와 강사포가 결정되었다.

5월 5일과 6일 양일간 진재해를 비롯한 화가들은 숙종의 용안龍顏을 직접 보며 마지막으로 남아 있던 얼굴 부분의 채색을 마무리했다.[318] 그 결과 최종적으로 정본인 대본 두 본과 소본 한 본 등 숙종 어진 세 본이 도감 설치 근 한 달 만에 완성되었다.

국립고궁박물관 소장 〈숙종 어진〉(그림 18)은 후대에 그려진 이모본인 데다 화재로 인해 일부분만 남아 있지만, 이를 통해 이때 완성된 곤룡포본의 형식을 부분적으로나마 파악할 수 있다. 이 어진에는 바닥에 용문석龍紋席이 깔려 있고 그 위에 놓인 교의에 숙종이 앉아 있다. 그는 곤룡포를 입고 있으며 족좌대에 발을 두고 있다.[319]

화폭 오른쪽이 부분적으로 남아 있는 〈순조 어진(강사포본)〉(그림 150)이나 〈철종 어진〉(그림 155), 〈영조 어진〉(그림 160)을 통해 〈숙종 어진〉(그림 18)에 표현된 교의, 용문석, 족좌대, 복식(곤룡포·오사모·옥대·흑피화)의 전체 형태를 추정할 수 있다. 또한 〈숙종 어진〉에서 숙종이 손을 모으고 오른쪽으로 몸을 살짝 튼 모습으로 그려졌으리라고 유추할 수 있다. 다만 〈숙종 어진〉의 용문석 무늬는 위에서 내려다본 모습으로 묘사돼 있어, 19세기에 제작된 〈순조 어진〉, 〈철종 어진〉과는 차이를 보인다.

1748년 숙종 어진의 이모 작업에 참여했던 남유용南有容은 1713년에 제작된 어진에서 숙종이 곤의袞衣(곤룡포)와 옥대玉帶를 차고 있고 검붉은 빛깔의 의자에 앉았으며 단정히 손을 모은 모습이었다고 말했다. 그리고 수염은 80~90퍼센트가 센 모습이었다고도 했다.[320] 그의 말은

5. '나'를 표현한 그림

앞서 유추한 이 어진의 모습과 일치해 보인다.

1713년에 그려진 숙종 어진에는 새로운 표현 요소들이 대거 반영되었다. 이를 구체적으로 살펴보자. 어진 제작의 각 단계마다 숙종은 신료들과 논의를 거쳐 여러 표현 요소의 반영을 결정했다. 이 당시에 왕실이 소장한 어진은, 특히 왕위에 올랐던 국왕의 어진은 태조와 세조의 것뿐이었다. 〈세조 어진〉(그림 151)은 1935년에 김은호金殷鎬가 당시 남아 있던 원본을 보고 이모본을 제작할 때 생산한 초본인데, 이 그림을 통해 당시에 전해진 세조 어진의 형식을 파악할 수 있다.

먼저 이해 4월 11일에 숙종과 신료들은 어진을 측면상으로 그리기로 결정했다.[321] 이날 제조 김진규가 "무릇 제왕은 남쪽을 향하여 조신朝臣들에 임하므로 화상畫像 또한 정면이어야 할 것입니다."라고 말하자 숙종은 "화상은 남쪽을 향한 모습으로 그리는 것이 〔측면을 향한 모습으로 그리는 것보다〕 더욱 어려우니, 〔왕이〕 평소에 비록 남쪽을 향해 조신들에 임한다 할지라도 화상에서는 비록 정면이 아니더라도 어떤 장애가 있겠는가."라고 말하며 김진규의 의견을 수용하지 않았다. 태조와 세조의 어진이 모두 정면상인 점을 감안하면 숙종의 측면상 선택은 매우 파격적인 조치였던 것으로 보인다. 이 기록은 〈숙종 어진〉(그림 18)이 측면상임을 뒷받침하는 또 하나의 근거이다.

한편 숙종이 1689년과 1695년에 조세걸을 시켜 만든 어진은 〈태조 어진〉(그림 58) 혹은 〈세조 어진〉(그림 151)과 유사한 유형의 정면상이었을 것으로 추정된다. 무엇보다 조세걸이 정면상을 자주 그렸던 데다 당시에 참고할 수 있는 두 선왕의 어진이 모두 정면상이었기 때문이다.

현대의 미술사 연구자들은 초상화에서 정면 자세는 주인공의 특색을 온전히 드러내는 데 한계가 있다고 말한다.[322] 중국 명·청대 초상화

151. 김은호, 〈세조 어진(초본)〉, 1935년, 종이에 먹, 186×131.5cm, 국립고궁박물관.

의 대다수를 차지하는 정면상을 들면서, 초상화에서 정면 자세의 주인
공은 경직되고 활기 없어 보이며 개성도 충분히 드러나지 않는다고 분
석하기도 한다.[323]

숙종이 이와 같은 정면상의 한계를 인지했는지는 알 수 없다. 다만 그가 재위 전반기에는 정면상을 즐겨 제작했던 조세걸을, 재위 후반기에는 측면상을 주로 제작했던 진재해를 어진 제작의 주관화사로 각각 선발했던 사실로 미루어 정면상과 측면상의 장단점을 자세히 알고 있지 않았나 싶다.[324]

숙종과 신료들은 4월 13일에 어진에 의자와 바닥을 어떤 형태로 그릴지도 결정했다. 즉 의자로는 왕이 앉는 어탑御榻이 아닌 일반적인 교의交倚를, 바닥에 깔 자리로는 카펫 대신 화문석을 각각 선택했다. 교의는 〈세조 어진〉(그림 151)을 참고한 것으로 보인다. 4월 22일에는 화문석의 무늬를 용문龍紋으로 정했다.[325] 또한 이날 곤룡포 흉배 속 용龍을 정면을 향한 모습으로 표현하기로 결정했다.[326] 〈태조 어진〉(그림 58)과 달리 〈영조 어진〉(그림 160) 및 〈철종 어진〉(그림 155)에서 곤룡포의 흉배 속 용이 모두 정면을 향하고 있는데, 이 모습은 숙종 어진의 영향을 받은 것이다.

5월 5일, 숙종은 도감에 지시하여 상의원尙衣院에서 만든 복식, 특히 강사포, 원유관遠遊冠(강사포에 갖추어 쓰던 관), 어규御圭(왕이 강사포와 원유관 착용 시 들던 폭이 넓은 막대)가 법식에 맞는지 논의한 뒤 틀린 부분이 있다면 역대의 제도를 참고해 바로잡으라고 했다.[327] 아마도 당시까지는 강사포를 입은 모습의 어진이 없었던 데다 후대에 길이 전해질 어진에 오류가 없어야 한다는 판단으로 이러한 조치를 취했던 것 같다.

마지막으로 숙종은 어진에 사용할 화폭의 규격까지 신료들과 논의했다. 4월 13일, 숙종은 칠이 보다 잘될 수 있는 조밀한 비단 화폭을 얻고자 한다면서, 이를 위해 너비가 4척에 이르는 영희전 어진들의 예를 따를 필요가 없다고 말한 뒤 비단 화폭의 너비를 3척으로 직조할 것을

152. 〈준원전에 봉안된 태조 어진(1836년 이모본)〉, 1913년에 촬영한 유리 건판 사진. 국립중앙박물관.

도감에 지시했다. 도감의 도제조 이이명 역시 어진 도사圖寫에서 '닮음'을 이루기 위해 가장 중요한 것이 얼굴을 칠하는 것이며, 이를 위해서는 무엇보다 너비를 줄여서라도 비단을 조밀하게 직조하는 것이 중요하다고 주장했다.

그 결과 1713년 어진의 화폭은 크게 축소되었다. 1688년 이모되어 영희전에 봉안된 태조 어진의 화폭 크기는 대략 세로가 252cm, 가로가 187cm인 반면에 1713년 완성된 숙종 어진의 가로는 138cm 정도, 혹은 이보다 약간 길었을 것으로 추정된다. 가로가 줄어든 만큼 세로도 크게 줄어 숙종 어진의 세로는 대략 200cm 전후였을 것으로 생각된다.

1913년에 촬영된 사진 속 〈태조 어진(준원전 봉안본)〉은 1836년에 이재관李在寬, 김건종 등에 의해 이모된 것으로 추정되는 그림으로, 사진은 준원전濬源殿에 봉안돼 있는 모습이다(그림 152). 이 사진을 보면 〈태조

5. '나'를 표현한 그림

어진〉의 인물 양쪽 여백이 매우 큼을 알 수 있다. 이 어진의 실제 규격은 1688년에 이모되어 영희전에 봉안된 태조 어진과 비슷했을 것으로 보인다. 〈태조 어진〉(1688)과 〈숙종 어진〉(1713, 그림 18) 그리고 〈철종 어진〉(1861, 그림 155)을 비교하면 1713년을 기점으로 발생한, 어진 제작에 쓰인 화폭의 규격 변화를 한눈에 살필 수 있다.

〈태조 어진〉(1688): 252×187cm(이하 세로×가로)

〈숙종 어진〉(1713): 200×138cm(훼손 이전의 추정 규격)

〈철종 어진〉(1861): 202.2×155cm(훼손 이전의 추정 규격)

또한 숙종에 의해 축소된 화폭의 규격이 후대 국왕들의 어진 제작 때 그대로 적용되었음을 알 수 있다.[328]

숙종은 이처럼 1713년의 어진 제작에서 열성의 어진에 표현된 기물과 복식을 그대로 따라 하지 않고 직접 사용했던 기물과 직접 착용했던 복식으로 그리게 했다. 또한 핍진하게 재현된 어진을 얻기 위해 측면상을 택했으며, 화폭의 크기를 줄이는 등의 과감한 조치를 했다.

숙종이 이러한 작업을 용이하게 실행할 수 있었던 것은 무엇보다 1689년과 1695년에 두 차례에 걸쳐 어진을 제작했던 경험이 있었기 때문일 것이다. 아마도 그는 앞서의 경험에서 발생했던 여러 문제를 파악하고 있었을 뿐 아니라, 이 두 어진이 자신을 완벽하게 재현한 초상화로도, 군주로서의 위엄과 권위를 보여 주는 그림으로도 부족했음을 인지했을 것이다. 1713년에 세 번째 어진이 완성되자 1695년본을 세초하여 없애 버린 것도 이와 같은 맥락에서 이해된다.

1713년에 완성된 숙종의 어진은 대한제국 이전까지 화폭의 규격,

측면상의 형식, 도상, 화풍 등에서 후대 어진의 형식적 전범典範이 되었다. 〈영조 어진〉(그림 160), 〈순조 어진〉(그림 150), 〈익종 어진〉, 〈철종 어진〉(그림 155) 등 현전하는 조선 후기 어진들은 형식적인 면에서 1713년 제작된 숙종 어진을 거의 그대로 따랐다.

─── 완벽한 어진 제작을 위해 숙종이 온힘을 다한 이유

세 차례에 걸친 숙종의 어진 제작 과정을 살피면 숙종이 얼마나 간절하게 자기 초상화를 갖기 원했고, 또 자기 모습이 완벽하게 재현된 어진을 얻기 위해 표현 요소 하나하나마다 관심을 가지고 그 적용 여부를 직접 결정하는 등 얼마나 정성스럽게 어진 제작에 임했는지를 알 수 있다. 그렇다면 그는 왜 자신의 모습이 핍진하게 재현된 어진을 얻기 위해 이처럼 각별한 노력을 기울였을까?

숙종은 1695년에 완성된 두 번째 어진 두 본 중 한 본을 창덕궁 인정전仁政殿 바로 왼편에 위치한 전각에 두었으며, 곧 그 전각을 선원전으로 불렀다. 그리고 자신이 죽으면 그곳에 이 어진을 펼쳐 봉안하라는 유교遺敎를 인원왕후와 왕자들에게 남겼다. 궁궐 안에 특정 국왕 한 명의 어진 봉안 공간이 마련된 것은 적어도 임진왜란 이후에는 처음 있는 일이었다. 숙종이 이 진전을 선원전이라 명명한 데에서 그가 궁궐 내 열성의 어진 봉안처였던 조선 초기의 선원전 복원 계획을 염두에 두었던 것으로 추측되지만 이 점을 명확히 밝히기는 어렵다.[329] 그러나 결과적으로 숙종에 의해 다시 마련된 선원전은 영조 사후에 정조가 영조 어진을 숙종 어진 옆에 나란히 봉안함으로써 열성의 어진을 봉안한 진전으로서의 위상을 갖게 되었다.[330] 19세기 전반에 창덕궁과 창경궁의 모습을 묘사한 〈동궐도東闕圖〉에는 숙종, 영조, 정조의 어진이 봉안돼 있던 정면 다섯 칸, 측면 세 칸의 선원전이 그려져 있다(그림 153).

153. 작가 미상, 〈동궐도〉 중 '선원전', 1828~1830년, 비단에 색, 274.0×578.2cm, 동아대학교 박물관.

강화도의 장녕전은 숙종의 어진이 봉안된 또 다른 진전이었다.[331] 숙종은 1695년에 나머지 어진 한 본을 강화도에 건립한 장녕전에 봉안했다. 그리고 참봉 두 사람을 보내어 그 전각을 지키게 했다.[332] 1713년의 세 번째 어진 제작 후에도 숙종은 새로 제작한 대본大本 어진 두 본 중 강사포본을 이 전각에 봉안했다.

1720년 숙종이 붕어崩御하자 궤에 보관돼 있던 장녕전의 숙종 어진은 펼쳐 봉안되었으며, 영희전의 예에 따라 제향의 절차 및 제례에 쓰이는 물건이 마련되었다.[333] 1724년에는 장녕전 바로 옆에 정전正殿이 완공되어 숙종 어진은 이곳으로 옮겨 봉안되었다.[334] 이러한 과정을 거치면서 장녕전은 태조 어진이 봉안된 경기전이나 준원전과 엇비슷한 전각 규모, 제향 절차, 운영 인력 등을 갖추어 진전으로서의 확고한 위상을 가지게 되었다.[335] 《강화부 궁전도江華府宮殿圖》는 1881년에 강화부의 궁전·묘전廟殿 등을 묘사한 그림 모음집인데, 여기에 수록된 〈장녕전도長寧殿圖〉를 보면 장녕전의 정전은 정면 여섯 칸, 측면 네 칸의 건물로, 주변을 둘러싼 담과 바로 옆의 재실을 갖출 만큼 상당히 큰 규모의 전각이었음을 알 수 있다(그림 154).

1713년 어진 제작 때 사간원司諫院의 정언正言 어유구魚有龜가 어용도사도감이 추진한 숙종 어진 초본의 오대산 사고史庫 보관 계획을 반대하며 문제 삼았는데, 이때 도감의 도제조 이이명은 국초國初에 건립된 태조 어진 봉안처 다섯 곳 중 오직 두 곳에서만 어진이 보존된 사실을 언급하면서 천하의 일이 어떻게 될지 모르는 상황에서 숙종 어진을 비장祕藏하는 것은 오로지 오래도록 전하고자 하는

154. 작가 미상, 《강화부 궁전도》 중 〈장녕전도〉, 19세기, 종이에 색, 68.5×98.0cm, 국립중앙도서관.

데 있다며 그의 주장을 반박했다.[336]

　이이명의 말을 통해 장녕전이 외방에 세워진 태조의 진전을 참고하여 건립한 것임을 유추할 수 있다. 숙종은 임진왜란과 병자호란으로 열성의 어진 대부분이 소실되었는데도 함흥의 준원전이나 전주의 경기전 등 지방의 진전에 봉안된 태조의 어진이 보존된 사실을 알고 있었을 것이다. 결국 숙종이 1695년부터 어진 두 본을 궐내의 선원전과 지방의 장녕전에 나누어 봉안토록 한 것은 무엇보다 자기 어진을 후대에 길이 보전하려는 의도에서였던 것으로 여겨진다.

　숙종은 1689년과 1695년에는 비밀리에 자기 어진을 제작했으나, 1713년에는 도감을 설치하여 공식적·공개적인 방식과 절차로 어진을 제작하고 봉안했다. 그는 자기 어진을 단순한 한 점의 초상화가 아닌, 자신과 동일한 권위를 가진 '자신의 대체물'로 삼으려 했을 뿐 아니라 신료들에게 왕조의 창업주인 태조의 어진과 동일한 권위를 가진 그림으로 인식하게 만들려 했던 것으로 보인다. 이때 그가 1688년 태조 어진을 이모할 때 적용했던 절차를 그대로 따르게 하고, 신하들에게 적

　　　　　　　　　　　　5. '나'를 표현한 그림

극적으로 의견을 개진하게 하며, 신하들의 반대에도 불구하고 신분 낮은 화사畫師들에게 자신의 얼굴을 바로 앞에서 살펴볼 수 있는 기회를 준 이유가 바로 여기에 있었던 것이다.

그러나 태조의 어진을 이모하는 일마저도 긴급한 국사國事가 아니라고 주장하는 신하들에 의해 번번이 중단되었던 당시 상황을 고려하면, 숙종이 공식적·공개적 절차를 거쳐 자기 어진을 제작한 일이 결코 쉽지는 않았을 것임은 미루어 짐작할 수 있다. 그가 강력한 왕권을 확보했던 재위 후반기에 이르러서야 비로소 이 일을 성사시킨 점도 이런 추론을 뒷받침한다. 1713년의 숙종 어진 제작은 핍진하게 재현된 어진에 대한 숙종의 집착과 의지가 없었다면 쉽게 이루어질 수 없었던 일이었다. 그는 어진 제작의 전 과정을 직접 관장하고 도상과 형식을 정하는 데에도 자신의 의견을 대부분 관철시켰는데, 이를 보아도 그가 자기 어진 제작에 얼마나 지대한 관심과 열정을 보였는지 알 수 있다.

정본 숙종 어진이 완성된 1713년 5월 6일, 예조참판 민진원閔鎭遠은 새 어진의 의미를 이렇게 말했다.

> 이번에 특별히 도감을 설치한 것은 그 일을 중요하게 여긴 것이니, 제조提調 및 신하들이 날마다 모여 수차례 받들어 살핀 끝에 어진 두 본을 다행히 잘 완성했습니다. 이 본들은 을해년〔1695년〕 본보다 나으니 천만대의 자손과 신하들이 '아, 잊을 수 없구나!' 라는 생각을 하게 됨이 진실로 여기에 있습니다. 태조와 세조 두 임금의 훌륭한 덕과 큰 공을 엎드려 생각건대 천고千古에 아득합니다. 지금 신민臣民들이 〔두 임금의〕 어진을 바라볼 때 충효의 정성을 다하니, 어찌 〔그들의〕 공덕을 추모함에서 말미암은 것이 아니

겠습니까? 주상께서 힘써 성덕聖德을 닦아 두 임금의 훌륭한 공적
과 겨루게 된다면, 신민들이 두 임금을 추모하는 것과 다를 바 없
이 영원히 잊지 못할 것입니다.[337]

　민진원은 숙종에게 지금의 신하와 백성들이 태조와 세조의 어진을
보며 충효의 마음으로 두 임금의 공덕을 기리듯이 숙종도 부지런히 덕
업德業을 닦아 두 국왕과 견줄 만한 공적을 쌓으면 후대의 자손과 신하
들이 그의 초상화를 보며 영원히 추모하게 될 것이라고 말했다. 예조
참판으로 어진 제작에도 참여했던 민진원의 말은 곧 숙종의 의중을 그
대로 읽은 것이 아닐까 한다. 결국 숙종은 자신의 모습이 핍진하게 재
현된 초상화를 통해서 자신의 모습이 후대의 자손 및 신하들에게 정확
하게 전해지고, 자신이 그들에게 태조 및 세조 등 국초國初의 공적이
큰 왕들처럼 성군聖君으로 기억되기를 간절히 염원했을 것이다. 그리
고 어진을 선원전과 장녕전에 봉안함으로써 어떠한 상황에서도 자신
의 염원이 지속되기를 절실히 바랐을 것이다.[338] 그러나 너무나 안타깝
게도 1954년 궁중유물 창고 화재로 그의 모습이 온전히 남겨진 어진은
오늘날까지 전해지지 못했다.

군복본 정조 어진, 지극한 효심의 표현

―――― **군복본 정조 어진의 실마리, 〈철종 어진〉과 〈이창운 초상〉**

1864년에 간행된 조선 왕실의 족보인『선원계보 기략璿源
系譜紀略』에 따르면, 당시 왕실에서는 숙종 어진 네 점, 영조 어진 열한
점, 정조 어진 일곱 점, 순조 어진 네 점, 효명세자 어진 네 점, 헌종 어
진 네 점, 철종 어진 다섯 점 등 총 마흔두 점의 어진을 소장하고 있었
다.[339] 1748년에 이모된 숙종 어진 두 점을 제외하면 이 어진들은 모두
각 국왕의 재위 때 그려진 원본 그림들이었다.

숙종 이후 왕위에 오른 국왕들은 숙종이 마련한 절차와 규범을 좇고
숙종이 확립한 어진 형식이나 도상에 의거하여 자기 어진을 제작했다.
그러나 영조가 자기 어진에 '궤장'을 넣은 것처럼 때때로 새로운 요소
를 어진에 추가해 자신의 철학, 신념, 내면 의식 등을 드러내었다. 대표
적인 예가 정조의 군복본軍服本 어진이다. 이 어진은 현재 전하지 않지
만, 여기서는 어진의 원 모습을 추정하고 정조가 이 어진을 제작할 때
반영하려 했던 것들을 살펴보고자 한다.

오늘날까지 전하는 군복본 어진은 〈철종 어진〉(그림 155)이 유일하다. 그러나 철종 외에 정조, 효명세자, 헌종, 고종, 순종 등이 모두 군복본 어진을 제작했음이 기록으로 확인된다.[340] 숙종과 영조는 군복본 어진을 제작한 기록이 없는데, 이로 미루어 조선 후기에 어진을 제작할 때 복식으로 군복을 선택한 첫 번째 임금은 정조였던 것 같다.

정조는 1781년에 곤룡포를 착용한 모습으로 대본과 소본 어진 한 점씩을 제작한 데 이어 1791년에는 대본과 소본 어진을 각 두 점씩 제작했다. 대체로 대본은 전신상을, 소본은 반신상을 뜻한다. 1791년에 완성된 어진 네 본은 강사포본 대·소 한 점씩 그리고 군복본 대·소 한 점씩이었다. 그런데 이해의 어진 제작 관련 기록이 자세히 실린 『승정원일기』 등에는 강사포본 제작 사실은 있지만 군복본 제작 사실은 전혀 없다. 이는 그가 신하들에게 알리지 않고 군복본 어진을 제작했을 가능성을 시사한다.

정조는 1791년에 제작한 강사포 소본을 경모궁景慕宮 망묘루望廟樓에, 나머지 어진 세 본을 규장각 주합루宙合樓에 봉안했다. 이 중 강사포 대본은 1802년 주합루에서 숙종과 영조의 어진이 봉안돼 있던 창덕궁 선원전으로 옮겨 봉안되었다. 군복본 어진 두 본의 봉안처 변경 내용은 다음과 같다.

정조는 1792년 주합루에 봉안된 군복 소본 어진을 현륭원(사도세자의 묘소) 재실 내 어목헌禦牧軒이란 건물의 협실에 걸어 능을 바라보도록 서쪽을 향하게 했다.[341] 이 어진은 정조 사후 1800년에 화성행궁으로 옮겨 봉안되었다.[342]

1800년 12월에 순조는 1791년에 제작된 군복 대본 정조 어진을 규장각 주합루에서 화성행궁으로 옮겨 봉안했다.[343] 이로써 군복본 어

子三十一歲眞

哲宗熙倫正極粹德純聖文顯武成獻仁英孝大王

진 두 본은 정조 사후 화성행궁에 함께 보관되었다. 이후 두 어진은 1801년 화성행궁 안에 건립된 화령전華寧殿에 봉안되었다.[344]

20세기 전반까지 정조의 어진들은 창덕궁 신선원전新璿源殿에 봉안돼 있었다. 그러나 한국전쟁 발발로 어진을 포함한 궁중 유물들이 부산으로 옮겨졌다가 1954년 부산 대화재로 모두 소실되었다. 하지만 일부가 훼손된 상태로 전해지는 〈철종 어진〉(그림 155), 정조 때 그려진 군복본 초상화인 〈이창운 초상〉(그림 156)을 통해 군복본 정조 어진의 형식과 도상을 대략적으로 복원해 볼 수 있다. 이창운李昌運은 정조 때 어영대장御營大將 등 최고위 무반직을 두루 역임한 인물이었다.

두 초상화에서 철종과 이창운은 공통적으로 팔소매 끝부분에 홍수紅袖, 즉 붉은 비단이 덧대어진 동달이를 착용한 상태에서 그 위에 전복戰服을, 그 안에는 흰 적삼을 입었다. 허리에는 푸른색 전대纏帶를 매고 손에는 무관이 쓰던 지휘봉인 등채를 쥐었으며 검은색 가죽 신발 즉 흑피화黑皮靴를 신었다. 전대에는 옥 장식과 술이 달린 작은 환도環刀가 달려 있다. 그리고 두 초상화에는 교의에 표피豹皮가 깔려 있다.

또한 머리에는 거의 동일한 형태의 전립戰笠을 썼다. 전립에는 밀화蜜花 구슬을 꿰어 단 갓끈이 달려 있으며, 전립의 꼭대기에는 옥으로 만든 정자장식頂子裝飾이 있고 공작 깃털이 달렸다. 밀화는 보석의 일종인 호박琥珀을 가리킨다. 다만 철종의 정자장식 문양은 봉황이고 이창운의 것은 해오라기[鷺]이다. 이창운의 전립에는 붉은색 털 장식인 상모象毛가 있지만 철종의 것에는 없다.

또한 철종은 전대 안에 구름 문양 및 '만卍' 자 등이 수놓인 광대廣帶를 착용하고 있지만 이창운은 광대를 매고 있지 않다. 마지막으로 철종의 작은 환도에 달린 장식은 금장식인 것으로 보이며, 동다리에 용

보龍補(용 문양의 흉배)가 두 군데 붙어 있다.

두 초상화의 제작 시점은 대략 70년 차이가 나지만, 두 인물의 신분이 다른 데서 발생한 표현 요소의 차이를 제외하면 두 초상화 속 군복의 형태는 서로 매우 비슷하다. 같은 시대에 활동한 정조와 이창운이 착용한 군복의 형태가 매우 유사했을 것이란 점을 염두에 두면, 정조와 철종이 착용한 군복 형태 역시 차이가 거의 없었을 것으로 추정된다.

───── ⟨이창운 초상⟩과 ⟨이삼 초상⟩의 차이

철종과 이창운이 착용한 군복의 형태는 대략 18세기 후반에 마련된 것으로 보인다. 1730년 무렵에 제작된 것으로 추정되는 ⟨이삼 초상⟩(그림 157)에서 이삼李森이 착용한 군복은 이창운의 것과 전혀 다른 형태를 보인다. 이 초상화의 주인공인 이삼은 분무공신 2등에 책봉되었을 뿐 아니라 영조의 총애를 받았던 무관이었다. 이 그림에서 이삼이 노년의 모습으로 묘사된 것으로 미루어 ⟨이삼 초상⟩은 1730년 전후에 제작된 것으로 추정된다.

먼저 이삼이 착용한 군복의 팔소매는 이창운이 착용한 군복과 달리 길이와 폭이 짧아 이삼의 손목이 훤히 드러나며, 끝부분에는 홍수가 덧대어져 있지 않다.

157. 작가 미상, ⟨이삼 초상⟩, 18세기 전반, 비단에 색, 62.0×40.0cm, 백제군사박물관.

◀ 156. 작가 미상, ⟨이창운 초상⟩, 1782년, 비단에 색, 153.0×86.0cm, 개인 소장.

고종 때 영의정을 지냈던 이유원李裕元은 정조가 화성에 행차할 때마다 군복을 입었던 사실을 거론하며 홍수의 유래를 말한 바 있다. 즉 말이 매달아 놓은 수급首級(전쟁에서 베어 얻은 적군의 머리)을 보고도 놀라지 않게 하기 위해 붉은색에 익숙해지게 하려고 홍수를 만들었다는 것이다.[345] 이삼의 전복을 보면 18세기 전반에는 홍수가 일반화되지는 않았던 것 같다.

다음으로 이삼과 이창운이 쓴 전립의 형태 역시 다르다. 이창운이 쓴 전립의 끈은 밀화가 꿰어져 있는 데 반해 이삼의 것은 실끈이다. 또한 이창운의 전립에 달린 상모와 공작 깃털이 이삼의 전립에는 없다.

이처럼 두 초상화의 비교를 통해, 〈이삼 초상〉에는 안 보이지만 〈이창운 초상〉에는 보이는, 홍수, 공작 깃털, 밀화 끈으로 특징지어지는 군복의 착용이 18세기 중반 이후 본격적으로 유행해 19세기 말까지 지속되었던 것으로 파악된다.

──── 군복본 정조 어진의 세부 요소 – 깍지, 등채, 환도, 통개

〈철종 어진〉은 1861년에 도화서 화원 이한철 등에 의해 그려졌다. 이한철은 1846년에도 헌종의 군복 대본 어진을 그렸다. 순종은 군복본 어진을 그리지 않았으며, 헌종의 부친 효명세자는 1830년에 반신상 군복본 어진을 그렸다.[346] 따라서 이한철이 헌종과 철종의 군복 대본 어진을 그릴 때 가장 많이 참고한 것은 바로 정조의 군복 대본 어진이었을 것이다. 또한 정조에서 철종에 이르는 시기 동안 군복의 형태는 거의 변하지 않았다. 이러한 사실은 〈철종 어진〉 속 군복의 형태나 기물 등이 정조의 군복본 어진에서 거의 그대로 차용한 것일 수 있음을 시사한다.

〈철종 어진〉(그림 155) 중 철종이 왼손 엄지손가락에 낀 깍지[角指]는 정조 어진에도 적용되었던 대표적인 표현 요소로 추정된다. 정조는 즉위 직후부터 결습決拾, 즉 활을 쏠 때 쓰는 깍지와 팔찌의 착용 관습을 복구하고자 노력했으며, 이후에도 특히 깍지의 착용을 강조했다. 1777년 5월 17일, 정조는 효종과 숙종이 깍지 끼는 것을 중요하게 여겼음을 신료들에게 상기시키며 이렇게 지시했을 정도다.

> 지금부터 구례舊例를 거듭 밝히니, 병판兵判에서부터 문무관文武官과 장신將臣에 이르기까지 반드시 모두 항상 깍지를 낌으로써 솔선수범하는 방도로 삼으라.[347]

정조가 문무 관료들에게 이렇게 강력한 지시를 내렸던 사실로 미루어 정조 역시 군대 사열 및 화성 행차 시에 반드시 깍지를 꼈으며, 자신의 군복본 어진도 깍지를 낀 모습으로 그리게 했을 것으로 짐작된다. 관리가 결습을 한 모습은 〈이삼 초상〉에서도 확인된다(그림 157).

다음으로 〈이창운 초상〉에서와 달리 〈철종 어진〉에는 상모가 표현되지 않았는데, 기록상 정조의 군복본 초상화 속 전립에도 공작 깃털만 달렸을 뿐 상모는 없었다.[348]

〈철종 어진〉 속 여러 기물도 정조 어진의 것을 그대로 차용한 것으로 보인다. 〈철종 어진〉을 제외한 순조, 익종, 고종의 어진 등 한국전쟁 때 훼손되어 부분만 전하는 어진까지 포함해도 왕의 좌우에 기물이 그려진 것은 없다. 다만 앞서 밝혔듯이 영조 70세 때의 어진에 궤장이 좌우에 그려졌음이 기록으로 확인된다.

〈철종 어진〉에서 철종은 등채를 쥐고 있으며 그의 좌측에는 환도環刀

가 놓여 있는데, 등채와 환도는 정조의 어진에도 그려졌던 기물로 여겨진다. 이러한 가정을 토대로 하면 훼손된 〈철종 어진〉의 왼쪽 부분을 복원할 수 있다.

1902년 3월, 고종은 화성행궁 화령전에 봉안된 정조의 군복본 어진을 보고 온 신성균申性均에게 통개筒介 즉 활과 화살을 꽂는 통이 청색 가죽으로 된 것인지를 묻자, 신성균은 통개는 흑색 비단으로 만들어진 것이라고 보고했다.[349] 즉, 정조의 군복본 어진에는 통개가 그려져 있었던 것이다. 통개가 그려져 있었다는 사실은 곧 활과 화살이 꽂힌 통개가 그려져 있었음을 의미한다.

158. 채용신, 〈자화상〉(사진), 원 그림의 규격 및 소장처 불명.

현재 흑백 사진으로만 전하는 〈채용신 자화상〉(그림 158)의 화면 오른쪽에는 활과 화살이 꽂혀 있는 통개가 그려져 있다. 이 초상화는 1920년대에 그려진 것으로 추정되는데,[350] 특히 환도와 통개가 채용신의 좌우에 그려져 있다. 채용신은 1900년에 조석진趙錫晉 등과 함께 정조를 포함한 역대 국왕 일곱 명의 어진을 이모했다.[351] 그의 이러한 어진 제작 경력 그리고 일반 사대부의 군복본 초상화 중 기물이 주인공 좌우에 그려진 사례가 없다는 사실로 미루어, 그가 자화상에 환도 그리고 활과 화살을 그려 넣은 것은 정조 혹은 다른 국왕의 군복본 어진에서 차용한 것일 가능성이 높다.

　이러한 몇 가지 사실들에 따라 정조의 군복본 어진에는 활과 화살이 꽂혀 있는 통개가 묘사되었을 것이며, 이는 〈철종 어진〉에도 그대로 표현되었을 가능성이 높다.

─────　**영원히 부모 곁에 남고자 – 육상궁 냉천정과 현륭원 재실**

　　　정조는 임진왜란 이후에 재임한 국왕 중 군복을 가장 자주 착용했으며, 최초로 군복을 자기 어진의 복식으로 택한 국왕이었다. 그는 이 군복본 어진을 현륭원 재실에 걸어 두었는데, 이는 영조가 자기 어진을 육상궁毓祥宮 냉천정冷泉亭에 봉안한 전례를 따른 것이었다.

　영조는 1744년에 어진 세 본을 완성하여 이 중에서 소본 하나를 육상궁 냉천정에 봉안했다.[352] 육상궁은 영조의 생모 숙빈최씨淑嬪崔氏의 위판을 모신 사당이다. 육상궁의 서쪽에 재실 건물로 지어진 냉천정은 외형만 보면 전형적인 양반가처럼 보인다(그림 159). 정조 대 이후 이 건물은 '영정봉안각'으로 불리기도 했다.[353]

　영조의 어진은 온돌이 있는 두 칸짜리 방 안에, 특히 서쪽이나 북쪽 벽에 걸렸을 것으로 추정된다. 이 온돌방은 협소하고 천장도 낮아서 보통 축의 세로가 3m 내외 되는 대본 어진을 걸기에는 적합하지 않다. 이러한 사실은 영조가 냉천정 봉안을 염두에 두고 정본의 어진 소본을 제작했을 가능성을 시사한다.

　조선 후기에 어진 제작 관행을 확립한 숙종은 초본으로는 반신상을 제작했으

159. 육상궁 재실 전경. 저자 촬영.

나 정본으로는 대본만 제작했다. 그는 대본 두 점을 정본으로 제작한 뒤에 규모가 크고 각종 의례 시설이 갖추어진 진전에 두어 후대에 영원히 전해지기를 기대했다. 그런데 영조는 소본을 정본으로도 제작해 그것을 대형 어진 봉안 전각이 아닌, 냉천정 재실 같은 소규모 일반 건물에 걸어 두었던 것이다.

〈영조 어진〉(그림 160)은 1900년에 조석진·채용신 등이 이모한 것으로, 그 모본은 1744년에 제작해 육상궁에 봉안했던 소본의 영조 어진이다. 이 어진에서 영조는 곤룡포를 착용하고 있다. 영조는 이 어진의 원본 즉 그의 51세 초상을 육상궁 냉천정에 봉안한 것에 대해 이렇게 말했다.

이는 대개 영원히 생모生母의 사당 곁을 따르려는 뜻이다.[354]

1773년, 영조는 자신의 61세 어진(1757) 한 본과 80세 어진(1773) 한 본도 이곳에 보관했다. 그는 이 어진 두 본을 냉천정에 둔 것에 대해서도 생모를 항상 옆에서 모시려는 뜻이라고 말했다.[355] 영조는 자기 어진을 모친의 신위가 봉안된 사당에 둠으로써 마치 자신이 어머니를 모시는 듯한 모습을 상징적으로 연출하고자 했던 것 같다.

1744년, 영조는 숙종 어진이 봉안된 장녕전 옆에 만녕전萬寧殿을 새로 조성하여 곤룡포를 착용한 모습의 대본 어진 한 본을 걸어 두었다.[356] 그가 냉천정에 자기 어진을 두며 한 말을 떠올리면, 만녕전에 보관한 목적 역시 옆에서 부왕父王을 모시는 모습을 연출하는 데 있었던 것 같다. 이러한 연출은 숙종에서 자신으로 이어진 왕위 계승의 정통성을 드러내기 위해 의도된 것으로도 보인다.

국왕이 자기 어진을 부모
의 사당에 걸어 두거나 보관
한 것은 전례 없는 새로운 봉
안 방식이었다. 냉천정은 육
상궁에 딸린 부속 건물의 하
나로, 태생적으로 제향이 치
러지는 '사묘祠廟'로 발전할
수 없는 장소였다. 그런데도
영조는 냉천정에 자기 어진
을 걸어 둠으로써 모친에 대
한 효심孝心을 시각적으로 보
여 주고자 했을 뿐 아니라,
모친의 신위가 있는 사당 영
역이 자신의 어진이 봉안된
곳이라는 점을 후대 국왕들
이 각별하게 감안하여 관리·
보존하기를 기대했던 것으로
보인다.

160. 조석진·채용신 등, 〈영조 어진〉, 1900년, 비단에 색, 110.5×
61.0cm, 국립고궁박물관.

　　만일 영조가 정비正妃 소생
의 적자嫡子였다면 모친의 신
위는 종묘宗廟에 모셔졌을 것이므로 그가 자기 어진을 모친의 사묘에
둔다는 발상 자체를 할 필요가 없었을 것이다. 따라서 영조가 자기 어진
을 냉천정에 둔 일은 그의 개인적 처지나 상황을 감안하면 비로소 이해
할 수 있다.[357]

　　　　　　　　　　　　　　　　　5. '나'를 표현한 그림

정조가 현륭원 행차 때마다 군복을 입은 이유

정조는 강사포 소본 어진을 경모궁 망묘루에 걸어 두었다. 경모궁은 정조의 부친인 사도세자의 신위를 모신 사당이었다.

『경모궁 의궤景慕宮儀軌』중 〈본궁전도本宮全圖〉(그림 161)는 경모궁의 전각 배치를 보여 준다. 그림 상단에 사도세자의 위패가 봉안된 정당正堂이 있고 중앙에는 정당으로 들어가는 내삼문內三門이 있다. 내삼문 오른쪽에 재실이 있는데, 이 재실 오른쪽에 정면으로 돌출된 건물이 바로 망묘루다. 이처럼 망묘루는 냉천정처럼 사묘의 정전 건물 옆에 위치한 재실 건물 중 하나였다.

정조가 군복 소본 어진 한 본을 걸어 둔 곳은 현륭원 재실이었다. 현재 소실되고 없는 이 건물 역시 냉천정과 같이 단청이 없는 일반 양반가 형태의 건물이었을 것이다. 1791년 강사포 소본 어진 제작 후 이를 경모궁 망묘루에 봉안할 때 정조는 이 조치가 영조가 소본 어진을 봉안각 즉 냉천정에 두었던 고사를 따른 것이라 말했다.[358] 곧 자기 어진을 현륭원 재실에 둔 것 역시 영조의 전례를 따른 것으로 볼 수 있다. 결국 정조 역시 자신이 부친을 옆에서 모시는 듯한 모습을 시각적으로 연출하고 부친을 추모하는 마음을 드러내기 위해 자기 어진을 경모궁 및 현륭원에 두었던 것으로 해석할 수 있다. 한편, 정조가 1791년에 소본 어진을 제작한 것 역시 대본 어진 봉안이 어려운 경모궁과 현륭원 재실에 두기 위한 조처로 파악된다.

정조는 강사포본 어진을 경모궁에, 군복본 어진을 현륭원에 각각 두었다. 당시의 기록을 보면 경모궁에 봉안된 강사포본을 "묘를 알현할 때의 복색謁廟時服色"이라고 설명하고 있다. 따라서 정조가 경모궁에 강사포를 착용한 모습의 어진을 둔 것은 자신이 부친의 사당을 알현하

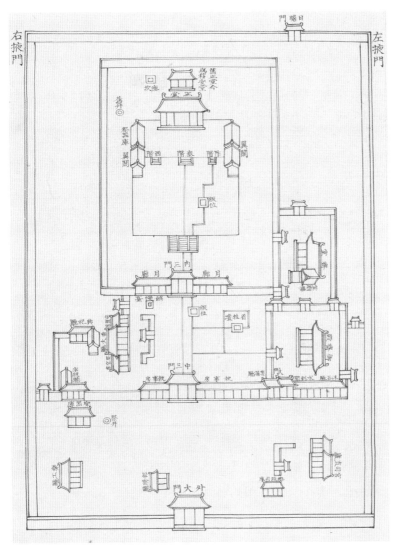

161. 『경모궁 의궤』 중 〈본궁전도〉, 1783년, 서울대학교 규장각한국학연구원.

는 모습을 연출하기 위해서였던 것으로 파악된다. 정조가 현륭원 재실
에 군복본 어진을 둔 것 역시 그의 의도된 조처였다. 『일성록日省錄』의
1796년 1월 24일 기록에는 정조가 군복본 어진을 제작해 현륭원에 둔

이유가 이렇게 설명돼 있다.

> 〔사도세자가〕예전에 온행溫行〔온천 방문 행차〕중에 수원부水原府를 지날 때 복식으로 군복을 착용했다. 〔사도세자의〕초상화 초본이 있었으나 색이 변해 감히 이모하지 못했다. 근래에 내가 원행園幸 때의 복식으로 군복을 착용하는 것은 이러한 뜻에 따른 것이다. 〔나의〕어진을 그려 현륭원의 재실에 보관해 우러러 높이는 생각을 그에 부쳤다. …… 이에 신하들에게 교서를 내려 말하기를 경진년 〔1760년〕온행 때 군복을 입었음은 그때의 의례 절차에 포함돼 있다. 그때의 복식으로 그려진 어진 한 본이 있다. 그러나 매번 이모하지 못한 것이 마음에 잊히지 않았다. 기유년〔1789년〕이후 원행 때는 반드시 군복을 착용했다. 이는 대개 〔부친의 뜻을〕이어 나가려는 뜻에서 나온 것이다.359

정조는 1796년 1월 화성을 방문해서 이 말을 했다. 그는 1789년 이후 자신이 원행, 즉 현륭원을 참배할 때마다 항상 군복을 착용했음을 밝히고, 그렇게 한 것은 부친(사도세자)이 온양溫陽의 온천에 행차할 때 군복을 입고 수원을 거쳐 간 전례를 따른 일이자 부친을 우러러 높이기 위한 일이었다고 설명했다. 한편, 사도세자는 1760년에 온양 온천을 방문하고 서울로 복귀하던 중 군복을 착용한 상태로 수원의 방어영防禦營에 들렀으며, 수원 방문 직후에 군복을 착용한 모습의 초상화 초본을 제작한 바 있다.360

정조는 현륭원 조성이 마무리된 1790년부터 1800년까지 11년 동안 모두 열한 차례 현륭원에 행차했다. 그는 현륭원에 갈 때마다 반드시 군복을 착용했다. 현륭원에서 제사를 지내기 위해 잠시 옷을 바꿔 입은 경우를 제외하고는 화성 행차 기간 내내 군복을 입었다.[361] 그러나 정조는 현륭원 외의 능陵이나 원園에 갈 때는 주로 융복戎服(주립朱笠과 철릭 차림의 군복) 차림이었다.[362] 그리고 화성 행차 때마다 본인뿐 아니라 자신을 따르는 신하들도 대부분 군복을 착용하게 했다. 실제로 1795년 화성 행차 때의 모습을 그린《화성 원행 도병華城園幸圖屛》속 신하들은 지위 고하를 막론하고 거의 모두 군복을 착용하고 있다(그림 162). 정조의 이러한 조치는 그가 현륭원 행차 때 군복 착용에 특별한 의미를 부여했기 때문이다.

1796년에 정조를 호위해 화성 행차에 참여했던 강준흠姜浚欽은 이때 시 한 편을 지었는데, 그 시의 주석에는 "왕은 자기 어진을 현륭원의 봉안각에 걸어 두어 아침저녁으로 우러러 사모하는 정성을 부쳤다."라는 설명이 있다.[363] 이에 따라 정조가 군복본 어진을 현륭원 재실에 걸어 둔 것이 사도세자에 대한 그의 효심에서 비롯된 것이었음을 알 수 있다.

정조는 사도세자가 온양 행차 때 남긴 행적을 그의 중요한 치적 중 하나로 평가했다. 사도세자는 뒤주에 갇혀 죽기 2년 전인 1760년에 영조의 허락을 받고 습창濕瘡(다리에 나는 부스럼)을 치료하기 위해 온천이 있는 온양행궁에 다녀왔다. 이때 사도세자가 왕세자로서 선정을 베풀었는데, 훗날 정조가 이 사실을 「현륭원지문顯隆園誌文」에 자세히 소개했다.

이 글에 따르면 사도세자는 행차 중에 민폐를 끼친 일을 엄히 다스렸고, 행차 때 지나치는 고을의 노인과 선비들을 대우했으며, 온천에 이르러서는 강론을 펼쳤다. 특히 그는 수원부에 이르러 산성에서 무예를

162. 작가 미상, 『화성 원행 도병』 중 〈낙남헌 방방도洛南軒放榜圖〉의 세부, 1795~1796년, 비단에 색, 151.5×66.4cm 국립중앙박물관.

열병하고, 그 지역 곳곳을 행차할 때마다 자신을 막아서는 사람들에게 번번이 고충을 물어보고는 조세와 부역을 감해 주라고 지시했다.[364] 이 「현륭원지문」의 내용 대부분이 1762년에 발생한 임오화변壬午禍變(사도세자가 뒤주에 갇혀 죽은 사건)의 원인과 책임 문제에 대한 것이었음을 염두에 두면, 정조는 사도세자의 온양 행차를 매우 중요한 그의 치적으로 생각했던 것 같다.

사도세자의 묘소를 수원으로 옮긴 1789년에 정조는 사도세자의 온행과 자신의 원행을 모두 본 수원부의 70세 이상 관리들과 80세 이상 일반 백성에게 정3품의 품계를 내려 주었다. 1790년 2월 9일, 정조는 사도세자가 온양 행차 때 숙소로 삼고 무예를 열병했던 현륭원 남쪽 독성산성禿城山城에 가서 주변 건물들을 둘러보고 산성 주변에 사는 노인들을 접견하고 위로했다.[365] 1796년에는 사도세자의 온양 행차를 따랐던 인물들을 찾아내어 품계를 올려 주거나 상을 내렸다.[366]

치열한 정쟁의 소용돌이 속에서 사도세자는 왕자로서 큰 치적을 남기지 못하고 젊은 나이에 생을 마감했다. 그런데도 정조는 사도세자가 온양 행차 때 백성들에게 선정을 베풀고 군대를 사열한 일 등의 치적을 자세히 밝히고 드러내려 했다. 이를 통해 정조는 부친이 훌륭한 통치자가 될 가능성을 충분히 가졌으며, 그의 죽음은 당시의 복잡한 정치 상황에서 기인된 일로 설명하고자 한 것이다. 정조가 이처럼 부친의 치적을 발굴해 널리 알린 것은 재위 중 지속해서 추진한 사도세자의 명예 회복 사업의 연장선상에서 이해될 수 있다. 사도세자의 명예 회복은 정통성 확립이라는 그의 중요한 정치적 목표와 직결돼 있었다.[367]

정조가 화성을 방문할 때마다 부친의 옛일을 따라 군복을 착용하고 부친의 군복 초상화를 좇아 자신도 군복본 어진을 제작한 것은 어디까지나 부친에 대한 추모의 정과 효심을 드러내 보이기 위해서였다. 따라서 정조에게 '군복'은 사도세자에 대한 자신의 효심과 계승 의지를 담은 상징물에 다름 아니었다. 결국 정조가 부친의 묘소 재실에 둘 자기 어진을 군복본으로 재현한 것은 그가 '군복'에 이러한 상징성을 부여했기 때문이라 할 수 있다.

예조판서 이만수李晚秀는 1800년 3월 원행 때 정조가 군복을 착용한 것이 온양 행차 때 사도세자의 복식을 따른 것임을 지적하면서, 정조의 군복본 어진 제작에 대해서는 "이는 우리 성상께서 부친이 하시던 일을 그대로 따르시면서 부친에 대한 추모의 정을 부치려는 효성스러운 마음에서 비롯된 것이었습니다."라고 정조에게 아뢴 적이 있다.[368] 이만수의 말은 정조의 군복본 어진 제작이 그의 의도된 조처였음을 거듭 알려 준다.

정조가 경모궁 망묘루와 현륭원 재실에 각각 강사포본과 군복본 어진을 걸어 둔 사실은 그가 각각의 봉안 장소에 걸맞은 복식을 택한 뒤에 어진을 제작했음을 보여 준다. 이를 통해 조선시대에 어진의 제작과 봉안이 분리된 일이 아닌, 서로 연계되어 진행된 일이었음을 알 수 있다. 그리고 정조의 군복본 어진 제작은, 그가 자기 어진을 후대에 영원히 남겨야 할 공적인 보존 대상으로만 인식하지 않았으며, 오히려 초상화를 자신의 내면 의식과 신념 혹은 정체성을 표현하는 매체로 강하게 인식했음을 말해 준다.

야복野服에 투영된 염원

───── **'출사出仕'와 '은일隱逸' 사이의 고뇌**

정조의 군복본 어진은 군복이라는 복식이 우연히 선택된 것이 아니라 초상화 주인공이 자신의 내면 의식이나 신념 등을 드러내기 위해 사용한 일종의 상징물이었음을 보여 준다. 조선시대 초상화에서 주인공이 착용한 옷에 부여된 의미나 상징성을 자세히 분석해야 할 이유가 바로 여기에 있다.

〈강세황 자화상〉(그림 163)은 주인공의 내면 의식이 강하게 드러난 것으로 평가되는 대표적인 작품이다. 이 초상화에서 강세황은 오사모烏紗帽를 쓰고, 옥색 도포를 입고, 허리에는 붉은 띠를 맸다.

그런데 오사모는 관리가 관복(단령)과 함께 착용하는 관모官帽이고, 도포는 사대부가 벼슬에서 물러나 있을 때 입는 옷을 통칭하여 부르는 야복野服의 하나다. 심의深衣, 학창의鶴氅衣, 난삼襴衫도 야복으로, 유학자들이 즐겨 입은 옷이어서 유복儒服이라고도 부른다.

강세황이 기로소 입소 때 이명기를 시켜 제작한 〈강세황 초상〉(그림

彼何人斯鬚眉皓白
頂烏帽披野服於以
見心山林而名朝籍
胸藏二酉筆搖五嶽

人那游知我自爲樂
翁年七十翁鬚露竹
其真自寫其贊自作
歲在玄黓攝提格

131)에서 그는 관리가 입는 한 벌의 복식, 즉 오사모와 단령을 착용한 모습이다. 그렇다면 강세황은 왜 격식에 맞지 않는 복식을 착용한 모습으로 자화상을 그렸을까?

그는 이 자화상 상단 좌우에 직접 쓴 자찬문에서 왜 이런 복식을 착용했는지 설명하고 있다.

> 저이는 어떤 사람인가, 수염과 눈썹이 하얗다.
>
> 관리의 갓을 쓰고 야복野服을 입었네.
>
> 마음은 산림山林에 있으나 이름은 조정의 명부에 올라 있음이 보인다.
>
> 가슴에는 만 권의 서적을 간직했고 필력은 오악五嶽을 옮길 수 있다.
>
> 세상 사람이야 어찌 알겠는가, 나 홀로 낙으로 삼는다.
>
> 늙은이의 나이는 70이고, 옹의 호는 노죽露竹이다.
>
> 스스로 초상화를 그렸고 찬문도 스스로 지었다.
>
> 이해가 임인년(1782년)이다.369

이 초상화에서 강세황이 착용한 오사모와 야복은 각각 '출사出仕'와 '은일隱逸'의 상징물로 해석된다.370 그는 자신의 마음은 산림에 있으나 이름은 조정의 명부에 올라 있다는 말로써 출사와 은일이라는 상반된 가치 사이에서 고뇌하는 자신의 정신세계를 드러내었다. 강세황은 관복과 야복이 가지는 각각의 상징성을 이용해 자신의 내면세계를 표출했던 것이다.

영조 때 고위직 문관이었던 이덕수李德壽는 강세황에 앞서 이러한 정신세계를 복식을 통해 표현했다. 〈이덕수 초상〉(그림 164)은 이덕수가

1733년에 연행燕行 갔을 때 청나라 화가 시옥施鈺에게 의뢰하여 그려 받은 초상화다.

이 그림에서 이덕수는 복두幞頭를 쓰고 옥색 도포를 입고 있으며, 허리에는 붉은 띠를 맸다. 복두는 당唐, 송宋 등 한족漢族 왕조에서 사용되었을 법한 옛 관모官帽로 보인다.

〈강세황 자화상〉을 해석한 방식을 따르면 이 초상화 역시 출사와 은일의 상반된 진로 앞에서 자신의 정체성을 고민했던 이덕수의 모습을 묘사한 것으로 해석할 수 있다.

조선의 관리가 중국에 사신使臣으로 가서 중국 화가로부터 초상화를 그려 받아 오는 일은 16세기 이래

164. 시옥, 〈이덕수 초상〉, 1733년, 비단에 색, 171.0×104.0cm, 전의이씨 종중.

빈번했으며, 대부분의 조선 사신들은 관복본 전신상을 제작해 왔다. 그런데 이덕수가 야복과 복두를 착용한 모습으로 자신을 재현한 것은 매우 이례적이다. 청대淸代 초상화 중에 주인공이 이런 복식을 착용한 모습으로 재현된 경우가 전혀 확인되지 않는 것으로 미루어 야복과 복두는 이덕수의 직접적인 요청으로 그려진 표현 요소로 생각된다.

사행使行에서 야복본 초상화를 그려 온 전례가 있기는 하다. 대동법大同法 시행으로 유명한 김육金堉은 1637년에 사신으로 간 연경에서 중국 화가 호병胡炳에게 의뢰하여 초상화 두 점을 제작했다.[371] 이 중 한

165. 호병, 〈김육 초상(학창의본)〉, 1637년, 비단에 색, 116.0
×49.8cm, 실학박물관. (왼쪽)
166. 호병(추정), 〈김육 초상(관복본)〉, 1637년, 비단에 색,
175.0×98.5cm, 실학박물관. (오른쪽)

점은 야복본이고 나머지 한 점은 관복본이다(그림 165, 166). 이 두 초상
화는 김육이 강세황과 이덕수에 앞서 그들과 동일한 내면 의식을 초상
화에 드러낸 사례이다.

　야복본 초상화에서 와룡관臥龍冠을 쓰고 학창의를 입은 채 소나무 아

　　　　　　　　　　　　　　　　5. '나'를 표현한 그림

래에 선 김육은 때를 기다리며 은거隱居한 제갈량諸葛亮이나 난세를 피해 고향으로 돌아간 도연명陶淵明을 연상시킨다. 와룡관과 학창의는 제갈공명을 상징하는 복식이며, 동아시아에서 은사隱士의 상징적 인물로 인식된 도연명은 주로 '소나무 주변을 서성이는' 모습으로 묘사되었다. 한편, 관복본 초상화에서 단학흉배單鶴胸背가 달린 단령과 오사모 그리고 학정금대鶴頂金帶를 착용한 모습으로 재현된 그는 조선을 대표해서 외국에 파견된 당당한 조선 사신의 이미지를 보여 준다.

김육처럼 관복본과 야복본을 동시에 그린 인물로 신임申銋이 있다. 그는 기로소 입소를 기념하여 관복본 초상화를 제작하는 한편, 와룡관에 야복을 착용하고 불자拂子를 쥔 모습의 야복본 초상화 한 점을 별도로 제작했다(그림 113의 오른쪽, 117).

강세황, 이덕수, 김육, 신임 등은 모두 벼슬하여 고위직에 오른 상황에서도 관직을 버리고 산림에 묻혀 사는 탈속脫俗의 삶을 바라며 실천하고자 했다. 그들의 염원이 오늘날의 우리에게는 위선처럼 보이기도 한다. 그러나 조선시대 대부분의 사대부들에게 출사와 은일은 그 어느 것도 쉽게 포기할 수 없는 인생의 중요한 목표였다. 이러한 고뇌를 강세황은 오사모와 야복이라는 상반된 상징성을 가진 복식을 통해 극적으로 드러내었던 것이다.

—— **탈속脫俗의 삶을 염원하다, 〈김진 초상〉**

관료주의가 깊이 뿌리내린 조선 사회에서 입신양명立身揚名은 모든 사대부들이 추구했던 인생 목표였다. 그들은 과거에 급제해 출사함으로써 자기가 배운 유교적 가치와 신념으로 자신의 뜻을 펼치고 집안과 부모의 이름을 드러내 효를 실천할 수 있다고 믿었다. 이런 측면에서 앞서 살펴본 조선시대에 그려진 관복본 초상화들은 그 주인공들이 출사해 높은 관직에 오른 사실뿐 아니라 그들이 사회로부터 유능한 목민관이나 충성스러운 신하로 인정받았음을 입증하는 일종의 물증으로 기능해 온 것으로 볼 수 있다.

그런데 조선시대 사대부들이 출사를 통한 입신양명만큼이나 간절히 희구했던 것은 다름 아닌 탈속 혹은 은일의 삶이었다. 도의道義가 무너지고 사회가 혼탁해져 출사하는 것이 여의치 않은 상황에서는 자신의 신념과 절의를 지키고 안분지족安分知足의 삶을 사는 것 또한 유교적 가치관에서 허용되는 일이었다. 그 결과 조선시대 수많은 선비들은 입신양명을 추구하는 한편으로 속세를 벗어나 자연에서 한가로이 지내고 산수를 즐기는 삶을 염원했으며 이러한 염원을 자기 초상화에 반영했다.

자기 초상화에 탈속 혹은 은일에 대한 희구를 반영한 일은 조선 중기에 이미 확인되는데, 〈김진 초상〉(그림 167)이 그 예이다. 이 그림은 김진金璡의 노년 시절 모습을 묘사한 초상화이다. 조선 중기의 유명한 문신 김성일金誠一의 부친이기도 한 그는 진사에 합격했으나 출사하지 않고 평생 학문에만 정진했던 인물이다.[372]

이 초상화에서 그는 평량자平涼子와 도포를 착용하고 두 손을 모은 채 화문석에 앉아 있다. 이러한 옷차림은 공직에 있지 않은, 평상시의 복장임을 알려 준다. 평량자는 댓개비로 엮어 만든 갓으로, 패랭이라고도 한다.

낙동강 변에 위치한 선유정仙遊亭(현 경북 안동시 소재)은 김진의 초상화가 보관된 곳이었다.[373] 선유정은 김진이 자신의 땅에 지은 서재書齋이자 강학소講學所로, 그는 여기에서 학문을 연마하고 자식과 집안 자제

167. 작가 미상, 〈김진 초상〉, 1572년, 비단에 색, 143.5×117.5cm, 의성김씨 청계공파 문중.

들을 교육시켰다.[374] 그는 생전에 자신의 초상화를 제작한 뒤 다음과 같은 시를 지었다.

> 평생 자연에서 노니는 흥취를 다 이루지 못했으니,
> 나의 노쇠한 모습을 그려 건물 남쪽 벽에 걸어 두네.[375]

김진은 이처럼 자기 초상화를 건물 벽에 걸어 두어 생전에 다하지 못한 자연을 즐기는 삶을 사후에라도 영위하고 싶다는 염원을 드러내었다.

그런데 그가 선유정을 조성하고 운영한 일이 그의 후손들의 기록에 거듭 언급된 것으로 보아, 이 시에 언급된 건물이 바로 선유정임을 알수 있다. 1685년에 그의 사당인 경덕사景德祠(사빈서원의 전신)에 옮겨 봉안되었던 그의 초상화가 고종 때 서원 철폐령으로 다시 선유정으로 옮겨졌던 사실로 보아도 그의 초상화가 최초에 걸린 곳은 선유정으로 볼수 있다.[376]

《허주 부군 산수유첩虛舟府君山水遺帖》이라는 화첩에 수록된 〈선사심진仙寺尋眞〉(그림 168)은 18세기 중반 선유정의 모습을 담고 있다.[377] 이 그림의 강변 옆 암석 위에 자리한 기와 건물이 선유정이고, 그 위에 지붕만 보이는 건물이 선사仙寺다.[378] 선유정은 뒤로는 산으로 둘러싸이고 앞으로는 유유히 흐르는 강으로 감싸 안긴 곳에 위치해 있다. 이로 미루어 선유정에서 보는 주변 경관은 매우 아름다웠을 것으로 짐작된다.

이 화첩은 허주虛舟 이종악李宗岳 등 김진의 내외 후손 18인이 1763년에 낙동강 연안의 승경勝景을 유람한 뒤 주요 풍경을 그린 그림들로 엮은

5. '나'를 표현한 그림

것이다.

〈김진 초상〉(그림 167)은 여러 문헌을 통해 김진이 생전에 제작해 선
유정에 걸어 두었다는 바로 그 초상화였음을 알 수 있다. 조선 후기에
사빈서원泗濱書院을 방문해 김진의 초상화를 본 안동 출신의 문관 이이
순李頤淳은 이렇게 말했다.

> 영정影幀을 받들어 살펴보니, 끈이 달린 검은 관을 쓴 얼굴은 밝게
> 빛나고 수염은 희다. 엄숙하고 맑은 기운이 있어 덕이 있는 군자
> 의 용모이다.[379]

이러한 묘사는 〈김진 초상〉 속 주인공의 모습에 부합한다.[380] 따라서
〈김진 초상〉은 김진 생전에 제작
된 초상화로 볼 수 있다. 실제로
후대의 화풍이 보이지 않는 만큼
이 작품은 후대에 이모된 그림은
아닐 가능성이 높다.

〈김진 초상〉에서 김진은 자연
을 즐기기에 편한 평상시의 옷차
림을 하고 있다. 이는 죽은 뒤에도
산수 유람과 감상 취미를 지속할
것이라는 그의 염원을 초상화를
통해 실현하고자 한 것이 아닌가
싶다. 그런데 일정 기간 동안 김진
의 초상화는 낙동강 변 선유정에

168. 작가 미상, 《허주 부군 산수유첩》 중 〈선사심진〉, 1763년, 종
이에 색, 35.6×23.0cm, 한국학중앙연구원(고성이씨 임청각 기탁).

걸렸으므로, 결과적으로 초상화 속 김진은 실제 김진을 대신해 자연을 즐긴 것으로 볼 수 있다. 조선시대 사대부들이 초상화를 주인공의 대체물로 여겼다고 한 말이 다시금 떠오르는 대목이다.

─── "몸뚱이는 공허한 것이고, 그림 또한 진짜가 아니다"

타이베이 국립고궁박물원 소장 〈인물도〉(그림 169)는 송대宋代에 그려진 것으로 알려진 작품이다. 이 그림에는 노란색 상의와 초록색 하의로 구성된 야복을 입고 검은색 사모紗帽를 쓴 인물이 평상 위에 앉아 있다.[381] 그는 반가부좌 비슷한 자세를 취한 채 한 발을 족좌대 위에 놓았다. 왼손엔 흰 종이를, 오른손엔 붓을 쥔 채 시선은 자신의 오른쪽을 향하고 있다. 그의 뒤에는 강변을 배경으로 새와 갈대 등이 묘사된 그림 병풍이 놓여 있으며, 병풍에는 그의 반신상 초상화 족자가 걸려 있다.

화면 오른쪽에는 서책·두루마리·거문고·바둑판 등이 놓인 탁자가 있으며, 왼쪽에는 음식이 들어 있는 그릇들과 벼루 하나가 놓인 탁자가 비치돼 있다. 평상에는 주전자 하나와 빨간색 팔걸이 하나가 보인다.

이 그림 속 인물이 앉아 있는 공간에는 바둑, 악기 연주, 글쓰기, 독서, 그림 감상, 음다飮茶 등 그가 평소에 한가로이 즐겼던 여러 취미를 알려 주는 소품들이 가득 놓여 있다. 건물이나 자연 등 주변 배경 표현이 없는 관계로, 이 공간은 마치 하나의 연출된 무대처럼도 느껴진다.

그 결과 이 공간은 누구의 방해도 받지 않고 세상의 번거로운 일에서 벗어나 스스로 즐기고 위로하기 위해 조성하고 마련한, 매우 사적이고 은밀한 장소처럼 보인다. 서재나 별서 등으로 한정해 볼 수 있는 이 공간 한가운데에 주인공의 초상화가 걸려 있는데, 마침 초상화 속 인물

169. 작가 미상, 〈인물도〉, 12세기 초, 비단에 색, 29.0×27.8cm, 타이베이 국립고궁박물원.

과 주인공의 시선은 서로 반대 방향이다.

　우선적으로 이 그림은 송나라 사대부들이 자기 초상화를 평소 거처하는 공간에 걸어 두는 풍속을 보여 준다. 김진이 자기 초상화를 선유정에 걸어 둔 일의 연원도 이러한 풍속에서 찾을 수 있을 것이다. 그런데 이러한 설명만으로는 왜 〈인물도〉 속 남자가 자기 초상화를 평소 생활공간에 걸어 두었는지를 이해할 수 없다. 이를 이해하기 위해서는 송나라 사대부들이 초상화를 어떻게 인식했는지 잠시 살펴볼 필요가 있다.

송대의 대표적인 개혁 정치가이자 문장가 왕안석王安石은 자기 초상화를 보고 「전신 자찬傳神自贊」이라는 시를 남겼다.

> 나와 그림 속 내가 모두 환신幻身이니,
>
> 세상을 떠돌다 함께 먼지가 되리.
>
> 단지 이것이 다른 것이 아님을 알 뿐이니,
>
> 전신前身이 바로 후신後身임을 묻지 말게나.[382]

왕안석은 이 시에서 '나'와 '그림 속 나'를 '이것'(차물此物)과 '다른 것'(타물他物) 그리고 '전신前身'과 '후신後身'의 개념으로 인식했다.

북송과 고려는 문화적으로 매우 활발하게 교류한 만큼 고려의 문인들은 초상화에 대한 송나라 문인들의 인식을 곧바로 공유했을 것으로 보인다. 실제로 고려 문인들의 글에서도 이러한 송나라 문인들의 인식을 확인할 수 있다. 고려 중기의 문인 이규보李奎報는 자기 초상화에 쓴 찬문에서 "환신이 환영을 대하니幻身對幻影"라고 썼고,[383] 이제현李齊賢은 자신의 젊은 시절 모습을 그린 초상화(그림 32)를 보고 쓴 시에서 "이것이 다른 것이 아니니, 전신이 바로 후신이네此物非他物, 前身定後身"라고 읊었다.[384]

'환신'과 '환영', '차물'과 '타물', '전신'과 '후신' 등의 용어는 대개 불교에서 차용한 것들이다.[385] 즉 위의 표현들은 '몸뚱이〔身〕'는 원래 공허한 것이고 그것을 그린 '그림〔影〕' 또한 그의 진짜 형체가 아니라는 불교적 사고를 표현한 것이다.[386] 이 용어들은 고려시대 이후 문인들의 비문碑文이나 만사挽詞 등의 글에서 죽음을 매개로 형체가 무의미함을 강조하거나 불교적 인식론을 표현할 때 자주 사용되었다.[387]

초상화에 대한 송과 고려 문인들의 인식에 따르면 '〈인물도〉 속 남자'와 '〈인물도〉 속 족자 속 남자'는 환신과 환영일 뿐이다. 실제로 그림 밖에서 이 장면을 보는 우리에게도 둘은 모두 그림으로 재현된 사람일 뿐이며, 둘의 구분은 무의미한 일일 뿐이다. 따라서 이러한 인식으로 〈인물도〉를 보면 '〈인물도〉 속 족자 속 남자'는 '〈인물도〉 속 남자'의 대체물에 다름 아니다.

김진이 자신이 죽은 뒤에 '초상화 속 자신'이 '실재했던 자신'을 대신해 아름다운 산수 풍광을 지속해서 즐길 것이라 말한 것을 〈인물도〉에 적용해 보면, 만일 '〈인물도〉 속 남자'가 부재하는 상황이 생기면 '〈인물도〉 속 족자 속 남자'가 이 공간의 주인이 될 것이다. 결국 송과 고려의 문인들은 초상화를 '또 하나의 나'로 인식했으며, 초상화를 통해 자신이 생전에 누렸던 삶을 사후에도 이어 나갈 수 있기를 염원했던 것이다. 그런데 그들이 길게 누리고자 했던 삶은 바로 속세로부터 벗어나서 자연 감상, 서화 수집, 바둑, 악기 연주 등을 향유하며 탈속과 은일의 삶을 사는 일이었다.

양겸과 죽서초당

중국 원나라 때 초상화가 왕역王繹과 문인화가 예찬倪瓚이 1363년에 합작하여 그린 〈양죽서 소상楊竹西小像〉(그림 170)은 원나라 말기에 송강松江 지역에서 활동한 죽서竹西 양겸楊謙의 초상화이다. 양겸은 그 지역의 대단한 부자였으나 출사하지 않고 학문에 힘쓴 인물로, 당대 명사名士들로부터 세속에 얽매이지 않고 은자隱者의 삶을 실

천한 인물로 칭송받았다.[388]

　이 초상화에서 그는 야복을 입고 지팡이를 쥔 채 서서 정면을 응시하고 있다. 그의 옆에는 소나무와 바위가 나란히 표현돼 있다. 이 소나무

170. 왕역·예찬, 〈양죽서 소상〉, 1363년, 종이에 수묵, 27.7×86.8cm, 베이징 고궁박물원. (위)
171. 장악, 〈죽서초당도〉, 1363년, 종이에 수묵, 27.4×81.2cm, 랴오닝성박물관. (아래)

와 바위는 각각 장수長壽에 대한 염원과 그의 강직한 성품을 드러내는 상징물로 해석할 수 있지만, 한편으로는 양겸이 자리한 곳이 자연의 한가운데임을 암시하여 탈속의 공간으로 보이게 할 목적으로 화가가 그려 넣은 표현 요소로 볼 여지도 있다.

양겸은 죽서초당竹西草堂이라는 별서를 조성해 은일의 삶을 즐겼다. 1355년에 장악張握이 그린 〈죽서초당도竹書草堂圖〉(그림 171)는 바로 이 별서와 주변 풍경을 묘사한 그림이다. 그림에서 왼쪽은 바위 절벽이고, 그 아래 큰 소나무 두 그루 사이에 정자 한 채가 보인다. 그 오른쪽의 여백으로 비워 놓은 곳은 강이다. 정자 안에는 야복 차림의 한 사나이가 다리를 꼰 채로 비스듬히 앉아 있다. 이 별서의 주인이 양겸이니 이 인물은 바로 그이고, 소나무와 바위가 나란히 자리한 이 별서의 정자 주변 공간은 곧 양겸이 지팡이를 잡고 서 있는 〈양죽서 소상〉의 공간이라고 할 수 있겠다.

양겸이 아름다운 풍광의 자연 속에 별서를 지어 그 모습을 그림으로 담고, 또 그곳에서 소요하는 모습의 자신을 그림으로 재현한 것은 은자로서의 자기 정체성을 드러내어 후대 사람들에게도 고고한 문인으로 기억되기를 바랐기 때문일 것이다. 사대부들이 은자의 모습으로 혹은 탈속의 삶을 누리는 선비의 모습으로 자기 초상화를 제작한 전통은, 중국에서는 적어도 원대부터 청대까지 지속해서 이어졌다. 그 결과 주인공이 산수를 배경으로 야복을 입은 채 앉거나 선 모습으로 재현된 초상화는 청대 말기까지 숱하게 그려졌다. 그 영향으로 조선에서도 이러한 형식의 초상화가 제작되었다.

은일의 삶을 갈구하다, 〈조정만 송하안식도〉

18세기를 대표하는 문인화가 중 한 사람인 조영석趙榮祏은 스승 이희조李喜朝의 친구인 조정만趙正萬의 거듭된 요청 끝에 그를 위해 그림 한 점을 그려 주었다. 그리고 이 일을「조정만 판서의 그림 족자에 부쳐題趙判書正萬畫簇」라는 글에서 자세히 소개했다.

조정만은 만년에 그림 한 점을 그려 받기를 바라는 내용으로 시 한 수를 지어 조영석에게 보냈다. 이에 조영석은 그가 보낸 시의 운에 맞춰 답시를 지어 보내 거절의 뜻을 보였다. 일전에 〈난정도蘭亭圖〉를 그려 준 사실을 거론하며 이번에는 그림을 그려 주기 어렵다는 뜻을 분명히 밝혔던 것이다. 그런데도 조정만은 다시 시 세 수를 지어 보내며 재차 그림 부탁을 했다. 조영석은 더 이상 거절할 수 없어서 그림을 그려 주었는데, 이때 그간의 일을 모두 기록해 그림 한편에 적어 두었다. 그 글이 바로「조정만 판서의 그림 족자에 부쳐」이다.[389]

일본 교토대학교 총합박물관 소장 〈조정만 송하안식도〉(그림 172)는 조영석이 조정만을 위해 그려 준 바로 그 그림이다. 글이 적혀 있는 그림 상단 부분의 보존 상태가 좋지 않아 원문의 글자 다수가 보이지 않지만, 판독 가능한 부분들만으로 이것이 조영석의 글임을 알 수는 있다. 조정만이 그림 부탁을 하며 조영석에게 보낸 첫 번째 시는 이렇다.

높이 솟은 소나무 아래에 진달래가 피고
학 한 쌍과 짝을 이룬 원앙 그리고 외기러기가 함께 있네.
등나무 지팡이는 어깨에 두고 손에는 책이 있네
그대가 이 팔순 늙은이를 그려 주길 청하네.[390]

〈조정만 송하안식도〉에는 한 그루 소나무 아래 돗자리가 펼쳐져 있고, 지팡이를 어깨에 올려놓은 채 한 손으로 책을 쥐고 읽고 있는 한 노인이 돗자리에 앉아 있다. 그는 야복을 입었으며 머리에는 사방건을 썼다. 화면 왼쪽에는 진달래로 보이는 꽃나무가, 그 꽃나무 앞에는 원앙 두 마리가, 화면 오른쪽에는 소나무가, 소나무 앞에는 학 두 마리가 있다. 또한 소나무 둥치 뒤에는 기러기로 보이는 새 한 마리도 보인다(그림 172). 이처럼 그림에는 시에서 조정만이 언급한 내용이 모두 반영돼 있다. 그리고 팔순을 맞은 자신의 모습을 그려 달라는 시 마지막 구절로 보아 그림 속 노인은 조정만으로 보아 무방하다. 결국 이 그림은 조정만의 주문을 철저히 반영해 조영석이 완성한 그의 초상화인 셈이다.

조정만은 전형적인 노론계 인사로, 이희조 외에도 당대 문단을 주도했던 김창협金昌協, 김창흡金昌翕이 그의 평생 지기였다. 그는 1694년에 갑술환국으로 노론이 정권을 잡자 금부도사禁府都事에 제수되며 본격적으로 관로官路에 들어섰다.[391] 이후 1722년 임인옥사壬寅獄事로 두 차례 유배되었던 때를 제외하고는 생애 말년까지 거의 쉼 없이 공직에 있었다. 임인옥사는 집권 노론파가 경종을 암살하거나 폐위시키기 위해 역모를 일으켰다고 소론파가 고변한 사건으로, 이때 노론 세력은 대거 유배 또는 처형되었으나 이후 영조 때 무고로 밝혀졌다.

1735년에 이르러 조정만은 공조와 형조의 판서로 임명되는 등 자신의 관력에서 최고의 영예를 얻었다.[392] 문과 급제 이력 없이 진사 이력만으로 당시로서는 드물게 판서에까지 올랐던 것이다. 이런 일이 가능했던 것은 그가 인원왕후(숙종의 계비)의 모친과 사촌 간이어서 영조로부터 특별한 대우를 받았기 때문이다. 이처럼 조정만은 정국을 주도했던 노론의

일원이자 대왕대비의 외척으로서 명
성을 떨쳤다. 이 그림 상단 회장에는
영조가 이 그림을 보고 지어 준 어제
시가 적혀 있는데, 이를 통해 그의
당시 권세를 가늠해 볼 수 있다.

　일본 교토대 총합박물관에는 조정
만의 관복본 초상화도 한 점 소장돼
있다. 이 〈조정만 초상〉(그림 173)에
서 60~70대 정도로 보이는 조정만
은 오사모에 백한白鷳(꿩과에 속하는 흰
새) 흉배가 부착된 흑단령을 입고 장
식판에 조각이 되어 있는 삽은대鈒銀
帶를 맨 채 표범 가죽이 깔린 교의에
앉아 있다. 이는 출세하여 관계官界
에 있는 그의 모습을 잘 보여 준다.

　조정만이 야복본 초상화(그림 172)
외에 관복본 초상화도 제작한 사실
은 〈강세황 자화상〉(그림 163)에서

173. 작가 미상, 〈조정만 초상〉, 18세기 전반, 비단에 색, 181.8
×97.0cm, 일본 교토대학교 종합박물관.

확인했던 '출사'와 '은일'이라는 상반된 가치 사이에서 고뇌하는 조선
시대 사대부의 정신세계를 다시금 확인시켜 준다.

　한편, 백한 흉배와 삽은대로 보아 이 초상화를 제작할 때 조정만은
정3품 관직에 있었던 것 같다. 백한 흉배와 삽은대는 『경국대전』에 정
3품 문관의 것으로 명시돼 있기 때문이다. 흉배 문양의 경우 이 법전
에 문관 1품은 공작孔雀으로, 2품은 운안雲雁(구름과 기러기)으로 각각 규

정돼 있다. 1746년에 간행된 『속대전續大典』에는 정3품 이상(당상관)은 운학雲鶴(구름과 학)으로, 종3품 이하(당하관)는 백한으로 흉배 문양을 규정한다는 조항이 새로 생겼다.[393] 운학은 『속대전』 간행 시점보다 훨씬 앞서 관원의 흉배 문양으로 쓰였던 것으로 미루어, 이 조항은 18세기 전반에 『경국대전』의 흉배 문양 규정이 철저히 지켜지지 않고 학 문양이 널리 쓰임에 따라 마련된 것으로 보인다.

조정만은 30대 후반에 출사한 뒤로 80세가 될 때까지 줄곧 관로에 있었다. 그런데도 그는 은일의 삶에 대한 소망을 버리지 않고 만년에 삼계동三溪洞 별서別墅를 경영했다. 지금의 서울미술관이 위치한, 석파정石坡亭 자리가 바로 그 별서가 있었던 곳이다. 1721년에 그는 권상하權尙夏로부터 "소운암수렴巢雲庵水簾"이라는 글씨를 받아 이 별서에 있는 바위에 새겼는데, 이 바위는 지금도 석파정 한가운데에 있다.[394]

조정만이 노년에 접어들었을 때 친구 김창업의 아들 김신겸金信謙이 삼계동 별서를 찾아오자 그는 김신겸에게 고마움을 표시하며 시를 지었다.

> 난리 후에 병이 들었으니,
> 그리워라! 오래 이별했던 사람.
> 고향 동산에서 나 홀로 늙었으니,
> 깊은 산속에 너는 누구와 친한가.
> 길이 있어 그윽한 절벽으로 통하니,
> 무심히 티끌을 밟고
> 꽃과 버들이 피는 때와 상관없이,
> 중한 것은 가슴속이 온통 봄이란 것.[395]

이 시에서 조정만은 삼계동을 '깊은 산속 길 끝에 절벽이 있어 속세와 단절된 곳'에 위치한 원림園林으로 묘사했다. 또한 그가 '가슴속에 늘 봄을 품을' 정도로 삼계동 생활을 즐겼음도 알 수 있다.

〈조정만 송하안식도〉에서 조정만이 자리한 곳이 정원이나 별서처럼 보이고 그가 노년에 삼계동에서 생활했던 사실로 미루어 그림 속 공간은 삼계동 별서 주변의 어느 한 장소일 수 있지만, 그림에는 구체적인 단서가 없어 추정만 할 뿐이다.

그렇지만 조정만이 야복을 입고 한가로이 독서하고 있는 이 그림 속 공간은 속세와 단절된 '깊은 산속'이거나 그가 꿈꾼 '이상적 은거처'로 볼 수 있으며, 주인공인 그는 탈속을 즐기는 은자로 보아 무방하다. 무엇보다도 이 그림에 조정만이 소망한 은일의 삶과 그의 삶의 지향점을 드러내는 상징물이 곳곳에 표현돼 있기 때문이다.

먼저 깊은 산중에서 피는 진달래와 절개·지조·장수·풍류·탈속 등을 상징하는 장송長松은 이곳이 속세를 벗어난 자연의 공간임을 암시한다. 순수와 기품, 고고함, 초연함 등을 상징하는 학은 곧 조정만의 고매한 정신을 보여 주기 위한 것이다.[396] 원앙은 일찍 세상을 등진 부인 전주이씨全州李氏와 생전에 못다 한 부부의 정을, 외기러기는 부인과 세 아들은 물론 벗들을 먼저 떠나보낸 노년의 외로운 처지를 각각 상징한다. 마지막으로 지팡이는 조정만이 노년에 항상 가지고 다녔던, 아름다운 산수를 즐기는 데 필요한 것으로, 책은 평생의 독서 취미를 나타내는 것으로 각각 해석할 수 있다.

〈조정만 송하안식도〉(그림 172)에서 은일의 삶을 누리는 모습으로 재현된 조정만의 이미지는 〈양죽서 소상〉(그림 170) 속 양겸의 이미지와 겹쳐진다. 이는 은자의 모습으로 자기 초상화를 제작하는 전통이 우리나라에도 전해져 오랫동안 지속되어 온 사실을 알려 주는 것이다. 또한 〈김진 초상〉(그림 167) 이래 초상화의 주인공이 탈속과 은일의 삶에 대한 염원을 그림에 반영하고자 한 노력이 조선시대 내내 지속되었음을 보여 준다. 그리고 〈조정만 송하안식도〉에서 확인했듯이, 조선시대 사대부들은 탈속과 은일 외에도 절개, 장수, 풍류, 고고함, 초연함, 부부의 정, 취미 등 개인적인 삶의 지향이나 처지 등도 자기 초상화에 드러내려 했음을 알 수 있다.

초상화 대신 그려 준 〈송계도〉, 신분 차별의 한이 담긴 〈검선도〉

성호학파星湖學派의 일원인 이삼환李森煥은 평생 출사하지 않고 충청도 덕산에서 종조부從祖父 이익李瀷으로부터 전수받은 도학道學을 바탕으로 70년 동안 홀로 독서하며 학문을 쌓았다. 그 결과 18세기 후반 성호학파를 이끈 중심 학자 중 한 사람으로 평가되었다.[397] 그는 학문을 연마하는 틈틈이 산수를 유람하고 자연에서 유유자적하게 살기를 꿈꾸며 실천하려고 했다.[398]

1788년에 문인화가 정수영鄭遂榮은 이삼환으로부터 초상화 제작을 의뢰받았다. 이삼환은 자식도 없는 데다 매우 늙었으므로 초상화 한 점을 세상에 남기고 싶다는 바람을 그에게 밝혔다. 이때 정수영은 초상화 대신 산수화 한 점을 그려 주었다. 이삼환 후손가 소장 〈송계도松溪圖〉(그림 174)는 이때 정수영이 이삼환에게 초상화 대신 그려 준 그림이다.[399]

이 산수화 화면 좌측에는 이삼환의 발문이, 우측에는 정수영의 찬문이 각각 적혀 있다.[400] 먼저 이삼환은 발문에서 정수영이 자신의 풍모

와 성격을 자연물에 비유하여 그림을 그린 뒤 자신에게 전한 말을 소개
했다.

> 이 그림은 공의 전신傳神이니, 얼굴이나 수염 등의 형모形貌를 그
> 리는 것은 말단末端의 일일 뿐입니다.[401]

그리고 정수영은 찬문에서 이 산수화를 이삼환의 초상화로 그렸음
을 밝혔다.

> 소나무는 천 길의 빼어난 의취意趣를 지녔고, 물은 만 리에 뻗쳐
> 흐를 기세를 가졌네. 그 사이를 소요하는 이는 목재공木齋公이 아
> 니고 누구겠는가.[402]

목재는 곧 이삼환의 호이다. 즉 정수영은 이삼환의 풍모와 정신을 깊
은 산속 바위 위로 외로이 솟아 푸른 솔잎을 마음껏 뽐내고 있는 소나
무에, 그리고 만 리까지 끊임없이 흐르는 맑고 투명한, 한 점 속된 기운
도 없는 계곡의 물에 비유했다. 그는 이삼환의 형상을 그리는 대신 소
나무, 계곡물 등 그의 인품과 정신세계를 드러낼 상징물들을 표현하고
서 이것이 곧 이삼환의 초상화라고 말한 것이다.
조선시대에 주인공의 내면이나 지향점을 나타내기 위해 상징물을
사용한 초상화는 적지 않다. 대표적인 작품으로 이인상李麟祥이 그린
〈검선도劍僊圖〉(그림 175)를 꼽을 수 있다. 이 그림은 이인상이 중국인이
그린 검선도를 모방해 그려 취설옹醉雪翁에게 준 그림이다. 그러나 이
인물화는 단순히 검선劍僊 즉 검을 지닌 신선을 묘사한 그림이 아닌, 검

174. 정수영, 〈송계도〉, 1788년, 종이에 담채, 66.6×45.3cm, 여주이씨 정산종택. (왼쪽)
175. 이인상, 〈검선도〉, 18세기, 종이에 담채, 96.7×61.8cm, 국립중앙박물관. (오른쪽)

선이라는 도상을 택해 이 그림의 수령자인 취설옹의 외형뿐 아니라 사
회적 신분, 풍모와 성격, 정신세계를 시각적으로 표현한 그림으로 볼
수 있다.

취설옹으로 추정되는 인물은 유후柳逅인데, 그는 서얼 출신이란 점
때문에 고난과 좌절의 삶을 살았지만, 평생을 깨끗하게 살아간 군자이
자 지조 높은 고사高士로, 또한 신선 같은 용모로 당대에 회자되었던
인물이다.

특히 이 그림 속 검선 옆에 놓인 검은 유후를 비롯한 서얼 출신들이
당시의 철저한 신분제 사회에 가졌던 분노와 한恨 그리고 내면세계를

5. '나'를 표현한 그림

드러내는 상징물로 설명된다. 그들의 분노와 한이란 세습되는 차별과 멸시 그리고 가난 속에서 자신들의 능력과 재주를 마음껏 발휘할 수 없음을 자각한 데서 나온 것이다.[403]

심의深衣와 복건幅巾의 의미

조선시대 초상화에서 상징물로 가장 흔히 쓰였던 것은 복식이다. 앞서 설명했듯이 관복은 출사뿐 아니라 충신·현신·현리를, 야복은 탈속과 은일의 삶을 사는 은자를 각각 상징했다. 이 중 초상화에 표현된 야복은 좀 더 다양한 의미를 띠었다.

조선의 성리학자들에게 가장 중시되었던 야복 중 하나는 심의였다. 심의는 송나라 성리학자들이 중요한 옷으로 인식한 이래 널리 유행했는데, 처음으로 옛 제도를 모방하여 심의를 연거복燕居服, 즉 한가로이 거처할 때 입는 옷으로 삼았던 인물은 북송北宋의 유학자 사마광司馬光이었다. 이후 주희가 그를 이어 심의를 즐겨 입었다.[404] 주희는 자신의 저술『주자 가례朱子家禮』에서 '심의 제도深衣制度'라는 항목을 만들어 심의 및 복건 제작 방법을 자세히 분석하여 정리했다. 실제로 조선시대 유학자들 상당수가 이 책에 의거하여 심의를 만들어 입었다.[405]

주희의 제자 황간黃榦은 주희의 행장行狀에 그가 한거閒居할 때를 서술하면서 "동이 채 트기 전에 일어나서 심의, 복건, 방리方履 차림으로 가묘에 참배하고 선성先聖까지 참배하셨다."라고 기록했는데, 이 말은 조선 중기 이후 많은 유학자들에게 널리 회자되었다. 한편 송시열은 주희가 임종할 때 심의와 복건 한 벌을 황간에게 전했다고 했다. 이런 사실들은 심의와 복건이 주희를 상징하는 '옷'으로 조선시대 사대부들에게 널리 인식되었음을 보여 준다.

이런 점들을 감안하여 〈송시열 초상〉
(그림 79)을 보면, 심의와 복건은 송시열
혹은 그의 제자들이 그가 평생 주희의 학
문을 따르고 계승했음을 상징적으로 보
여 주기 위해 특별히 화가에게 요청한 복
식으로 해석할 수 있다. 또한 이 그림의
입상立像 형식은 심의와 복건을 착용하
고 방리를 신은 채 가묘와 선성先聖에 참

176. 작가 미상, 〈무수동도無愁洞圖〉의 세부, 1729년, 종
이에 색, 각 폭 121.4×48.3cm, 안동권씨 유회당 종택.

배하는 주희의 이미지를 송시열에 투영한 것으로 볼 수 있다.[406]

『주자 가례』에 '심의' 항목이 실린 이후로 심의와 복건은 조선시대에
편찬된 많은 예서禮書에 유학자들이 평소에 혹은 각종 의례 때 착용하는
대표적인 예복禮服으로 소개되었다.

한편 심의와 복건은 사대부들이 속세를 벗어나 은거할 때 입는 옷으
로도 즐겨 활용되었다. 1729년경 송시열의 외손 권이진權以鎭은 호조
판서로 재직하던 중에 자신의 세거지인 무수동(현 대전광역시 보문산 일대)
의 전경을 화공을 시켜 그리게 했다. 이때 완성된 그림이 〈무수동 8폭
병풍無愁洞八幅屏風〉이다.

병풍의 제1폭에는 심의와 복건을 착용한 채 배 위에서 산수를 감상
하는 한 선비가 묘사돼 있다(그림 176). 이 장면은 사대부들이 연거燕居
혹은 은거할 때 심의와 복건을 착용했던 모습을 보여 준다.[407] 아마도
이 그림 속 선비는 서울에서의 바쁜 공무 중에도 줄곧 아름다운 고향
산천을 그리워하던 그림의 주문자 권이진이었을 것이다.

이삼환은 60세가 되던 해에 자기 초상화를 원하여 이름난 문인화가
정수영에게 부탁했지만, 정수영은 그에게 산수화 한 점을 그려 주었

177. 작가 미상, 〈이삼환 초상〉, 1790년대(추정), 비단에 색, 56.5×48.0cm, 성호박물관.

다. 그는 이때 자신의 모습이 그려진 초상화를 그려 받지 못한 일이 못
내 아쉬웠는지, 이후 어느 시점에 결국 자기 초상화를 갖게 되었다. 성
호박물관 소장 〈이삼환 초상〉(그림 177)이 그것이다.

이 초상화에서 이삼환은 거의 하얗게 센 수염, 얼굴 곳곳에 보이는
깊은 주름 등으로 60세를 훌쩍 넘은, 매우 나이 든 모습으로 보인다.
따라서 이 초상화는 〈송계도〉를 받은 이후에 그가 어느 화가에게 다시

부탁해 그려 받은 것으로 여겨진다.

이 그림에서 이삼환은 복건과 목 부분의 깃이 네모난 형태의 심의, 즉 방령심의方領深衣를 착용하고 두 손을 배 앞에 가지런히 모은 채 몸을 오른쪽으로 살짝 틀어 앉아 있다. 그가 착용한 심의와 복건은 우선적으로 예설禮說에 관한 그의 특별한 관심을 보여 준다. 왜냐하면 성호학파를 대표하는 성리학자였던 그는 평소에 복건과 심의의 유래와 변천 과정 그리고 형태 등에 큰 관심을 보였기 때문이다. 동시에 그가 착용한 옷과 두건은 탈속한 삶에 대한 그의 지향을 의미하는 복식으로도 해석된다.

이삼환의 손자 이시홍李是鈺은 그를 위해 쓴 행장行狀에서 그가 충청도 덕산에서 독서하고 강독하는 한편으로 탈속적 취미 생활을 누렸던 모습을 다음과 같이 묘사했다.

> 꽃과 대나무를 심는 것으로 즐거움을 취하고 시내에서 낚시하는 것으로 울울한 회포를 풀었으며 술안주를 마련해 옛 친구를 불러 시를 읊고 문장에 대해 이야기하며 천고千古를 품평했다. …… 늙은 몸으로 여러 동지와 함께 산을 오르고 바다에 갈 것을 약속하여 여러 지역을 두루 유람하며 산수의 승경을 모두 찾아다녔다. 이 모든 것은 선생께서 종적을 감추고 소일消日한 일을 말한 것이다.[408]

이 글을 보면 속세를 벗어나 유유자적한 삶을 산 은일지사隱逸之士 이삼환이 보인다.

이제 다시 〈송계도〉(그림 174)를 그려 주며 소나무와 계곡 사이를 소요하는 이가 바로 이삼환이라고 한 정수영의 말을 떠올리면, 〈이삼환 초상〉(그림 177)에 표현된 심의와 복건은 화가가 우연히 택한 복식이 아닌, 자연에서 은거하는 모습으로 그려지기를 원한 이삼환의 요청으로 그려졌다고 볼 수 있다. 이 두 그림은 맑고 깨끗한 품성으로 산야에서 홀로 학문에 전념하고 전원생활의 즐거움을 누린 고매한 은사의 모습으로 후대 사람들에게 기억되기를 바랐던 이삼환의 마음을 알게해 준다.

───── "도道도 선禪도 아니요, 은거한 것도 쫓겨난 것도 아니다"

〈유한준 초상〉(그림 178)의 주인공은 이삼환과 같은 복장, 비슷한 자세로 돗자리에 앉아 있다. 화면 우측 상단의 "저옹의 69세 초상著翁六十九世眞"이라는 표제로 미루어 이 초상화는 1800년에 제작된 것으로 파악된다. 유한준兪漢寯은 호가 저암著菴으로, '저옹'은 곧 유한준을 가리킨다.

유한준이 송시열의 학문을 추종한 노론계였음을 염두에 두면 〈유한준 초상〉(그림 178)은 〈송시열 초상〉(그림 78, 79), 〈한원진 초상〉(그림 83, 84) 등 17~19세기에 활동한 노론계 산림학자들의 심의복건본 초상화 전통의 연장선상에서 이해할 수 있다.[409]

유한준은 20년 넘게 여러 관직을 두루 역임했으므로 그를 송시열이나 한원진처럼 평생 향리에 머물며 성리학 연구에만 전념했던 산림학자로 보기는 어렵다. 오히려 그는 당대의 문장가로 명망이 높았던 인물이다. 1790년경에 그는 노년의 삶을 위해 경기도 양주에 별당을 짓고, 동진東晉 때 죽림칠현竹林七賢 중 한 명인 유령劉伶이 "죽어서 곧 이곳에 묻히겠다死便埋此"고 한 말을 취해 별당의 이름을 편차암便此菴

이라 지었다. 즉, 그 역시 죽어서 그 별당 뒤에 묻힐 심산이었다. 그는
가끔 이곳을 방문해 지팡이를 짚고 주변 나무숲을 소요하는 등 전원
생활을 즐겼다.[410]

한편 유한준의 벗 이채李采는 그의 사후에 쓴 묘표墓表에서 그의 평
소 모습을 이렇게 묘사했다.

> 공이 평소 거처하는 모습을 볼 때마다, 늘 그는 방을 깨끗이 청소
> 하고 책을 쌓아 두었으며 정자관을 쓰고 가죽띠를 매고 있었다.
> 얼굴은 네모나고 눈동자는 빛이 났으며 위엄 있게 단정히 앉았으
> 니, 도道를 행한 기상과 형모를 방불한 모습이었다.[411]

이채가 언급한 옷차림이 〈유한준 초
상〉의 복식과는 다르지만, 돗자리 위에
꼿꼿한 자세로 단정히 앉아 있는 유한
준의 모습은 이채의 묘사와 거의 일치
해 보인다. 즉, 이 초상화 속 유한준은
개인 공간에서 독서하며 전원생활을
즐기는 은사의 이미지로 묘사돼 있다.

이 초상화의 표제 왼쪽에는 단정한
예서체로 유한준이 쓴 자찬문이 적혀
있다. 이 글에는 복합적·다면적 존재
로서의 그의 자아가 뚜렷이 표현돼 있
다.[412] 특히 마지막 문장에서 이 점은
더욱 분명하다.

178. 작가 미상, 〈유한준 초상〉, 1800년, 비단에 색, 120×
76cm, 서울대학교 규장각한국학연구원.

5. '나'를 표현한 그림

이 늙은이가 아니면 누구겠는가! 대체로 조용히 사는 은자의 기상과 흡사하지만 성품은 들떠 있고, 은연히 멀리 내다보는 사려심이 있는 듯하지만 마음은 거칠고, 이것이 바로 내가 평소 살아온 자취이다. 옛것도 아니고 지금 것도 아니요, 찬 것도 아니고 빈 것도 아니며, 도道도 아니고 선禪도 아니고, 은거하는 것도 아니고 쫓겨난 것도 아니다. 아![413]

이 글에서 유한준은 자신의 정신적 면모를 스스로 칭송하는 한편 부족한 성품 또한 숨기지 않고 밝혔다. 특히 마지막 문장은 그가 인생을 살며 어느 한 극단으로 치우지지 않았음을 자부하는 내용 같기도 하고, 여러 가지 삶의 가치 중 어느 것도 완벽하게 이루어 내지 못했음을 자책하는 내용 같기도 하다. 그는 이처럼 자신을 온전히 드러내 보이는 것을 주저하지 않았다. 〈유한준 초상〉은 조선시대 사대부들이 초상화를 통해 자신의 참모습을 보여 주고자 한 색다른 사례이다.

───── "정자관을 쓰고 심의를 입은 이 사람은 누구인가?"

야복에 특별한 의미를 담아 제작한 초상화로 〈이채 초상〉(그림 179)이 있다. 이 초상화의 주인공인 이채李采는 영·정조 때 활동한 노론계 문사文士로, 유한준의 벗이기도 하다.

이 그림에는 찬문이 세 편 적혀 있다. 그림 우측 상단의 것은 1802년에 이채가 짓고 서예가 이한진李漢鎭이 전서篆書로 썼다. 그림 좌측 중앙의 것은 1803년경에 유한준이 짓고 그의 사촌동생으로 서예가인 유한지俞漢芝가 예서隸書로 쓴 것이며,[414] 그 위의 것은 1807년에 이의숙李義肅이 지었다.[415] 이의숙 찬문의 서자書者인 '송원松園'은 김창집金昌

集의 증손인 김이도金履度로 추정된다.[416] 이 초상화의 찬문 작성 및 서
사書寫 작업에는 이채를 빼고도 다섯 명의 노론계 문사가 참여했는데,
이들은 모두 당대를 풍미한 문장가 혹은 서예가였다.

이 초상화에서 이채는 정면을 응시하고 있으며, 정자관程子冠에 심의
를 착용하고 두 손을 옷소매에 넣은 채 자신의 배 앞에 가지런히 모으
고 있다. 58세의 이채는 하얗게 센 수염으로 얼핏 연로해 보이지만, 얼
굴에는 그다지 깊은 주름이 없어서 실제 나이보다 젊어 보인다. 역 팔
자八子 모양으로 탄력 있게 뻗은 두 눈썹, 날카로운 눈빛, 다부지게 다
문 붉은 입술, 위로 치솟은 긴 형태의 귀 등은 그를 강렬한 인상의 인물
로 보이게 한다. 더욱이 이채의 자의식이 드러난 자찬문과 함께 이 초
상화를 감상하면 이러한 묘사는 우연한 결과로 보이지 않는다. 오히려
이 초상화 제작의 전 과정에서 그의 적극적이고 지속적인 참여와 관여
가 이루어졌음을 알려 주는 것 같다.

이 초상화의 화가는 18세기에 국왕을 비롯한 주요 관리들의 초상화
제작을 전담했던 이명기일 것으로 추정되지만, 그림에는 화가에 대한
정보가 없어서 단정할 수는 없다. 다만 정조~순조 대에 이명기를 제
외하면 명암 처리 등 서양화법에 대한 깊은 이해와 섬세한 인물 묘사
능력을 두루 갖춘 화가를 아직은 제시하기 어려운 것도 사실이다.

〈이채 초상〉(그림 179)은 이채가 자찬문을 작성한 시점인 1802년에
제작한 것으로 추정된다. 이채는 1775년 이후 1802년까지 여러 관직
을 역임하며 줄곧 공직에 있었다. 이 초상화 제작 무렵인 1802년 5월
에 그는 2년 전부터 맡아 왔던 황주목사黃州牧使 직에서 면직되었다.
그는 1803년 윤2월 19일에야 장릉령長陵令으로 임명되었으므로, 그사
이 약 9개월 정도는 관직에서 물러나 있었다.

이 초상화 속 여러 표현 요소들을 해석하기 위해서는 무엇보다 이채의 자찬문에 대한 이해가 필수적이다. 그의 자찬문은 다음과 같다.

> 저 정자程子[정이]의 관을 쓰고 주자朱子[주희]의 심의를 입고 꼿꼿하고 단정하게 앉아 있는 사람은 누구인가! 눈썹은 짙고 수염은 하얗고, 귀는 높고 눈은 밝은 그대가 진정 이계량李季亮인가? 지난 행적을 살펴보니 세 현縣과 다섯 주州를 다스렸으며, 공부한 것을 물어보면 사서四書와 육경六經이니, 당대를 속이고 허명虛名을 훔친 사람이 아닌가! 아! 네 할아버지의 고향으로 돌아가서, 네 할아버지가 남긴 글을 읽어라. 그러면 삶의 즐거움을 알 수 있고, 정자와 주자의 문도가 되기에도 부끄럽지 않으리라. 화천옹華泉翁이 짓고 경산京山의 71세 늙은이가 쓰다.[417]

이 자찬문 중 '계량季亮'은 이채의 자子이고 '화천華泉'은 그의 호號이다. 오랫동안 공직에 있었던 이채가 왜 야복, 특히 정자관과 심의를 착용한 모습으로 자신을 형상화했을까? 이 물음에 대한 답을 이 글에서 찾아볼 수 있다.

이 글에서 그는 여러 지방의 목민관으로 출사한 사실을 숨기지 않았고, 사서四書와 육경六經을 깊이 연구한 사실도 밝혔다. 그리고 정자관과 심의를 착용한 것이 정이程頤와 주희朱熹의 학문을 좇겠다는 뜻임을 밝혔다. 정자관은 정이가, 심의는 주희가 각각 즐겨 착용한 복식이었다. 그가 관료보다는 성리학자로서의 정체성을 더욱 강하게 가졌음을 알 수 있는 대목이다.

이채가 자찬문에서 직접 밝히지는 않았으나, 그가 착용한 심의 즉

◀ 179. 작가 미상, 〈이채 초상〉, 1802년, 비단에 색, 99.2×58.0cm, 국립중앙박물관.

야복에는 은자로 살고자 한 그의 바람도 반영된 것 같다. 그는 1780년
대 후반에 집안 조카가 국문鞠問에 간접적으로 연루된 일이 생기자 잠
시 공직 생활을 멈추고 조부가 건립한 한천정사寒泉精舍 주변에 터를
잡아 은거의 삶을 살았다. 이곳에서 그는 정원과 연못을 조성해 꽃을
심고 물고기를 길렀으며, 그 가운데에 성취정成趣亭이란 초가 정자를
지었다.[418] 이채가 이처럼 중년 시절부터 속세를 벗어나 은자의 삶을
살고자 희망했음을 상기하면, 그가 입은 심의는 탈속을 상징하는 옷
으로도 볼 수 있다.

이 초상화에는 당시 사대부들이 일반적으로 추구한 염원 외에 그의
개인적인 바람도 담겨 있다. 자찬문 후반부에서 그는 즐거운 삶을 영
위하고 성리학의 이치를 깨치기 위해 조부 이재李縡의 고향으로 돌아
가서 조부의 글을 읽을 것이라고 다짐하고 있다.

유한준과 이의숙도 이 초상화에 쓴 찬문에서 이재를 언급했다. 유한
준은 이채에 대해 "고결한 샘물과 상서로운 풀의 근원이 있으니, 그의
집안에서 전수받은 것이네."[419]라고 했다. '고결한 샘물'과 '상서로운
풀'은 이채의 인품과 학문적 성취를 일컫는 비유적 표현으로, 유한준
은 그 근원으로 이채 집안의 가르침을 언급했는데 이는 곧 이재를 염두
에 둔 말로 읽힌다. 또한 이의숙은 "일찍이 이재 선생의 초상화를 참배
했는데, 대개 이처럼 정신이 동일함을 알겠다."[420]고 말했다.

이처럼 이채는 물론이고 그의 벗들도 모두 이채의 초상화를 보며 그
의 조부 이재를 떠올렸다.[421] 1802년에 이채는 이 초상화를 제작했을 뿐
아니라 낙향하여 조부 이재의 숭모崇慕 사업을 주도했다. 이해 1~2월
에 경기도 용인의 유생들은 이재가 독서하던 곳에 세울 서원의 사액
을 요청하는 상소를 올려 조정으로부터 '한천寒泉'이라는 사액을 받았

다.[422] 이때 이채는 황주목사 직을 그만두고 귀향하여 한천서원의 규획과 제도를 몸소 감독하고 조부의 문집 발간 준비를 했다. 그리고 1803년에 그는 이재의 문집『도암집陶菴集』스물다섯 권을 간행했다.[423]

〈이채 초상〉(그림 179)이 1802년의 어느 달에 제작되었는지는 기록돼 있지 않지만, 그가 황해도 황주에서 서울의 도화서 화원을 불렀다고 보기는 어려울 것 같다. 아마도 그가 한천서원을 건립하고 조부의 문집 간행을 추진하는 과정에서 이 초상화까지 제작한 것으로 보는 것이 합리적일 것이다.

이채의 호 화천華泉은 그의 집안 대대로 거주했던 경기도 고양의 화전花田에서 '화花'를, 조부 이재가 거주했던 경기도 용인의 한천寒泉에서 '천泉'을 각각 가져와 작명한 것이었다. 그는 한천에 있는 조부의 집을 지키며 생을 마감할 것으로 계획하고, 그 인근에 집을 지어 '화천華泉'이라는 편액을 걸었다.[424] 이재는 대학자로서 당대에 낙론계洛論系 인사들 간에 명망이 높았는데, 이채는 조부의 학문과 정신을 계승할 것임을 스스로 다짐했던 것이다.

1680년에 태어난 이재는 문과 급제 후 출사하여 도승지, 이조참판 등에 올랐다. 그러나 소론계 인사들이 1721~1722년에 연잉군(훗날의 영조)의 왕세제王世弟 책봉을 지지한 노론계 인사들을 역모로 본 신임옥사辛壬獄事가 일어나자 그는 용인에 은거했다. 이후 그는 출사하지 않고 오로지 학문 연마와 후학 양성에만 힘써 노론의 낙론洛論, 즉 '인간의 성性'과 그 외 '만물의 성性'의 같고 다름을 설명한 인물성동이론人物性同異論을 대표하는 학자가 되었다. 정조가 세손 시절에 "도학과 문장은 도암만 한 이가 없는데, 때를 같이하지 못한 것이 아쉽다."고 할 정도로 학자로서 그의 명성은 높았다.[425]

이재의 초상화는 그의 생전에 적어도 두 본이 제작되었으며, 사후에 그 초상화들은 한천정사寒泉精舍와 가묘에 각각 보관되었다.[426] 1806년 이채는 이재의 초상화를 자신의 고조高祖인 이숙李䎘의 고택 내 일휴정 逸休亭에 이숙의 초상화와 함께 봉안했다.[427] 일휴정에 봉안된 초상화 는 가묘 보관본이었다. 한천정사에 봉안된 본은 1802년 서원 사액 후 한천서원에 봉안되다가, 고종 때 이 서원이 헐리면서 이재의 후손가로 보내졌다. 1902년에는 이재의 학문을 따르는 문도들이 그의 자취가 남 아 있는 경상도 문경 선유동仙遊洞의 학천정鶴泉亭 옆에 새로 영각影閣 을 지어 이 초상화를 봉안했다.[428]

이재 생전에 제작된 초상화는 '높은 관[峨冠]'을 쓰고 '큰 띠[大帶]'를 맨, 노년의 모습으로 묘사된 그림이었다.[429] '높은 관'과 '큰 띠'라는 표 현의 복식을 특정하기는 어렵지만, 그가 중년 이후 출사하지 않고 학 문에만 정진한 사실로 미루어 이는 야복을 지칭한 것으로 보인다.

그렇다면 이채가 자신의 초상화를 야복 차림으로 제작한 것은 조부 초상화의 야복을 염두에 둔, 의도한 것은 아닐까? 그는 야복본 초상화 를 통해 조부 이재로부터 자신으로 이어지는 가문의 계보는 물론 학문 적 정통성을 드러내려 했던 것인지도 모른다. 이채는 문과에 급제하지 못한 탓에 주로 지방직을 전전했고, 문장으로는 이름이 났지만 학문적 으로는 조부의 명성에는 미치지 못했다. 아마도 그는 조부의 숭모 사 업을 주도하면서 조부의 학문을 계승해야 한다는 책무를 느꼈음은 물 론 자신의 정체성에 대해서도 깊이 고민했을 것이다. 〈이채 초상〉은 그 러한 고민의 결과물로 여겨진다.

국립중앙박물관 소장 〈이재 초상〉(그림 180)은 그 주인공이 누구인지 에 대한 논란이 있는 초상화다. 고故 오주석은 이 초상화의 주인공과 이

채의 얼굴이 유사한 점을 들어 이 초상화를 이채의 노년 초상화라고 주장했다.[430] 이에 대해 강관식은 두 인물의 얼굴이 다른 점 또한 분명히 확인되므로 여전히 이 초상화를 이재의 것으로 보아야 한다고 했다.[431] 한편, 조선미는 〈이재 초상〉이 근대기 최고의 초상화가 채용신이 〈이채 초상〉을 바탕으로 그린 이재의 초상화일 가능성을 제시했다.[432]

〈이재 초상〉은 이재 생전, 즉 18세기 전반에 제작된 초상화가 아님은 명백하다. 이 그림에는 매우 촘촘한 붓질로 얼굴의 피부가 표현되었을 뿐 아니라 매우 정교한 명암법이 적용돼 있는데, 이러한 초상화풍은 적어도 18세기 말 이후에 제작된 그림에서 확인된다. 실제로 영조 때 활동한 화가 중에서는 이처럼 진전된 표현 기법을 구사한 화가가 전혀 없다. 〈박문수 초상〉(그림 109, 110)과 〈이재 초상〉(그림 180)을 비교하면 두 주인공의 활동 시기가 비슷함에도 화풍에서 전혀 유사함이 없음을 알 수 있다.

화풍 면에서 〈이재 초상〉은 〈이채 초상〉과도 차이를 보인다. 〈이재 초상〉에서는 얼굴의 질감을 드러내기 위한 작은 필선들이 더욱 많이 보이며, 〈이채 초상〉과 달리 코·귀·눈 등의 윤곽에 주황색 선이 그어져 있다. 이러한 표현 요소들은 〈이재 초상〉이 〈이채 초상〉보다 후대에 제작되었음을 시사한다. 따라서 이 초상화는 18세기에 제작된 원본 이재 초상화를 모본으로 하여 19세기 이후에 이모한 것, 또는 19세기 전반기에 이채의 노년 모습을 포착한 이채 초상화로 보는 가설이 설득력 있어 보인다.

'나'를 드러낸 그림, 자찬문自贊文 있는 초상화

초상화 속 야복에 담긴 의미를 구체적으로 분석할 수 있는 것은, 무엇보다 해당 주인공이 직접 작성한 자찬문이 많이 남아 있는 데다, 그 대부분이 초상화 제작 의도까지 암시하고 있기 때문이다.

자기 초상화에 글을 남기는, 즉 자찬문自贊文을 짓는 관행은 고려시대부터 확인된다. 조선시대 내내 자찬문을 남기는 관행이 지속되었으나 본격적으로는 17세기 이후부터 나타나기 시작한다.

17세기 중·후반에 자찬문을 남긴 이로는 허목, 박장원, 송시열 등을 들 수 있다. 그 후부터 18세기 중반까지 박세채, 윤증, 남구만, 최석정, 권상하 등 각 붕당이나 학파의 핵심 인물들 다수가 초상화를 제작했음에도 자찬문을 남기지는 않았는데, 이는 그들의 초상화 대부분이 제자나 후학의 발의로 제작되었기 때문인 것 같다. 앞서 살폈듯이 그들은, 적어도 표면적으로는 여러 이유를 들어 자기 초상화 제작을 사양했기 때문이다. 아마도 그들은 후학들의 주도로 제작된 자기 초상화에 스스로 찬문을 남기는 일을 매우 겸연쩍은 행위로 생각했던 것 같다. 그런데 바로 이 시기에 초상화 제작 후 자찬문을 쓴 사대부들이 다수 확인된다.[433] 강세황, 채제공, 유한준은 물론이고 김만증金萬增, 권섭, 유수, 조관빈趙觀彬, 서직수, 이채 등이 대표적이다. 그들에게는 자기 초상화를 직접 주문했다는 공통점이 있다.

18세기 이후 초상화 자찬문을 쓴 사례가 급증한 원인은 무엇일까? 18세기에 초상화 자찬문이 유행한 것은 우선 주희가 「사조명寫照銘」과 「서화상 자경書畫像自警」 등 여러 편의 초상화 자찬문을 지은 일과 연관된다. 이 두 편의 글에서 주희는 자기 초상화를 보며 자신의 행동거지와 마음가짐을 경계하고, 또 학자로서 선현의 가르침을 연구하며 평생 부단히 노력한 일을 자부하고 있다. 이 중 「서화상 자경」을 살펴보자.

예법禮法의 마당에서 유유자적하고, 인의仁義의 집에서 깊이 침잠
하였네. 이에 내가 뜻을 가졌지만, 능력이 함께할 수 없었네. 선사
先師의 격언을 가슴에 품고, 선열[前烈]이 남긴 법도를 받들었네. 오
직 보이지 않는 곳에서 나날이 닦아서, 이 말에 가까워지기를 바
라노라.[434]

조선시대 사대부라면 누구나 주희의 문집에 실린 이 글들을 알았을
것이다. 따라서 사대부들이 당시 가장 존경하는 학자였던 주희의 이
글들을 염두에 두고 초상화 자찬문을 지었을 가능성은 매우 높다.

다른 한편으로 초상화 자찬문 작성은 18세기 이후 사대부들 사이에
크게 유행한 자찬묘지명自撰墓誌銘, 자서전自敍傳, 생지명生誌銘, 자제문
自祭文, 자만시自挽詩, 자찬연보自撰年譜 등 자전적 글쓰기 풍조와 깊은
연관이 있다. 원래 묘지명墓誌銘, 전기傳記, 제문祭文, 만시晚時, 연보年
譜 등은 대개 특정인의 생애 전체를 정리하고 평가한 내용으로, 사후에
타인에 의해 작성되는 것이 일반적이었다.

이 시기에 자전적 글쓰기가 유행한 것은 명대明代 소품문小品文이 조
선에 확산된 결과이다. 소품문은 어떤 형식을 갖추지 않고 일상생활에
서 보고 느낀 것을 자유롭게 적은 글로, 여기에는 자전적 내용이 많았
다. 그리고 사대부들이 자전적 글을 쓴 이유는 정형화된 형식으로 서
술되는 비문류碑文類의 글에 자신만의 독특한 개성이나 자의식을 드
러내고, 또는 불우했던 삶에 대한 스스로의 연민을 표현하기 위함이었
다.[435] 초상화 자찬문은 이런 자전적 글쓰기가 성행하는 가운데 더욱
확산되었던 것이다.

초상화 자찬문에는 대개 자신의 삶에 대한 성찰 및 자기반성, 이상적

삶에 대한 지향이 드러나 있다. 따라서 자찬문이 있는 초상화를 주인공의 적극적인 소유 의지로 주문된 그림, 그의 적극적인 관여 아래 제작된 그림으로 볼 수 있는 것이다. 요컨대 자찬문이 있는 초상화는 주인공에 의해 의도적으로 연출되고 그려진 것이며, 더욱이 단순한 제례용 그림이 아닌 주인공의 내면 의식이 드러난 사적私的인 감상용 그림으로 볼 수 있다는 것이다.

─── 상의하상上衣下裳과 난삼襴衫

조선시대 사대부들은 사신의 내면을 드러내기 위해 초상화에 다양한 상징물을 그려 넣기도 했지만, 한두 가지 상징물을 통해 압축적으로 표현하기도 했다. 그 예가 바로 심의나 복건 등의 야복이었다.

야복은 명나라에 대한 의리, 즉 대명의리大明義理를 상징하는 복식으로 인식되기도 했다. 일찍이 송시열은 제자 최신崔愼과의 대화에서 자신은 초야草野에 있을 때 야복을 입었으며, 청나라에 복수하여 치욕을 씻기 전에는 대부大夫로 자처할 수 없기 때문에 대부의 옷, 즉 관복을 입지 않았다고 밝힌 바 있다.[436] 실제로 송시열의 초상화가 현재 수십 점이 전하지만 관복본은 한 점도 없다.

윤증 또한 평생 출사하지 않고 초야에 묻혀 학문을 닦음으로써 대명의리를 지켰다. 따라서 〈윤증 초상〉(그림 38)에서 윤증이 착용한 도포는 자신이 명나라 숭배를 실질적으로 실천하며 의로운 은사의 삶을 영위했음을 보여 주기 위한 상징물로도 해석된다. 또한 이 초상화에서 그는 궤좌跪坐, 즉 무릎을 꿇은 자세로 앉아 있는데, 이는 단정한 몸가짐을 유지하고 엄중한 태도를 보인 그의 평소 모습을 표현하기 위해 연출된 것으로 설명되기도 한다.[437]

5. '나'를 표현한 그림

심의深衣 외에 조선시대에 중요하게 여겼던 복식으로 상의하상上衣下裳과 난삼襴衫이 있다. 1689년에 송시열은 전라도 정읍에서 죽음을 앞두고 자신의 상례喪禮에 관한 유언을 권상하에게 남겼다. 그는 자기 시신을 염습殮襲할 때 입히는 염습복殮襲服으로 관복이 아닌, 자신이 평소에 착용하고 중요시했던 유복儒服을 사용하라고 지시했다.

그는 첫 번째로 심의를, 두 번째로는 주자가 벼슬을 그만둔 후에 착용했던 상의하상을, 세 번째로는 명나라 태조 때 숭상되었던 난삼을 사용하라고 했다. 즉 심의를 운명한 당일에 쓰는 습복襲服으로, 상의하상을 이튿날에 사용하는 소렴복小斂服으로, 난삼을 사흗날에 입히는 대렴복大斂服으로 각각 쓸 것을 지시한 것이다. 죽음을 목전에 두고 송시열이 권상하에게 자신의 염습복 세 가지를 구체적으로 언급한 것은 그가 그 복식들에 매우 중요한 의미를 부여했음을 시사한다.

1719년에 김진여가 그린 〈권상하 초상〉(그림 40)에서 권상하가 착용한 옷은 송시열이 언급한 상의하상으로 보인다.[438] 이 초상화에서 권상하의 양 무릎 부분에 색을 덜 칠한 것처럼 빈 공간이 어색하게 표현되었는데, 심의나 일반적인 도포라면 이런 표현은 있을 수 없다. 권상하의 조카 권섭權燮의 문집인 『옥소고玉所稿』 중 「예복 척도禮服尺度」에는 송시열이 만든 하상下裳이 그림으로 실려 있는데, 이런 구조라면 무릎 부분은 〈권상하 초상〉처럼 옷으로 덮이지 않는다(그림 181).

권상하의 수제자 중 한 사람인 윤봉구尹鳳九는 난삼을 착용한 모습으로 자신의 초상화를 남겼다(그림 87). 난삼은 성년이 되면 치르는 관례冠禮에서 해당 주인공이 세 번째 절차에서 입는 옷으로 『주자 가례』에 소개돼 있다.[439] 그러나 난삼은 17세기 후반까지는 널리 사용되지 않은 옷이었다.

윤봉구는 난삼에 대해 많은 관심을 가졌다. 그는 1741년에 쓴 「태학 유생 복색 수의太學儒生服色收議」라는 글에서 당시 성균관 유생들이 착용하는 홍단령을 난삼으로 교체해야 할 필요성을 역설했다. 그는 이 글에서 난삼은 주희가 관례 때 심의와 함께 착용하도록 한 유사儒士의 옷이며 명나라 태조가 오랑캐의 풍습

181. 권섭, 『옥소고』 권9 중 「예복 척도」(필사본), 18세기, 옛길박물관.

을 없애면서 태학太學 유생의 복식으로 정한 옷인 점을 들어, 난삼을 입음으로써 존주尊周의 의리, 즉 명나라에 대한 의리를 실천할 수 있다고까지 주장했다.[440] 이렇듯 난삼에 큰 의미를 부여한 이들은 바로 송시열, 권상하, 윤봉구 등 노론계 핵심 학자들이었다.

따라서 〈윤봉구 초상〉에 표현된 난삼은 그림을 그릴 때 주인공이 우연히 입고 있던 옷이 아닌, 중원中原이 청나라의 지배를 받는 상황에서 초야에서 학문에 정진하며 명나라의 제도를 회복하고 옛 학자들의 가르침을 계승하고자 한, 그의 철학과 소신이 반영된 옷으로 해석할 수 있다.

조선시대에 야복은 사대부가 의례를 행할 때, 한가로이 집에 머물 때, 속세를 떠나 은거할 때 입던 옷이었다. 사대부들은 야복을 입은 모습으로 자신을 재현함으로써 탈속과 은일의 삶에 대한 희구를 드러내거나, 명나라가 망한 상황에서 중화의 문명을 이어 나가야 한다는 책무를 보여 주고자 했다. 또한 특정 학자에 대한 존경심을 표출해 자신의 지향점과 사상을 드러내고자 했다.

조선시대 초상화는 화가가 우연히 그가 본 모습을 포착한 그림이 아

5. '나'를 표현한 그림

니다. 초상화의 주인공은 그림을 통해 자기 모습이 영원히 남을 것이라 믿었다. 그렇기 때문에 그는 자기 초상화에 자신이 염원하고 지향했던 것, 나아가 자신의 정신세계, 내면, 사상을 담으려 했던 것이다. 이처럼 조선의 사대부들에게 초상화는 자아를 시각적으로 드러낼 수 있는 매우 유용하고 효과적인 매체였다.

에필로그

　조선시대 초상화 중 명작 혹은 걸작으로 평가되는 작품은 적지 않다. 국보나 보물 등 국가유산으로 지정된 회화 중 가장 많은 수를 차지하는 것도 초상화. 조선시대 초상화가 이처럼 높은 예술적 완성도를 보이는 것은 송나라 유학자 정이가 "터럭 하나라도 더 많으면 곧 다른 사람이 된다."라고 한 말을 초상화가들이 충실히 좇은 결과라고 보는 게 일반적인 견해다. 그러나 화가들이 정이의 명제를 적극적으로 따른 결과로만 이를 분석할 수는 없다.

　동양에서는 적어도 10세기 전후에 대상 인물을 '닮게' 재현한 초상화가 등장했으며, 이후 초상화라는 회화 장르는 오랜 기간 동안 유행했다. 일본 가마쿠라鎌倉 시대의 승려 엔니円爾는 1235년에 남송南宋으로 건너가 임제종臨濟宗(선종의 한 종파) 승려 무준사범無準師範을 사사한 뒤, 1241년에 일본으로 돌아와 도후쿠지東福寺를 개창하고 임제종을 널리 전파한 인물이다. 도후쿠지 소장 〈무준사범 초상〉(그림 182)은 1238년에 엔니가 무준사범으로부터 받은 것으로, 선종禪宗에서는 스승이 제자의 득법得法 또는 설법說法 등을 증명하고 인가할 때 그 증표로 제자에게 자신의 초상화를 수여하는 관행이 있었다. 이런 초상화를 '정상頂相'이라 부른다.

〈무준사범 초상〉에서 연로한 주인공의 모습은 사실적으로 묘사되었으며, 가사袈裟·의자·신발 등의 표현과 채색이 매우 섬세하다. 이 작품은 중국과 일본에서 대상 인물을 '닮게' 재현한 초상화의 제작이 이미 13세기 초에는 일반화되었음을 보여 주는 사례다. 13세기 전반에 〈무준사범 초상〉이 전해진 이래 임제종이 널리 퍼진 일본에서는 정상의 제작이 크게 성행했으며, 아직까지도 상당수의 정상이 교토를 비롯한 일본의 선종 계열 사찰들에 전한다.

14세기 초에 그려진 〈이제현 초상〉(그림 32), 〈안향 초상〉(그림 43)을 통해서는 고려에서도 대상을 핍진하게 묘사한 초상화의 제작이 보

182. 작가 미상, 〈무준사범 초상〉, 1238년, 비단에 색, 124.8×55.2cm, 일본 도후쿠지.

편화되었음을 알 수 있다. 그런데 고려시대의 문헌에서 '닮음'을 강조한 정이의 말이 인용된 사례는 확인되지 않으며, 중국이나 일본에서도 그 말이 회자되었는지는 불명확하다. 하지만 13~14세기에 그려진 한국, 중국, 일본의 초상화들을 보면, 초상화를 그릴 때 '닮아야 한다'는 생각이 전제돼 있었음을 알 수 있다. 즉 인물을 닮게 그려야 그림의 힘이 발휘된다는 초상화의 본질적 특성을 세 나라에서 모두 인지하고 있었다

는 것이다.

우리나라의 경우 고려시대 이래 초상화가 줄곧 그려졌고, 그 과정에서 대상 인물을 핍진하게 그려야 한다는 생각이 철저히 지켜졌던 것으로 보인다. 〈정몽주 초상〉(그림 44), 〈신숙주 초상〉(그림 9), 〈이시방 초상〉(그림 15)은 초상화를 그릴 때 필요한 표현 기법이 대대로 충실히 전승되어 왔음을 보여 준다.

우리나라 초상화 제작 흐름에서 가장 중요한 변화가 일어난 것은 17세기 후반 무렵이었다. 이때부터 사대부들은 몇백 년 전 활동한 정이의 말을 거듭 인용하면서 '닮음'의 실현을 이전보다 훨씬 자주 강조했고, 이를 이루기 위해 다양한 노력을 했다. 예컨대 숙종은 조선 국왕으로서는 처음으로 어용모사도감을 만들어 자기 어진의 완벽한 재현을 위해 노력했고, 조세걸·김진여·진재해·김진규·윤두서 등의 화가들은 각자의 방식으로 '닮음'을 이루기 위한 표현 기법을 창안하여 초상화 제작에 적용했다.

이 시기의 사대부들이 오랜 초상화 제작 역사에서 늘 중요하게 요구되었던 '닮음'을 새삼 환기하여 강조한 이유 중 하나는 곧 초상화의 본질적 속성 중 하나였던, 초상화를 그 주인공의 대체물로 여길 수 있다는 점에 주목했기 때문이다. 그들은 그렇게 함으로써 초상화가 가진 다양한 기능과 효용을 국정 운영, 사회 체제 강화, 특정 이념의 전파 그리고 지역사회에서의 이해관계 충돌 조율 및 개인적 삶의 지향점 표출 등에까지 활용하는 일이 가능하다고 생각했던 것 같다.

그 결과 17세기 후반 무렵에 초상화를 이와 같이 활용한 여러 사례들이 확인된다. 먼저 국왕이 적극적으로 참여해 완성한 '어진', 공신 및 측근 신하들을 위해 그려 하사한 '신하 초상화'는 국왕 중심으로 국정이 운영된 조선 사회에서 왕의 권위와 위엄을 보여 주고 권력을 강화하는 방편으로 초상화를 활용한 경우이다. '생사당生祠堂 봉안용 초상화'는 지방관 파견 제도가 공고히 정착된 조선에서 세금 경감 같은 실질적 이익을 바란 지역 백성과 '현리賢吏'로 기억되기를 원한 지방관의 이해 관계가 서로 맞아떨어지면서 나온 결과물로 분석할 수 있다. 특정 학파를 대표하는 '학자의 초상화'는 성리학이 국가 이념으로 정립되고 국정에까지 깊은 영향을 끼친 조선 사회에서 그의 제자들이 스승에 대한 존경과 추모의 마음을 표시함과 동시에 자기 학맥의 정통성을 과시할 목적으로 제작한 것으로 설명할 수 있다. 그리고 사적私的으로 화가에게 주문 제작한 '사대부들의 초상화'는 성리학적 질서가 보편화된 조선 사회에서 출사出仕나 은일隱逸 등 유학자로서 가진 가치관이나 지향점 사이에서 고뇌하는 모습을 담은 전기적傳記的 기록물로 볼 수 있다.

이러한 초상화의 다양한 기능은 이 시기에 갑자기 발견되고 활용된 것은 아니다. 이런 기능들은 중국은 물론이고 고려시대 이후 우리나라의 문헌 기록에서 빈번하게 확인된다. 동양 문화권에서 오랜 세월 전승되어 온 이러한 초상화의 기능들은 17세기를 전후한 시점에 조선의 사대부들이 새삼 주목하여 초상화 제작에 적극적으로 활용한 것이다. 이 책에서 이 시기의 초상화 제작 및 봉안 양상을 집중적으로 다루고, 이를 토대로 우리나라 초상화의 전체 역사를 개관한 것은 바로 이 때문이다. 이러한 기능들은 우리나라 초상화를 중국이나 일본의 초상화와 분명히 구분시켜 줄 뿐 아니라, 이 자체로 우리나라 초상화의 독창적 특색이 된다.

청나라 때 건륭제乾隆帝가 서역西域 원정에 참여해 공을 세운 무신들의 초상화를 제작한 사례가 확인되는 것으로 미루어 신하 초상화 제작 전통이 중국에서도 전승되었음은 분명하다. 〈점음보 초상〉(그림 183)은 서역 정벌 후인 1760년에 건륭제의 명으로 제작된 공신 100명의 초상화들 중 한 점으로, 점음보占音保는 건륭제 때 일등시위一等侍衛를 지냈으며 회부回部(서역의 천산남로에 살던 위구르족) 정벌 때 혁혁한 군공軍功을 세운 인물이다. 이 초상화는 자금성紫禁城 자광각紫光閣에 걸렸었다. 주인공이 활과 화살, 칼을 지니고 있는 이 초상화는 조선의 공신 초상화와는 전혀 다른 도상을 보여 주는데, 이로 미루어 전공戰功을 세운 무장武將의 용맹함과 충성심을 드러내 보이기 위해 그려진 것임을 알 수 있다. 그러나 중국에서는 황제에 의한 공신 혹은 신하 초상화 제작이 우리나라처럼 오랫동안 지속되거나 반복적으로 이루어지지는 않았던 것으로 보인다.

183. 작가 미상, 〈점음보 초상〉, 1760년, 비단에 색, 188.6×95.1cm, 메트로폴리탄미술관.

지방관 파견 제도가 우리나라보다 앞서 정착된 중국에서는 당·송대의 기록에 생사당 봉안용 초상화의 제작 사례가 다수 확인되지만 실물은 전혀 전하지 않는다. 따라서 중국에서 이런 유형의 초상화는 크게 유행하지 않았던 것 같다. 제자들이 스승의 초상화를 그린 전통 역시 중국의 기록에도 보이지만, 이를 입증하는 실물 작품은 거의 없다.

청나라 때의 인물인 나빙羅聘은 김농金農의 제자로, 이 두 사람은

18세기 중국 문화예술의 중심지로 자리 잡은 양주揚州를 중심으로 활동한 이름난 화가들이다. 나빙은 어린 시절 부모를 여의고 김농의 문하에서 그림과 글씨를 배워 양주를 대표하는 걸출한 화가로 성장했다. 〈김농 초상〉(그림 184)은 나빙이 그린 것으로, 그는 평상복 차림으로 바위에 편안히 걸터앉아 불경을 읽고 있는 모습으로 스승을 묘사했다. 이 그림은 캐리커처 같아 보이기도 하는데, 화가가 불규칙한 굵기의 선으로 주인공의 얼굴과 신체를 대략적으로 포착했기 때문이다. 이러한 특징적 묘사에 주목하여 그림을 보면, 송대에 유행한 나한도羅漢圖가 떠오르기도 한다. 실제로 김농이 나한을 숭배했다고 하니, 이런 표현을 그의 의지에서 비롯된 것으로 볼 수도 있겠다.

184. 나빙, 〈김농 초상〉, 18세기, 종이에 먹, 113.7×59.3cm, 중국 절강성박물관.

이러한 표현적 특징 면에서 〈김농 초상〉은 우리나라의 스승 초상화와 확연한 차이를 보인다. 우리나라에서는 특정 학파의 사대부들이 숭모의 대상으로 삼기 위해 스승의 초상화를 제작했기 때문에 초상화의 주인공들은 거의 정면을 향하고 있으며, 매우 단정하고 엄격한 자세와 표정으로 묘사되었다. 이와는 대조적으로 김농은 정면을 응시하지 않고 불경에 집중한 모습인데, 이런 그림을 사당 같은 경건한 장소에 걸었다고 상상하기는 쉽지 않다.

중국에서는 우리나라에 비해 '은일隱逸', '탈속脫俗'의 삶을 지향한 모

습의 초상화가 크게 성행했다. 이런 초상
화에서는 대개 산수山水가 그려지고 그
안에 인물이 앉거나 선 모습으로 작게 그
려져 있다. 〈동기창 초상〉(그림 185)은 명
나라 말기의 대표적인 문인화가 동기창董
其昌의 초상화로, 중국에서 유행한 산수
배경 초상화의 전형을 보여 준다.

중국과 한국의 초상화를 비교해 보면,
두 나라가 유사한 정치·사회 체제를 공유
했음에도 초상화 제작 및 봉안 양상, 초
상화의 형식 등에서 서로 다른 점들이 분
명히 확인된다. 이는 뜻밖의 일이기도 한
데, 시각을 달리하면 조선의 사대부들이
중국 초상화 문화에 대해 충분히 알고 있
었으면서도 이를 일방적으로 수용하지
않고 자신들의 정치·사회적 상황에 맞게

185. 증경·항성모, 《추흥팔경도책》 중 〈동기창 초상〉,
1620년, 비단에 색, 53.2×30.5cm, 중국 상하이박
물관.

초상화 문화를 꽃피웠다는 사실을 보여 주는 결과이기도 하다.

우리나라 초상화의 예술성이 높은 이유는 초상화가 다양한 방식으
로 적극적으로 활용되어 유행한 사실과 무관하지 않다. 사대부들은 초
상화의 여러 효용성에 주목하고 초상화를 중요한 시각 매체로 인식하
면서 그 제작과 관리에 각별한 관심을 쏟았다. 그러면서 초상화를 평
가하는 기준도 높아져, 수준 높은 전문 초상화가를 초빙하기 위해 노
력했으며, 그에 따라 화가들의 표현 능력도 날로 발전했다.

이런 점에서 우리나라 초상화는 제사 때 걸어 놓을 목적으로 제작한

에필로그

단순한 그림이 아니었음을 다시금 알 수 있다. 그리고 초상화를 보는 것이 역사적 인물을 그림으로 만나는 경험 이상의 것을 제공한다는 사실 또한 알 수 있다. 초상화를 통해 우리는 그 주인공이 살았던 시대와 사회를 보다 구체적으로 알 수 있으며, 초상화 제작 및 봉안에 관여했던 사람들의 이상과 염원을 읽을 수 있다. 초상화에 관계한 사람들(주인공, 주문자, 화가 등)은 결국 초상화를 통해 누군가를 영원히 기억하고 추모하거나, 권위를 과시하거나, 자신의 철학과 지향점, 욕망까지도 드러내 보이고자 했던 것이다.

그 밖의 주요 초상화 14점

牧隱先生畫像贊

挺天資之粹美蘊聖學之精
養仁熟義精粹凝道渾而有
我之歲學書仰之如山斗國家
大雅而不愧行藏卷舒集公之此以
演迪之實惆悵遠邈炳烺者知

永樂甲申九月十衛門人陽村權近敬贊

崇禎四年四月上澣成歲道上謹源敬言

1. 작가 미상, 〈이색 초상〉, 1844년, 비단에 색, 146.5×79.0cm, 국립부여박물관(한산이씨 대종회 기탁).

2. 작가 미상, 〈황희 초상〉, 17세기, 비단에 색, 79.0×70cm, 서울역사박물관.

1 이색李穡은 조선 개국 후 출사하지 않고 고려에 대한 절개를 지킨 것으로 조선시대 내내 높이 평가된 문신이자 학자이다. 그의 생전에 제작된 초상화는 후대에 절반 이상이 훼손된 상태로 전해졌다. 17세기부터 19세기 중반까지 서울, 경기도, 충청도 등지에 거주하는 그의 후손들에 의해 최소 열 점 이상의 이모본이 제작되었으며, 이 초상화들은 대부분 이들에 의해 건립된 영당에 봉안되었다. 이 초상화는 이 중에서도 가장 수준 높은 작품 중 하나다.

2 황희黃喜는 영의정 등을 역임하며 세종의 치세治世를 이끌던 인물이다. 그의 초상화는 현재 후대에 제작된 이모본만 전하는데, 그중 이 작품은 가장 오래되었을 뿐만 아니라 그림 수준도 가장 높다. 황희는 오사모에 분홍색 관복을 착용하고 1품 관리임을 나타내는 서대犀帶를 차고 있다. 그가 1품직에 오른 시점은 찬성贊成에 임명된 1424년이다. 이때 그는 62세였는데, 초상화 속 그는 오히려 젊게 묘사되어 있다. 따라서 이모 과정에서 젊게 묘사했거나 품대가 바뀌어 표현됐을 가능성도 배제할 수 없다.

3. 전傳 옥준상인玉埈上人, 〈이현보 초상〉, 1536년경, 비단에 색, 126.0×105.0cm, 한국국학진흥원(영천이씨 농암종택 기탁).

4. 작가 미상, 〈이항복 초상〉, 17세기, 종이에 색, 59.5×35.0cm, 서울대학교 박물관.

③ 조선 중기의 문신 이현보李賢輔는 오랜 기간 중앙 관료로 있다가 노년에 경상도 예안으로 낙향해 제자를 가르치고 시를 지으며 여생을 보냈다. 이 초상화에서 관복·서대犀帶·흑피화黑皮靴는 출사를, 손에 든 불자 拂子(선종의 승려가 번뇌를 물리치는 표지標識)는 불교 신봉 혹은 탈속脫俗 추구를, 평량자平涼子·서안書案·벼룻집·서책은 평상시 생활을 각각 보여 주는데, 이처럼 상충되는 상징적 기물들이 한데 표현된 점이 흥미롭다. 이 그림을 그린 것으로 전하는 옥준상인은 불화佛畫를 전문적으로 그리는 화승畫僧으로 추정된다.

④ 선조 때 영의정까지 올랐던 이항복李恒福의 초상화 초본이다. 그는 임진왜란 때 선조를 의주까지 모신 공으로 1604년 호성공신扈聖功臣 1등에 봉해졌다. 이 작품은 호성공신 책봉 때 하사받은 공신 초상화의 초본으로 추정된다. 찡그린 표정처럼 보이게 하는 눈과 그 주변 주름 묘사가 인상적이다.

부록 – 그 밖의 주요 초상화 14점

5. 작가 미상, 〈서산대사 진영〉, 18세기, 비단에 색, 127.2×78.5cm, 국립중앙박물관.

⑤ 서산대사西山大師는 임진왜란 때 활약한 승병장僧兵將으로, 법호法號는 휴정休靜이다. 승려들의 초상화는 특별히 '진영眞影'이라 부른다. 그는 의자에 앉아 회색 장삼에 붉은 가사袈裟를 몸에 착용하고, 왼손에는 불자拂子를 들고 있다. 진영 제작은 고려시대에 매우 성행했으나 조선 개국 이후 억불抑佛 정책이 시행되어 크게 감소했다가 조선 후기에 다시 유행했다. 진영은 화승畵僧에 의해 그려진 까닭에 같은 시대에 그려진 사대부 초상화와는 다른 화풍과 양식을 보인다.

6. 작가 미상, 〈사명대사 진영〉, 1796년경, 삼베에 색, 122.9×78.8cm, 동화사 성보박물관.

⑥ 사명대사四溟大師는 임진왜란 때 서산대사와 함께 승병僧兵을 모집해 왜군과 싸운 승려로, 법호는 유정惟政이다. 그는 1604년 일본으로 건너가 조선인 포로 3,500명의 송환을 주도했으며, 많은 제자를 배출한 고승高僧이기도 하다. 이런 이유로 그의 진영眞影은 다수 제작되어 여러 사찰에 보관되었다. 현재 전하는 사명대사 진영 속 그의 형상은 제각각인데, 따라서 진영은 사대부 초상화처럼 원본을 바탕으로 하여 이모본이 제작되지 않은 경우도 있었던 것 같다. 이 작품은 현전하는 우리나라 진영 중 가장 오래되었으며 묘사 방식이 뛰어난 그림 중 하나다.

7. 조영석, 〈조영복 초상〉, 1725년, 비단에 색, 119.5×76.5cm, 경기도박물관.

朝鮮國宗山李公諱匡師字道甫號員嶠先生遺像

其願

先生早年移謫新智島又以辛卯之役置對寧老今有七十三

八月二十八日卯 先生藏疾 先生曾孫自在書心老人

8. 신한평, 〈이광사 초상〉, 1774년, 비단에 색, 66.8×53.7cm, 국립중앙박물관.

7 문인화가 조영석趙榮祏이 열네 살 위인 자신의 형 조영복趙榮福을 그린 초상화다. 이 작품은 1724년에 조영석이 영춘永春(현 충북 단양군)의 유배지에 있는 형을 방문하여 그린 초본을 바탕으로 1725년에 완성한 정본 초상화다. 조선시대 초상화 중 드물게도 두 손이 표현되었는데, 섬세하게 묘사된 손가락 마디마디가 인상적이다.

8 1774년에 도화서 화원 신한평申漢枰이 신지도 만호新智島萬戶로 근무할 때 신지도(전남 완도군의 섬)에 유배 와 있던 이광사李匡師를 그린 초상화다. 소론 출신이자 특히 서예가로 조선 후기에 큰 명성을 떨친 그는 1755년 나주괘서사건羅州掛書事件(소론 일파가 노론 제거를 위해 일으킨 역모 사건)에 연루된 뒤로 20년 넘게 여러 유배지를 전전하다 생을 마감했다. 조선시대에는 이처럼 유배지에서 자신의 초상화를 남긴 사례도 간혹 있다.

부록 - 그 밖의 주요 초상화 14점

9. 한정래, 〈임매 초상〉, 1777년, 비단에 색, 64.8×46.4cm, 국립중앙박물관.

⑨ 1777년에 한정래韓廷來라는 화가가 노론계 문사文士 임매任邁의 67세 때 모습을 그린 초상화다. 임매는
자식이 없어 아우 임과任邁의 둘째 아들 임이주任履周를 양자로 들였다. 노론계 문사인 유한준兪漢儁은 그를
위해 쓴 묘지명墓誌銘에서 임매를 '하룻밤에 촛불 아래에서 수십 권의 책을 독파할 정도로 책 읽기를 좋아한
인물'로 기술했다. 서탁, 그 위에 놓인 책과 두루마리 그리고 안경은 독서를 즐기는 임매의 평상시 모습을
보여 주기 위해 표현한 기물器物들로 여겨진다.

⑩ 조선 후기의 문인 김이안金履安은 숙종 대를 풍미한 문장가 김창협金昌協의 증손자이자 영조 때 명망이
높았던 낙론계洛論系 유학자 김원행金元行의 아들이다. 그는 잠시 출사했을 뿐 생애 대부분을 향리에서 독
서와 강학으로 보냈다. 복건과 심의를 착용한 모습으로 보아, 그는 '성리학 연구'에 매진하고 '탈속의 삶'을
실천하는 자신의 지향을 드러내려 했던 것 같다. 큰 키에 깡마른 체형, 뺨 부분이 움푹 들어간 얼굴 등 주인
공의 개성적인 외모 묘사가 매우 인상적인 작품이다.

10. 작가 미상, 〈김이안 초상〉. 18세기 말, 비단에 색, 170.0×79.7cm, 이화여자대학교 박물관.

11. 이한철·유숙, 〈이하응 초상〉, 1869년, 비단에 색, 133.7×67.7cm, 서울역사박물관.

⑪ 흥선대원군興宣大院君 이하응李昰應이 50세 되던 1869년에 도화서 화원 이한철과 유숙을 시켜 제작한 초
상화다. 이하응은 당시 최고의 권력가였는데도 문방구 및 고동古董 수집 취미를 즐기는 은사隱士의 모습으
로 자신을 표현했다. 그는 와룡관과 학창의를 착용하고 의자에 앉아 있으며, 바로 앞의 탁자에는 서첩書帖,
청화백자 인주함, 탁상시계, 인장印章, 붓, 묵호墨壺(휴대용 먹통), 염주, 타구唾具, 안경 등이 놓여 있고, 그 옆
서탁에는 향로와 향 피우는 도구가 보인다. 환도環刀 한 점도 그려져 있다. 대부분이 중국제인 이 기물들은
자신의 권력과 위세를 과시하기 위해 표현한 것으로도 해석된다.

12. 傳傳 채용신, 〈고종 어진〉, 20세기 초, 비단에 색, 118.5×68.8cm, 국립중앙박물관.

⑫ 조선의 26대 국왕 고종의 어진이다. 고종은 황색 곤룡포를 입고 폭이 좁은 어좌에 앉아 있다. 다른 어진들에는 없는 호패號牌가 그려진 점이 특이하다. 조선 후기 어진들과 비교해 그림의 크기가 매우 작은데, 따라서 이 어진은 선원전璿源殿 같은 큰 규모의 진전眞殿에 봉안된 것은 아니었을 것이다. 오히려 고종 생전에 그의 어진을 그린 경험이 있는 채용신이 대한제국이 망한 뒤 고종을 추모하려는 일반의 수요에 응하여 제작한 초상화가 아닐까 한다.

13. 채용신, 〈최익현 초상〉, 1906년, 비단에 색, 51.5×41.5cm, 국립중앙박물관.

⒀ 최익현崔益鉉은 조선 말의 성리학자이자 위정척사론衛正斥邪論의 사상적 지주였다. 현재 그의 초상화는 열 점이 넘게 전하며, 그중 대부분은 최익현 사후에 사당 봉안용으로 제작한 이모본들이다. 일제에 국권을 빼앗긴 후 사당 건립에 대한 국가의 제재는 약해졌는데, 이때 최익현의 문인門人들이 그를 제향하기 위해 전국 각지에 사당을 조성하여 그의 초상화를 봉안했다. 이 작품은 현전하는 가장 오래된 최익현 초상화다. 그의 74세 때 모습임을 알 수 있는 표제 그리고 겨울용 모관毛冠(털모자)으로 인해 이 그림은 1906년 1~2월에 제작한 것 같다. 이때 그는 전라도에서 결연한 의지로 의병을 모집해 일본과의 전투를 준비 중이었다.

⒁ 황현黃玹은 조선 말의 성리학자로, 1910년 일제에게 국권을 빼앗기자 국치國恥를 통분하며 자결한 우국지사憂國之士이다. 이 초상화는 1909년에 서울의 천연당사진관天然堂寫眞館에서 촬영한 황현의 사진을 토대로 채용신이 황현 사후에 제작한 것이다. 이 초상화는 전남 구례 매천사梅泉祠에 봉안돼 있었는데, 아마도 황현의 후학들은 크기가 작은 사진이 사당 봉안용으로는 적절치 않다고 판단해 다시 초상화를 제작했던 것 같다. 근대기에 사진이 널리 보급되었으나 아직까지 사진이 초상화의 기능을 모두 흡수하지 못했음을 알 수 있다.

14. 채용신, <황현 초상>, 1911년, 비단에 색, 120.7×72.8cm, 개인 소장.

부록 – 그 밖의 주요 초상화 14점

1 Richard Vinograd, *Boundaries of the Self: Chinese Portraits, 1600-1900*, Cambridge: Cambridge University Press, 1992, pp.21-22.

2 國立故宮博物院 編,『北宋書畫特展』, 國立故宮博物院, 2006, pp.223-224.

3 안휘준,『한국 회화사 연구』, 시공사, 2000, pp.53-54.

4 부산박물관 편,『치유의 시간, 부처를 만나다』, 부산박물관, 2022, pp.22-23.

5 이성훈,「조선 후기 사대부 초상화의 제작과 봉안」, 서울대학교 고고미술사학과 박사학위논문, 2019, pp.187-194.

6 조선미,『한국초상화연구』, 열화당, 1983, pp.317-318.

7 이성훈,「숙종 대 초상화 제작과 '닮음'의 구현」,『미술사와 시각문화』31, 2023, pp.130-133.

8 최완수,『겸재 정선 진경산수화』, 범우사, 1993, p.164.

9 이성훈,「조선 후기 사대부 초상화의 제작과 봉안」, 서울대학교 고고미술사학과 박사학위논문, 2019, pp.13-15.

10 李樹奐,「朝鮮後期 安東 鄕吏 權喜學 家門의 社會·經濟的 基盤과 鳳岡影堂 建立」,『대구사학』106, 대구사학회, 2012, pp.1-35.

11 최석원,「강세황 자화상 연구」, 서울대학교 고고미술사학과 석사학위논문, 2008, pp.1-131.

12 이성훈,「조영석 작〈조정만 송하안식도〉연구 -초상화에 투영된 '은일(隱逸) 의식'-」,『미술사와 미술문화』29, 2022, pp.115-121.

13 경기도박물관 편,『초상, 영원을 그리다』, 경기도박물관, 2008, pp.141-142. 이 글의 원문은 다음과 같다. "鬚白則以法服黑衣好, 而皂鬚必以時服紅袍亦好."

14 Elizabeth Cropper, "The Beauty of Woman: Problems in the Rhetoric of Renaissance Portraiture," ed. Margaret W. Ferguson, Maureen Quilligan, and Nanc J. Vickers, *Rewriting the Renaissance: The Discourses of Sexual Difference in Early Modern Europe*, Chicago: University of Chicago Press, 1986, p.175.

15 Shearer West, *Portraiture*, Oxford university press, 2004, pp.31-37.

16 조선미,『한국초상화연구』, 열화당, 1983, pp.423-425.

17 金柱臣,『壽谷集』卷9, 記聞「居家記聞」.

18 程頤,『二程遺書』卷22, 上「伊川語錄」, "大凡影不可用祭, 若用影祭, 須無一毫差方可, 若多一莖鬚, 便是別人."

19 강관식,「털과 눈, 조선시대 초상화의 祭儀的 命題와 造形的 課題」,『미술사학연구』248, 2005, pp.99-111.

20 李世弼,『龜川先生遺稿』卷22, 禮說 喪禮 作主「答金器夏」. 이세필(李世弼,

1642~1718)은 숙종 대의 문신으로, 이 글에서 그는 신주 제도의 역사를 간략히 언급했다.

21 李奎報, 『東國李相國全集』 卷27, 書 「與朴侍御犀書」, "一昨偶詣侍御家, 覘向之遺像, 方拜而望之也, 則宛若平時燕居申申. …… 其卽而對之也, 則面色之充然, 眉目之肆然, 若將語笑者. 俛仰之間, 不覺墮淚."

22 이성훈, 「숙종과 숙종어진(肅宗御眞)의 제작과 봉안 ‒ 성군(聖君)으로 기억되기‒」, 『미술사와 시각문화』 24, 2019, pp.27-30. 원문은 다음과 같다. 『肅宗實錄』 卷53, 肅宗 39年 3月 30日, "千萬世流傳之本, 何可少有未盡乎."

23 『承政院日記』 477冊, 肅宗 39年 4月 13日.

24 조선미, 『어진, 왕의 초상화』, 한국학중앙연구원출판부, 2018, p.148.

25 이성훈, 「조선 후기 사대부 초상화의 제작과 봉안」, 서울대학교 고고미술사학과 박사학위논문, 2019, pp.425-427.

26 李天輔, 『晉菴集』 卷6, 記 「竹泉金公畫像記」.

27 문동수, 「玉厓 金振汝(1675-1760)와 18세기 전반 초상화의 一變」, 『미술자료』 81, 2012, pp.129-133; 이성미, 『조선시대 그림 속의 서양화법』, 대원사, 2000, pp.126-133.

28 강관식, 「공적 초상화와 사적 초상화 ‒ 진재해(秦再奚) 필(筆) 조문명(趙文命)의 〈분무공신상(奮武功臣像)〉과 〈학암무송상(鶴巖撫松像)〉을 중심으로」, 『미술사와 시각문화』 24, 2019, pp.88-93.

29 丁若鏞, 『與猶堂全書』 第一集 詩文集 第22卷, 文集 雜評 「汕行日記」, "尤菴七十四歲之眞, 須髮純白, 下脣鮮赤, 無齒故頤短, 而眼彩燁然, 有氣壓千人之象."

30 金榦, 『厚齋先生集』 卷40, 贊 「玄石先生畫像贊」, "巍然乎其喬岳之象, 盎然乎其春風之氣 …… 縱丹靑, 只寫其眞而不能寫其道德, 觀乎此, 亦可想其光風霽月之襟期."

31 오주석, 『오주석의 옛 그림 읽기의 즐거움 2』, 신구문화사, 2018, pp.82-86.

32 Richard Brilliant, *Portraiture*, Cambridge, Massachusetts : Harvard University Press, 1991, pp.74-76.

33 "嶷嶷山嶽之氣像, 恢恢河海之心胸, 允矣集群儒之大成, 蔚然爲百代之師宗."

34 李瀷, 『星湖僿說』 卷5, 序 「萬物門」, "神在形中, 形已不似, 神可得以傳耶. …… 精神而形不似, 寧似光彩而他物, 寧此物."

35 沈定鎭, 『霽軒集』 卷2, 記 「渼湖金先生畫像記」, "畫像之作, 爲其有德而有貌也. 夫德則物也, 貌則器也. 有其物, 斯有其器, 有其德, 斯有其貌."

36 姜世晃, 『豹菴遺稿』 附錄, 「豹翁自誌」, "翁嘗自寫眞, 獨得其神情, 與俗工之徒傳狀貌者逈異."; 강세황, 김종진·변영섭·정은진·조송식 역, 『표암유고』, 지식산업사, 2010, pp.647-653.

37 "李命基畫面, 金弘道畫體, 兩人名於畫者, 而不能畫一片靈臺."

38 이태호, 『사람을 사랑한 시대의 예술, 조선 후기 초상화』, 마로니에북스, 2016, pp.78-81.

39 Stefan Weppelmann, "Some thoughs on likeness in Italian Early Renaissance Portraits," ed. Keith Christiansen and Stefan Weppelmann, *Renaissance Portrait from Donatello to Bellini*, New York: The Metropolitan Museum of Art, 2011, pp.66-68.

40 李必榮 編, 『水落影堂誌』上篇, 「畵像重修記(領相李光佐記, 議政徐命均書)」, "夫人之所以爲人者, 徒以神明爲之本, 先生聲實之煇爀盛大, 亦惟以神明之全乎. 內以臨萬變, 沛然無所難也. 嗚呼, 人有時而沒其本之者, 返乎太虛, 漠然不可追, 而一有善寫眞者, 傳其神, 則動容瞻顧, 皆生面也."

41 河渾, 『慕軒先生文集』卷3, 雜著「妥眞堂移奉事實(戊申)」.

42 李德懋, 『靑莊館全書』卷62, 「西海旅言」.

43 『承政院日記』1695册, 正祖 15年 10月 7日.

44 유재빈, 「正祖代 御眞과 신하초상의 제작 -초상화를 통한 군신관계의 고찰-」, 『미술사학연구』271·272, 2011, pp.161-162.

45 이성훈, 「숙종과 숙종어진(肅宗御眞)의 제작과 봉안 -성군(聖君)으로 기억되기-」, 『미술사와 시각문화』24, 2019, pp.42-44.

46 『承政院日記』305册, 肅宗 10年 9月 11日.

47 『承政院日記』588册, 英祖 1年 3月 12日.

48 宋時烈, 『宋子大全』卷148, 跋「金直卿仲固所藏先賢畵像帖跋」.

49 "先生寂無言, 賤子涕泗滂."

50 "神聽僾不遺, 惠我思無疆."

51 朱熹, 『晦庵先生朱文公文集』卷7, 詩「北山紀行」; 수징난 지음, 김태완 옮김, 『주자평전』下, 역사비평사, 2015, pp.942-945.

52 宋時烈, 『宋子大全』卷148, 跋「金直卿仲固所藏先賢畵像帖跋」.

53 洪直弼, 『梅山先生文集』卷12, 書「與朴元得(癸亥至月)」, "卽其高天闊海之襟, 泰山巖巖之象, 而知其道與之貌, 天與之形也. 惟望儼卽溫, 而言不可聽, 則益恨吾生之晚, 不得承眞訣於南澗華陽之間. 晦翁所謂先生寂無言, 賤子涕泗滂者, 眞先獲語也. 在先生托非其地, 而在小子則瞻依有所, 區區之幸耳."

54 洪直弼, 『梅山先生文集』卷30, 贊「尤庵先生畵像贊(戊寅)」.

55 姜必孝, 『海隱先生遺稿』卷14, 雜著「四遊錄(下)」, "悅如親承謦欬於當年函丈之席."

56 李瀷, 『星湖全集』卷48, 贊「十二聖賢畵像帖(幷序)」.

57 張顯光, 『旅軒先生文集』卷1, 詞「謁圃隱先生畵像詞」, "就其所可像, 有以認夫所未像, 因其所得覿, 有以會夫所莫覿, 溯遟想於當日, 擬九原之有作."

58 權尙夏, 『寒水齋先生文集』附錄, 碑銘「黃江書院廟庭碑銘幷舒(從子權燮)」.

59 윤진영, 「星州李氏 家門의 초상화 연구」, 『장서각』22, 2009, pp.142-153.

60 朱熹 지음, 임민혁 옮김, 『주자가례』, 예문서원, 1999, pp.43-44.

61 周世鵬 編, 安柾 譯, 『國譯 竹溪志』, 紹修博物館, 2009, pp.103-104.

62 朴承任, 『嘯皐先生文集』 卷3, 雜著 「紹修書院畫像改修識」.

63 이성훈, 「조선 후기 사대부 초상화의 제작과 봉안」, 서울대학교 고고미술사학과 박사학위논문, 2019, pp.50-56.

64 『臨皐書院誌』, 「考往錄」.

65 鄭夢周, 『圃隱集』, 「圃隱先生年譜攷異」.

66 朝鮮總督府 編, 『朝鮮古蹟圖譜』 11, 朝鮮總督府, 1931, pp.1605-1606.

67 포은학회 편, 『圃隱先生集續錄』, 한국문화사, 2007, pp.214-215.

68 宋秉璿, 『淵齋先生文集』 卷19, 雜著 「西遊記」.

69 『明宗實錄』 卷18, 明宗 10年 2月 25日; 朱世鵬, 『武陵雜稿』 卷6 別集, 序 「送金毅仲序」.

70 李裕元, 『嘉梧藁略』 冊12, 記 「文憲書院重修記」; 『承政院日記』 138冊, 高宗 30年 3月 10日.

71 이 초상화의 족자 뒷면에는 "숭정 후 두 번째 무진년 가을에 이모하다(崇禎後再戊辰季秋移模)"란 글이 적혀 있다. 이 무진년은 1748년을 말한다.

72 김세용, 「五峯書院에 관한 一考察」, 『강원사학』 19·20, 2004, pp.67-73.

73 朴長遠, 『久堂先生集』 卷15, 記 「白雲洞尋院記」, "時已下雨, 急招院直開廟門, 入庭焚香瞻謁, 再拜訖. 進審遺像. 巾袍稍異今制, 而體貌豐碩, 眉宇軒豁, 信有望儼卽溫底氣像. 縑素丹青, 不知經幾世代, 而凜然猶有生氣. 雖不敢近而細眂, 猶若攝齊升堂而得以親炙於有道, 亦足以少慰平素山仰之心也."

74 金尙憲, 『淸陰集』 卷15, 銘贊頌 「高麗安文成公畫像贊」, "當麗政蔑敎之日, 倡衛道興學之議, 率勵頹俗, 振揚儒風, 庠序煥然, 衿紳改容. …… 典刑杳往, 丹青在堂. 我辭有述, 厥聲隆隆."

75 국립중앙박물관 편, 『조선시대 고사인물화 I』, 국립중앙박물관, 2015, pp.258-260. 인용한 글의 원문은 다음과 같다. "今六經文字, 無人不讀, 淺者得其言, 深者得其心. 得其心而其人可得, 猶以爲未至也, 於是思得繪像而羹墻焉, 此是帖之所以作也."

76 金時習, 『梅月堂集』 梅月堂傳, 傳 「梅月堂先生傳」(坡平尹春年著); 李珥, 『栗谷先生全書』 卷14, 雜著 「金時習傳〔奉敎製進〕」.

77 이성훈, 「조선 후기 사대부 초상화의 제작과 봉안」, 서울대학교 고고미술사학과 박사학위논문, 2019, pp.80 92.

78 이성훈, 「조선 후기 사대부 초상화의 제작과 봉안」, 서울대학교 고고미술사학과 박사학위논문, 2019, pp.84-97.

79 許穆, 『記言』, 「眉叟許先生年譜〔許珝〕」.

80 申維翰, 『青泉集』 卷4, 禮州申維翰周伯著 記〔上〕 「觀許相國恩居堂園記」.

81   편찬자 미상, 『影堂紀蹟』. 이 책의 전문 및 국역은 다음의 책에 자세히 소개되어 있
다. 문화재청 편, 『한국의 초상화 -역사 속의 인물과 조우하다-』, 문화재청, 2007,
pp.468-475.

82   權尙夏, 『寒水齋先生文集』卷23, 告文「萬東祠成後尤菴先生影幀告文」.

83   權尙夏, 『寒水齋先生文集』卷4, 書「答李治甫(甲申)」.

84   宋相琦, 『玉吾齋集』卷17, 南遷錄(下); 宋時烈, 『宋子大全附錄』卷11, 年譜「年
譜十」.

85   이성훈, 「조선 후기 사대부 초상화의 제작과 봉안」, 서울대학교 고고미술사학과 박사
학위논문, 2019, pp.120-125.

86   李喜朝, 『芝村先生文集』卷19, 記「南澗精舍記」.

87   韓元震, 『南塘先生文集』卷31, 記「興農影堂記」, "嗚呼, 神州萬里, 陸沉百年,
南閩一方, 亦入腥穢之中, 則朱子之道, 盖無處可尋, 而其書無地可讀矣, 獨我
東魯一域, 賴先生之力, 咸知尊朱子之道而讀其書, 則以朱子而合享於先生之祠
宜也. 先生之盛德大業, 撑柱宇宙者, 又無一不本於朱子之道, 則以先生而配侑
於朱子之堂, 亦豈不宜也."

88   宋煥箕, 『性潭先生集』卷31, 附錄「年譜」.

89   유미나, 「17세기, 인·숙종기의 圖畵署와 畵員」, 『강좌미술사』 34, 2010, pp.157-
159.

90   전주시·전북대학교박물관 편, 김철배 역, 『국역 태조영정모사도감의궤』, 태학사,
2014, pp.27-33.

91   윤정, 「숙종 14년 太祖 影幀 模寫의 경위와 政界의 인식」, 『한국사연구』 141, 2008,
pp.170-179; 김지영, 「肅宗·英祖代 御眞圖寫와 奉安處所 확대에 대한 고찰」, 『규
장각』 27, 2004, pp.62-63.

92   『承政院日記』328冊, 肅宗 14年 3月 8日.

93   『承政院日記』328冊, 肅宗 14年 3月 7日.

94   이성미, 「朝鮮王朝 御眞關係 都監儀軌」, 『朝鮮時代御眞關係都監儀軌硏究』, 한
국정신문화연구원, 1997, pp.44-48; 조인수, 「전통과 권위의 표상: 高宗代의 太祖
御眞과 眞殿」, 『미술사연구』, 2006, pp.34-41.

95   이수미, 「경기전 태조 어진(御眞)의 조형적 특징과 봉안의 의미」, 『미술사학보』 26,
2006, pp.7-15.

96   安永鎬, 『戈山文集』卷1, 「伏次竹屋先祖贊文成公眞像韻(幷小識)」.

97   동양대학교 한국전통문화연구소 역, 『國譯 紹修書院 雜錄』, 영주시, 2005, pp.82-
85.

98   朴承任, 『嘯皋先生文集』卷3, 雜著「紹修書院畵像改修識」.

99   『영정개모일기』는 개모도청에서 이모 작업을 수행했던 김낙안(金樂顔, 19세기 활동)
의 후손가에 소장되어 있다.

100 이성훈, 「조선 후기 사대부 초상화의 제작과 봉안」, 서울대학교 고고미술사학과 박사
학위논문, 2019, pp.155-160.

101 嶺南文獻硏究所 編, 『紹修書院誌』, 소수서원, 2007, pp.339-347.

102 嶺南文獻硏究所 編, 『紹修書院誌』, 소수서원, 2007, pp.374-375.

103 嶺南文獻硏究所 編, 『紹修書院誌』, 소수서원, 2007, p.343.

104 李世龜, 『養窩集』 冊13, 雜著[下] 「遊四郡錄」.

105 『牧民心書』 卷14, 解官六條 遺愛[解官第六條] 「生而祠之, 非禮也, 愚民爲之相
沿而爲俗也」.

106 宋德相, 『果菴先生文集』 卷11, 碑 「高麗按廉使宣公生祠遺墟碑」.

107 『成宗實錄』 卷227, 成宗 20年 4月 19日.

108 金馹孫, 『濯纓先生文集』 卷三, 記 「靈山縣監申澹生祠堂記」.

109 『宣祖實錄』 卷109, 宣祖 32年 2月 6日.

110 洪敬謨, 『冠巖全書』 冊17, 記 「武烈祠記」.

111 『宣祖實錄』 卷176, 宣祖 37年 7月 19日.

112 이성훈, 「조선 후기 사대부 초상화의 제작과 봉안」, 서울대학교 고고미술사학과 박사
학위논문, 2019, pp.539-554.

113 『仁祖實錄』 卷29, 仁祖 12年 2月 19日.

114 李元翼, 『梧里先生文集附錄』 卷5, 祭文 「平壤生祠堂祭文[崔岦]」.

115 崔岦, 『簡易文集』 卷1, 祭文 「爲平壤士民祭李相公生祠文」.

116 윤진영, 「충현박물관의 李元翼 영정」, 『오리 이원익 영정 보물지정 기념展 -追憶,
李元翼-』, 충현박물관, 2005, pp.173-174.

117 尹游 編, 『續平壤志』 卷2, 「宦蹟 觀察使」.

118 尹游 編, 『續平壤志』 卷1, 「祠廟」, "生祠堂, 在蒼光山東, 壬辰府民爲監司李元
翼刱建, 其後監司生祠皆同堂焉."

119 趙顯命, 『歸鹿集』 卷17, 諡狀 「判書李公諡狀」.

120 이성훈, 「조선 후기 생사당(生祠堂) 건립과 생사당 봉안용 초상화의 제작 -평양(平
壤) 지역을 중심으로-」, 『한국문화』 90, 2020, pp.400-402.

121 "孝廟癸巳平安道觀察使時四十四歲本 當宁二十年丙辰七月重摹."

122 이은주 편, 『평양을 담다 - 역주 『평양지』·『평양속지』』, 소명출판, 2016, p.588.

123 이은주, 「조선시대 품대의 구조와 세부 명칭에 관한 연구」, 『복식』 61권 10호, 2011,
pp.142-148.

124 "嘉善大夫平安道觀察使, 兼兵馬水軍節度使, 巡察使, 館餉使, 平壤府尹, 延陵
君, 二憂堂李先生, 諱萬元, 字伯春眞. 聖上十六年壬子, 改摸於漢陽之報恩洞
每善堂, 距初摸爲一百年."

125 蔡濟恭, 『樊巖先生集』 卷38, 祭文 「還安祝文」.

126 蔡濟恭, 『樊巖先生集』 卷34, 記 「每善堂記」.

127 강관식,「아산 종가 소장 만퇴당〈홍만조 초상화〉의 특징과 문화재적 가치」,『전가보장 : 집안의 보물, 후세에 전하다』, 온양민속박물관, 2022, pp.229-231.

128 국립중앙박물관 편,『조선시대 초상화 II』, 국립중앙박물관, 2008, p.235.

129 吳道一,『西坡集』卷29, 附錄「年譜」.

130 吳道一,『西坡集』卷29, 附錄「年譜」.

131 경기도박물관 편,『초상, 영원을 그리다』, 경기도박물관, 2008, pp.146-147.

132 『承政院日記』419冊, 肅宗 30年 8月 6日.

133 『祥原郡誌』(국립중앙도서관 청구기호 999.82-한723ㅅ),「生祠堂」.

134 『肅宗實錄』卷31, 肅宗 23年 1月 23日;『肅宗實錄』卷31, 肅宗 23年 7月 3日;
『慶州李氏世譜』卷10(1907년, 李鍾弼 序), 7-10면, 光10.

135 『承政院日記』381冊, 肅宗 24年 10月 6日, "近來外方之要譽, 實爲痼弊. 而生
祠堂之役, 又從而漸起. 若其至誠愛民, 實得其斂給之心者, 則猶或可也. 至於
違道干譽, 掠美於民者, 亦頗有之. 其中尤甚者, 提供酒肴, 親饋鄕品, 而遺置形
像, 以爲必成之地, 其爲撫摩之政, 率多媚悅邑民之怨, 蠲惠之澤, 反作耗弊官
家之歸."

136 具玩會,「朝鮮後期의 受取行政과 守令의 '要譽'-17세기 중엽에서 18세기 말까지
를 중심으로-」,『경북사학』14, 1991, pp.50-51.

137 『承政院日記』793冊, 英祖 11年 1月 10日, "平安監司, 無非位高望重者, 而入則
居多爲兵吏判矣. 逺方人心, 必欲most張大, 以爲媚悅之計. 故及其遞歸之後, 或有
如此之事. 爲監司者, 豈盡要譽而然乎. 至於故相臣李元翼之生祠堂, 必不由於
要譽之政, 固不可以一槩論之矣."

138 『承政院日記』793冊, 英祖 11年 1月 3日, "臣過平壤時見之, 則前後監司之生祠
堂善政碑, 不知其數. 大抵監司之治不治, 姑舍之, 惟以媚悅爲習, 收斂軍民, 其
費其弊, 罔有紀極. 今之爲監司者, 必沈其碑於大同江, 且去其畵像然後, 民智
方正矣."

139 『承政院日記』793冊, 英祖 11年 1月 10日.

140 『承政院日記』1108冊, 英祖 30年 6月 10日.

141 蔡濟恭,『樊巖先生集』卷57, 碑「完平府院君李相國〔元翼〕生祠遺墟碑」.

142 羅繼從,『竹軒先生遺集』,〔贊〕「林檜齋畵像贊〔名腴, 字子厚, 性廉潔能文章, 恭愍王
朝登第, 官諄諭博士〕」.

143 孫處訥,『慕堂先生文集』卷7, 附錄「年譜下」.

144 金應祖,『鶴沙先生文集』,「年譜」.

145 李元禎,『歸巖先生文集』卷9, 行狀「旅軒張先生行狀」.

146 편자 미상,『旅軒先生年譜』卷1, "孝宗六年乙未. …… 九月, 不知巖書院成, 奉
安位版〔奉吳山書院位版移安, 後丙辰, 賜額東洛書院〕."

147 이성훈,「조선 후기 사대부 초상화의 제작과 봉안」, 서울대학교 고고미술사학과 박사

학위논문, 2019, pp.274-280.

148 『宋子大全附錄』卷11, 年譜10「崇禎七十年丁丑」, "先生眞像凡三本. 其一卽畫師韓時覺所寫, 而奉于家廟, 是先生七十七歲眞也. 其一卽門人金尙書鎭圭所草, 而指揮畫師所傳寫也, 華陽書院最初所奉本是也. 先生平日未嘗擡眼視人, 而此本却不然, 蓋金尙書忽至, 揚聲上堂, 先生喜甚, 開眼迎勞, 故其所草如此云. 其一卽金進士昌業所草而畫師所傳寫也."

149 강관식, 「국보〈송시열 초상〉의 이상화 양상」, 『미술사와 시각문화』 28, 2021, pp.100-101.

150 洪直弼, 『梅山先生文集』 卷12, 書「與朴元得〔癸亥至月〕」; 洪直弼, 『梅山先生文集』 卷8, 書「上著菴兪丈〔漢雋〕〇戊辰七月二日」

151 조선미, 『한국의 초상화 – 形(형)과 影(영)의 예술』, 돌베개, 2009, p.192.

152 이성훈, 「송시열 초상화의 제작과 '대현(大賢)'의 이미지 구축」, 『미술사와 시각문화』 26, 2020, pp.74-80.

153 『尤菴先生言行錄』 上, 「容貌威儀」, "癸亥春京中士子, 鳩聚財力, 畫先生眞像而來, 先生曰. 朱子自作影本, 然余本無意於此矣. 洛中士友遺之以此, 不得却之. 見此窮相彷佛乎我也〔華陽聞見錄〕."

154 『肅宗實錄』 卷14, 肅宗 9年 2月 27日.

155 洪順敏, 「4. 붕당정치의 동요와 환국의 빈발」, 『한국사』 30, 국사편찬위원회, 1998, pp.157-159.

156 문화재청 편, 『한국의 초상화 –역사 속의 인물과 조우하다-』, 문화재청, 2007, pp.468-487.

157 尹東洙, 『敬庵先生遺稿』 卷6, 雜著「伯祖考明齋先生遺事」, "自古聖賢無不有畫像, 至於晦翁, 則尤以爲重, 屢畫其眞, 又自作其贊, 而吾東儒先, 獨無聞焉者何哉."

158 尹東洙, 『敬庵先生遺稿』 卷6, 雜著「伯祖考明齋先生遺事」, "雖然, 賴天所相, 傳照得眞, 宛然揚休之容, 如帶春風之氣, 到今音容永閟之後, 得以瞻拜而仰望, 則德宇依俙, 氣像髣髴, 若將聞笑語而承警咳, 豈非爲士林後學之大幸也哉."

159 李溦, 『弘道先生遺稿』 附錄, 「行狀草〔李是鉝〕」, "一日門弟子咸聚進請, 願摹眞像一本, 以寓後學瞻慕之誠, 先生不悅. 良久曰畫像者, 名公貴人之事也, 吾一儒生也, 畫像豈非僭乎, 不許."

160 趙榮祏, 『觀我齋稿』 卷3, 雜著「漫錄」.

161 李俁 等 編刊, 『南塘先生年譜』 卷3.

162 宋能相, 『雲坪先生文集』 卷4, 書「答權亨叔〔震應. 辛未五月〕」.

163 金謹行, 『庸齋先生文集』 卷5, 書「答宋士能書」.

164 金謹行, 『庸齋先生文集』 卷6, 書「與權亨叔書〔丙子〕」.

165 이성훈, 「조선 후기 사대부 초상화의 제작과 봉안」, 서울대학교 고고미술사학과 박사

학위논문, 2019, pp.408-413.

166 尹鳳九, 『屛溪先生集』 卷43, 記 「贈寫眞卞君相璧〔壬申〕」.

167 宋浚吉, 『同春堂集』 卷12, 附錄七 「諸家記述雜錄」.

168 任希聖, 『在澗集』 卷4, 墓誌銘 「崇祿大夫行工曹判書李公墓誌銘〔并序〕」, "歲己未, 門人相與依司馬公壁後傳像舊事, 模畫公七分之儀. 欲爲他日揭虔. 以公嘗深惡院享末弊, 終不敢使公知之也. 及公易簀, 因朝禁不果行俎豆之奉, 像猶藏在書齋几閣中, 諸生以時節瞻拜, 展其如在之誠焉."

169 이성훈, 「조선 후기 사대부 초상화의 제작과 봉안」, 서울대학교 고고미술사학과 박사학위논문, 2019, pp.105-109.

170 "維王三十六年庚寅十一月寫, 時公歿後第四月也. 海南尹斗緖謹齋心寫."

171 조선미, 『한국의 초상화 - 形(형)과 影(영)의 예술』, 돌베개, 2009, pp.241-245.

172 李溆, 『弘道先生遺稿』 卷5, 祭文 「祭定齋處士沈公得經文〔字士常, 定齋其堂號〕」, "嗚呼, 自我失公, 心焉如癡, 見公於左右, 見公於前後, 見公於追逐合席之場, 見公於夢寐之頃, 見公於依俙彷彿之間. 嗚呼, 公之面目, 何日忘之, 公之德儀, 何日捨之. 禮制有限, 吉日告期. 公今逝矣, 從今不可復見公之形影矣, 玆將一酌, 表我之懷."

173 李溆, 『弘道先生遺稿』 卷4, 贊 「定齋處士沈公像贊」, "形端骨秀, 質淡氣淨, 心純神粹, 玉潔氷泂, 仁厚謙愼, 公直光明, 面方而脩, 色皙而馨, 目淡鼻端, 唇赤齒精, 耳凉鬢踈, 眉端鬚淸, 端恭其儀, 淸汗其聲, 遺像儼然, 宛如其生, 彷彿其見, 怳惚其聽, 嗚呼匪子之容貌, 孰知子之性情, 嗚呼匪子之氣象, 孰知子之德之誠."

174 李肯翊, 『燃藜室記述 別集』 卷14, 文藝典故 「畫家」, "斗緖與士人沈得經, 爲石交, 得經死, 斗緖追作畫像, 歸其家, 渾舍驚泣, 如孫叔敖復生."

175 李溆, 『弘道先生遺稿』 卷4, 詩 「自外方來, 思定齋沈士常有感」.

176 "我有陳蕃榻, 待子十餘年, 榻存人不在, 虫網空自懸."

177 "我訪鍾崖老, 相對脉脉心, 只見子形象〔自註, 有畫象故及之〕, 不聞子聲音."

178 조선미, 『한국의 초상화 - 形(형)과 影(영)의 예술』, 돌베개, 2009, pp.244-245.

179 이성훈, 「전희 이씨 청강공파 대종회 소장 초상화 4점에 대하여」, 『문헌과 해석』 74, 2016, pp.208-211.

180 李德壽, 李江魯 譯, 『국역 서당선생집 1』, 전의이씨 청강공파 화수회, 2005, p.619.

181 윤진영, 「강세황 작 〈복천오부인 영정(福川吳夫人 影幀)〉」, 『강좌미술사』 27, 한국불교미술사학회, 2006, pp.262-264.

182 윤진영, 「강세황 작 〈복천오부인 영정(福川吳夫人 影幀)〉」, 『강좌미술사』 27, 한국불교미술사학회, 2006, pp.268-270.

183 문화재청 편, 『한국의 초상화: 역사 속의 인물과 조우하다』, 문화재청, 2007, p.262.

184 이성훈, 「任希壽의 《七分傳神帖》 연구 -小北 南黨系 인사들의 재현과 그 의미-」,

『온지논총』, 2020, pp.170-175.

185 신병주, 「17세기 전반 북인관료의 사상 – 김신국, 남이공, 김세렴을 중심으로」, 『역사
와현실』 9, 1992, pp.132-133.; 오수창, 「인조대 정치세력의 동향」, 『한국사론』 13,
1985, pp.63-67.

186 任希聖, 『在澗集』 卷3, 墓誌銘 「從叔父司諫院大司諫任公墓誌銘〔幷序〕」, "尤善
談諧, 遇會心朋友, 相酬酢, 衰衰千百言, 終日不厭, 然未嘗輕發人諱惡闕失."

187 "謂有山林之氣, 則姓名尙記乎朝籍, 謂有軒裳之志, 則仕宦非其所樂也. 卽不能
隨時俯仰, 亦不肯與人徵逐, 雖無馬長卿文彩, 虞仲翔風猷, 若其疏慢之習, 骯
髒之態, 竊庶幾一二得也."

188 任希聖, 『在澗集』 卷3, 墓誌銘 「從叔父司諫院大司諫任公墓誌銘〔幷序〕」, "叔父
有一子希世, 稟異才, 父子間自以知己, 希年十八歿, 無嗣."

189 "庚午七月望後, 所出草本, 欲以沒骨法設彩, 手顫未及焉. 兒自謂此本最用意云
爾. 貌何瘁也, 命何窮耶, 十八年父子恩愛, 祗得依俙, 想像於烟煤暗淡之中耶."

190 문화재청 편, 『한국의 초상화: 역사 속의 인물과 조우하다』, 문화재청, 2007, p.262.

191 조선미, 『한국초상화연구』, 열화당, 1983, p.97, pp.183-189.

192 조선미, 『한국초상화연구』, 열화당, 1983, pp.183-255; 윤진영, 「조선시대 공신화상
(功臣畵像)의 신례(新例)」, 『조선의 공신』, 장서각, 2012, pp.300-324.

193 『太祖實錄』 卷8, 太祖 4年 7月 13日; 『太宗實錄』 卷21, 太祖 11年 5月 18日; 『太
宗實錄』 券21, 太祖 11年 6月 7日.

194 『太宗實錄』 卷21, 太祖 11年 6月 25日.

195 차장섭, 「조선시대 공신의 책봉과 성격」, 『조선의 공신』, 장서각, 2012, pp.271-272.

196 『列聖御製』 卷6, 成宗大王 文, 「尊兄畵像贊」, "曩在戊戌, 國家倣凌煙雲臺之美
蹟, 乃命繪畵之師寫功臣之影于忠勳府, 咸〔一本有以肯爲度欲以傳千載九字〕而不
朽, 亦示重其勳烈, 而榮于子孫也."

197 윤진영, 「조선시대 공신화상(功臣畵像)의 신례(新例)」, 『조선의 공신』, 장서각, 2012,
pp.300-315.

198 鄭道傳, 『三峯集』 卷7, 朝鮮經國典 上 「功臣圖形賜碑」.

199 『承政院日記』 334冊, 肅宗 15年 閏3月 2日.

200 『承政院日記』 359冊, 肅宗 20年 6月 5日.

201 한국학중앙연구원 편, 『조선의 공신』, 장서각, 2012, pp.114-127.

202 신민규, 「保社功臣畵像 연구 –화상의 파괴와 두 개의 기억–」, 『미술사학연구』 296,
2017, p.106.

203 『承政院日記』 359冊, 肅宗 20年 6月 5日.

204 이 초상화에 모사된 숙종의 어제어필 원문은 광산김씨 문중이 소장하고 있으며, 현재
는 한국학중앙연구원에 기탁되어 있다. 신민규, 「保社功臣畵像 연구 –화상의 파괴
와 두 개의 기억–」, 『미술사학연구』 296, 2017, p.126.

205 "先臣於庚申策保社勳, 有司遵例圖像, 而臣鎭圭實圖之. 己巳奸凶之罷勳也, 不
免燒燬. 逮甲戌復勳, 使工摸前日岫本之私藏者而追成. 上命取, 進製贊, 手書
別紙以賜, 茲實異恩也. 謹摸御筆, 移揭圖像. 臣鎭圭拜手敬識."

206 "四十八世畫, 男鎭圭寫, 甲戌兩本摸此."

207 대전시립박물관 편, 『한국의 명가, 光山金氏』, 대전시립박물관, 2015, p.108.

208 "遺像淸高, 緬懷不忘, 昭示來後, 其永无疆."

209 『承政院日記』1342冊, 英祖 49年 8月 8日.

210 『承政院日記』1007冊, 英祖 22年 8月 30日.

211 『承政院日記』1008冊, 英祖 22年 9月 4日.

212 『承政院日記』1150冊, 英祖 33年 11月 11日.

213 『승정원일기』에는 〈익안대군 초상〉을 그린 화가가 '張德萬'으로 기록돼 있지만, 이
는 '張得萬'의 오기(誤記)로 보인다. 장덕만은 알려진 것이 전혀 없는 인물인 반면에,
장덕만과 유사한 이름을 가진 장득만은 영조 대에 활발하게 활동한 대표적인 도화서
화원이다. 『승정원일기』에 사대부 출신 관료의 한자 이름이 잘못 기재된 경우는 흔하
지 않으나, 중인 출신 화원의 한자 이름이 잘못된 경우는 흔하다. 예를 들면, 1713년
숙종 어진을 그린 진재해(奏再奚)의 이름은 '陳載海', '秦載海', '秦再喜'로도 기록
돼 있다.

214 『承政院日記』1008冊, 英祖 22年 9月 19日.

215 『承政院日記』1017冊, 英祖 23年 6月 12日.

216 張維, 『谿谷先生集』卷13, 碑銘 1「竭誠奮威出氣效力振武功臣, 輔國崇祿大夫,
行議政府右贊成, 玉城府院君張公神道碑銘[幷序]」.

217 『承政院日記』1135冊, 英祖 32年 9月 5日.

218 鄭玉, 『牛川先生文集』卷5, 書「與三從河瑞」.

219 鄭琢, 『藥圃集』, 「藥圃集跋」.

220 鄭琢, 『藥圃集』, 「藥圃先生年譜[錦堂]」.

221 『承政院日記』1265冊, 英祖 43年 3月 20日.

222 조선미, 『한국초상화연구』, 열화당, 1983, pp.193-104.; 국립중앙박물관 편, 『초상화
의 비밀』, 국립중앙박물관, 2011, p.296.

223 『承政院日記』1008冊, 英祖 22年 9月 23日, "少年天子愛邊功, 心在凌烟畫閣
中, 敎覓勳臣圖繪素, 長生殿裏作屛風."

224 정민, 『한시미학산책』, 휴머니스트, 2010, p.594.

225 『承政院日記』1261冊, 英祖 42年 11月 12日.

226 『承政院日記』1056冊, 英祖 26年 5月 10日.

227 『承政院日記』1013冊, 英祖 23年 2月 27日.

228 『睿宗實錄』卷6, 睿宗 1年 7月 29日.

229 姜希孟, 『私淑齋集』卷8, 記「承政院圖形屛記」, "王若曰, 惟爾臣某等, 實司我

喉舌之任, 克供厥職, 顯有丕績. 予嘉乃功, 曰篤不忘, 予欲圖繪形像于左右, 以示無斁于後昆."

230   『肅宗實錄』卷63, 肅宗 45年 2月 11日.

231   『肅宗實錄』卷63, 肅宗 45年 2月 12日.

232   박정혜, 『조선시대 궁중기록화 연구』, 일지사, 2000, pp.173-186.

233   김문식, 「1719년 숙종의 기로연 행사」, 『사학지』 40, 2008, pp.30-40.

234   박정혜, 『조선시대 궁중기록화 연구』, 일지사, 2000, pp.69-97.

235   국립중앙박물관 편, 『조선시대 초상화 III』, 국립중앙박물관, 2009, pp.10-25.

236   이화여자대학교 박물관 편, 『耆社契帖』, 이화여자대학교 박물관, 1976, pp.48-50.

237   국립중앙박물관 편, 『조선시대 초상화 III』, 국립중앙박물관, 2009, pp.196-197.

238   이화여자대학교 박물관 편, 『耆社契帖』, 이화여자대학교 박물관, 1976, pp.48-50.
      이 인용문의 원문은 다음과 같다. "噫, 契帖之作, 世亦多有, 而若斯帖者, 固未之
      見也. 此豈但略傳子孫, 以爲鎭家之寶而已哉. 將使千百世之後, 亦得以仰寧考
      繩武之烈, 知臣等遭逢之盛云."

239   이 시의 원문은 다음과 같다. "骨像淸臞, 神精韞藏, 天褒廉謹, 世傳文章, 鳩節鶴
      髮, 洛社耆筵, 三分宰輔, 七分神仙." 번역은 다음 도록을 참고했다. 국립중앙박물
      관 편, 『초상화의 비밀』, 국립중앙박물관, 2011, p.330.

240   박정혜, 『조선시대 궁중기록화 연구』, 일지사, 2000, pp.173-186.

241   『英祖實錄』卷60, 英祖 20年 9月 9日.

242   『英祖實錄』卷60, 英祖 20年 9月 10日.

243   국립중앙박물관 편, 『조선시대 초상화 III』, 국립중앙박물관, 2009, p.205.

244   국립중앙박물관 편, 『조선시대 초상화 III』, 국립중앙박물관, 2009, pp.199-200.

245   『高宗實錄』卷42, 高宗 39年 11月 25日.

246   『英祖實錄』卷88, 英祖 32年 7月 8日.

247   『承政院日記』1137冊, 英祖 32年 10月 26日. "上曰, 金領府之貌則頗老矣. 右相
      之父, 則多有韶華矣. 魚有龍, 洪重徵, 柳復明則頗極肖. 而權𥛒, 李匡世, 則不
      知其彷彿, 使其子弟見之, 則必欲改之矣. 李匡世則昔myung春坊, 今亦老矣. 尹鳳
      朝則枯槁特甚, 前云無陽界上意思者誠然矣. 李重庚尤爲恰似, 聞已過回婚, 年
      亦高矣."

248   『列聖御製』卷37, 文「今因書示承旨追思, 頃年都監時, 見卿畫像, 今又命耆社
      圖寫, 故特賜數句, 卿須書諸絹面, 領予此意〔賜領相金在魯〕」.

249   『承政院日記』1215冊, 英祖 39年 2月 3日.

250   『承政院日記』1215冊, 英祖 39年 2月 4日.

251   洪敬謨 編, 『耆社志』卷9, 戊編 4「圖像」.

252   『承政院日記』1321冊, 英祖 47年 9月 17日.

253   洪敬謨 編, 『耆社志』卷9, 戊編 4「圖像」.

254 洪敬謨 編,『耆社志』卷13, 巳編 4「耆社慶會帖序〔當宁十一年乙巳〕」.

255 『承政院日記』1291册, 英祖 45年 4月 12日.

256 『承政院日記』1292册, 英祖 45年 5月 17日, "上曰, 厥祖欲見, 厥孫今見. 吁嗟, 近八, 實是料表. 其像雖圖以來, 只辨帽袍補子. 老像何異於莫見, 今則雖依俙, 見其圖, 若見其人."

257 李光靖,『小山先生文集』卷13, 行狀「正憲大夫知中樞府事懶拙齋李先生行狀」.

258 『承政院日記』1292册, 英祖 45年 5月 17日.

259 鄭宗魯,『立齋先生文集』卷33, 碑銘「知中樞府事懶拙齋李公神道碑銘」.

260 『承政院日記』1263册, 英祖 43年 1月 5日.

261 이성훈,「조선 후기 사대부 초상화의 제작과 봉안」, 서울대학교 고고미술사학과 박사학위논문, 2019, pp.694-695.

262 국립중앙박물관 편,『초상화의 비밀』, 국립중앙박물관, 2011, pp.332-333.

263 이태호,「조선 후기 초상화의 제작공정과 비용 – 이명기(李命基) 작(作) 〈강세황칠십일세상(姜世晃七十一歲像)〉에 대한 '계추기사(季秋記事)'를 중심으로」,『豹菴 姜世晃』, 예술의 전당, 2003, p.402.

264 『承政院日記』1555册, 正祖 8年 閏3月 28日.

265 李敏輔,『豐墅集』卷15, 行狀「領議政古亭金公行狀」.

266 丁範祖,『海左先生文集』卷24, 碑銘「領議政謚文肅蔡公神道碑銘〔幷序〕」.

267 『承政院日記』477册, 肅宗 39年 4月 11日; 金信謙,『橧巢集』卷9, 行狀「伯父夢窩府君行狀〔丁末〕」.

268 『列聖御製』卷16, 肅宗大王 文「左議政金昌集畵像贊」.

269 李頤命,『疎齋集』卷11, 贊「左相夢窩金公畵像贊〔幷序〕」.

270 金信謙,『橧巢集』卷10, 遺事「夢窩府君遺事」.

271 조선미,『한국의 초상화 – 形(형)과 影(영)의 예술』, 돌베개, 2009, pp.77-83.

272 陳準鉉,「肅宗代 御眞圖寫와 畵家들」,『고문화』46, 1995, p.95.

273 『承政院日記』1001册, 英祖 22年 4月 4日.

274 장진아,「《登俊試武科圖像帖》의 공신도상적 성격」,『미술자료』78, 2009, pp.82-87.

275 장진아,「《登俊試武科圖像帖》의 공신도상적 성격」,『미술자료』78, 2009, p.66.

276 『承政院日記』1347册, 英祖 50年 1月 24日.

277 『承政院日記』1351册, 英祖 50年 5月 2日.

278 『承政院日記』1361册, 英祖 50年 5月 3日.

279 『承政院日記』1347册, 英祖 50年 1月 24日.

280 『承政院日記』1823册, 正祖 24年 6月 12日, "予嘗以大臣閣臣將臣之畵像, 作帖以置, 而近來新除之將臣, 皆不與焉. 諸將臣中, 畵像有無, 卿其問之. 而卿之畵像, 亦是未老時所摸, 從近更出一本, 好矣."

281 金鍾秀,『夢梧集』夢梧金公年譜 卷1, 年譜「夢梧金公年譜」, "立朝獨任大義, 在 野不受緇塵, 是所爲跡突兀, 心空蕩底人耶."

282 세 표제의 원문은 각각 다음과 같다. "大冢宰三館大學士內閣學士保晚徐公 六十六歲眞〔命膺〕", "大司農內閣學士靜窩鄭公三十七世眞〔民始〕", "領議政桐 原徐公五十七歲眞〔命善〕".

283 南公轍,『金陵集』卷14, 雜著「四閣臣畵像贊〔幷序〕」.

284 吳熙常,『老洲集』卷21, 雜著「家乘逸事」.

285 조선미,「번암 채제공 초상화, 사대부 초상화의 진수」,『樊巖 蔡濟恭』, 수원화성박물 관, 2013, pp.280-295.

286 수원화성박물관,『樊巖 蔡濟恭』, 수원화성박물관, 2013, pp.11-37.

287 『承政院日記』1695册, 正祖 15年 10月 7日.

288 『承政院日記』1622册, 正祖 11年 3月 29日.

289 "小事糊塗, 大事不糊塗, 一寸之心, 我儀是圖."

290 이혜원,「正祖의 奎章閣臣 書齋肖像 요구: 정조대 서재초상화의 새로운 양상」,『규 장각』56, 2020, pp.220-223.

291 『日省錄』, 正祖 11年 4月 3日, "金致仁箋文曰, …… 奎藻渙宣恩, 忽侈於繪象, 榮踰華衮, 光生短綃."

292 『日省錄』, 正祖 11年 4月 3日, "徐命善箋文曰, …… 自切無舊容之嘆, 日夕戀結 之餘, 忽叨審厥像之寵, 榮輝旣溢於絢軸."

293 『日省錄』, 正祖 11年 4月 3日, "洪樂性箋文曰, 主上殿下, 推心示衆, 以禮使臣, 朝多老成. 每軫九經之優待, 化均陶鑄, 咸仰重門之洞闢. 臣敢不百拜銘感, 十 襲珍藏. 彼相將焉用哉 縱乏模範之譽, 此身非自有也, 庶殫圖報之忱."

294 "爾形爾精, 父母之恩, 爾頂爾踵, 聖主之恩. 扇是君恩, 香亦君恩, 賁飾一身, 何 物非恩. 所愧歇後, 無計報恩. 樊翁自贊自書."

295 蔡濟恭,『樊巖集』卷首〔下〕, 絲綸「左承旨李益運入侍筵說」; 正祖,『弘齋全書』 卷7, 詩 3「過采露亭志感〔幷小序〕」.

296 '正本次'라는 글이 적힌 초본 초상화는〈심성진 초상〉외에〈안집 초상〉,〈송순명 초상〉,〈한광회 초상〉이 있다. 국립중앙박물관 편,『조선시대 초상화 III』, 국립중앙 박물관, 2009, pp.106-139.

297 이성훈,「조선 후기 사대부 초상화의 제작과 봉안」, 서울대학교 고고미술사학과 박사 학위논문, 2019, pp.722-724.

298 "相見于离, 先卜於夢, 一弦一韋, 示此伯仲."

299 이태호,『사람을 사랑한 시대의 예술, 조선시대의 초상화』, 마로니에북스, 2016, pp.74-78.

300 兪彦鎬,『燕石』册6, 墓誌銘「自誌〔甲辰〕」.

301 吳載純,『醇庵集』卷5, 記「賜號記」, "不可及者其愚, 改號曰愚不及齋可乎."

302 『承政院日記』1215冊, 英祖 39年 2月 3日.

303 『承政院日記』1215冊, 英祖 39年 2月 3日, "昔恭愍王, 畫其像也, 傍畫僧鉢, 至今人皆笑其崇佛矣. 今予之几杖, 快洗僧鉢之累矣."

304 『世宗實錄』卷90, 世宗 22年 7月 19日.

305 『太祖實錄』卷13, 太祖 7年 2月 26日.

306 조선미, 『한국의 초상화 ‒形(형)과 影(영)의 예술』, 돌베개, 2009, pp.65-75.

307 조선미, 『한국초상화연구』, 열화당, 1983, pp.149-154.

308 『明宗實錄』卷8, 明宗 3年 10月 10日.

309 강관식, 「털과 눈, 조선시대 초상화의 祭儀的 命題와 造形的 課題」, 『미술사학연구』 248, 2005, p.111.

310 전주시·전북대학교박물관 편, 김철배 역, 『국역 태조영정모사도감의궤』, 태학사, 2014, pp.22-32.

311 『光海君日記』卷130, 光海君 10年 7月 18日.

312 조인수, 「조선 후반기 어진의 제작과 봉안」, 『다시 보는 우리 초상의 세계』, 국립문화재연구소, 2008, pp.15-18.

313 이성훈, 「숙종과 숙종어진(肅宗御眞)의 제작과 봉안 ‒성군(聖君)으로 기억되기‒」, 『미술사와 시각문화』 24, 2019, pp.25-29.

314 李康七, 「御眞 圖寫過程에 對한 小考 ‒李朝 肅宗朝를 中心으로‒」, 『고문화』 11, 1973, pp.3-9; 陳準鉉, 「肅宗代 御眞圖寫와 畵家들」, 『고문화』 46, 1995, pp.94-96; 김지영, 「肅宗·英祖代 御容圖寫와 奉安處所 확대에 대한 고찰」, 『규장각』 27, 2004, pp.528-535.

315 『承政院日記』477冊, 肅宗 39年 5月 14日.

316 『肅宗實錄』卷53, 肅宗 39年 4月 8日.

317 『肅宗實錄』卷53, 肅宗 39年, 4月 10日.

318 『御容圖寫都監儀軌』, 「癸巳五月初四日」.

319 조선미, 『어진, 왕의 초상화』, 한국학중앙연구원 출판부, 2018, p.262.

320 南有容, 『䨓淵集』卷12, 序「肅宗御容摹寫都監契屏序〔戊辰〕」.

321 『承政院日記』477冊, 肅宗 39年 4月 11日.

322 John Pope-Hennessy, *The Portrait in the Renaissance: The A. W. Mellon Lectures in the Fine Arts*, 1963, Bollingen Series 35, no.12, Princeton: Princeton University Press, 1966, p.198.

323 Jan Stuart and Evelyn Sakakida Rawski, *Worshiping the Ancestors*, Stanford University Press, 2001, pp.90-91.

324 이성훈, 「숙종 대 초상화 제작과 '닮음'의 구현」, 『미술사와 시각문화』 31, 2023, p.132.

325 강관식, 「진경시대 초상화 양식의 이념적 기반」, 최완수 외, 『진경시대』, 돌베개,

1998, p.267.

326 『承政院日記』477冊, 肅宗 39年 4月 22日.

327 『承政院日記』477冊, 肅宗 39年 5月 6日.

328 이성훈,「숙종과 숙종어진(肅宗御眞)의 제작과 봉안 -성군(聖君)으로 기억되기-」, 『미술사와 시각문화』24, 2019, pp.33-34.

329 유재빈,「正祖代 御眞과 신하초상의 제작 -초상화를 통한 군신관계의 고찰-」, 『미술사학연구』271·272, 2011, pp.80-82.

330 조선미,『어진, 왕의 초상화』, 한국학중앙연구원 출판부, 2018, pp.62-79.

331 김지영,「肅宗·英祖代 御眞圖寫와 奉安處所 확대에 대한 고찰」, 『규장각』27, 2004, pp.62-63.

332 『肅宗實錄』卷21, 肅宗 21年 8月 7日.

333 『承政院日記』523冊, 肅宗 46年 6月 21日.

334 『承政院日記』530冊, 景宗 元年 4月 1日;『承政院日記』575冊, 英祖 卽位年 10 月 6日.

335 『承政院日記』530冊, 景宗 元年 3月 19日.

336 『承政院日記』477冊, 肅宗 39年 5月 12日.

337 『承政院日記』477冊, 肅宗 39年 5月 6日, "今番則特設都監, 重其事體, 提擧諸 臣, 逐日會集, 屢度奉審, 而御容二本得幸善成, 有勝於乙亥前本, 千萬代子孫 臣庶於戲不忘之思, 寔在於斯矣. 第伏想太祖世祖兩廟之盛德弘功, 冞邈前古, 至今臣民瞻望睟容之際, 益激忠孝之誠, 豈不由於追慕功德而然哉. 自上勉修聖 德, 而比隆於兩祖休烈, 則永世臣民之不諼, 亦猶今之追慕兩祖矣."

338 이성훈,「숙종과 숙종어진(肅宗御眞)의 제작과 봉안 -성군(聖君)으로 기억되기-」, 『미술사와 시각문화』24, 2019, pp.33-34.

339 宗簿寺 編,『璿源系譜紀略』(1864년 간행, 규장각 奎2348).

340 이성훈,「군복본(軍服本) 정조어진(正祖御眞)의 제작과 봉안 연구」, 『미술사와 시각 문화』25, 2020, pp.156-157.

341 『正祖實錄』卷34, 正祖 16年 1月 25日;『日省錄』卷25, 正祖 20年 1月 24日.

342 『純祖實錄』卷1, 純祖 卽位年 7月 27日; 정해득,「華寧殿의 건립과 제향」, 『조선 시대사학보』59, 2011, pp.146-148.

343 『純祖實錄』卷1, 純祖 卽位年 12月 6日.

344 『日省錄』卷52, 高宗 11年 5月 1日; 윤진영,「화령전 正祖 御眞의 移奉 내력」, 『조 선시대사학보』87, 2018, pp.244-246.

345 李裕元,『林下筆記』卷28, 春明逸史「上御軍服」.

346 李裕元,『林下筆記』卷28, 春明逸史「顯隆園親祭守僕軍服擧行」.

347 『正祖實錄』卷3, 正祖 1年 5月 16日.

348 『承政院日記』3144冊, 高宗 39年 3月 9日.

349 『承政院日記』3144冊, 高宗 39年 3月 9日.

350 조선미, 「채용신의 생애와 예술 – 초상화를 중심으로」, 『석지 채용신』, 국립현대미술관, 2001, p.44.

351 조선미, 「채용신의 생애와 예술 – 초상화를 중심으로」, 『석지 채용신』, 국립현대미술관, 2001, p.29.

352 『列聖御製』卷35, 英宗大王 文「題六十四歲圖像」.

353 『承政院日記』1493冊, 正祖 5年 9月 14日.

354 『列聖御製』卷35, 英宗大王 文「題六十四歲圖像」, "此蓋永隨廟傍之意."

355 『英祖實錄』卷120, 英祖 49年 3月 8日.

356 『列聖御製』卷35, 英宗大王 文「題六十四歲圖像」.

357 이성훈, 「군복본(軍服本) 정조어진(正祖御眞)의 제작과 봉안 연구」, 『미술사와 시각문화』 25, 2020, pp.142-149.

358 『內閣日曆』140冊, 正祖 15年 10月 6日.

359 『日省錄』卷25, 正祖 20年 1月 24日, "昔年溫幸時, 駕過本府, 而服色例用軍服, 伊時有影幀草本, 而色渝不敢移摸. 近來園幸服色之用軍服者, 亦此意, 而圖寫御眞, 藏於園所齋殿, 以寓瞻依之思. …… 仍敎諸臣曰, 庚辰溫幸御軍服, 在於儀注, 摸寫一本, 亦以其時服色, 而每以未及移摸, 耿耿于中, 己酉以後, 園幸必用軍服, 蓋出於追述之意."

360 莊獻世子, 『凌虛關漫稿』卷6, 題「戲題眞草〔幷小序〕」.

361 『承政院日記』1672冊, 正祖 14年 2月 10日;『承政院日記』1685冊, 正祖 15年 1月 14日;『承政院日記』1686冊, 正祖 15年 1月 17日.

362 『承政院日記』1736冊, 正祖 18年 9月 28日.

363 姜浚欽, 『三溟詩集』二編, 詩「恭和御製華城回鑾韻〔丙辰〕」.

364 『正祖實錄』卷28, 正祖 13年 10月 7日.

365 최홍규, 『화성경영연구』, 일지사, 2004, pp.43-45.

366 『正祖實錄』卷44, 正祖 20年 3月 14日;『正祖實錄』卷45, 正祖 20年 10月 24日.

367 이성훈, 「군복본(軍服本) 정조어진(正祖御眞)의 제작과 봉안 연구」, 『미술사와 시각문화』 25, 2020, pp.149-155.

368 『正祖實錄』卷53, 正祖 24年 3月 17日.

369 "彼何人斯, 鬚眉皓白. 頂烏帽, 披野服. 於以見心山林而名朝籍. 胸藏二酉, 筆搖五嶽. 人那得知, 我自爲樂. 翁年七十, 翁號露竹, 其眞自寫, 其贊自作. 歲在玄黓攝提格."

370 최석원, 「강세황 자화상 연구」, 서울대학교 고고미술사학과 석사학위논문, 2008, pp.1-131.

371 이성훈, 「조선 후기 사대부 초상화의 제작과 봉안」, 서울대학교 고고미술사학과 박사학위논문, 2019, pp.303-308.

372 한국국학진흥원·한국유교문화박물관, 『肖像, 형상과 정신을 그리다』, 한국국학진흥원, 2009, pp.117-121.

373 金學培, 『錦翁先生文集』 卷5, 言行錄 「高祖雲巖先生言行錄」.

374 金誠一, 『鶴峯集附錄』 卷1, 年譜 「四十五年丙寅[先生二十九歲]」.

375 金命錫, 『雨溪文集』 卷3, 雜著 「呈備局文」, "公嘗寫眞, 有詩曰, 生平未盡江湖趣, 爲寫衰眞寄舍南."

376 郭鍾錫, 『俛宇先生文集』 卷141, 跋 「仙遊亭尋眞錄小識」.

377 김학수, 「安東 선비 李宗岳의 山水遺帖에 관한 文獻 檢討」, 『장서각』 3, 2000, pp.257-260.

378 편자 미상, 『永嘉志』 卷3, 樓亭.

379 李顥淳, 『後溪集』 卷5, 雜著 「遊陶淵錄」, "奉審影幀, 玄冠貝纓, 昭顔皓髮, 儼然清肅, 儘是有德君子之容矣."

380 李顥淳, 『後溪集』 卷5, 雜著 「遊陶淵錄」.

381 國立故宮博物院 編, 『大觀, 北宋書畫特展』, 臺北: 國立故宮博物院, 2006, pp.217-220.

382 王安石, 『王安石全集』 卷29, 律詩 「傳身自贊」, "我與丹靑兩幻身, 世間流轉會成塵, 但知此物非他物, 莫問前身是後身."

383 李奎報, 『東國李相國後集』 卷5, 古律詩〔八十九首〕 「次韻李學士和謝丁秘監墨竹影子詩見寄」.

384 李齊賢, 『益齋亂藁』 卷4, 詩 「延祐己未, 予從於忠宣王, 降香江南之寶陁窟, 王召古杭吳壽山〔一本作陳鑑如, 誤也〕, 令寫陋容, 而北村湯先生爲之贊. 北歸爲人借觀, 因失其所在, 其後三十二年, 余奉國表如京師, 復得之. 驚老壯之異貌, 感離合之有時, 題四十字爲識」.

385 陳澕, 『梅湖遺稿』, 詩 七言律詩, 「月桂寺晚眺」; 尹愭, 『無名子集』 文稿 冊8, 策 「佛家前後身說」.

386 衣若芬, 「北宋題人像畫詩析論」, 『中國文哲研究集刊』 第13期, 1998, p.134.

387 이성훈, 「조선 후기 사대부 초상화의 제작과 봉안」, 서울대학교 고고미술사학과 박사학위논문, 2019, pp.282-283.

388 장준구, 「원대(元代)의 왕역(王繹)·예찬(倪瓚) 합작 〈양죽서소상(楊竹西小像)〉 연구」, 『문화재』 47, 2014, pp.118-119.

389 趙榮祏, 『觀我齋稿』 卷3, 跋 「題趙判書正萬畫筴」.

390 趙正萬, 『寤齋集』 卷二, 詩 「贈觀我齋趙宗甫〔榮祏〕乞畵」, "長松之下杜鵑紅, 雙鶴雙鳶一鴈同, 藤杖在肩書在手, 請君畵我八旬翁."

391 趙正萬, 『寤齋集』 卷四, 附錄 「謚狀〔李箕鎭〕」.

392 李宜顯, 『陶谷集』 卷11, 神道碑銘 「刑曹判書趙公神道碑銘〔幷序〕」.

393 徐宗玉 等 編, 『續大典』 禮典, 儀章 「服」.

394 이성훈,「조영석 작〈조정만 송하안식도〉연구 -초상화에 투영된 '은일(隱逸) 의식'-」, 『미술사와 미술문화』29, 2022, pp.117-125.

395 趙正萬,『寤齋集』卷2, 詩「金君尊甫〔信謙〕爲見余, 不由城中, 迤行三十里, 來到 三溪洞, 遂吟短律, 以謝其意」, "瘼矣亂離後, 懷哉久別人, 故園吾獨老, 窮峽爾 誰親. 有路通幽磵, 無心踏軟塵, 不關花柳節, 重是滿腔春."

396 한국문화상징사전편찬위원회 편,『한국문화상징사전 1』, 두산동아, 2000, pp.103-105, 240-243; 정민,『새 문화사전』, 글항아리, 2014, pp.440-461.

397 강세구,「木齋 李森煥의 湖西地方 星湖學統 嫡統性」,『역사와 실학』56, 2015, p.297, pp.319-324.

398 李森煥,『少眉山房藏』卷6, 附錄「行狀〔李是鈇〕」.

399 한국정신문화연구원 장서각 편,『고문서에 담긴 옛 사람들의 생활과 문화』, 한국정신 문화연구원, 2003, pp.134-135, p.211.

400 李森煥,『少眉山房藏』卷6, 附錄「松溪圖贊〔鄭遂大〕」.

401 "此公之傳神, 若顔髮形貌, 末也."

402 "松有千尋孤特之意, 水有萬里汪洋之勢, 逍遙其間, 非木齋公伊誰耶."

403 장진성,「이인상의 서얼 의식 -국립중앙박물관 소장〈검선도(劍僊圖)〉를 중심으로-」, 『미술사와 시각문화』1, 2002, pp.40-60.

404 池金堯,「久菴 韓百謙의 方領 深衣說 硏究 - 조선시대 심의설과 대비하여」,『한문 고전연구』29, 2014, p.252.

405 정혜경,「조선시대 심의(深衣)에 대한 복식사적 고찰」,『유학자 관복을 벗다』, 대전시 립박물관, 2014, pp.153-160.

406 이성훈,「조영석 작〈조정만 송하안식도〉연구 -초상화에 투영된 '은일(隱逸) 의식'-」, 『미술사와 미술문화』29, 2022, pp.88-91.

407 한국정신문화연구원 장서각 편,『고문서에 담긴 옛 사람들의 생활과 문화』, 한국정신 문화연구원, 2003, pp.188-189.

408 李森煥,『少眉山房藏』卷6, 附錄「行狀〔李是鈇〕」, "蒔花栽竹以資娛樂, 釣魚川 澗以暢湮鬱, 爲酒殽速朋舊, 詠詩談文, 揚扢千古. …… 扶老約數三同志登山越 海, 周遊歷覽以窮山水之勝, 此皆先生晦迹消遣之事也."

409 심경보·김현권,「조선 후기 심의초상의 제작과 전승」,『2014 호서명현 초상화 특별 전 -유학자 관복을 벗다」, 대전시립박물관, 2014, pp.164-167.

410 李采,『華泉集』卷9, 記「便此菴記(乙卯)」.

411 李采,『華泉集』卷13,「墓表參議著菴兪公墓表」, "然每見公平居, 淨掃室堂峙羣 書, 冠程子冠帶韋帶. 方面炯眸, 嶷然危坐, 彷彿有道者氣貌."

412 김기완,「조선 후기 사대부 초상화찬 연구」, 연세대학교 대학원 국문학과 석사학위논 문, 2009, pp.110-111.

413 "非此翁而誰歟, 略似乎處靜之氣像而性則汎, 隱若有望遠之思慮而心也踈, 斯其所以平生之攸廬, 非古非今, 非實非虛, 非道非禪, 非隱非放也, 於."

414 이 찬문은 유한준의 문집에도 실려 있다. 兪漢雋,『自著續集』冊1, 雜錄「華泉翁眞賛〔壬戌〕」.

415 이 찬문은 이의숙의 문집에도 실려 있다. 李義肅,『頤齋集』卷5, 贊「李季亮畫像贊」.

416 이성훈,「조선 후기 사대부 초상화의 제작과 봉안」, 서울대학교 고고미술사학과 박사학위논문, 2019, pp.486-487.

417 "彼冠程子冠, 衣文公深衣, 巍然危坐者誰也歟. 眉蒼而鬚白, 耳高而眼朗, 子眞是李季亮者歟. 考其跡則三縣五州, 問其業則四子六經, 無乃欺當世而竊虛名者歟. 吁嗟乎, 歸爾祖之郷, 讀爾祖之書, 則庶幾知其所樂, 而不愧爲程朱之徒也歟. 華泉翁自題, 京山望八翁書." 이 자찬문은 이채의 문집에도 수록돼 있다. 李采,『華泉集』卷9, 題跋「題眞像〔壬戌〕」.

418 李采,『華泉集』卷16, 附錄「墓表〔李坪〕」; 吳熙常,『老洲集』卷17, 墓碣銘「戶曹參判李公墓碣銘〔並序〕」.

419 "有自之泉芝, 家訓所受也."

420 "嘗拜陶菴先生遺像, 蓋知此精神之彷彿."

421 국립중앙박물관 편,『조선시대 초상화 1』, 국립중앙박물관, 2007, pp.209-211.

422 『承政院日記』1852冊, 純祖 2年 2月 12日.

423 李采,『華泉集』卷15, 墓誌「祖考陶菴先生墓小誌」.

424 兪漢雋,『自著續集』冊2, 雜錄「華泉齋記〔乙丑〕」.

425 『英祖實錄』卷127, 英祖 52年 1月 3日, "道學文章, 無如陶菴, 而恨不幷時矣."

426 朴聖源, 李宜哲 編,『陶菴先生家狀』(국립중앙도서관 한고朝57-가199-21-1),「陶菴先生言行總錄」.

427 李采,『華泉集』卷11, 告文「逸休亭, 追奉文正公眞像告文〔丙寅〕」.

428 趙鎭寬,『柯汀遺稿』卷5, 上樑文「寒泉書院上樑文」; 徐贊奎,『臨齋先生文集』卷13, 記「仙遊洞陶菴李先生影閣記〔壬寅〕」.

429 李縡,『陶菴先生集』卷4, 詩〔四〕「戲題眞像」; 李縡,『陶菴先生集』卷4, 詩〔四〕「又詠寫眞」.

430 오주석,『오주석의 옛 그림 읽기의 즐거움 2』, 솔, 2006, pp.214-233.

431 강관식,「털과 눈, 조선시대 초상화의 祭儀的 命題와 造形的 課題」,『미술사학연구』248, 2005, pp.96-97.

432 조선미,『한국의 초상화 – 形(형)과 影(영)의 예술』, 돌베개, 2009, pp.346-347.

433 이성훈,「조선 후기 사대부 초상화의 제작과 봉안」, 서울대학교 고고미술사학과 박사학위논문, 2019, pp.466-477.

434 朱熹,『晦庵先生朱文公集』卷85, 銘·箴·贊·表·疏·啓·婚書·上梁文「書畫像自警」, "從容乎禮法之場, 沈潛乎仁義之府, 是予蓋將有意焉, 而力莫能與也, 佩先師之格言, 奉前烈之餘矩, 惟闇然而日脩, 或庶幾乎斯語."

435   安大會,「조선 후기 自撰墓誌銘 연구」,『한국한문학연구』31, 2003, pp.245-249.

436   『宋子大全附錄』卷18, 語錄「崔愼錄〔下〕」.

437   심초롱,「尹拯 肖像 硏究」, 서울대학교 대학원 고고미술사학과 석사학위논문, 2010, pp.14-35.

438   차서연·이은주,「조선시대 야복(野服)에 대한 고찰」,『한국복식』48, 2022, pp.22-27.

439   朱熹 지음, 임민혁 옮김,『주자가례』, 예문서원, 1999, pp.130-134.

440   尹鳳九,『屛溪先生集』卷8, 收議「太學儒生服色收議〔辛酉〕」.

인명 및 초상화 작품명 찾아보기

*고딕 서체의 숫자는 작품이 수록된 페이지임

인명 및 초상화 작품명 찾아보기